汉语言学新视界

2017 （总第 2 期）

目录

重要更正：本集刊2016年第1期《汉语言学新视界2016》中《汉语反事实表达及其思维特点》一文，作者姓名误写作“袁敏林”，实应为“袁毓林”。尽管我们作出了挽救，仍有部分印有错误信息的书刊进入销售渠道。在此，本集刊就上述错误向袁毓林教授诚挚致歉，也向读者致歉。感谢热心读者及时纠错。

图书在版编目(CIP)数据

汉语言学新视界. 2017 /《汉语言学新视界》编委会编. —上海：学林出版社，2017.6
ISBN 978 - 7 - 5486 - 1221 - 6

Ⅰ. ①汉… Ⅱ. ①汉… Ⅲ. ①汉语—语言学—文集 Ⅳ. ①H1 - 53

中国版本图书馆CIP数据核字(2017)第099847号

汉语言学新视界 2017 （总第2期）

编者：《汉语言学新视界》编委会
责任编辑：吴耀根 汤丹磊 **封面设计：**魏 来
出版：上海世纪出版股份有限公司 学林出版社
地址：上海钦州南路81号 电话/传真：021—64515005
网址：www.xuelinpress.com
发行：上海世纪出版股份有限公司发行中心
地址：上海福建中路193号 网址：www.ewen.co
印刷：上海叶大印务发展有限公司
印张：14.25 **字数：**46万 **版次：**2017年6月
书号：ISBN 978-7-5486-1221-6/H·93 **定价：**58.00元

卷首语

金鸡报晓，万象更新，2017年来到了，我们的《汉语言学新视界》(2017)也按时出版了。新的时代传播新的理念，去年习近平总书记在哲学社会科学工作座谈会上发表了重要讲话，号召哲学社会科学工作者勇于创新，建立具有中国特色的哲学社会科学体系，并提出了“不忘本来、吸收外来、面向未来”的基本理念。毫无疑问，这也是汉语言学研究的终极目标。沈家煊先生在2016年第19次现代汉语语法学术研讨会的大会上总结时指出，汉语研究应当对国外学者提供语言探索的启发性，而不仅仅是用来印证他们理论的适用性。为此，他借鉴习近平总书记的话，提出了汉语研究中坚持“吸收外来，不忘本来”的基本理念。沈家煊先生主张：一方面要“吸收外来”，就是对国外好的东西，我们要继续学习与吸收，就像赵元任先生曾说的那样“学到一个合格的程度”；另一方面要“不忘本来”，在学习与吸收外来研究成果的同时，要能够“跳出去”，结合汉语实际，立足汉语事实，提出具有汉语特点的创新观点。这是值得汉语言学研究者深思的基本命题。

本年刊(2017)收录、转载了近两年(2015—2016)汉语研究中部分重要的、有代表性的专业论文，希望能对学界同仁及广大读者有所裨益。总体来看，这两年汉语研究引人瞩目的动向是：汉语个性探索继续深化，语言分析方法不断拓展，年轻一代学者悄然崛起。

一

立足汉语事实，发现汉语特点，是近些年来汉语研究的主流趋势，也是新时代汉语言学研究的目标，为此不少资深学者都孜孜不倦地进行这个领域的探索，取得了不少可喜的成果。沈家煊的《词类的类型学和汉语的词类》提出了一些对汉语事实的基本思考。论文认为语言类型研究和语言共性研究可以说是同一件事情的两个方面，可以这样来理解：类型学是通过比较从结构特点上对语言进行分类；世界上的语言看上去结构千变万化，但是“万变不离其宗”，结构变异要受一定的限制，有些变异类型不可能出现，这种变异的限制就是语言的共性。因此，语言的类型研究和共性研究只是侧重面不同而已：共性研究主要关心语言类型的变化有哪些限制，而类型学主要关心语言变化有哪些不同的类型。近年来国际语言学界出现了“重视语言结构多样性”的研究趋向，很多人开始认识到，要找出语言真正的共性，应该要先充分了解语言结构的多样性，研究的重点应该从一致性转移到多样性上来。语言类型学的研究从词法类型转移到词序类型，近年又有从词序类型进入词类类型的趋向。作者揭示了这种转移的内在逻辑，并对当前词类类型研究的情况作了介绍，像英语那样名词、动词、形容词、副词四分的词类格局其实在世界语言中并不占多数。在此基础上，作者就汉语现在通行的词类系统存在的问题(包括理论问题和应用问题)加以分析，初步提出一种更加贴近汉语实际的词类系统。袁毓林的《汉语意合语法的认知机制和描写体系》针对汉语“意合”的特点，旨在厘清意合语法的不同含意，揭示汉语意合语法的认知机制和运作过程，建立足以刻画汉语语法的意合机制的描写体系。论文首先说明低级版本的意合法侧重于语法形式的不充分性，而高级版本的意合法侧重于语言形式的不完整性，说明主体性和体验性认知对于意合语法的支撑作用。在此基础上，作者尝试建立一种基于概念结构的“词库-构式”等多层次结构(论元结构、物性结构、骨架结构、时体结构和认识结构等)互动的汉语语法的描写体系。刘丹青的《汉语中的非话题主语》对长期以来学界对汉语主语和话题分合的探索提出了自己的见解。论文指出，学界多数学者认同Li和Thompson(1976)的分类，将汉语视为话题优先型语言，但仍有不少学者认为汉语的主语都是语用上的话题，甚至认为汉语基本没有句法上的主语，只有语用上的话题。作者以若干句法、信息结构和韵律特征为标准，辅以跨语言比较，判定至少在7种情况下，汉语主句的主语不是话题：(1) 主语为对比焦点；(2) 主语为信息焦点；(3) 主语出现于整句焦点句；(4) 主语受焦点敏感算子约束；(5) 无定主语句；(6) 新信息主语句；(7) 最小量化主语句。这些情况显示汉语主语和话题虽然交叉很多，但仍是汉语中两个各自独立的句法库藏成分。

值得关注的是，近两年来对于汉语特点的探索已经不限于现代汉语共时平面，而是进一步延伸到历时平面，不少从事汉语历史语言学研究的学者也立足汉语事实，力图解释汉语特点形成的历时因素，这是对汉语特点探索的深化。蒋绍愚的《詞義演變和句法演變的相互關係》着眼于汉语演变过程中词义演变和句法演变的相互关系，提出了自己的见解。作者发现汉语学界词义演变和句法演变都已讨论得很多，但通常是把这两者分别讨论的。研究历史词汇的关注词义的演变，研究历史句法的关注句法的演变；至于词义演变和句法演变的相互关系，往往注意得不够。作者认为这两者之间是有内在关联的，并指出汉语词义演变和句法演变的相互关系有三种情况：(1) 词义影响句法；(2) 句法影响词义；(3) 词义和句法共同影响词义。姚振武的《试论上古汉语语法的综合性》强调上古汉语语法的综合性特点。论文认为，综合性的主要表现是"一种形式多种功能"和"多种形式一种功能"，前者常常导致语法形式的多样化发展，而后者常常导致语法形式的同一化发展。作者进一步指出：印欧语倾向于随着功能的不同，一种形式分析（或者说分化、离析）成多种形式（形态丰富），是倾向于形成形式和功能一一对应的关系；而汉语由于缺乏形态，其语法形式表达语法功能时自身往往并不改变，所以倾向于形成一种形式对应多种功能的局面。因此，可以说人类语言，形态的综合意味着功能的孤立（单一），而形态的孤立意味着功能的综合（模糊，兼容）。江蓝生的《超常组合与语义羡余》对汉语在演变过程中的语法化诱因进行了再探讨。论文首先通过对国内外学者的论述，对"动因""先决条件"和"诱因"这三个概念加以厘清，强调论文所指的"诱因"，不仅包括语义和结构上的先决条件、必要条件，更主要的是指向语法化的充分条件（sufficient conditions）。作者认为语义相宜性和一定的句法结构只是语法化的前提条件，常规结构式的非典型组合和特殊的语义关系才是真正的诱因。在此基础上，作者把结构式中语义复指、语义部分重合、语义同指三种特殊的语义关系概括为语义羡余，并提出语义羡余是语法化的又一诱因。由此论文的结论是：从本质上说语法化的诱因是原有的结构和语义平衡被打破，语法化的实现是变异句结构和语义关系新平衡的建立，而新平衡能否达成，关键看有无进行重新分析的机缘。

二

语言研究依赖于有效的分析方法，分析方法本身体现了研究者的理念，反映了特定的语言学理论和方法。没有有效的分析方法，语言研究难免限于就事论事的描写，无法揭示语言现象蕴含的规律，难以解释语言现象存在的理据。事实表明，近两年的汉语研究，在分析方法上凸显了不断拓展的趋势。陆丙甫、丁健的《"四缺一"现象的动因定位和评价》论证了描写简单性跟解释简单性的正比关系。论文借鉴了当代语言类型学的蕴涵共性分析法（A现象蕴涵着B现象），指出蕴涵共性提供了一种新的共性类型，从而大大丰富了语言共性的研究范围，加深了我们对人类语言共性的认识。更重要的是，它提供了一种继结构主义"最小差别对"（minimal pair）之后的又一种普遍描写模式。所谓"四缺一"本质上也是一种"最小差别"格局：在两对各自具有"是-非"两个变量所构成的四个搭配中，只有一个不存在，这种现象可通过"可能性等级"和"两因素互动"去解释。作者通过一些个案分析，阐释"四缺一"的复杂性及相关动因的优选原则，对汉语言学研究具有示范效应。沈阳的《变换移位、提升并入、拷贝删除及其他》集中论述与结构变换相关的句法分析理论在汉语句法研究中的应用。论文认为，当代语言学理论中关于句法分析的理论很多，如索绪尔提出的"组合关系和聚合关系"，美国结构理论提出的"向心结构和离心结构""分布分析""层次分析"，以及生成语法理论提出的"论元结构""X结构"。但其中有一种方法一直占据着句法分析的核心地位，即美国结构理论后期提出并采用的与"结构变换"和"成分移位"相关的句法分析手段。半个世纪以来，与这种分析方法相关的句法理论和分析技术已有了很大变化和发展，提出了"成分移位分析""提升并入分析""拷贝删除分析"等等方法。作者认为，这些分析方法在汉语句法和语义研究中也非常有效，并简要介绍了这些句法分析的成果及最新进展，希望引起学界重视，拓展汉语言学研究的分析方法。

语言研究分析方法的拓展，还体现在研究者突破传统研究的框架，立足新的视点，创新分析方法。事实表明，近两年来这种趋势也在不断拓展。吴福祥的《复制、型变及语言区域》深入讨论了语言演变过程中相关语言接触引发的三个概念，即“复制”“型变”和“语言区域”。作者强调“复制”(replication)、“型变”(metatypy)和“语言区域”(linguistic area)是三个重要概念，尤其是“复制”和“型变”，与之相关的探究和讨论是近年来语言接触与语言演变探索的重要进展。论文在前人研究的基础上讨论这三个术语的内涵及其内在关系，着重说明“语法复制”作为接触引发的语言演变的重要机制，是形成“型变”和“语言区域”的重要过程。在此基础上，论文进一步指出：(1)“复制”是指一种语言(复制语)仿照另一语言(模式语)的某种语法模式，产生出一种新的语法结构或语法概念，是接触引发的语法和语义演变的重要机制。(2)“型变”是指一个语言的语法系统受另一语言的影响而发生整体性重组，以致在结构类型上发生根本性改变，是语法复制的后果或产物。(3)“语言区域”的重要特征是一个地理区域的不同语言之间具有显著的结构相似性，而其动因是包括语法复制在内的接触引发的语言演变。张伯江的《言者与听者的错位》立足言语交际的视角来分析话语编码和解码过程中的错位现象。论文强调言语交流以互相理解为目的，但在实际交际过程中，由于说话者的编码与听话者的解码不匹配，也常有言者与听者理解错位的情况。交流是否成功，根本的决定因素还是在于听话人是否准确理解了说话人的意思，理解不准确就形成了错位，就不是一次成功的言语交流。作者指出：通常说话人总是充分考虑听话人能否准确理解自己而选择特定的说话方式，这是普遍的交际原则；但语言的主观性无处不在，说话人在说出一段话的同时表明自己对这段话的立场、态度和感情，从而在话语中留下自我的印记，而说话人的这种主观立场、态度和感情又往往不能被听话人及时准确地把握住。论文依据大量的语言事实，列举了十种情况，讨论了言语解码者在理解时对言语编码者主观意图不准确解读的现象。

三

立足句法语义对汉语事实进行描写并解释，是汉语言学研究的传统。这是在某种语言理论(如：结构语法、生成语法、功能语法、认知语法、构式语法)关照之下，研究汉语事实的实践活动，长期以来，尤其是20世纪80年代以来取得了极为丰富的研究成果。近两年来，这种研究继续深化，出现了很多新的观点。胡建华、杨萌萌的《“致使-被动”结构的句法》针对汉语“给、让、教(交/叫)”既表致使又表被动的现象进行了深入探讨：第一，什么样的动词或语素可以既表致使又表被动？或者说，既表致使又表被动的条件是什么？第二，这种“致使-被动”解读是有关成分或结构演变的结果，还是两种变换形式一直同时并存？论文首先提出“致使-被动”变换解读的分析方案，然后指出演变分析的问题所在。作者认为：“给、让、教”之所以既可以表致使又可以表被动，是因其词汇句法结构为双VP结构，而只有这样的双VP结构才能产生致使和被动两种语义的变换。“给、让、教”本身的词汇语义并不含致使义和被动义，致使义和被动义源自对“给、让、教”所投射的双VP结构所做的句式解读。任鹰的《从生成整体论的角度看语言结构的生成与分析》主要以汉语动宾结构为例展开讨论。论文认为汉语句法结构和语义结构的关系较为松散，同一类句法结构常可包容多种语义关系。动宾结构又是颇为能产并极具开放特征的句法结构，汉语句法结构有着较强的语义兼容能力的特点，在动宾结构中体现得尤为突出。动宾结构究竟能够包容多少种语义关系，乃至某些动宾结构的语义关系应当如何确认，一直被视为汉语语法研究中的难题。之所以会有这样的“难题”存在，就是因为语言研究中的结构分析同语言运用中的结构生成和理解，在理念与方法上均存有抵牾。作者的结论是：句法结构的生成与其说是从部分到整体，不如说是从一个整体到另一个整体，部分在整体中的地位、部分对整体的表述价值，决定着部分结构成分的提取方式。汉语句法结构的生成注重部分的突显度，注重部分同整体的关系，应是汉语句法结构语义包容能力极强的根本原因。

值得关注的另一类成果，是研究者对汉语已有的研究成果加以修正，或加以评述，也很有特色。侯瑞芬的《再析“不”“没”的对立与中和》是对汉语否定词传统研究的一种反思。作者指出，“不”与“没”是现代汉语中的两个基本否定词，通常认为“没”有两种用法。作为动词，它表示对事物存在的否定，否定名词；作为副词，它用于客观叙述，限于指过去和现在，不能指将来。与之相对“不”只有副词用法，即用于主观意愿，可指过去、现在和将来。也就是说，我们首先用否定动词和否定名词给“没”和“不”切了一刀，然后在否定动词上从客观和主观、已然和未然两个维度对“没”和“不”进行了区分。作者认为两者的主要区别是语义上“性质否定”和“存现否定”的区别，可进一步抽象为主观否定和客观否定的区别，这种区分横贯名词和动词。“不”和“没”之间是一种扭曲关系，“没”只有客观性，而“不”既有客观性又有主观性，主观性为主。这种扭曲关系是造成“不”和“没”对立与中和现象的根本原因。张谊生的《30年来汉语虚词研究的发展趋势与当前课题》对汉语虚词研究及其发展趋势作了概括和总结。作者认为20世纪80年代以来，汉语虚词研究突飞猛进，取得了一系列突破性的进展，然而在取得成绩的同时也应该看到局限与不足，更应该明确未来的研究方向。作者指出，汉语虚词具有不同于印欧语虚词的特点，要想全面深刻地揭示汉语语法规律，科学合理地阐释语法形式与语法意义之间对应或不对应的关系，就必须花大力气对各类虚词进行尽可能详尽透彻的研究。30年来，汉语虚词研究最为重要、最具潜力的领域涉及语法化、主观化、词汇化、构式化、标记化、附缀化、元语言、语义地图八个方面，同时也存在着一系列局限与不足，需要进一步突破。

四

学术研究源远流长，可持续发展依赖于我们年轻一代学者。汉语言学研究也一样，我们欣喜地看到长江后浪推前浪，年轻一代正在悄然崛起。也许他们的学术地位还不高，也许他们的研究还不成熟，但他们是未来汉语言学研究的主力军，汉语言学界在他们身上寄托了“青出于蓝而胜于蓝”希望。因此本年刊每年都要遴选并推介几位年轻学者的研究成果，以鼓励他们更上一层楼，担当起未来汉语言学研究的历史重任。事实上，我们发现一些70后学者已经开始逐渐成熟，在汉语言学研究领域获得了自己的话语权。周韧的《兼类说反思》对传统语法研究中词类范畴的“兼类”认定进行了反思。“兼类”是词类划分中的重要概念，指“一词多类”现象，即一个词属于两个或多个类别的现象。“兼类”概念在汉语语法研究之初就已经存在了，比如《马氏文通》中就有“字类通假”的说法。在后来的汉语语法研究中，出现了种种不同的理论来处理“一词多类”现象，这其中有20世纪二三十年代黎锦熙和陈承泽提出的“转类说”和“词类活用说”。作者认为，朱德熙先生的词类观和他确立的汉语词类体系在汉语语法学界具有深远影响，如果深入贯彻朱先生最主要的词类观，那么在汉语的词类划分体系中，便不宜有兼类的概念。作者指出，设立兼类词所依据的“数量原则”其实难以把握，而从概括词和个体词的关系、词类划分标准的确定和词性标注三个方面说明兼类概念，同样会陷入理论困境。作者强调：一旦确立“汉语词类和句法成分不是一一对应关系”这一重要原则，那么设置兼类便会多多少少和这一原则产生矛盾，是个值得反思的问题。孟凯的《三音词的韵律-结构-语义界面调适》从韵律、结构、语义三个层面讨论汉语词法的界面关系。近30年来，汉语的三音词语有明显增加的趋势，这是值得注意的现象。学界以往对三音词语的研究侧重于探讨其韵律特点及韵律与结构形式的对应关系，如[1+2]结构以动宾式为主(如：开玩笑)，[2+1]结构以偏正式占绝对优势(如：宽心丸)，[1+1+1]结构不多，主要是联合式(如：短平快)、补充式(如：舍不得)、主谓式(如：面对面)。作者发现，有些[2+1]偏正式三音词语(如：恒温器、净水器、嫩肉粉、热水器、瘦肉精)和[1+2]动宾式三音词语(如：吃偏饭、喝闷酒、读死书、开夜车、睡懒觉)在韵律、结构或语义上具有特异性，但能够在这三个界面的调适中实现和谐。作者指出，[2+1]偏正式三音词语主要体现的是语义压制导致内部成分结构顺应的双界面调适。[1+2]动宾式三音词语则体现出韵律压制促使结构和内部语义先后顺应的连锁式界面调适。以具有特异性的三音词语和跨层结构词汇化而来的双音词为代表的复合词语，体现的正是汉语词法的韵律-结构-语义的界面关系。

更令我们欣喜的是，汉语学界一些80后学者也开始崭露头角，给我们的汉语言学研究带来了新鲜的空气。虽然他们的职称还不高，他们的资历也还不深，但他们已经升堂入室，并做出了自己的研究成果。乐耀的《从互动交际的视角看让步类同语式评价立场的表达》立足近些年来发展迅速的“互动语言学”(interactional linguistics)，对汉语让步类同语式评价立场的表达进行了解析。互动语言学的核心理念是：从社会交际互动(social interaction)这一语言最原本的自然栖息地(natural habitat)之中来解释语言的结构和使用。因此，它的研究主要包括两方面：一是要从语言的各个方面(音韵、形态、句法、词汇、语义，包括语用)来研究其结构和使用方式是如何通过互动交际来塑造的；二是在社会交际中，互动双方需要完成的交际功能和承担的会话行为(conversational actions)是如何通过语言来实现的。由此可见,语言语法结构的塑造和社会交际互动的运作之间是一种天然的互育(cross-fertilization)关系。作者考察了让步类同语式(如:这双鞋好是好,可就是太贵了)在不同的会话序列结构中是如何表达主观评价立场的,厘清了在交际互动中,会话行为和表达该会话行为的语言形式之间的相应关系。论文通过分析让步类同语式在会话中表达评价立场的各种形式,总结了该结构在互动中表达评价立场时所遵循的总体原则,即先扬后抑。从中揭示了同语结构与会话结构之间的关联,阐明了同语结构立场表达的互动属性。孙天琦(与郭锐合作)的《论汉语的"隐性述结式"》着眼于解决"后果宾语"(如:跑了一身汗)的允准机制及实现模式,论证了"后果宾语"结构与述补结构存在整齐的平行性。作者认为,这类结构可以确认为补语只起语法作用而没有语音形式的"隐性述结式"。由此提出了"产生"义和"粘附"义两类"隐性述结式",从述结式的论元衍生规则推导出"后果宾语"结构的各种实现模式,并统一解释了这类结构的相关问题。论文还把这一模式扩展到"取夺义双宾""隐性致使"等特殊结构,解释了这些结构特殊的论元实现问题,进一步论证了"隐性述结式"在汉语研究中的应用价值。

综上所述,通过本集刊转载的这些具有代表性的研究成果,读者们一定能窥见近两年汉语言学研究的动向以及今后发展的趋势。新世纪以来,随着我国综合国力的日益提升,中国在国际事务的各个领域拥有了越来越多的话语权,与此相应的是汉语及其汉文化的国际推广也正在获得广泛而深入的进展。因此,建立具有中国特色的哲学社会科学体系迫在眉睫,可谓是任重道远。我们相信,富有责任感的中国语言学者一定会担起历史的重任,创立具有汉语特点的语言学理论体系。

《汉语言学新视界》编委会

再析“不”“没”的对立与中和*

侯瑞芬

提　要　过去把“不”和“没”的首要差别定在是否定动词还是否定名词上，对一些现象无法解释，出现了不少例外。本文认为，二者的主要区别是语义上“性质否定”和“存现否定”的区别，可进一步抽象为主观否定和客观否定的区别，这种区分横贯名词和动词。“不”和“没”之间是一种扭曲关系，“没”只有客观性，而“不”既有客观性又有主观性，主观性为主。这种扭曲关系是造成“不”和“没”对立与中和现象的根本原因。

关键词　不　没　否定　性质否定　存现否定　扭曲关系

1. 传统区分法的问题

“不”与“没”（也说“没有”）是现代汉语中的两个基本否定词，通常认为，“没”有两种用法，作为动词，它表示对事物存在的否定，否定名词；作为副词，它“用于客观叙述，限于指过去和现在，不能指将来”。与之相对，“不”只有副词用法，“用于主观意愿，可指过去、现在和将来”（吕叔湘，1980：383）。这样，我们首先用否定动词和否定名词给“没”和“不”切了一刀，然后在否定动词上从客观和主观、已然和未然两个维度对“没”和“不”进行了区分。这种区分法对很多语言现象都有很好的解释力，但也遇到了一些麻烦。

麻烦之一就是“不”有时候也否定名词，古代和现代都有这样的用法，如“不才、不日、不科学、不男人、不名誉”等。

麻烦之二是用在动词前，用“主观和客观”“已然和未然”对“不”与“没”进行区分也存在困难。首先，在有些句子中，用“不”或“没”，句子的表义基本相同，二者的对立状态消失，发生了“中和”（王灿龙，2011），如：

(1) 他现在不在家。　　　　(2) 他现在没在家。

其次，不少受“不”否定的成分并非表示意愿，而是表示客观事实（郭锐，1997），如：

(3) a. 他不是学生。　　　　b. 我不知道这件事。　　　　c. 太阳不绕地球运行。

另外，汉语中的“不”也可以用于表已然的句子，“没”也可以用于表未然的句子（马真，2004：110－111），如：

(4) a. 他昨天怎么不来开会？　　　　b. 如果我十点还没到，你就先走。

这些问题促使我们对“不”和“没”的区别重新加以思考。

2. “是”的否定和“有”的否定

郭锐（1997）较早将“没”的两种用法统一起来分析，他指出：“现代汉语中的‘没（有）’有两种基本用法，一是对事物的存在的否定，二是对过程性成分的否定，如果不考虑‘没（有）’的词性，这两种用法从更高层次上说是相通的：……‘没（有）’是对存在的否定，包括对事物存在和事件存在的否定。”这种看法触及了“没”的本质问题，对我

* 本文是国家社科基金青年项目“基于语料库的汉语应答性成分语义和话语功能研究”（项目编号：13CYY61）的阶段性成果。沈家煊先生在论文写作过程中给予了切实指导，提出了多处极为重要的意见，匿名审稿专家也提出了宝贵的修改意见，在此一并致谢。如有错误当由作者本人负责。

们很有启发。

沈家煊(2010a)对“不”和“没”的区别有了新的认识，指出：“在中国人的心目中，‘事’也是‘物’，抽象的、动态的物而已；汉语里的‘动词’也是‘名词’，抽象的、动态的名词而已”。汉语注重区分“有”的否定和“非有”的否定，不注重区分否定名词还是否定动词，“不”和“没”的区别根本上是“是”和“有”的区别，“不”是对“是”的否定，“没”是对“有”的否定。

从语用上讲，对“是”的否定是对“判断”的否定，对“有”的否定是对“叙述”的否定，“判断”和“叙述”是语用概念。王冬梅(2014)用大量实例论证，“是”和“有”以及“的”和“了”的区分是汉语语法的大分野，分别对应于“肯定”和“叙述”[1]，而且进一步指出二者的对立不是绝对的，也有不对立的情形存在，表现在“是”和“有”可以同现，如：

(5) 彩色电视机我是有一个九寸的。

(6) 在这方面，美联储是有过深刻教训的。

(7) 数字是有了显著的增长。

不过，同现是有顺序的，只能是“是有”，不能是“有是”。这背后的原因是：“对于一个叙述我们仍然可以肯定，而对于一个肯定，则很难再加以叙述”，“肯定可以包含叙述”。我们把这种不对称的“扭曲关系”(skewed relation)图示如下：

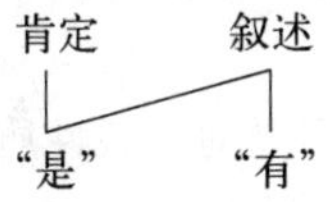

实际上，我们在叙述一件事情的时候也就肯定了这个叙述，比如“他去过非洲”是一个叙述，其实也是对这个叙述的肯定，如果要强调这个肯定，就可以说“是他去过非洲”或“他是去过非洲”，不加“是”只是没有强调而已。这意味着，“判断(肯定)”和“叙述”这对语用范畴，“判断”是第一性的，“叙述”是第二性的。语言甚至可以全用判断来表达，因为判断包含了叙述，但是不能全用纯粹的叙述来表达，因为语言表达或多或少带有说话人的主观判断(见下5.3)。

“不”是对“是”的否定，“没”是对“有”的否定。下面将进一步说明，正是“是”和“有”的这种扭曲关系造成了“不”和“没”的中和现象。

3. “性质否定”和“存现否定”

为了更好地解决第1节指出的问题，特别是要说明“不”有时候也否定名词的现象，本文进一步从语义上将“不”和“没”的区别确定为“性质”否定和“存现”否定的区别。“不”是对性质的否定[2]，不管是名词、动词还是形容词，用“不”否定都是否定性质；“没”是对存现的否定，不管是名词、动词还是形容词，用“没”否定都是否定存现。汉语的“是”不同于英语的“be”，我们可以说“不是学生，是教师”，也可以说“不是抄袭，是引用”“不是聪明，是狡猾”，对“是”的否定都是对性质的否定。汉语的“有”也不同于英语的“there be”，“有”既表“在”(existence)又表“现”，“没有车”是否定车的“在”，“没有去”和“没有黄”是否定“去”和“黄”的“现”，对“有”的否定都是对存现的否定。总之，“不”重点关注事或物的性质“是不是”这样，“没”重点关注“有没有”这种事或物的存现。

沈家煊(2010a)指出“汉语中的名词和动词倒是都能用同一个否定词‘没’来否定，对中国人来说‘有没有这样东西’和‘有没有这件事情’的区分并不重要”，我们可以说“没车”，也可以说“没去”。实际上，汉语中的名词和动词也都可以用“不”否定，我们可以说“不思考”“不入流”，也可以说“不男人”“不名誉”。有人说，这里的“男人”是临时活用为形容词，这是先认定“不”不能修饰名词。我们不应该从既定的认识出发，而应该从事实出发，事实是大量的名词只要有合适的交谈场合就都可以用“不”否定(详见3.3)。“不”和“没”之间性质否定和存现否定的区

① 我们将“肯定”改为“判断”，因为“肯定”通常与“否定”相对。

② 郭锐(1997)已经指出，“不”可看作对谓词性成分的本身性质的否定。

分横贯汉语的名词、动词和形容词。

3.1 否定动词

"不"和"没"都可以否定动词，但各有侧重。"不"是对行为性质的否定，涉及行为的"是与非"，是主观否定，吕叔湘(1982：237－240)说"不"有"某人有意不为之意"，可谓一语中的；"没"是对行为存现的否定，只涉及行为的"有与无"，是客观否定。正如吕先生所言，"没"的"注意点在它的事变性(有没有这件事)"，而"没"之所以是"完成式"的否定，也正是因为它是对行为存现的否定。

我们从下面的组合中也可以看到"不"和"没/未"的这种差异①。试比较：

(8) 不成文|没成文　　　　　　不婚|未婚

"不成文"是指"没有用文字固定下来的"，通常是一种无法或未经书面描述的通常做法、规定等，常见的搭配如"不成文的规定、不成文的做法"。《现代汉语词典》(第6版)把"不成文"标注为属性词，由此不难看出"不"是一种对性质的否定。而"没成文"是指"尚未成文"，如"这只是一个大致的想法，还没成文"，这里的"没"是对"成文"这种行为存在的否定。

我们再看"不婚"和"未婚"。"不婚"是一种主动选择的生活方式，是一种个人主张，"不"否定的是"婚姻"这种性质，常见的组合是"不婚族、不婚主义"。"未婚"则是指"尚未进入婚姻"，"未"否定的是"婚姻"这个状态的存在，常见的搭配是"未婚男女""未婚证明"。而"未婚证明"在法律上的全名叫"无婚姻登记记录证明"，不难看出这里"未"是对行为存在的否定。

虽然"不"和"没"都可以否定客观事实，但"不"是对客观性质的否定，"没"是对客观存现的否定，我们从下面的例子可看出这一点：

(9) a. 他是中国人。　　　　b. 他不是中国人。

(10) a. 太阳绕地球运行。　　　　b. 太阳不绕地球运行。

(11) a. 屋里有人。　　　　b. 屋里没有人。

(12) a. 外面下雨了。(不少方言说"外面有下雨")　　b. 外面没下雨。

有时候"不"和"没"有同一性，如"他现在不在家"和"他现在没在家"意思基本一样，都是否定客观事实，之所以有这种"中和"现象是因为"在有些情况(比如表状态)下，一个事物存在与否，其本身就是判断的结果"(王灿龙，2011)。这也表明，对性质的判断是第一性的，对存现的叙述是第二性的(见上第2节)，存现本身也可以视为一种性质(可以说"不存在"，"不出现")，一种特殊的性质，我们称之为"存现性"。例如，"他在家"是在叙述一个存在，也是在判断这个存在的性质，要强调对这个存在性的判断，就可说"他是在家"。

3.2 否定形容词

人们很少提到"没"否定形容词的用法，但是实际上"没"也否定形容词，如"香山的树叶还没红呢""饭还没熟呢"。我曾在厦门南普陀寺门口看到一条标语写着"无垃圾、无冷漠，有文明、有温馨"，"无垃圾"和"无冷漠"并列，"有文明"和"有温馨"并列，可见只要是否定存在，形容词和名词一样都可以用"无"(相当于"没有")否定。

"不"和"没"都可以否定形容词，但两者仍然表现出性质否定和存现否定的差异，如(转引自史锡尧，1995)：

(13) (树叶)不黄|(天)不亮(就走了)　　　　(14) (树叶)没黄|(天)没亮

史文指出，这里"不"表达的是说话人的"主观认定"，不同的人标准不同，认定的结果也不一定相同；而"没"否定事物的一种性质状态时，"含有事物的这一性质状态是逐渐变化形成的，有一个发展过程"，"没"否定"已经发展到具有这种性质状态的阶段"。"认定"这个词用得好，"性质"是人"认定"的，"认定"跟"否认"相对，都是说话人"认不认"的问题。"否认"(denial)和"否定"(negation)的区别就是主观和客观的区别(见下第5节)。

3.3 否定名词

这是本文的一个重点。通常把能不能否定名词看作"不"和"没"的首要区别，而实际上，汉语中的名词也可以

① 这种组合，"没X"通常为短语，"不X"倾向成词，但是汉语词和语的界线是不清晰的，因为"词"的地位并不明确，正如赵元任(1979：100－102)所说，汉语只有许许多多"类似word"的组合。另外，从"词化"的历时进程看，没有短语"不X"也就没有词"不X"，而且"词化"的程度是不等的。正是出于这种考虑，我们不太关注"不"是词还是语素，而更看重它所表示的意义。

用“不”来否定，条件是否定性质。名词虽然本身并不表示性质[1]，但是名词所表示的事物是有各方面的性质的，例如“男人”一般有“阳刚性”，而且人们经常自然地将男人和阳刚性联系起来，“不男人”一般就是否定这种阳刚性。又如“童话”一般具有“浪漫、虚幻、不现实”的特点，所以我们可以说“我们的爱情一点儿都不童话”，“不童话”就是“不具有童话的性质”。因此，我们认为，如果表示事物的名词可以比较稳定地和某种或某些性质联系起来，它就可以受“不”否定，这个时候“不”否定的是事物具有的性质，而当用“没有”来否定这些名词时，否定的是事物的存在。例如：

(15) a. 女人，脸蛋可以不天使，表情一定要可爱。身材可以不魔鬼，动作一定要撩人。(BCC语料库[2])

b. 这个世界上根本没有什么天使和魔鬼。

如果要用“没(有)”来表达“不+名词”的意义，则要在名词后添加表示性质的词，例如：

(16) a. 小王真不男人。　　b. 小王真没男人气[3]。

(17) a. 她一点儿也不淑女。　　b. 她一点儿也没有淑女样儿。

与具体名词相比，抽象名词更容易与性质相联系，所以也更容易受“不”否定，例如：

(18) a. 她的推拒太明显，也太不技巧了。(BCC语料库)

b. 她的推拒太明显，也太没有技巧性了。

(19) a. 我们的课题也太不学术了吧？(BCC语料库)

b. 我们的课题也太没有学术性了吧？

(20) a. 上海警官讽刺强奸案报道写得不色情。(BCC语料库)

b. 上海警官讽刺强奸案报道写得没有色情意味。

很多名词一般不用“不”否定，是因为人们很难将这些名词表示的事物跟某种或某些性质联系起来。这样的名词一般不用“不”否定，但我们不能因此而认为“不”不能否定名词，正如我们不能因为有的动词(如“姓”“属于”等)一般不用“没”否定而否认“没”能否定动词一样。

“不”否定名词大致有两种情形，很难截然分清。一种是临时的修辞用法，如“不男人”“不中国”。“阿Q”是一个名词，而且是个专名，如果在特定的语境里说“他才不阿Q呢”，别人也能推导出“他不像阿Q那样自轻自贱、自我安慰”的意思。当然语境不同可推导出的意思也不同(参看沈家煊，2010b)。凤梨酥是一种非常著名的点心，好不好吃与馅料有很大的关系，但有些商家为了节约成本，用冬瓜来代替凤梨，影响了凤梨酥的口感。于是有一种凤梨酥打出了“绝不冬瓜”的广告词，乍一听觉得奇怪，但仔细想想，这也是在否定一种性质。

还有一种情形已经不能算是修辞用法，如“不科学”“不道德”“不法”“不才”等。不过，很可能起初的时候它们也是修辞用法，用得多了就固化为一般用法，也有可能是从已经固化的一般用法类推而来的。这种固化形式里的名词有形容词化的趋势(见下4.1)。现在“不男人”的说法越来越多，大有变为一般用法的可能。

下面我们来看两种常见的结构。

1) “不+N”粘合构词

董秀芳(2003)分析了由“不”和动词、形容词粘合成词的情况，实际上，也有“不”与名词粘合成词的情况。“不+N”常常表示“不符合……”，我们看《汉语大词典》中的这些条目：

【不典】不守常道；不合准则。《书·康诰》：“人有小罪，非眚，乃惟终，自作不典，式尔。”

【不轨】越出常轨，不合法度。《左传·隐公五年》：“不轨不物，谓之乱政。”杨伯峻注：“不轨谓举事不合礼制法度。”

【不情】不近人情；不合情理。《三国·魏·嵇康·与山巨源绝交书》：“欲降心顺俗，则诡故不情。”

【不妇】不合为妇之道，违背妇德。《左传·襄公三十年》：“君子谓宋共姬女而不妇。女待人，妇义事也。”《汉

---

① 感谢匿名审稿专家提醒这一点。

② BCC语料库(全称BLCU Chinese Corpus，即北京语言大学现代汉语语料库)是由北京语言大学汉语国际教育技术研究中心研制的，总字数约150亿字，包括：报刊(20亿)、文学(30亿)、微博(30亿)、科技(30亿)、综合(10亿)和古汉语(20亿)等多领域语料。

③ 感谢匿名审稿专家提供此例证。

书·五行志上》："二十四年，'大水'。董仲舒以为夫人哀姜淫乱不妇，阴气盛也。"

【不经】不合常法。《书·大禹谟》："与其杀不辜，宁失不经。"《蔡沈集传》："圣人之法有尽而心则无穷，故其用刑行赏，或有所疑，则常屈法以申恩。"

从释义不难看出，"不"和名词粘合成词仍然是否定事物的性质，这是"不"与名词组合的语义基础。

2）"无 N_1 不 N_2"结构

最近有一种"无 N_1 不 N_2"的结构很流行，其中"无"和"不"后都是一个名词，例如：

(21) 无貂绒不冬天　无跟帖不新闻　无肌肉不男人　无兄弟不人生　无痘痘不青春
无芝士不西餐　无粉丝不品牌　无智能不手机　无音乐不生活　无乐视不半月

这种结构是早已有的"无毒不丈夫"说法的普及，大致解释为"如果没有……就算不上……"，"不"后大多可以插入"是"，可以很明显地看出，"无"是对存在的否定，"不"是对性质的否定。

更有意思的是这样一对说法："无兄弟不篮球"和"无篮球不兄弟"，两者要表达的意思是不同的。"无兄弟不篮球"是说没有"兄弟"就打不好篮球，也就是算不上真正的打篮球，因此要把队友看作兄弟一样，强调团队合作的重要性；而"无篮球不兄弟"是说没有"篮球"就没有"好兄弟"，通过篮球运动中的团队合作可让参与者产生兄弟般的情谊，强调篮球运动的价值。

最后要对"不"否定名词是否定性质做一点补充说明。一般说形容词表示性质，名词是表示事物。但是正如 Wierzbicka(1980：468)指出的，形容词和名词的一个差别在于，形容词只表示事物的某一种性质，而名词所表示的事物有多方面的性质。例如，"他很聪明"，"聪明"只是表示一种特定的性质，"他很中国"，"中国"则具有多方面的性质，究竟是指哪个方面，视语境而定，也可以指多方面性质的综合。我们可以仿照"无 N_1 不 N_2"格式造出下面一系列的句子：

(22) a. 无孔孟不中国。　b. 无京剧不中国。　c. 无长城不中国。　d. 无汉字不中国。

理论上讲可以造出的用例无穷多，因为中国的性质无穷多。

朱德熙(1985：6)指出，"印欧语里经常修饰名词的是形容词……汉语的情形不同……汉语里名词修饰名词十分自由。"诸如"火箭干部、神仙伴侣、冰雪美人"这样的名名组合之所以能够大量存在，正是由于这些名词所表示的事物具有某种或某些性质，而"不"的属性既然是性质否定，自然也可以否定名词。

"不"否定名词是否定性质，"不"否定动词也是否定性质(上文 3.1)，这不等于说两者完全没有区别。否定动词时"不"比"没"更常用，否认名词时"没"比"不"更常用，上面说过，"不"否定名词起初是临时的修饰用法。名动区别还是有的，只是在汉语里并不那么重要而已。

4. 性质否定与"不 X"的形容词化

我们考察"不 X"复合词发现，不管 X 是名词、动词还是形容词，"不 X"都呈现出一种形容词化的倾向，这也说明"不"的否定是一种性质否定，因为形容词是与性质义最为契合的词类。

4.1　"不＋N"的形容词化

"不"可以加在名词或名词性词素前面，构成形容词，《现代汉语词典》(第 6 版)有例如下：

【不法】bùfǎ 形 属性词。违反法律的：～行为|～分子。

【不轨】bùguǐ 形 指违反法纪或搞叛乱活动：～之徒|行为～|图谋～。

【不名誉】bùmíngyù 形 对名誉有损害；不体面：一时糊涂，做下～的蠢事。

【不人道】bùréndào 形 不合乎人道。

不仅如此，"不"与双音节名词组合还经常会发生"逆派生"现象(赵元任，1979：113)。如"规则、景气、人道、道德、科学"等本来是名词，和"不"组合后，"不＋名词"构成形容词，在像"不漂亮"这样的"不＋形容词"的常规搭配影响下，"规则、景气、人道、道德、科学"逐渐有了形容词的用法。而"不"之所以能够参与从名词到形容词的逆派生过程，正是因为"不"是一种性质否定。

4.2 “不+V”的形容词化

“不”与动词组合同样有形容词化的倾向,《现代汉语词典》(第6版)中有下面的例子:

【不测】bùcè ❶ 形 属性词。不可测度的;不可预料的:天有~风云。……

【不成文】bùchéngwén 形 属性词。没有用文字固定下来的:~的规矩|多年的老传统~地沿袭了下来。

【不要脸】bùyàoliǎn 形 不知羞耻(骂人的话)。

而且,双音节动词与“不”组合同样有变为形容词的逆派生现象,例如:

【入流】rùliú 动 ❶ 封建王朝把官员分成九品(九个等级),九品以外的官员进入九品以内叫入流。❷ 泛指进入某个等级:他演技拙劣,是个不~的演员。

如果形容词的判断标准是能受“很/不”修饰且受“很/不”修饰时不能带宾语(郭锐,2002:192),那么“入流”已经可以视为一个形容词,形容人“思想、言谈等不着边际,档次低下”(百度百科)。而“不”之所以能参与这一逆派生过程,同样是因为它是一种对性质的否定。

4.3 “不+A”意义的抽象化

有时候“不”否定形容词还有使意义变得更为抽象的功能。突出的两个例子是“不得了”和“不像话”。“不得了”本来表示“情况很严重”,“不像话”本来表示“(言语行动)不合乎道理或情理”,如:

(23) 老板劝他不要乱说,让警察听到可不得了。(苗月《心归何处》)

(24) 这会儿不愁吃不愁用的,再要像过去那样,破破烂烂的,就太不像话啦。(黄钟《王主任赴宴》)

但它们都发展出了表示“程度深”的意义,如:

(25) 他好像遭了天雷轰顶,伤心得不得了。(万关源《爸爸真笨》)

(26) 这地方也真是,连架起重机都没有,一抱粗的大木,用人抬,笨得不像话。(李秋祥《雨中》)

表示程度是一种性质义的抽象化,这种抽象化也是与“不”表示性质否定相联系的。

通过以上分析我们可以看到,“不”与名词、动词组合有形容词化的倾向,而且可以与双音节名词、动词经过逆派生产生形容词,与形容词组合可以产生更抽象的意义。从词类演化的角度看,这是一个名词向动词、形容词虚化的过程(沈家煊,2013),而“不”之所以能参与这种变化,是与它表示“性质”否定分不开的,“不”与形容词的语义属性更相容。

5. 主观否定和客观否定

从语用上讲,“不”否定判断而“没”否定叙述,从语义上讲,“不”否定性质而“没”否定存现,这可以进一步概括为“不”作主观否定、“没”作客观否定,“不”和“没”根本上是主观和客观的区别(参看吕叔湘,1980:363;马真,2004:108)。

试比较:

(27) a. 太阳没绕地球转。　　　　b. 太阳不绕地球转。

如果伽利略当年通过实验和观察,对他的发现进行客观叙述,可以说“太阳没绕地球转”,而如果是伽利略批驳别人的成见和定性,发表自己的主观看法,则要说“太阳不绕地球转”。由此不难看出“不”与“没”的主客观之别。

以往研究常常用“已然”和“未然”来说明“不”和“没”的差异,但是侯瑞芬(2015)发现,“不期而遇”“不谋而合”“不请自来”等结构中“不”要理解为“没有”,而且“不想、不料、不意”等复合词也都解释为“没想到”。“不”和“没”之间“未然”与“已然”的区分在这里失去了作用。侯文把“不”代替“没”表示已然否定的条件归纳为:(a)“不”连接两个事件;(b)这两个事件呈现一种与常理或说话人预期相悖的关系。而“‘不’之所以能在这种语境中代替‘没有’就是因为‘不’可以表达‘主观意愿’这一特点。与‘没有’的‘客观叙述’相比,‘不’由于自身所带有的‘主观意愿’而更适合用于这种因结果与预期相悖而产生意外的语境中,因为它可以表明一种态度,呈现说话人的立场。”

其实,不只是在固定结构中“不”可以表示“已然”否定,一般表达也是如此,例如:

(28) a. 他昨天没来开会。 b. ?他昨天不来开会。

c. 他昨天怎么没来开会？ d. 他昨天怎么不来开会？

当表示已然否定时，用“没”是很自然的，但当我们要传达责备等主观态度时，“不”就可以代替“没”用于已然否定。即便是“他现在没在家”和“他现在不在家”这对句子，意思基本相同，但还是有差别，用“不”否定可以用来反驳对方的看法，用“没”没有反驳的意味。“反驳”也就是前面3.2所说的“否认”(denial)，不认同，主观性强。确切地说，“他现在不在家”的意思是包含而不是等于“他现在没在家”，当你否认“他现在在家”的时候也就否定了“他现在在家”。因此，对汉语来说，已然否定和未然否定的区分不重要，主观否定还是客观否定的区分才重要。

5.1 对是非问句的回答

对是非问句的回答，“不”和“没”也有不同的表现，“不”是对态度的否定，是主观否定，而“没”是对事实的否定，是客观否定。

赵元任(Chao，1955、1959)谈到汉语和印欧语在答问逻辑上的差异，指出印欧语的逻辑靠“肯定和否定”来运作，而汉语的逻辑是用“同意不同意”的方式来表述。例如：

(29) A：咱们没有香蕉吗？

B：<u>是</u>，咱们没有香蕉。 英语：<u>No</u>, we have no bananas.

(30) A：你一点没教养吗？

B：<u>不</u>，我有教养。 英语：<u>Yes</u>, I am a gentleman.

汉语“是”和“不”分别表示同意和不同意，英语Yes和No分别表示肯定和否定。陆俭明(2003)对汉语的情形有类似的表述，刘丹青(2008：26－27)则从类型学的角度将是非问的应答分为“答句定位型”和“问答关系型”，英语是答句定位型，而汉语是问答关系型。沈家煊(2014a)进一步将汉语和英语这一重要差异归结为，英语是一种“语法型”语言，因为肯定否定是语法范畴和语法手段，而汉语是一种“语用型”语言，因为同意不同意是语用范畴和语用手段。现在我们从主观客观这个角度，可以说英语的应答方式是“客观型”的，而汉语的应答方式是“主观型”的，因为汉语“是”和“不”是说话人表明对对方问题的一种主观态度，即“认同不认同”，而不是仅仅对客观事实的确认。由此也可见，“不”是一种主观否定(即“否认”)，与“不”相对的“没”则是针对事实进行否定，上面两个是非问，只有对头一问可以用“没”回答。

(31) A：咱们没有香蕉吗？ B：没，咱们没有香蕉。

(32) A：你一点没教养吗？ B：*没，我有教养。

5.2 作为其他句式的应答语

除了用作是非问句的应答，“不”和“没”也可以用来对其他句式做出应答，同样，“不”标示的是说话人与听话人在认识或态度上的不一致，而“没”则主要是指出客观事实与对方认识的不一致。

(33) 起明：什么？你想让宁宁和那个大卫一块过吗？

郭燕：不，是跟我一起住。(曹桂林《北京人在纽约》)

这里宁宁是郭燕与前夫起明的孩子，郭燕与大卫再婚后希望宁宁跟自己生活在一起，事实上也必然是跟大卫生活在一起，但当起明问“你想让宁宁和那个大卫一块过吗?”的时候，郭燕用“不”应答，显然是对起明认识的否定而非对“宁宁和大卫一块儿过”这一事实的否定。

(34) 和平：那总得有个名分呐……你是不是……瞅不上你大哥？

燕红：没有，我……嫂子你不带这样儿的，我……人家不好意思嘛！(梁左《我爱我家》)

这里和平希望自己去世后燕红能和大哥志新结婚，代替自己照顾家里，但她担心燕红“瞅不上”志新，面对这种询问，燕红用“没有”否定事实更为恰当。

正是有这种区别，所以对祈使句的应答用“不”，如：

(35) 传武说：“一块儿吃吧。”刘根儿说：“不，我回去吃。”(高满堂《闯关东》)

而“没有”可以用于对“赞美”和“抱歉”的应答，如：

(36) 高希希：我觉得作为陈建斌老师来说，这是一个最基本的概念问题，因为这是角色需要，其实是最重要的，所以他能到这个松驰程度也是因为他的表演修养积累到一定程度的放松。

陈建斌：**没有没有**，我觉得特别重要的是跟我们这个创作集体也有关系，就是大家有一个很好的氛围，在这个氛围里你可以特别自如地自由地发挥，我觉得这个特别重要，如果没有这么一个集体的话，那可能也做不到。（新浪嘉宾访谈）

这里高希希对陈建斌的表演修养表示赞赏，陈建斌用“没有”应答。

(37) 夏顺开在慧芳手里喝了口茶，又说：“骚瑞，非常骚瑞，回去请向大妈、大婶、叔叔、阿姨们道歉，我搅了他们的生日宴会。”“**没有**，你很好，你一直坚持到了家才倒下的。”（王朔《刘慧芳》）

这里夏顺开因自己在生日宴会上醉酒而向刘慧芳及其家人道歉，刘慧芳用“没有”应答。这里的“没有”是对对方道歉的前提的否定，意思是对方并没有做对不起自己的事，因而没有必要道歉。

我们避免使用“不”来直接否定对方的认识，而是用“没有”来对“赞美”或“抱歉”进行回应，通过对事实的否定来间接否定对方。这样既尊重了对方，又表示了自己的谦虚或谅解。

“不怎么样”和“不为什么”突出反映了“不”的否定对方认识或态度的功能。如：

(38) 燕西道：“老实告诉你罢，我和她恼了。”玉芬道：“为着什么呢？”燕西道：“不为什么，我不愿意伺候她了。”（张恨水《金粉世家》）

(39) “那你走吧，别再来了。”我冷冷地盯着她说，每个字都说得清楚。她低头沉默了一会儿，抬眼看着我，小声道：“能问句为什么吗？”“不为什么，就是看见你就烦，就讨厌！”（王朔《动物凶猛》）

(40) “你觉得我怎么样？”胡小玲想都没想：“不怎么样。”（彭三源《半路夫妻》）

(41) 胡小玲进来：“今天感觉怎么样？”管军懒洋洋地道：“不怎么样。还是……疼。”（彭三源《半路夫妻》）

当我们问别人“为什么”时，一定是觉得某件事背后有某种原因，当我们问对方“怎么样”时，往往是希望从对方那里得到较为详细的介绍或较为正面的评价，用“不为什么”和“不怎么样”进行应答，则完全否定了对方的这种认识或意图。

通过以上分析我们可以看出，作为应答语，“不”和“没”的区别仍然是“不”侧重“主观态度”的否定，而“没”只是“客观事实”的否定。

5.3 扭曲关系

要注意的是，说“没”是客观否定，“不”是主观否定，这只是一种简便的说法，实际的情形是，“没”只有客观性，而“不”不是只有主观性，“不”在表示主观否定的同时也可能包含对客观事实的否定。“不”和“没”的区别不在有没有客观性，而在有没有主观性。只是为了突出“不”还有主观性，而且以主观性为主，我们才采用这种简便说法。当我对“你一点没教养吗？”的提问不予认同并用“不，我有教养”来应答的时候，我不是只表达一种主观的“否认”态度，同时也是对“我没有教养”这个事实的“否定”。上面还说过，存现本身也可以视为一种性质，即“存现性”，当你说“他现在不在家”也就是进行主观的“否认”的时候，也就同时对“他现在在家”这个事实作了客观的“否定”，“否认”包含了“否定”。关于“否认”(denial)和“否定”(negation)的这种区别和联系，还可参看 Lyons(1977：770-771)。

因此“不”“没”和“主观否定”“客观否定”之间也不是一一对应的，而是一种“扭曲关系”：

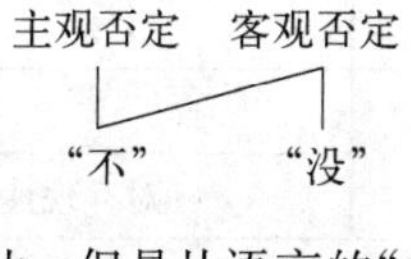

过去认为，带有主观性的表达是特殊的表达。但是从语言的“主观性”理论来说，这种认识不对，因为语言一般或多或少都带有主观性，纯客观的表达（如果真有的话）才是特殊的表达(Finegan，1995)。就“不”和“没”来说，“不”是一般否定、无标记否定，“没”是特殊否定、有标记否定。吕叔湘(1982：240)很早就指出，“一般的否定用‘不’，无论现在，过去，未来；用‘无此事’的看法的时候采用‘没’和‘未’，大多用在自过去延及现在甚至未来，和英语的‘完成式’相当，但也常用于单纯的过去时”。（着重号为笔者所加）只不过吕先生是从时体的角度讲的，这个角度的问题见本文第1节。王灿龙(2011)也指出，“在‘不’和‘没’具有同一性的句法表现中，同一个‘VP’受‘不’

否定的概率一般要明显大于受'没'否定的概率。除少数(如'等、一直')外，用'不'否定的表达式是无标记形式，用'没'否定的表达式是有标记形式。"最后，按照标记理论(markedness theory)，无标记项和有标记项的"中和"(neutralization)规律，中和项一定是无标记项(沈家煊，1999：23)，"他现在不在家"表达"他现在没在家"的意思，当然是"不"替代了"没"而不是相反。上面提到王冬梅(2014)指出"是"涵盖"有"，也可以推导得出"是"的否定(用"不")涵盖"有"的否定(用"没")。

6. 汉语重视的区分

"不"和"没(有)"是汉语中的两个基本否定词，二者的异同一直是语言学界长盛不衰的话题，之前的讨论虽然很多，但大多是把区分二者的首要标准定在了否定名词还是否定动词上，然后再使用"主观"与"客观"、"已然"与"未然"两个标准对否定动词的"不"和"没(有)"进行区分，如下所示：

表 1 "不""没"的传统区分

<table>
<tr><td>否定词</td><td colspan="2">没</td><td>不</td></tr>
<tr><td>句法功能</td><td>否定名词</td><td colspan="2">否定动词</td></tr>
<tr><td rowspan="2">区分标准</td><td>对事物存在的否定</td><td>对已然行为的否定</td><td>对未然行为的否定</td></tr>
<tr><td colspan="2">客观否定</td><td>主观否定</td></tr>
<tr><td>例　句</td><td>小王真没男人气。</td><td>他昨天没回家。</td><td>我今晚不回家。</td></tr>
<tr><td>例　外</td><td></td><td>如果我十点还没到，你就先走。</td><td>小王真不男人。
太阳不绕地球运行。
他昨天怎么不来开会？
他现在不在家。
(=他现在没在家)</td></tr>
</table>

这种区分虽然可以解释多数语言现象，但是对"不"否定名词、"不"用于已然否定、"没"用于未然否定以及"不"用于客观否定等现象无能为力，出现大量的例外，还有没有列入的，前面提到"不谋而合"和"不料"等，虽然可以归为"不"的主观否定，但显然不是对未然行为的否定。囿于长期以来"名动分立"的传统认识，人们在讨论"不"和"没"的差异时仍然是首先考虑动词与副词的区分，即"不"是副词，而"没"则兼有副词和动词两种功能，这种分析的结果是"没"的功能要大于"不"，两者仅在作副词时表现出对立，而且"没"的两种功能一动一副难以统一。

我们从汉语"名动包含"(沈家煊，2009、2012)的特点出发，将区分"不"和"没(有)"的首要标准定在了客观否定和主观否定上，具体而言，语用上表现为"判断否定"和"叙述否定"的区别，语义上表现为"性质否定"和"存现否定"的区别，这种区分横贯(cut across)名词和动词，如下图所示：

表 2 "不""没"的新区分

<table>
<tr><td>否定词</td><td>没</td><td colspan="2">不</td></tr>
<tr><td>主要差异</td><td>客观否定</td><td colspan="2">主观否定</td></tr>
<tr><td rowspan="2">语义表现</td><td rowspan="2">存现否定</td><td colspan="2">性质否定</td></tr>
<tr><td>对存现性的否定</td><td></td></tr>
<tr><td>否定名词</td><td>对事物存现的否定</td><td>对事物存现性的否定</td><td>对事物性质的否定</td></tr>
<tr><td>例　句</td><td>小王真没男人气。</td><td>(这样做不道德。)</td><td>小王真不男人。</td></tr>
<tr><td>否定动词</td><td>对行为存现的否定</td><td>对行为存现性的否定</td><td>对行为性质的否定</td></tr>
<tr><td>例　句</td><td>他昨天没回家。
他现在没在家。
如果我十点还没到，你就先走。</td><td>太阳不绕地球运行。
他现在不在家。
他昨天怎么不来开会？</td><td>我今晚不回家。</td></tr>
</table>

通常认为,“不回家”是从意愿角度说,“没回家”是从已然角度说。其实,“从意愿角度说”带有主观评判性,“从已然角度说”带有客观叙述性。我们须承认在表达上确实有人“不在家”和“没在家”是不怎么加以区分的,这是因为一个叙述同时也是一个判断。“对存现性的否定”是“性质否定”的一个次类,只是在这个次类里“不”“没”发生了所谓的中和。中和的条件是,“已然的”存现状态被视为一种性质,这种“中和”在表达已然的存现状态时特别容易发生。“存现性”是只对已然状态而言的。因此传统上已然和未然的区别仍然得到局部的体现,可比较:

(42) a. 你不(*没)回家干什么去! b. 你不(没)回家干什么去了?

把“这样做不道德”加括号放在空缺的“对事物存现性的否定”一档里,因为“不道德”跟“不男人”相比已经不是纯粹的对性质的否定,而是对“存现性”的否定,它也有“无道德”的意思(见上 3.3 节),同类的还有“不才”“不日”。“不男人”一类属于修辞用法,加上这个半空缺,就是名词和动词的区别所在,一般说“不”不否定名词实际是指名词和动词的这一区别,这一区别实在是很有限的。上面提到的“不谋而合”和“不料”也可以加括号放入“不”下“对行为存现性的否定”这一档。总之,“对存现性的否定”就是“不”和“没”由对立而发生中和的一档。

概括地讲,“不”和“没”都既可以对“事物”进行否定,也可以对“行为”进行否定,既可以“否定名词”,又可以“否定动词”。二者的区别是主观否定和客观否定的区别,“不”可以用于主观否定,而“没”只能表达客观否定,这是它们对立的一面。在语义层面,这种对立表现为性质否定和存现否定的对立。而“不”和“没”之所以会在有些情况下发生中和,是因为已然的存现本身也可以看作是一种性质,也就是我们这里提到的“存现性”。很容易看出,这种新的划分格局“不”的功能要大于“没”,前一表中的所有“例外”都被消除,对语言事实具有更强的解释力,而且“没”的两种功能得以统一,也更为简明。

沈家煊(2013)指出,“不同语言的语法重视不同的区分,研究汉语的语法,要紧的是弄清楚这种语言究竟重视什么样的区分”。通过对“不”和“没”的分析,我们可以看到,汉语不重视否定名词还是否定动词的区分,也不重视已然否定与未然否定的区分,汉语重视的是判断否定和叙述否定的区分,性质否定与存现否定的区分,总而言之是重视主观否定与客观否定的区分。重视主观和客观的区分还贯通在汉语的其他方面,沈家煊(2014b)说明汉语的词类系统具有很强的主观性,即用汉语自身的形态手段(重叠和单双音节区分)首先把具有主观性的同类词跟其他词区分开来。因此,主观和客观的区分对汉语有着更为重要的意义,从这个角度审视汉语,或许是一种新的思路,能够帮助我们更好地观察和解释汉语中的相关现象。

参考文献

董秀芳 2003 《“不”与所修饰的中心词的粘合现象》,《当代语言学》第 1 期。

郭 锐 1997 《过程和非过程——汉语谓词性成分的两种外在时间类型》,《中国语文》第 3 期。

郭 锐 2002 《现代汉语词类研究》,商务印书馆。

汉语大词典编辑委员会 2005 《汉语大词典》缩印本,上海辞书出版社。

侯瑞芬 2015 《复合词中“不”的多义性》,《汉语学习》第 6 期。

刘丹青 2008 《语法调查研究手册》,上海教育出版社。

陆俭明 2003 《英汉回答是非问句的认知差异》,载赵金铭主编《对外汉语研究的跨学科探索》,北京语言大学出版社。

吕叔湘 1980 《现代汉语八百词》,商务印书馆。

吕叔湘 1942/1982 《中国文法要略》,商务印书馆。

马 真 2004 《现代汉语虚词研究方法论》,商务印书馆。

沈家煊 1999 《不对称和标记论》,江西教育出版社。

沈家煊 2009 《我只是接着向前跨了半步——再谈汉语的名词和动词》,《语言学论丛》第 40 辑。

沈家煊 2010a 《英汉否定词的分合和名动的分合》,《中国语文》第 5 期。

沈家煊 2010b 《从“演员是个动词”说起——“名词动用”和“动词名用”的不对称》,《当代修辞学》第 1 期。

沈家煊 2012 《名动词的反思:问题和对策》,《世界汉语教学》第 1 期。

沈家煊 2013 《“单双区分”在汉语中的地位和作用》,日本中国语研究学会第 63 次年会主题报告(东京,10 月)。

沈家煊 2014a 《汉语的逻辑这个样,汉语是这样的》,《语言教学与研究》第2期。

沈家煊 2014b 《汉语词类的主观性》,首届主观化理论与汉语语法研究学术研讨会(山东大学,威海)《论文提要汇编》。

史锡尧 1995 《"不"否定的对象和"不"的位置》,《汉语学习》第1期。

王灿龙 2011 《试论"不"与"没(有)"语法表现的相对同一性》,《中国语文》第4期。

王冬梅 2014 《从"是"和"的"、"有"和"了"看肯定和叙述》,《中国语文》第1期。

赵元任 1968/1979 《汉语口语语法》,吕叔湘译,商务印书馆。

朱德熙 1985 《语法答问》,商务印书馆。

中国科学院语言研究所词典编辑室 2012 《现代汉语词典》(第6版),商务印书馆。

Chao, Yuen Ren 1955 Notes on Chinese grammar and logic. *Philosophy East and West* 9(1), 31-41,中译文《汉语语法与逻辑杂谈》(白硕译,叶蜚声校),载《赵元任语言学论文集》,2002,商务印书馆,796-808。

Chao, Yuen Ren 1959 How Chinese logic operates. *Anthropological Linguistics* 1(1), 1-8.

Finegan, Edward 1995 Subjectivity and subjectivisation: An introduction. In Stein, Dieter and Susan Wright (eds.), *Subjectivity and Subjectivisation*. Cambridge: Cambridge University Press. 1-15.

Lyons, John 1977 *Semantics*. Cambridge: Cambridge University Press.

Wierzbicka, Anna 1980 *The Case for Surface Case*. Ann Arbor: Karoma Publishers.

侯瑞芬,中国社会科学院语言研究所 hrfcass@163.com

(原载《中国语文》2016年第3期)

“致使-被动”结构的句法*

胡建华 杨萌萌

提 要 致使和被动在很多语言中可由同一动词或语素承担。汉语的“给、让、教(交/叫)”就可以既表致使又表被动。本文将探究:第一,什么样的动词或语素可以既表致使又表被动?或者说,既表致使又表被动的条件是什么?第二,这种“致使-被动”解读是有关成分或结构演变的结果,还是两种变换形式一直同时并存?本文首先提出“致使-被动”变换解读的分析方案,然后指出演变分析的问题所在。本文的变换分析方案认为:“给、让、教”之所以既可以表致使又可以表被动,是因其词汇句法结构为双VP结构,而只有这样的双VP结构才能产生致使和被动两种语义的变换。“给、让、教”本身的词汇语义并不含致使义和被动义,致使义和被动义源自对“给、让、教”所投射的双VP结构所做的句式解读。许多学者认为这种“致使-被动”解读是从致使到被动演变的结果,然而,演变分析并没有给出明确的条件,说明该演变适用于哪些动词,不适用于哪些动词。另外,传世文献也并没有显示出清晰的线索,证明这类动词先有致使用法后有被动用法。实际上,即便有证据证明是这样,也并不意味着被动用法是从致使用法演化而来的。

关键词 致使 被动 对立与转换 双VP结构

1. 引 言

致使和被动,动作的方向似乎是相反的,或者说二者之间至少表现出一种方向性的对立关系。有意思的是,在很多语言中,这种方向性对立关系可以由同一个动词或语素承担,比如汉语的“给、让、教(交/叫)①”就可以既表致使又表被动(朱德熙 1982:178-91)。下例(1a)可解读为致使,而(1b)解读为被动。

(1) a. 张三让警察抓走了那个小偷。

b. 张三让警察抓走了。

本文要探究的问题是:第一,什么样的动词或语素既可以表致使又可以表被动?换言之,为什么“给、让、教”可以这样,而很多其他的动词就不能?第二,这种“致使-被动”解读是有关成分或结构演变的结果,还是两种变换形式一直同时并存?具体而言,是该动词从一种用法发展出另一种用法,还是该动词本身就蕴涵两种用法?

---

* 本文得到国家社科基金重点项目“论元选择中的显著性和局部性研究”(14AYY016)、中国社会科学院哲学社会科学创新工程项目语言研究所语音与言语科学重点实验室“汉语儿童语法获得与认知发展”课题及中国社会科学院与匈牙利科学院合作研究项目“自然语言信息结构研究”的资助。

① 江蓝生(2000[1999]:222)指出,历史上汉语的使役动词主要有“教、遣、使、令”,其中“教”最常用,自唐代以来的文献中“教”常写作“交”;“叫”本为“呼喊”义动词,明代以后才用作使役动词。冯春田(2000:617-26)也指出表使役的“交”晚于“教”,二者由于音同、意通,在使役用法上常作为常见版本的异文出现;至于明清使役动词“交”已成淘汰之势,其位置由“教”及后起的“叫”、“让”等占据了。从上述文献及《敦煌变文》《元刊杂剧三十种》等文本中“教、交”通用的情况可知,我们所讨论的“教”和“交”很可能是用字不同。但“叫”的问题比较棘手。学者们普遍认为“致使-被动”用法的“叫”起于明代。一种可能是,“致使-被动”用法的“叫”实际上只是“教”的不同用字;或者说“叫”受到“教”的影响,因音近而仿照“教”产生这样的用法。另一种可能是,“叫”从“呼喊”义动词独立发展出“致使-被动”用法。若仅是用字上的不同,则重点讨论更早更基础的“教”即可;若“叫、教”是两个独立的词,而“叫”既然能独立发展出“致使-被动”用法,我们就要考虑为何其他“呼喊”义的动词“呼、喊、召、唤”等只有兼语结构而决不表被动。桥本万太郎(1987)、蒋绍愚(2005)等在讨论这一问题时,则将“教”和“叫”视为一者。鉴于“教”和“叫”的问题尚无确切的说法且难有可信的定论,本文不再进一步涉及该问题,暂且将“叫”与“教”作为一个词的两个用字来讨论。

2. “致使-被动”变换解读的条件

2.1 “基因”+“环境”

一个语法成分有其相应的语法表现，取决于自身的特性及其所处的语法环境。这一观点与达尔文的生物进化论有相通之处，进化论一方面强调自然环境对生物的选择作用，而另一方面更加突出生物基因的决定性作用（胡建华 2010a）。换言之，内因是第一性的，是决定性的因素，而外因是内因实现的不可或缺的条件。基于这一思想，本文认为，一个动词之所以既可以表致使又可以表被动，首先取决于两个必需的方面：第一，相关动词含有方向性语义；第二，相关动词能够投射出双 VP 结构。

2.2 “基因”：方向性语义及双 VP 动词

所谓动词的方向性语义，是指动词的词汇语义表征中含有动作的目标基元，即看似单个的动词实际上吸入（incorporate）了目标；而更确切地讲，在词汇句法（简称 L-syntax）层次上，这些动词可分解为上下两层的双 VP 结构（胡建华 2010b），下层 VP 的核心是抽象动词“有”（胡建华 2008），而“有”的主语实际上是与格成分（目标）。这一双 VP 词汇句法结构可以表征为：

（2）双 VP 动词的词汇句法结构

$[_{vP1} NP_1\ v[_{VP2} NP_2$ 有 $NP_3]]$

句法上，双 VP 动词可以表征为含有 $v_{致使}$和 $V_{有}$ 两个抽象动词的结构，在这一结构中两个抽象动词可以分别允准一个宾语，因此双 VP 动词在表层句法可以实现为双宾句式$[NP_1\ V\ NP_2\ NP_3]$。又由于汉语是 pro-脱落语言，双 VP 动词也可以在表层句法以显性形式实现为单宾句式$[NP_1\ V\ NP_2]$。由于在双 VP 结构中两个抽象动词可以分别允准一个宾语，又由于汉语可以自由进行 pro-脱落，所以双 VP 动词可以不受限制地选择单宾语。因此，在汉语中真正的双 VP 动词就可以单独带任一单宾语，而假双宾动词不满足以两个抽象动词分别允准一个宾语的条件，故不可以不受限制地选择单宾语。不受限制地选择单宾语是本文提出的划定双 VP 动词的一个标准。以下根据该标准分别检验“给、让、教”。

“给”有“足、充足”之意（《说文・糸部》：“给，相足也。从糸，合声。”），可以佐证其词汇语义中含有“有”这一语义基元，例如“春省耕而补不足，秋省敛而助不给”（《孟子・梁惠王下/告子下》）。它作为传递义动词的用法同样见于古汉语，如：

（3）a. 贡之不入，寡君之罪也，敢不共给（）（《左传・僖公四年》）①

b. 夫大国之人，令于小国，而皆获其求，将何以给之（《左传・昭公十六年》）

c. 以（）给郊庙祭祀之服，以（）为旗章（《礼记・月令》）

d. 常艾薪樵，卖以给食（《汉书・朱买臣传》）

e. 若残竖子之类，恶能给若金（《吕氏春秋・权勋》）

（3a）中动词后省去了一个宾语，根据上下文（齐桓公伐楚，借口“尔贡包茅不入”），这里可补出一个句法宾语，既可以是直接宾语“贡”，也可以是间接宾语，不过从语篇限制来看，这里更可能是直接宾语，而无论令哪一个宾语作为表层的句法宾语，都会有相应的 V 来允准，并且同时暗含另一 VP。（3b）中“给”的宾语“之”代指间接宾语“大国（之人）”，同时暗含“$V_{有}$+何”这一层 VP；（3c）中“给”后接的亦是间接宾语，同时暗含直接宾语，即上文提及的某物。而（3d）中出现的是直接宾语，同时暗含“给”与对象“朱买臣”构成的 VP。古汉语中“给”的句法结构通常是$[NP_1\ V\ NP_2]$，但是也有“给”带双宾语的用例，如（3e）。由此可见，“给”可以带双宾语，也可以带单宾语，而且可以不受限制地选择单宾语。发展至现代汉语，“给”的词汇句法结构没有发生变化，既可以构成双宾结构，也可以带单宾语，在只有一个句法宾语位置时，“给”可以不受限地选择句法宾语，例如：

（4）a. 包工头给我工钱了。

---

① 本文所用古汉语例句，除来自《诗经》《左传》《论语》《孟子》者，其他皆通过北京大学 CCL 语料库（网络版）核实。

b. 包工头给e工钱了。

c. 包工头已经给我e了。

“让”的古字应为“攘”，后作“讓”，指一种手部动作，大致是拱手推让。《周礼・秋官・司仪》有“三让”、“三揖三让”等记述。“让”的传递义用法如下：

(5) a. 尧让天下于许由(《庄子・内篇・逍遥游》)

b. 尧以天下让许由，许由逃之(《韩非子・说林下》)

c. 好名之人，能让千乘之国(《孟子・尽心下》)

d. 胜桀而让我，必以我为贪也(《庄子・杂篇・让王》)

以上(5a—b)二例恰好说明，当动词只提供一个句法宾语位置时，可以通过介词另设一个句法宾语位置，而占据这个动词宾语位置的，既可以是“让”的直接宾语，也可以是间接宾语。(5a)中“让”的宾语是直接宾语，而间接宾语通过介词“于”投射到句法宾语位置；或者间接宾语也可作为隐性成分而不投射到表层结构，如(5c)，再如“孔融让梨”。(5b)显示的则是“让”的间接宾语作为动词宾语，而直接宾语通过介词“以”投射到句法宾语位置；或者如(5d)所示，暗含直接宾语。上述例证说明，“让”对单宾语的选择不受限制。现代汉语中，“让”仍然可以不受限地选择投射任一宾语，例如：

(6) a. 棋王先让他三步棋。

b. 张三在公交车上让座位了。

c. 他拿出一支烟，先让了王一生。

“教”的传递义用法出现较早，可构成[NP_1 V NP_2]句法结构，如(7a—b)所示，二例中“教”的宾语分别是间接宾语“不能(能力不足的人)”、直接宾语“事秦之力”，这说明“教”对句法单宾语的选择不受限制。《孟子》中“教”的用例较多，除了(7c)的基本句法结构，“教”还可以投射(7d)这样的双宾句法结构，甚至是更为复杂的句法结构，如(7e)。

(7) a. 举善而教不能(《论语・为政》)

b. 以世世相教事秦之力也(《韩非子・存韩・李斯上韩王书》)

c. 愿夫子辅吾志，明以教我(《孟子・梁惠王上》)

夫子教我以正(《孟子・离娄上》)

d. 后稷教民稼穑(《孟子・滕文公上》)

e. 则何以异于教玉人雕琢玉哉(《孟子・梁惠王下》)

现代汉语中，“教”构建句法结构的情况同于“给”和“让”，如(8a—c)所示。

(8) a. 张三教李四物理。 b. 张三决定好好教李四。 c. 张三这几年一直教物理。

由上可知，“给、让、教”作为双VP动词，可以投射双宾结构，同时由于在这一结构中有两个抽象动词可以分别允准一个宾语，而且又由于汉语可以自由进行pro-脱落，因此这类动词能够自由地选择直接宾语或间接宾语形成表层单宾语结构。刘丹青(2001)指出，跨语言、跨方言来看，“给他书”这种双宾句式相比于“送书给他”是有标记的、受限的。该结论与胡建华(2010b)认为“给”是双VP动词的观点互为印证，正因投射为双VP结构的动词属于少数，所以真正的双宾结构也是有标记的少数。

“送$_{(=传递)}$、传、递”等同样具有传递义的动词①，也能构成双宾语样式的结构，但它们却不能既表致使又表被动，那么如何排除这些动词？在此本文提出，“送”虽然看似构成双宾式(如“我送你书”)，但这一句式是从“我给你送书”变换来的，故其底层句法结构并不是允准两个宾语的双VP结构。换言之，“送”等动词的词汇句法结构不含有$v_{致使}$和$V_{有}$两个抽象动词，因此无法投射出一个双VP结构。这类动词只能构成单VP结构。我们以“给、送”为例来论证双VP结构动词和单VP结构动词的不同。

---

① 本文只讨论单纯表“传递”的动词，不涉及含明显方式义者，如“送$_{(=赠送)}$”[+以馈赠的方式]、“还”[+以将为X所有的某物归还X的方式]。“还”等动词，的确也符合本文的标准，既可以构成双宾语结构，也可以单独选择任一宾语，但它们突显方式义，而不是单纯表基础的“传递”义。另外本文区分“送”的三个义项：①把东西运去或拿去给人；②赠送；③陪着离去的人走一段路或到某处去(见《现代汉语词典(第6版)》第1237页)。与文本讨论相关的是第一个义项的“送”，下文的“送”均指“送$_{(=传递)}$”。

真正的双 VP 动词可以理解为两个抽象的动词，一个可以从语义上理解为“致使”，一个可以理解为“有”。“我给你书”其实是两个抽象动词构建出的两个事件，分别是“我（对你）做了某种动作”和“你有了书”。而“送”是单 VP 动词，只能构建出单一事件，仅表对传递物做传递动作，不含目标，也不含“有”。例如“我给你送书”，是通过“给”引入目标，表示“我向你传递书”，而并不表示“你有了书”。我们可以通过以下例句来验证：

（9）a. 我给了张三一本书（*我给了张三一本书，但是他还没有拿到）。

b. 我给张三送了一本书，但是他还没有拿到。

在（9a）中，“给了张三一本书”就表示张三拥有了书，所以“他还没有拿到”与“有”矛盾；而在（9b）中，“送了”只表示传递动作完成，至于某人是否得到了东西，则不是“送”本身负责的。同样地，“让”如今保留着“推让”之义，其语义也是一方使另一方获得某物；“教”则是传授知识或信息，表示一方使另一方获得了知识或信息①；二者都是双 VP 动词。

另外，双 VP 动词的词汇句法结构中含两个不同的动词 $v_{致使}$ 和 $V_{有}$，分别单独允准间接宾语和直接宾语。我们以是否可自由地带单宾语来检验“送”等动词的词汇句法结构。

（10）a. 张三给李四送了牢饭。/张三送了牢饭给李四。

b. ?? 张三送了李四牢饭。

c. 张三送了牢饭。

d. *张三送了李四。（注：此句排除“送行”义）

（10a）代表了传递义动词“送”的完好句式。与刘丹青（2001）的观点一致，在（10b）中，“送”构成的双宾句式不自然，因为在这一句式中，间接宾语得不到相关动词的允准，这说明“送”若是像“给”一样带双宾，会高度受限。另外，尽管“送”可以选择直接宾语作为句法宾语，如（10c），但是像（10d）这样只带间接宾语的句子则不可接受。这是因为，“送”是不含目标的单 VP 动词，只能允准直接宾语。

再如“传、递”，也都是不能允准间接宾语而限定选择直接宾语的动词，如（11a—b），而它们单独选择间接宾语的句子一般不合法，如（12）。

（11）a. 张三跑来传了李四的口信。

b. 张三递了一支烟。

（12）*张三传/递了李四。

“传”在有些情况下也会看似单独选择间接宾语，如（13），但是须注意，这并不体现动词的真正句法。

（13）这个秘方传男不传女。

其中的“传男不传女”是固定用法，不具有能产性，而且要求相关名词是具有“传家宝”性质的名词，其使用高度受限。总而言之，“送、传、递”有别于“给”之处，就在于它们不能像双 VP 动词“给”那样不受限制地选择单宾语。

“致使-被动”用法下的“给、让、教”表示“允让”（包括不情愿的允让），在这一点上，“请、准、派”等动词与之语义相似。然而，“请、准、派”的词汇句法更是与“给”等相去甚远。它们不含三个题元角色，也不能投射双 VP 结构，更谈不上允准两个宾语。“请”等动词一般必须构成兼语句式，这意味着它们一开始就构成更为复杂的[NP_1 V_1 NP_2 V_2 NP_3]（如“张三请李四吃苹果”），也就决定了这些动词只能有一种解读，因此不可能既表致使又表被动。虽然“请”等动词也有[NP_1 V NP_2]式的用法，但是可见的例证基本都是固定用法或已经凝固为复合词，而且 NP_2 限定为指物名词，如“请旨、请缨、请（三天）假、请一顿饭”；就是在这一受限用法中，宾语也只能是少数 NP，像是“请苹果、请三本书”等更自由的搭配均不合法。虽然“请”也有只带指人宾语的情况，如“今天我请你”，但这是极少见的，并且是由兼语句式（如“今天我请你吃饭/跳舞”）删略而来的。尽管我们也可以找出几个双宾式例句，如“我请你饭、我准你（三天）假”，但如上所述，这些用法高度受限。

通过分析“给、让、教”、与之语义相似的“送、传、递”和“请、准、派”，我们得出一个动词既表致使又表被动的一个首要条件，亦是本文提出的第一个问题的答案：“致使-被动”用法的动词的词汇句法结构为双 VP 结构。双 VP

① “教”表示传递知识，意味着某人获得了该知识。至于“我教他算术题，教了半天，他也不会”，教而不会，并不说明他没有取得知识。

动词可以分解为两个动词，分别允准直接宾语、间接宾语，而能够允准间接宾语成为被动用法转换的关键。间接宾语通常是生命度等级高的指人名词，具备优先充当致使对象(causee)及领有者(与格)的资格。当句子引入表致使的外论元，相关动词允准的是“致使者-致使对象”(causer-causee)关系时，句子作致使解读；当致使性外论元脱落，双 VP 结构中的被领有者占据句首时，句子作被动解读。相关结构一旦凝固为句式，则不再具有可分解性，于是对生命度的限制得以取消①，由此会产生“张三让风扇吹干了床单”、“头发给雨淋湿了”这样的句子。

2.3 “环境”：两种句式

上文论证了“给、让、教”所特有的既可表致使又可表被动的资质——双 VP 词汇句法结构；接下来我们将进一步讨论“给、让、教”致使用法、被动用法的句法环境。上文已提及，致使义和被动义分别来自两种句式。

“给”等动词构成的[NP_1 V NP_2]单宾结构或双宾结构中并不含“NP_1 致使 NP_2 V NP_3”的语义，其致使义是从扩展后的[NP_1 $v_{致使}$ NP_2 $V_{有}$ NP_3 VP]句式中派生出的。例如：

(14) 张三给李四苹果吃。

那么，致使义如何从这一句式中解读出来？

上文提出，“给、让、教”是双 VP 结构[$_{vP1}$ NP_1 v[$_{VP2}$ NP_2 有 NP_3]]，其语义就是“使……拥有”。在这一结构的基础上追加一个 VP 结构，就会形成[$_{vP1}$ NP_1 v[$_{VP2}$ NP_2 有 NP_3[VP]]]这样的结构。在这一结构中，抽象动词“有”可以通过吸入更下一层 VP 的 V 而形成致使义句式，如(15)所示：

(15) [$_{vP1}$ NP_1 v [$_{VP2}$$NP_2$ V-有 NP_3[$_{VP3}$ Pro_2 ~~V~~ x_3]]]

该结构的语音形式是典型的[NP_1 V_1 NP_2 V_2 NP_3]致使句式(如“张三给李四吃苹果”)。其中，NP_1 在语义和句法的作用下，显然是致使者，而绝不会是受事；由于该结构没有算子-变量约束关系(见下文)，此时句子只能作致使解读。

“给”等动词形成的被动义句式也是源自其双 VP 结构，在这一结构中被动义不是源于“给”的词汇语义，而是源于算子-变量约束关系。如果我们把(14)中的外论元拿掉，将被领有者作为叙述的对象放在句首，即话题位置，则有(16)：

(16) 苹果给李四吃了。

我们通过(14)和(16)说明了被动解读如何以双 VP 结构为来源而产出。下面将论证，句首 NP“苹果”不是通过移位至于句首的；而且，一旦形成了这一被动解读的句式，句首 NP 就不能再还原至追加事件 VP 中。

在被动义句式中，句首的 NP 是什么成分，有何种地位？请看以下结构：

(17) [$_{TopP}$ 张三$_k$[$_{vP1}$ Pro_i 让[$_{VP2}$ 李四$_j$ 打-有 e_k[$_{VP3}$ Pro_j ~~打~~ e_k]]]]

在(17)中，VP_2 的宾语位置有一个句法空位(syntactic gap)，空位上的成分可以作为空语类与句首的“张三”同标，在句内获得解读，此时句子表被动。从以上例句可以看出，算子-变量约束是决定句子被动解读(而不产生致使解读)的关键。如果一个句首的名词短语与其后述谓成分中的句法空位成分同标，那么这个句首名词短语很有可能处于话题位置。一般认为汉语的话题有两类：一类是像英语话题那样通过移位形成的，话题原是谓语子语类选择(subcategorize)的成分，其句法移位导致在述语中留下一个句法空位；另一类则是被称为汉语式的基础生成的话题，又称悬垂话题(dangling topic)，它们不受谓语的子语类选择，因而不需要与任何可见的句法空位关联(Li and Thompson 1981；Xu and Langendoen 1985)。针对汉语话题，尤其是汉语式的悬垂话题，学者们提出了各种分析方案。Chao(1968)提出话题和述语之间的相关性条件(另见 Chafe 1976；Li and Thompson 1981；Xu and Langendoen 1985)；Xu(2001)提出话题由功能语类 TOP 来允准；Shi(2000)则认为不存在所谓的汉语式悬垂话题，而是将之分析为“主语-谓语”结构。Pan 和 Hu(2008)以及 Hu 和 Pan(2009)指出了上述分析方案的问题，并以话题允准条件(Topic Licensing Condition)对汉语的两类话题做出了统一解释。

(18) 话题允准条件(Pan and Hu 2008：1970)

(悬垂)话题被允准，当且仅当

① 蒋绍愚(2003)也提到了生命度限制。他的解释是，受一般被动句的影响，该限制在类推作用下得以消解，从而完成了由原来只表致使到“致使-被动”兼用的功能扩展。

(i) 存在一个由述语中的变量 x 所产生的集合 Z,并且

(ii) 集合 Z 与话题所代表的集合 T 的交集不为空。

为解释在话题允准上英、汉型语言的差异,Pan 和 Hu(2008)以及 Hu 和 Pan(2009)进一步指出话题可以在不同的层次得以允准:当话题在句法层允准时,述语中留下一个句法空位,产生句法变量;当话题在语义-语用界面允准时,述语中产生语义变量。按照这一观点,就不存在话题移位的问题了。我们可以将汉语话题统一为基础生成的,而述语中存在一个受约束的变量。述语中的变量可以是句法变量,也可以是语义变量,不占据句法位置。

语义变量的情况如(19)所示。在(19)中,VP_3 内有一个语义变量(标为 x),它不是句首 NP 移位留下的,必须受到句首 NP 的约束才能获得解读。

(19) $[_{TopP}$ 张三$_k$ $[_{vP1}$ Pro_i 让$[_{VP2}$ 李四$_j$ 打-有 e_k $[_{VP3}$ Pro_j 打 x_k 头]]]]

(张三让李四打了头)

其中“打”的受事看似只是“头”,而实际上暗含一个空的所有者,也即由 x 代表的语义变量。该语义变量设定一个由“头”的所有者构成的集合,它与“张三”代表的集合的交集不为空,因此“头”在语义-语用界面得到允准(Pan and Hu 2008; Hu and Pan 2009)。在这种情况下,句首 NP(“张三”)不是占据论元位置的主语,而是处于非论元位置的话题。在此本文提出:“给、让、教”构成的致使义句式中,句首 NP 是主语,而被动义句式中,句首 NP 是话题,二者的句法地位不同;并且,作被动解读的“给”类结构不等同于真正的被动句,因为被动句的句首 NP 是主语。我们通过以下两组例证予以说明。

(20) a. 张三,王五让警察抓走了。

b. 张三(,)让警察抓走了。

(21) a. *张三,王五被警察抓走了。

b. 张三被警察抓走了。

在(20a—b)中,“张三”是话题,因而在(20a)的谓语前,“王五”可以作为主语出现;当主语脱落后,就是如(20b)所示的被动义句式了。“被”字被动句却不能比照(20a—b)的模式生成。(21a)不合法,肯定不能作为合法的被动句(21b)生成的基础,亦即合法的(21b)不能通过不合法的(21a)脱落主语而来,因此,在真正的被动句(21b)中,句首的“张三”就是主语,而非话题。

蒋绍愚(2003)也提出以区分句首 NP_1 是主语还是话题作为“致使句-被动句”转化的条件,但是其分析建立在 NP_1 为受事的基础上:处于句首的受事可以理解为话题,此为隐含施事主语的使役句;也可以理解为主语,这就转化为被动句。这种分析,其实是为了迎合由致使到被动的转化,要体现被动从致使演化而来的过程,因而设定一个出现在致使句句首的受事,营造出和被动句相近但又不立即变成被动句的致使句,以此作为“致使-被动”转化的条件。如果按照蒋绍愚的方案,我们就要这样分析(20a—b):(20a)中的受事“张三”是通过某种方法(话题化移位)移到句首的,形成的结构仍是致使句,不过接近于被动句;而(20b)中施事主语隐去了,那么句首的“张三”就可以作为主语。但事实上,这样的思路问题较多,因为在(20b)中“张三”后面还可以补出一个主语;另外,“移位”分析或许适用于(20a—b),但绝对不适用于如下例句:

(22) a. 这筐水果给张三吃光了苹果。

b. 那个村子让警察抓了三个人。

在以上例句中,句首的 NP 没有一个原始的句法位置可以还原回去。这说明,相关结构的被动义解读是一种句式解读,与句首 NP 的移位无关,因此也就不存在还原句首 NP 的问题;句首 NP 是一个基础生成的话题位置,也不存在移位的问题。

2.4 “致使-被动”的反转

双 VP 动词所表述的致使义、被动义解读是句式层面上的,不同于“使”类动词的致使结构或“被”字被动结构,后者的致使义、被动义解读是词汇语义层面上的。正因为“给”类动词本身的词汇语义不含致使和被动,它们才有机会进行“致使-被动”变换解读。

为何“给、让、教”可以既表致使又表被动,但“使”却没有发展出被动用法,而“被”也不是从致使用法而来的?

本文将从这三组词的历史出身进一步考察其原因。与动词出身的“给、让、教”不同，“使”和“被”最初都是名词。“使”与“吏/事”古为一字，本义为“占人”（负责巫祝占卜的专职人员），而后来的常用义为“治人者”①；“被”则是“寝衣”（被子）②。名词“使”发展为动词（“使……为使”/“任用”），是吸入致使性轻动词的结果，因此在词汇层面便带有致使义。而名词“被”发展为动词，受限于语义，则是天然排斥致使，不可能表“使……为被”；“覆盖”义（及后起的“蒙受”义）动词“被”构成的[NP_1 被 NP_2]结构从未发展为[NP_1 被 NP_2＋VP]兼语结构，也就不可能产生致使解读。如此，最典型的致使和被动处于两个极端，并表现出方向性的不对称：“使”天然带有致使，其主语是力的发出源；而“被”天然排斥致使，其主语是力的传递目标。“给、让、教”原本就是动词，处于中间态，既不是天然的致使也不排斥致使，但它们所投射出的双 VP 结构具有可以向致使和被动两极漂移的可能性。由于其词汇语义层面并不含有致使、被动，致使或被动解读只能是句式解读的结果。“致使-被动”的变换格局可以表征如下：

（23）“致使-被动”变换格局

使←给、让、教→被

处于两极的不改变固有的语义解读，而中间的则是两极对立的中和，表现出不固定状态，容易向两极变化。在此意义上，我们认为，“给、让、教”既表致使又表被动，不是从一种用法演化出另一种用法，而是其所投射的双 VP 结构本身就具有分别表达致使义和被动义的能力。“给”等动词构成的致使义句式，其致使义要弱于“使”构成的真正致使句；它们构成的被动义句式，其被动义也弱于“被”构成的被动句：这恰好体现了“给、让、教”蕴含着致使与被动的弱对立。“给”等动词的致使义、被动义均不强，是因为它们从来没有形成真正的致使句、被动句，它们构成的致使义或被动义句式，都源自双 VP 结构，是在双 VP 结构的基础上追加 VP 并通过进一步的句法推导派生出的。致使义或被动义结构在凝固为句式之后，依赖于句式的致使义、被动义似乎使得“给”等动词能够在语义上替换为“使”或“被”，但实际上，它们与“使”、“被”之间存在很大的差异。

至此，我们明确给出本文提出的第二个问题的答案：汉语的“致使-被动”用法体现的是变换，而非演化。本文强调，致使和被动以弱对立的形式共存于“给、让、教”所投射的双 VP 结构，而在体现具体用法时，可能会有一个先出致使用法、后出被动用法的顺序，也可能无所谓先后顺序；但是，这些动词的“致使-被动”用法绝非是母体和子体之间的承继性演化关系，也即不是先产生致使义，而后被动义从致使义演化而来。

3. 演变分析方案及其问题

3.1 代表性观点：以 Yap 和 Iwasaki(2003)为例

很多学者认为这种“致使-被动”用法是从致使到被动演变的结果。冯春田(2000：644－5)，蒋绍愚(2003)，洪波(2010[2004])，洪波、赵茗(2005)，张丽丽(2006)等从历史角度考察了“给、让、教”，认为其被动用法是从致使用法演化来的。洪波、赵茗(2005)总结出“给予＞使役＞被动”的语法化链，张丽丽(2006)从语义上构建了“使役＞非自愿允让＞被动”的演变步骤。这些文献多以动词词汇语义的演变为着眼点，强调相关名词施受关系的变化，很少涉及纯句法分析，而蒋绍愚(2003：215)则针对“教”字句，将使役句转化为被动句的条件归纳为三条：一，汉语动词表主动和表被动在形式上没有区别（如“甲＋教＋乙＋VP”）；二，“教”字句的谓语动词是及物的；三，“教”字句前面的不是施事主语，而是受事主语（至于为什么句首是受事主语，蒋绍愚指出这是汉语的某些特点使然，即汉语主语可以不出现，受事可以作为话题或主语处于句首。关于句首 NP，前文已有相关论述）。

从致使到被动的演变还被认为是普遍见于多种语言的现象(Haspelmath 1990；Yap and Iwasaki(以下简称为 Y&I)2003，2007)。Y&I(2003)的跨语言考察指出，满-通古斯(Manchu-Tungusic)语言以及汉语、马来语等很多语言的“给予”义(*give*-type)动词或语素有“致使-被动”演变，而且这种演变普遍存在于汉语及其方言中，是一种

---

① 《上古汉语词典》(第 8 页)指出“事、吏、使”古为一字，且在金文中“事、吏”二字形同。《说文・一部》：“吏，治人者也。从一，从史。史亦声。”《古文字通假字典》(第 32 页)：上博楚竹书《缁衣》简一二“毋以辟(嬖)士畵夫(＝大夫)向(卿)使。”“向使”今本作“卿士”，郭店楚简本《缁衣》作“卿事”。

② 《说文・衣部》：“被，寝衣，长一身有半。”段玉裁注引《论语・乡党》：“必有寝衣，长一身有半。”

泛汉语(pan-Chinese)现象(Norman 1982)①,如普通话的"给"、粤语的"畀"、闽南语(厦门、台湾)的"*hoo* 互"②等都有致使和被动两种用法。以下是 Y&I 的"给"的用例:

(24) a. 给我吃了一惊。(操纵义致使 manipulative causative)

b. 我给你猜个谜语。(允让义致使 permissive causative)

(25) a. 他给警察抓走了。(自反义被动 reflexive passive)(朱德熙 1982: 181)

b. 房子给(土匪)烧了。(被动 passive)(朱德熙 1982: 181)

按 Y&I 的分析,(24a—b)分别显示"给"的操纵义、允让义致使用法;(25a)是自反义被动用法,而(25b)是一般被动用法,其中显性施事可有可无。Y&I(2003)还指出汉语普通话的"让"、"教/叫"以及粤语的"*yáu/yàuh* 由"③等"允让"义动词同样也有"致使-被动"演变。以"让"、"教/叫"为例:

(26) a. 你让我再想想。(允让义致使)(朱德熙 1982: 179)

b. (他)让我吓了一跳。(操纵义致使)

c. 主席让大家安静一下。(指令义致使 directive causative)(朱德熙 1982: 179)

(27) a. 我让你吓坏了。(自反义致使 reflexive causative④)

b. 房子让水冲走了。(被动)

(28) a. 他叫我们回家。(指令义致使)

b. 他叫小孩哭了。(操纵义致使)

c. 你也叫他出去磨练磨练。(允让义致使)(朱德熙 1982: 179)

(29) a. 他叫朋友们批评了。(被动;非自反义被动)

b. 墨水瓶叫弟弟打翻了。(被动)(吕叔湘 1999: 304)

Y&I(2003)认为:(26a—c)分别是"让"的允让义、操纵义、指令义致使用法,(27a)是自反义致使用法(提起但未明说此例也可解读为自反义被动),而(27b)是一般被动用法。相应地,(28a—c)和(29a—b)显示了"教/叫"的类似用法。根据汉语的事实,在有些由"让"、"教/叫"构成的被动义句式中,显性施事也是可有可无,只是高度受限。在此须注意,(26b)和(27a)其实均可以有致使、被动两种解读。类似的句子是解读为致使义还是被动义,除却语境因素,则是取决于"让"前后名词的生命度以及实义动词的语义,比如"小羊让大灰狼吓坏了",如无特殊情况,应当只能有被动义解读。即使用例不存在致使与被动之间的两可情况,Y&I 对其中致使或被动用法的语义分类也仍有待商榷。例如,在不明语境的情况下,(28a,c)均可以理解为指令义或允让义致使;再如"他叫我们回家了"可根据不同的语境表现出指令义、操纵义、允让义三种语义的致使用法。注意,按照 Y&I 的论述,"叫"本身不容易有自反义被动用法⑤,原因是"叫"的主语一般须是施事性强的名词,所以即便是(29a)这样的句子也不宜比

---

① 徐丹(1992)列举了多种汉语方言的"给"义动词,其中多数可作为施受标记词,相当于"被、把"。

② 闽南语各方言区的"给予"义动词并不一致,厦门话(徐丹 1992)、台湾话(Cheng, et al. 1999)用"*hoo* 互",而福州话则用"[k ʻøyʔ]乞"(袁家骅等 1983: 305)。

③ Y&I 认为粤语的"由"与普通话的"让"平行,用作允让义致使时读高升调 *yáu*;用作被动时读低降调 *yàuh*。但事实上,"由"在粤语口语中并不常用,也不用作被动,其地位远不足以与普通话的"让"平行(麦耘 个人交流)。Y&I 所举的 *yàuh* 的例句仅可勉强理解为被动,而非真被动。下面列出其一:

nì	fung	wuih-seun	yàuh	ngóh	sé.	
this	CL	reply	LET	me	write	ʻThis reply was written by me.ʼ
这	封	回信	由	我	写	

④ "自反义致使"大致是指引发一个动作而使其反作用于自身,如 I have myself shaved by the barber(我让理发师给我刮胡子),可参考 Haspelmath(1990: 34)的定义:"施事致使一个动作行使于其自身(the agent causes an action to be performed on her-/himself)"。按照该定义,(27a)似乎很难视为自反义致使,因为即使句子意为"我被你吓",动作也未必是主语"我"引发的;更重要的是该句有歧义,也可解读为"你被我吓"。

⑤ Y&I(2003)特别指出这一点,并认为可以通过代词同标的方法检验,例如:

(a) 他$_i$ 叫朋友们看看他$_i$。(自反义致使: 有意的请求)

(b) * 他$_i$ 叫朋友们看见了他$_i$。(主语无意识、不情愿)

那么"叫"如何从致使用法发展出被动用法? Y&I 的解释是:"叫"的致使用法与"给、让"多有重叠,进而发生了类推,"叫"的用法因此得以扩展。以类推做解释难免有特设(*ad hoc*)之嫌。另外,朴乡兰(2010: 36)指出,"叫"表被动早于"给、让",那么,二者的说法至少有一种不符合汉语历史事实。

照“给”或“让”字句分析为“自反义被动”。但是，我们认为 Y&I 指出的“原因”首先本身就不成立，施事性强弱取决于名词本身的生命度及其所处句法环境，“叫”的主语可以是施事性弱甚至无施事性的名词；再者，它不能解释“给、让、叫”三个动词可以在同一个句子(如 25a、27a、29a)相互替换的情况，由此我们会发现 Y&I 的分析存在更多的问题。

以上(24—29)组例句皆转引自 Y&I(2003)。根据这些汉语例句以及方言证据，Y&I(2003：439)按照语义对“给、让、叫”分别梳理出演化路径：

给：lexical>permissive>causative reflexive>passive reflexive>passive

让：lexical>permissive>causative reflexive>passive reflexive>passive

叫：lexical>permissive>causative-reflexive>(not available)>passive

总之，按照 Y&I 的观点，现代汉语中既可以表致使又可以表被动的“给予”义、“允让”义的动词经历了“致使-被动”演变，演化路径大致为：实义动词>允让义动词>致使自反动词>(被动自反动词>)被动式。

演变分析方案，不论是以语义为主还是以句法为重，不论是汉语内部的历史考察还是跨语言的考察，所关注的重点均为先后顺序，即先有致使，然后被动从致使演化而来的路径；并且都是仅仅针对“给、让、教”这类动词本身来论证，其结论和条件也都只适用于这几个动词，因此也就无法说清楚从致使到被动的演化条件。即便我们假定这些分析已经说清了“给、让、教”是如何进行“致使-被动”演变的，也仍然解释不了我们提出的第一个问题，因为其他类似的动词并不这样演变而发展出同样的用法。

3.2　问题之一：未能排除其他相似语义的动词

Y&I(2003)所代表的“致使-被动”演变分析没有给出明确的条件说明这一分析适用于哪些动词同时又能排除哪些动词。汉语的多数动词，包括另外一些传递义、允让义动词，不论在任何时期都没有“致使-被动”用法。Y&I(2003)并没有解释为什么这些动词不能既表致使又表被动，如此一来，“致使-被动”演变分析则是为“给、让、教”特设的。

跨语言的考察显示，很多语言的“give 型”动词表现如汉语的“给、让、教”，那么为何很多语言的 GIVE 都具备“致使-被动”用法？尽管 Y&I(2003)也指出泰语、越南语、高棉语(Khmer)等一些语言虽可以借助“give 型”动词或语素产出致使义，但是却不能或者很难获得被动义，并且也试图解释为什么这些语言的“give 型”动词不能既表致使又表被动，但是 Y&I 对此的解释却仅仅是“这类语言的‘give 型’(施事性)动词或语素高度倾向于选择施事性主语或自主性(volitional)主语”[①]。具体而言，Y&I 认为“give 型”被动从“give 型”致使中演化而出，需要满足两个条件：一是 Haspelmath (1990)提出的施事性条件(agency condition)，即“give 型”动词主语的施事性减弱乃至消失；二是 Knott(1995)针对满-通古斯语提出的自反及不情愿允让的语境，即语境指示“give 型”动词的主语具有被动性。简单而言，Y&I 所指出的无非就是一个语义条件——施事性。我们认为这并不能作为验证一个动词是否可以既表致使又表被动的条件。比如泰语的 *hây*(‘give’)构成的复杂谓语，的确不选择无生命的名词做主语，而且有生命的名词(通常须是指人名词)，也要在复杂谓语中的实义动词体现出明显施事性的条件下才能做 *hây* 的主语(Iwasaki 1995；Rangkupan 1997，2007)。按照 Y&I 的说法，我们大概就要认为，泰语的 *hây* 要求施事性主语，亦即它的主语不能是被动者，而施事性强弱决定了 *hây* 构成的结构只能表致使而不能表被动。这其实是因果互证。而 Y&I(2003)接下来又指出，泰语虽然是属于没有“致使-被动”演变的语言，但也并非绝对不能产生被动解读。在含有否定的句子中，*hây* 就可以产出自反允让义或被动义的两可解读[②]。那么，施事性条件与否定之间是如何“互动”运作从而产出被动义的？为什么在这种情况下，施事性条件又不能限制被动义的产生？不解

① 注意，Y&I(2003)在文中也提到“让”同样也有选择施事性主语的倾向，但它却能产出被动义。同一种条件却是两种结果，须置疑。

② Y&I 的用例如下：

chán　mây　yàak　hây　　kháw　　duu-thùuk

I　　NEG　want　GIVE　her/him　look.down

‘I don’t want to let her/him insult (me).’(negative reflexive-permissive)

‘I don’t want to be insulted by her/him.’(passive)

释清楚这个问题，所谓的施事性条件就不是合格的限制条件。而且，施事性条件是为泰语这类没有“致使-被动”演变的语言特设的，其逻辑是：没有“致使-被动”演变的语言其“give 型”动词对施事性有限制要求，如此就不会从致使发展为被动，所以才成为一种没有“致使-被动”演变的语言。这一逻辑本身存在严重问题。Y&I 没有说明如何定义“施事性”强弱。如果所谓的“施事性”程度是按照名词的生命度等级来划分的（从 Y&I 的用例中可以推出这层意思），那么施事性条件就不适用于所有语言，例如汉语，“地震、政策、想法”等本身无生命的名词仍然可作致使者，如“地震给他吓得魂飞魄散”、“地震使这里的人失去了家园”。由此可见，施事性的强弱及其变化不足以作为突显致使解读还是被动解读的条件。

3.3 问题之二：不能解释“使、被”

“致使-被动”演变分析无法解释汉语中最典型的致使动词“使”为何没有发生这一演变从而发展出被动用法，也无法解释“被”为何不是来自致使用法。

徐丹（Xu 2006）指出，在上古汉语中以使令动词作为致使标记是实现致使表达的句法手段，常用的使令动词有“使、俾、令”①，其中“使”最为显著（李佐丰 1983，2003；徐丹 2003）。李佐丰（1983）考察了《左传》中的动词“使”并将之分为三类，分别是自动词“$使_1$”（“出使”）、一般他动词“$使_2$”（“任用、派遣”）、构成致使结构的“$使_3$”（“派遣、任用”）。以下三组例句引自《左传》（其中（30b）、（31a—b）、（32a，d）亦为李佐丰（1983）的用例），分别说明三个“使”的主要用法。

（30）a. 苗贲皇使，见晏桓子（宣公十七年）

b. 申叔时使于齐，反，复命而退（宣公十一年）

（31）a. 此同车，（）必使能，国未可望也（哀公八年）

b. 晋人使谍于子木，请行而期焉（哀公十六年）

（32）a. 晋侯使吕相绝秦（成公十三年）

b. 爱我者惟祝我，（）使我速死（成公十七年）

c. 先君以寡人为贤，（）使（）主社稷（隐公三年）

d. 若使子率，子必辞，王将使我（）（哀公八年）

（30a—b）说明“出使”义动词“使”只能带一个论元，构成 S＋V（＋PP…）结构。“出使”义自动词与本文不直接相关，故不再讨论。（31a—b）说明“任用”义动词“使”可以带两个论元，其基本句法结构为 SVO 结构[NP_1 使 NP_2]，其中的外论元通常可以缺省，整个结构也可以后加其他成分做进一步说明。（32a—c）是较为典型的致使结构[NP_1 使 NP_2＋VP]，其中的 NP 通常根据语境缺省，如（32b—c）；而 VP 只有在极少情况下为避免与上文重复才可以省略，如（32d）中“王将使我（）”。发展至现代汉语，“使”常用于（32a）所代表的典型致使结构，如（33a—b），同时也仍然用于一般的[NP_1 使 NP_2]结构，如（33c）。

（33）a. 他的话使我明白了一个道理。

b. 这件事使他很生气。

c. 我的笔坏了，我使你的可以吗？

根据《诗经》《左传》等文献的语料及上古汉语事实，“派遣、任用”义动词“使”构成的典型结构为[（NP_1）使（NP_2）＋VP]或[（NP_1）使 NP_2]，但前一致使结构并没发展出被动用法。冯春田（2000：645）提及了少见的“使”字“被动”句，如“使鸦鸟残吃”（[明] 杨铭《正统临戎录》），而同时强调其余均未发现“使、令、遣、放、要”等使役词表被动的例子。该例证实际上并不表被动义，而是自反致使义，只不过在解读时可以不严格地理解为“被动”。这进一步强调了“使”没有被动用法。

另一方面，表被动的“被”源自上古汉语“覆盖”义动词“被”，后者形成[NP_1 被 NP_2]结构，意为“NP_1 覆盖 NP_2”（王力 2009[1980]：497；Zhang 1994；张洪明 2005[1994]：193），例如：

---

① 徐丹（Xu 2006：121）认为“俾”在《诗经》中是最常用的致使标记，如“之子之远，俾我独兮”（《诗经・小雅・白华》）。但是，“俾”仅用于上古汉语；“使、令”作为致使标记沿用至今，相较而言，“令”的文言色彩较重，于今也不常见。因此，普遍认为“使”是汉语最典型的使令动词（致使标记）。通观古汉语的语言事实，我们发现“使、俾、令”构成的结构大致相当。故本文将不对“俾、令”展开讨论。

(34) a. 皋兰被径兮(《楚辞·宋玉·招魂》)

b. 光被四表(《尚书·虞书·尧典》)

在“被”逐渐不再做动词而只用作被动标志之前,纯动词的“被”在发展过程中只有词义的扩展,多数学者认为动词“被”由“覆盖”义发展出“蒙受、遭受”义(王力 2009[1980];唐钰明 1987),但是它带两个论元的句法结构[NP_1 被 NP_2]却没有任何发展和改变,例如:

(35) a. 下施之万民,万民被其利。(《墨子·尚贤中》)

b. 秦王复击轲,()被八创。(《战国策·燕策三》)

这意味着动词“被”并不形成[NP_1 被 NP_2+VP]结构,即传统所谓的兼语句;也说明“被”字被动结构不可能从致使结构发展而来。当然,被动结构还有其他来源,比如姚振武(1999)说先秦汉语并没有真正的被动句,而是存在大量受事主语句。按此分析,今人所认定的被动义句子就不算是真正的被动结构。不过,考虑到上古汉语的语序问题,如 Xu(2006)就认为上古汉语中存在 OV 语序,那么姚振武所说的“受事主语句”则应重新考量。如此一来,“致使-演化”分析若没有排除“被”字被动句源自致使的可能,则会导致内部逻辑问题。

3.4 问题之三:未证明“给、让、教”的致使“出身”

要证明“给、让、教”经历过“致使-被动”演变,首先就要给出历史证据说明这些动词先用作致使动词,然后再逐步说明如何演变,但这些论证不仅 Y&I(2003)没有做,就是以历史考察为基础的分析也没有给出证据说明这些动词的致使用法早于被动用法。如果不证明它们最初先用作致使动词,那么“致使-被动”演变从何谈起?

当然,也有学者并不持演变观点(Washio 1993; Shen and Mochizuki 2000),江蓝生(2000[1999]: 221 - 36)就指出给予义动词兼表致使和被动的原因在于汉语谓语动词的“施受同辞”,即致使和被动兼用。江蓝生通过历史证据,证明“给予动词无论在南方还是在北方,自古以来都是使役和被动兼用的”,使役动词亦然。是致使还是被动,只是根据语境及人们的逻辑思维来判断,如此,语感对于判定致使、被动则尤为重要。蒋绍愚(2003)在讨论几个唐诗例子时也提到语感问题,例如孤立地看“茶教纤手侍儿煎”(但实际上不可孤立地看待,全句为“棹遣秃头奴子拨,茶教纤手侍儿煎”([唐]白居易《池上逐凉二首》)),似乎可用“被”替换“教”,将之理解为被动句,但是即便只看这半句,唐代人也不会全然按照今人的眼光来理解。既然是语感的问题,那么江蓝生的兼用(被动)解读不一定成立;同样地,所谓的“致使-被动”演变也无法得到证明,那么演变分析就存在严重的逻辑问题。

如果演变分析所示的例证的确显示了“先有致使后有被动”的大致情况,如果致使和被动这两种用法的出现果真有时间上的先后顺序,我们也无法得出结论说被动用法脱胎于致使用法。鉴于上述演变分析的三个逻辑问题,本文认为“致使-被动”演变并不是解释“给、让、教”的可靠分析方案。

3.5 问题之四:来自匈牙利语的证据

假如跨语言的数据清晰地呈现出某些语法成分具有既可以表致使又可以表被动的用法,并且均是先有致使用法,然后再从致使发展出被动用法,那么,在暂不考虑其逻辑漏洞的前提下,“致使-被动”演变分析或许可因这样的类型性数据而成为站得住的说法。但实际上,无论是历史材料还是跨语言证据,都不能清晰地证明先有致使后有被动的说法。除此之外,来自匈牙利语的事实很可能还对先有致使后有被动的说法构成反例①。

在古匈牙利语中,同一个后缀-(t)At(其中 A 代表未指定的元音,由词干驱动元音和谐)具有致使、被动两种功能,而至于孰先孰后,根本无从辨别(Bartos 电子邮件交流)。这一点本身就对“致使-被动”演变分析构成了挑战。同一后缀具有致使、被动两种功能,很可能就是致使、被动以弱对立的形式共存于同一语法形式的外在表现,故该事实支持本文的“致使-被动”变换分析。假如“致使-被动”演变是一种类型性的演变,那么发展至现代匈牙利语,-(t)At 后缀就应该呈现以下两种状态之一:或者仍然兼有致使、被动两种功能(尚处于演变过程中);或者后起的被动与更早的致使呈明显强弱之势(或丧失致使而只剩被动;或致使为弱势、被动为强势,且从频率上讲,致使明显低于被动)。但是,现代匈牙利语的-(t)At 却是已经丧失了被动功能,只能表致使。这一事实是“致使-

① 下文所示匈牙利语的情况由 Huba Bartos 教授(匈牙利语母语者)提供(相关讨论及材料多见于匈牙利语写成的文献,受语言所限,我们无法获知更多的信息),特致谢忱!如有错谬,概由作者负责。

被动”演变假设不能预测也难以解释的。

4. 本文分析的总结

“致使-被动”变换解读不是演化的结果，而是由一个动词所投射出的双 VP 结构决定的。致使义和被动义以弱对立的形式共存于“给、让、教”所投射的结构，而在体现具体用法时，或许有可能先有致使后有被动，即这两种用法的出现可能有时间上的先后关系，但这并不意味着被动用法是从致使用法演化而来的。实际上，二者是从一个共同的结构母体演化来的，只是在演化而出的时间上可能有一个先后次序而已。

至此，我们把决定一个动词可以进行“致使-被动”变换以及选择突显致使义还是被动义的要素总结为以下几点：

第一，词汇层面，该动词是真正的双 VP 动词，可分解为双 VP 结构[$_{vP1}$ NP_1 $v_{致使}$[$_{VP2}$ NP_2 有 NP_3]]。该结构中有两个抽象动词，可以分别允准一个宾语，因此双 VP 动词在表层句法可以实现为双宾句式[NP_1 V NP_2 NP_3]。而又由于汉语是 pro-脱落语言，双 VP 动词也可以在表层句法以显性形式实现为单宾句式[NP_1 V NP_2]。由于在双 VP 结构中两个抽象动词可以分别允准一个宾语，同时又由于汉语可以自由进行 pro-脱落，所以双 VP 动词可以不受限制地选择单宾语，因而能单独带间接宾语。

第二，句法层面，致使和被动是两种不同的句式，有不同的生成过程。致使义句式是在双 VP 结构的基础上形成的，其基础结构是：

(36) [$_{vP1}$ NP_1 v(给、让、教)[$_{VP2}$ NP_2 有 NP_3[$_{VP3}$ Pro_2 V x_3]]]

以上结构可以实现为“张三给李四苹果吃”这样的具体例句。其中的 VP_3 是次谓语，VP_3 的动词中心语吸入(中心语嫁接)到抽象动词“有”之前，然后相关结构就会获得致使义解读，见(37)。

(37) [$_{vP1}$ NP_1 v(给、让、教)[$_{VP2}$ NP_2 V-有 NP_3[$_{VP3}$ Pro_2 ~~V~~ x_3]]]

以上结构可以实现为(38)这样的例子：

(38) [$_{vP1}$ 张三$_1$ 给 [$_{VP2}$ 李四$_2$ 吃 苹果$_3$[$_{VP3}$ Pro_2 ~~吃~~ x_3]]]

(张三给李四吃苹果)

“给、让、教”的被动义句式也来自其基础结构，如下所示：

(39) [$_{TopP}$ NP_k[$_{vP1}$ Pro_i v(给、让、教)[$_{VP2}$ NP_j V-有 e_k[$_{VP3}$ Pro_j ~~V~~ x_k]]]]

以上结构可以实现为(40)这样的例子：

(40) [$_{TopP}$ 苹果$_k$[$_{vP1}$ Pro_i 给 [$_{VP2}$ 李四$_j$ 吃-有 e_k[$_{VP3}$ Pro_j ~~吃~~ x_k]]]]

(苹果给李四吃了)

与“给、让、教”所投射的基础结构不同，“使”的基础结构如下：

(41) [NP_1 使 NP_2 V NP_3]

“使”的基础结构与(36)很不同的一点是没有次谓语投射。“使”不是双 VP 结构，无法投射成[$_{vP1}$ NP_1 v[$_{VP2}$ NP_2 有 NP_3[$_{VP3}$ Pro_2 V x_3]]]结构。另外，“给、让、教”的被动义句式也来自双 VP 结构，而“使”因为不是双 VP 动词，也不能作被动解读。这符合对称理论，有强致使义者没有被动义，而有弱致使义者还可以有弱被动义；同样地，有强被动义者也不会有致使义。

最后要强调的是，形成句式后，相关结构就无法进行分解并还原至原始结构。此时，决定是致使还是被动解读的要素是句首 NP 是否约束一个变量。句首 NP_1 不约束相关结构中的变量，则 NP_1 是处于论元位置的主语，此时句子作致使解读；NP_1 约束相关结构中的变量，则 NP_1 是处于非论元位置的话题，此时句子作被动解读。这里再次强调，“给、让、教”所衍生的被动义句式中，句首的名词性成分是话题，而“被”字被动结构的句首成分是主语。

引用文献

Chafe, W. 1976. Giveness, contrastiveness, definiteness, subjects, topics and point of view. In C.N. Li (李讷), ed., *Subject and*

Topic. New York, NY: Academic Press. Pp.27 - 55.

Chao, Y.-R. (赵元任). 1968. *A Grammar of Spoken Chinese*. Berkley, CA: University of California Press.

Cheng, L. L.-S. (郑礼珊), C.-T. J. Huang (黄正德), Y.-H. A. Li (李亚非), and C.-C. J. Tang (汤志真). 1999. *Hoo, hoo, hoo*: Syntax of the causative, dative and passive constructions in Taiwanese. In P.-H. Ting (丁邦新), ed., *Contemporary Studies on the Min Dialects*. Pp. 146 - 203.

Haspelmath, M. 1990. The grammaticalization of passive morphology. *Studies in Language* 14: 25 - 72.

Hu, J. (胡建华) and Pan, H. (潘海华). 2009. Decomposing the aboutness condition for Chinese topic constructions. *The Linguistic Review* 26, 2 - 3: 371 - 84.

Iwasaki, S. 1995. Causative and benefactive constructions in Thai. In Fifth Annual Meeting of the South-East Asian Linguistics Society, Program on Southeast Asian Studies, Arizona State University, Tempe, AZ.

Knott, J. 1995. The causative-passive correlation. In D.C. Bennett, T. Bynon and B.G. Hewitt, eds., *Subject, Voice and Ergativity: Selected Essays*. London: London University, School of Oriental and African Studies. Pp.53 - 9.

Li, C.N. and S.A. Thompson. 1981. *Mandarin Chinese: A Functional Reference Grammar*. Berkley, CA: University of California Press.

Norman, J. 1982. Four notes on Chinese-Altaic linguistic contacts. *Tsing Hua Journal of Chinese Studies* 14, 243 - 7.

Pan, H. and J. Hu. 2008. A semantic-pragmatic interface account of (dangling) topics in Mandarin Chinese. *Journal of Pragmatics* 40, 1966 - 81.

Rangkupan, S. 1997. An Investigation of *hây* Complex Constructions in Thai. Ms. http://linguistics. buffalo. edu/people/faculty/vanvalin/rrg/rangkupan/rangkma.pdf [accessed 27, Apr. 2013].

——. 2007. The syntax and semantics of GIVE-complex constructions in Thai. *Language and Linguistics* 8, 193 - 234.

Shen, Y.-M. and K. Mochizuki. 2000. When causatives mean passive in Mandarin Chinese. *Contemporary Research in Modern Chinese*, Vol. 1, Pp. 79 - 88, and Vol. 2, Pp. 112 - 30. Kyoto: Hoyu.

Shi, D. (石定栩). 2000. Topic and topic-comment constructions in Mandarin Chinese. *Language* 76, 2: 383 - 408.

Washio, R. 1993. When Causatives mean passive: A cross-linguistic perspective. *Journal of East Asian Linguistics* 2, 1: 45 - 90.

Xu, D. (徐丹). 2006. *Typological Change in Chinese Syntax*. Oxford: Oxford University Press.

Xu, L. (徐烈炯). 2001. The topic-prominence parameter. In H. Pan, ed., *Studies in Chinese Linguistics II*. The Linguistic Society of Hong Kong, Hong Kong. Pp.209 - 34.

Xu, L. and D.T. Langendoen. 1985. Topic structures in Chinese. *Language* 61, 1: 1 - 27.

Yap, F.-H. (叶凤霞) and S. Iwasaki. 2003. From causative to passive: A passage in some East and Southeast Asian languages. In E.H. Casad and G. B. Palmer, eds., *Cognitive Linguistics and Non-Indo-European Languages*. Berlin: Mouton de Gruyter. Pp.419 - 46.

——. 2007. The emergence of 'GIVE' passives in East and Southeast Asian languages. In M. Alves, P. Sidwell and D. Gil, eds., *SEALS VIII: Papers from the Eighth Annual Meeting of the Southeast Asian Linguistics Society*. Canberra: Pacific Linguistics. Pp.193 - 208.

Zhang, H. (张洪明). 1994. The grammaticalization of *bei* in Chinese. *Chinese Languages and Linguistics* 2: 321 - 60.

冯春田,2000,《近代汉语语法研究》。济南:山东教育出版社。

洪　波,2010[2004],"给"字的语法化。《汉语历史语法研究》。北京:商务印书馆。447 - 61 页。原载《南开语言学刊——纪念邢公畹先生九十华诞专号》。天津:南开大学出版社。

洪　波、赵茗,2005,汉语给予动词的使役化及使役动词的被动介词化。见沈家煊、吴福祥、马贝加主编《语法化与语法研究(二)》。北京:商务印书馆。36 - 53 页。

胡建华,2008,现代汉语不及物动词的论元和宾语——从抽象动词"有"到句法-信息结构接口。《中国语文》第 5 期,396 - 409 页。

——,2010a,《更简句法》导读。见库里卡弗(P. W. Culicover)、杰克道夫(R. Jackendoff)著,《更简句法》(*Simpler Syntax*)。北京:世界图书出版公司。D13 - D25 页。

——,2010b,论元的分布与选择——语法中的显著性和局部性。《中国语文》第 1 期,3 - 20 页。

江蓝生,2000[1999],汉语使役与被动兼用探源。《近代汉语探源》。北京:商务印书馆。221 - 236 页。原载 A. Peyraube and C. Sun (孙朝奋), eds, 1999.*Studies on Chinese Historical Syntax and Morphology: Linguistic Essays in Honor of Mei Tsu-lin*. Paris:

EHESS-CRLAO.
蒋绍愚，2003，“给”字句、“教”字句表被动的来源——兼谈语法化、类推和功能扩展。见吴福祥、洪波主编《语法化与语法研究（一）》。北京：商务印书馆。202-23页。
——，2005，《近代汉语研究概要》。北京：北京大学出版社。
李佐丰，1983，谈《左传》三类复合使动式。《内蒙古大学学报》第4期，97-111页。
——，2003，《先秦汉语实词》。北京：北京广播学院出版社。
刘丹青，2001，汉语给予类双及物结构的类型学考察。《中国语文》第5期，387-98页。
吕叔湘，1999，《现代汉语八百词》（增订本）。北京：商务印书馆。
朴乡兰，2010，近代汉语表使役与表被动的“教/叫”字句研究。北京大学中文系博士研究生学位论文。
桥本万太郎，1987，汉语被动式的历史・区域发展。《中国语文》第1期，36-49页。
唐钰明，1987，汉魏六朝被动式略论。《中国语文》第3期，216-22页。
王　力，2009[1980]，《汉语史稿（重排本）》。北京：中华书局。
徐　丹，1992，北京话中的语法标记词“给”。《方言》第1期，54-60页。
——，2003，“使”字句的演变——兼谈“使”字的语法化。见吴福祥、洪波主编《语法化与语法研究（一）》。北京：商务印书馆。224-38页。
姚振武，1999，先秦汉语受事主语句系统。《中国语文》第1期，43-53页。
袁家骅等，1983，《汉语方言概要》（第二版）。北京：文字改革出版社。
张洪明，2005[1994]，汉语“被”的语法化。见吴福祥主编《汉语语法化研究》。北京：商务印书馆。190-218页。
张丽丽，2006，汉语使役句表被动的语义发展。*Language and Linguistics* 7，1：139-74.
朱德熙，1982，《语法讲义》。北京：商务印书馆。

《春秋左传注（修订本）》。杨伯峻编著。中华书局，2009年。
《古文字通假字典》。王辉编著。中华书局，2008年。
《论语译注》。杨伯峻译注。中华书局，2009年。
《孟子译注》。杨伯峻译注。中华书局，2010年。
《上古汉语词典》。钟旭元、许伟建编著。海天出版社，1987年。
《诗经注析》。程俊英、蒋见元著。中华书局，1991年。
《说文解字》。许慎撰，徐铉校定。中华书局，2013年。
《说文解字注》。许慎撰，段玉裁注。上海古籍出版社，1988年。

胡建华　中国社会科学院语言研究所 ctjhu@126.com
杨萌萌　中国社会科学院研究生院语言学系

（原载《当代语言学》2015年第4期）

超常组合与语义羡余

——汉语语法化诱因新探*

江蓝生

提 要 语义相宜性和一定的句法结构只是语法化的前提条件,常规结构式的非典型组合和特殊的语义关系才是真正的诱因。本文把结构式中语义复指、语义部分重合、语义同指三种特殊的语义关系概括为语义羡余,提出语义羡余是语法化的又一诱因。从本质上说,语法化的诱因是原有的结构和语义平衡被打破,语法化的实现是变异句结构和语义关系新平衡的建立。新平衡能否达成,关键看有无进行重新分析的机缘。

关键词 常规结构式 超常组合 语义羡余 必要条件 充分条件

1. 相关研究简述

1.1 三个相关概念:"动因""先决条件"与"诱因"

在展开讨论之前,首先要对与本文论旨相关的"动因""先决条件"和"诱因"这三个概念稍加厘清。国外学者的"动因(motivation)"与"先决条件(precondition)"不同。在谈到动因时,往往着眼于人而不是着眼于语言结构本身,着眼于语言使用者在语言演变中的作用,通常涉及语用推理和认知心理,如估推(或回溯推理),转喻和隐喻。Hopper 和 Traugott(1993)第四章专门讲动因,统称为"语用因素",包括隐喻和转喻两个认知过程。文章说:"与其使用'原因'或'解释'这样的词,我们宁愿较为谨慎地谈论动因或导致发生的因素,可理解为我们正在谈及那些潜在的、统计上首选的和并非绝对的因素。"(梁银峰,译本 87 页)文章还说:"生成语言学最感兴趣的是语言习得,尤其是儿童语言习得的作用。与之相对的是,社会语言学家往往关注社团的作用和社团之间相互接触的不同类型。而语法化研究者特别感兴趣的则是,说话人和听话人在协商交际情境意义过程中所发挥的作用。"(梁银峰,译本 87 页)

本文讨论的问题有别于国外学者的"动因",而近于"先决条件"。至于"诱因",国内学者往往是就语言结构本身来说的,侧重于"先决条件"和必要条件(necessary conditions),而本文所指的诱因,不仅包括语义和结构上的先决条件、必要条件,更主要指向语法化的充分条件(sufficient conditions),是指引发语法化的深层次的结构和语义上的条件。

1.2 近二三十年来,语言学界对于语法意义演变的研究,包括实词虚化研究、结构式和句式的意义演变研究方兴未艾,这些研究多属于功能主义语言学的语法化研究范畴。关于语法化的先决条件,Traugott (1996)提出了三条:语义相宜(semantic suitability),结构紧邻(constructional contiguity),频率(frequency)。石毓智(2006:6)对这三个先决条件具体阐述为:一是语义的适宜性,哪些词汇向哪些语法标记发展有很强的规律性,只有那些语义上适宜的才有这种可能性。二是句法环境,语法的发展跟词义的引申不一样,它必须在一定的句法环境中进行。三是比较高的使用频率。这种归纳无疑是对的,这应是世界各种语言语法化的共性,汉语也不例外。但是,

* 本文初稿草成后,曾与杨永龙、梁银峰、赵长才、何瑛等同志切磋,蒙他们提供了非常宝贵的建议和修改意见,笔者获益良多,由衷感谢! 本文吸收了匿名审稿人在细节上的意见,一并致谢。

以上三个条件都只是诱发一个词语语法化的必要条件，还不是充分条件。以往的研究不足之处就在于泛泛地谈必要条件，而没有具体地、细致地揭示导致一个词语语法化的充分条件是什么。要回答这个问题，就不能满足于浮泛地引用西方的语法化理论来解释纷繁复杂的汉语现象，而要在一个个语法化案例上下功夫。要善于发现、贴切解释汉语中各种语法形式产生的各自句法环境和语义要求是什么，特别是要发现诱发原因和运作过程中带有汉语个性的特点和规律。只有进行一个个扎实的个案研究，只有将众多个案研究的成果加以归纳综合，才会有所发现。个性化的汉语语法化演变条件、演变过程和演变规律的发现和解释，必定会对现有的语法化理论起到检验和丰富的作用，也会推动语法化理论取得突破性进展。

1.3　说到汉语语法化的诱因和机制的探索，有三篇文章不能不提到：解惠全(1987)、贝罗贝(1991)、刘坚等(1995)。

解文(1987)第二节谈实词虚化的依据和途径，指出："实词的虚化要以意义为依据，以句法地位为途径"。"以意义为依据"就要"弄清某个虚词的来源及其与实词义的联系，有时就需要从本义及引申关系去考察"。"以句法地位为途径"，是指"实词的虚化是以句法地位的固定为途径的"，"状语和补语的位置最容易发生实词虚化，这是因为表示范围、程度、时间以及处所、工具、原因、对象等关系的词语一般都出现在这两个位置上"。"主语、谓语、宾语的位置一般是不能发生虚化的，因为它们是句子表达意思的中心所在，但在特殊条件下也可能发生虚化"。解文上述观点与 Traugott(1996)所说不谋而合，在时间上早于西方学者，可谓先见之明。但是同样不足的是，"以意义为依据，句法地位的固定为途径"，说到底也只是必要条件，还不是引发虚化的充分条件，因为并不是所有有意义依据的实词、所有在某句法位置上的实词都能发生虚化。

贝文(1991)以处置式、比较句、双宾句和完成体助词"了"为例，论证这几个句式和体助词"了"的产生都源于连动式。认为演变的诱因可能是在连动式"$S+V_1+O_1+V_2(+O_2)$"中，"V_2 表达的意义比 V_1 更为重要，从而促使 V_1 的意义发生虚化"。贝文把连动句中两个谓语成分的语义轻重度不平衡看作是 V_1 虚化的诱因，认识更为深入，如果能明确指出造成 V_1、V_2 两个谓语成分的语义轻重度不平衡的原因何在就更切中要害了。

刘坚等(1995)通过几个动态助词(将、取、得)的语法化过程概括出其共同的演化路径：连动式→表示动作结果(补语)→表示动作完成、持续(助词)。文章指出"发生语法化演变的动词大都是由于句法位置和组合关系改变、词义变化(抽象、虚化)以及功能调整逐步实现的"，"许多实词的语法化过程都是句法位置改变和词义变化两方面相互影响、共同作用的结果"，观察更为深入。但该文说"进入特定的语法结构(连动式)，是其变化的诱因和基础"，我们认为"进入特定的语法结构(连动式)"只是演变的句法前提，而不是真正的诱因，因为并不是所有进入连动式的 V_1 成分都能发生语法化，能发生语法化的 V_1 一定还有其他因素促动。

上述时贤的研究既有个案的具体分析，又重于理论思考，有些论述十分精彩，笔者很受启发也多有同感。不过如上所说，总觉得对语法化的诱因的分析比较空泛模糊，还不够精准到位，多谈必要条件，较少涉及充分条件，因而尚有可进一步阐发补充的余地。下面，拟在本人及时贤个案研究的基础上，对汉语语法化的诱因加以梳理归纳，提出一些新思考，新观点。总的看法是：语义相宜性和一定的句法结构、句法位置是前提，非典型组合和特殊的语义关系是诱因，重新分析是机制。句法结构的变异和特殊语义关系的产生是纠结在一起的，难解难分，为了叙述的方便，不得不话分两头，分别加以说明。

2. 汉语语法化的诱因

2.1　常规结构式组合成分变异是语法化的诱因之一

所谓常规结构式是指汉语历史上早已形成并固定下来的最典型、最有代表性的若干组合结构式。例如，词法上有主谓结构、动宾结构、动补结构、并列结构、偏正结构(又分定中结构和状中结构)、附加结构(又分前缀和后缀，间或有中缀)等。句法与词法大体相同，单句有主谓(+宾)结构、连动结构、兼语结构、双宾结构、述补结构等。所谓常规组合，是指在动宾结构中，动词带名词宾语；在定中偏正结构中，结构助词位于偏与正的中间位置；连动句可不带宾语，如果带宾语，则 V_1 带名词宾语 O_1，V_2 带名词宾语 O_2(或 V_2 不带宾语)；在双宾句中，间接宾语和直接宾语都为体词;在兼语句中,使役义动词后的名词既是该使役动词的受事宾语,又是后一动词的施事等。此外如动态助词“了、着、过”都位于动词后宾语前,语气词位于句末等等。这些常规结构式的常规搭配及其语义关系是汉语语法的通则和典型特点,是使用该语言的人头脑中的完形。

2.2 常规结构式的超常组合

常规结构式的超常组合包括组合成分的词类变异、义类变异、词义变异以及组合成分的省略、添加、紧缩、叠合等,限于篇幅,本文仅讨论前三类超常组合。

2.2.1 组合成分的词类变异

语法化要依托特定的句法结构,这已形成共识。但是,如果这个结构式是常规结构,那是不会引发语法化的。拿给予义动词“与”为例,在常规双宾句中(直接、间接宾语都是体词),“与”是给予动词,没有发生虚化:

(1) 与之璧,使行。(《左传·僖公七年》)

(重耳)乞食于野人,野人与之块。(《左传·僖公二十三年》)

但是,当直接宾语换为谓词时,“与”就演变为受益介词了:

(2) 陈涉少时,尝与人佣耕。(《史记·陈涉世家》,替人佣耕,据《王力古汉语词典》)

双宾句的直接宾语之所以可以由NP换成VP,是因为无论NP还是VP,都没有改变使对方获益的句义。

解惠全(1987)举“务”的例子说明“务”字在句中充当谓语动词带体词宾语时不会虚化,如“君子务本”(《论语·学而》),只有带谓词宾语时才有虚化为副词的可能,如“树德务滋,除恶务本”(《尚书·泰誓下》,培养美德,务必使它滋长,铲除邪恶,务必使它根除)。

再如,关于否定副词“不成”的来源,杨永龙(2000)认为否定副词“不成”是经历了“不+成+NP”→“不+成+VP”→“不成+VP”(VP为复杂形式或小句)的过程发展来的。刘子瑜、黄小玉(2015)对敦煌变文和《祖堂集》的调查结果显示,“不成NP”11例,“不成VP”仅1例,说明唐五代时否定副词“不成”还处于形成过程中;在《全唐诗》中“不成VP”用例稍多,有的VP虽然并非复杂形式或小句,但已可以重新分析为否定副词,如“独卧不成寝,苍然想谢公”(丘丹《秋夕宿石门馆》)。他们的研究也说明组合成分由NP变VP是“不成”词汇化的诱因。

2.2.2 组合成分的义类变异

伴随动词“将”在常规连动句中不存在语法化为伴随介词的诱因,如:

(3) 夏,同伐王城。郑伯将王自圉门入。(《左传·庄公二十一年》)

郑伯带着王从圉门进入周王城,“郑伯”是带领者,“王”是跟从者,二人角色地位不同,“将”还保留着“带领、偕同”的实义,没有发生语法化。在此类连动句中,“将”的宾语是指人名词(“王”),V_2是“行走”类位移动词(“入”),这是常规组合。一旦V_2的义类发生变异,变为非位移动词,就会引起伴随义动词V_1的变化。例如:

(4) 苏秦始将连横说秦惠王。(《战国策·秦策》)

此句中V_2“说”是言说动词[-位移],属于非典型搭配;加之“将”的宾语O_1不是具体的人,而是抽象的“连横”计策,与“将”的“携带”义不相协调,属于非常规搭配,这两种因素导致“将连横”被重析为“说秦惠王”的状语(用连横之计说服秦惠王),在这种语境中伴随动词“将”就地虚化为工具介词(相当于“以”)。如果把“苏秦始将连横说秦惠王”改为“苏秦始将连横入秦”,由于V_2“入秦”是[+位移],则“将”仍是“携带”义动词,不具备虚化为工具介词的充分条件。

“将”演变为伴随介词也由组合成分的义类变异引发,在南北朝时期“将”已出现典型的伴随介词用例:

(5) 支道林在白马寺中将冯太常共语。(《世说新语·文学》)

此例中V_2“语”(说话、聊天)为言说动词[-位移],跟“将”(带领)在语义上几乎没有什么关联度,远离了典型组合的要求,所以引发了“将”的语法化,由动词演变为伴随介词(相当于“跟”)。也就是说,当连动句中的V_2词义为[-位移]时,容易诱发动词“将”发生语法化。

2.2.3 组合成分的词义变异

除了上述词类、义类变异,常规结构式组合关系变异也包括组合成分的词义变异。多位学者都把连动句中两个谓语成分的语义轻重度不平衡看作是 V_1 虚化的诱因，这是非常正确的。问题是连动句的 VP_1、VP_2 的语义为什么会有轻重之别？在常规连动句中，VP_1、VP_2 多是顺承关系，并无语义上的轻重之别。从本文的观点来看，常规连动句中 V_1 词义的变化才是产生轻重之别的原因，下面以“将”演变为工具介词为例。在常规“将”字连动式中，VP_1、VP_2 是顺承关系，语义没有轻重之别，是不会引发语法化的。比如：

(6) 于是，即将雌剑往见楚王。(《搜神记》，带着雌剑去见楚王)

在这个连动句中，VP_1“将雌剑”与 VP_2“往见楚王”是先后相承的两个行动，在语义上没有轻重之别，“将”仍是“携带”义的动词。但是当常规连动式中“将”的词义发生变化，不是典型的“携带”义，而是其引申义“持拿、手握”义时，就改变了 VP_1、VP_2 之间语义上的相承关系。比如“奴以斧斫我背，将帽塞口”(北齐·颜之推《还冤志》)，“将”是“持拿”义，相对于常规组合“携带＋NP”来说，“持拿＋NP”是变化了的组合。“将雌剑”，“雌剑”是携带在身的伴随物；“将帽塞口”中的“帽”是拿在手中用来“塞口”的工具，语义关系全然不同。再如“轻将玉杖敲花片”(唐·张祜《公子行》)，其中的“将”是“持拿”义，“将玉杖”的“玉杖”不是随身携带之物，而是拿在手中用来“敲花片”的工具。在源自连动句的变异组合结构“将帽塞口”“轻将玉杖敲花片”中，VP_1 与 VP_2 已不是顺承的关系，而是发生了前轻后重的变化。“将帽”“将玉杖”位于 VP_2 之前，与状语的位置契合；VP_2“塞口”“敲花片”位于句尾，为句子语义的重心，这就促使原来的常规连动式演变为前轻后重的状中式，“将”随之演变为工具介词。在演变的过程中既发生了结构的语法化：连动式＞状中式，也发生了词汇的语法化：动词＞介词。连动式是二元结构，句子结构较为松散；状中式为一元结构，比连动式紧凑。过去的研究侧重于动词的语法化，其实动词的语法化往往要以结构式的语法化为依托。

上述三类例子都说明，如果一个结构式是典型的常规结构，那是不足以启动语法化的程序的，它必须要借助于超常的组合以及由此引起的语义关系的变化才有可能往语法化的路上走去。因此，我们不宜笼统地说连动句是某些动词语法化的诱因，而要区分常规结构式与非常规结构式，连动句只是某些动词语法化为工具介词、伴随介词、处置介词的前提句法条件，只有常规结构式的典型组合关系发生了变异，打破了原有结构的平衡格局、改变了先前的语义关系才成为语法化的诱因。而且，诱因能否起作用最终导致语法化的实现，还要看能否通过重新分析的环节使变异句的结构和语义达到新的平衡。换句话说，语法化的诱因是原有的结构和语义平衡被打破，语法化的实现是变异句结构和语义的新平衡的建立。新平衡能否达成，关键看能否进行重新分析——变异句跟原句式表层结构相同而深层结构和语义相异，借助于表层结构的掩护，变异结构式得以暗度陈仓。由此看来，重新分析是语法化实现的关键一环，研究语法化为什么会发生或曰实现，实质上就是探寻常规句中哪些因素的变动提供了一个表层结构可以做两种解释的重新分析的变异句式。

2.2.4　组合关系的多次变异

有些实词在特定的句法结构中只经过一次组合的变异就具备了语法化的充足条件，比较直观，不难看出其演变的语境和路径。如上举《史记·陈涉世家》例：陈涉少时，尝与人佣耕(替人佣耕)。只因把常规双宾句中的直接宾语由体词改换为谓词，原结构式就变为状中式，“与”就演变为受益介词了(参看江蓝生，2012)。

假设语气助词“时”依托的句法结构是“VP 时”小句，当其语义限制是表示未然的事态时，就会引发语法化的发生：

(7) 钱财只恨无，有时实不惜。(王梵志诗)

“时”指未然的事态，不是典型搭配，所以可以两解：既可理解为实词“时候”，也可理解为假设助词，这是语法化过程的起点。这种演变诱因，一眼可识，比较容易追溯(参看江蓝生，2002)。

还有些实词的语法化是经过不止一次句法与语义双重变异的互动引发的，这种经过多次句法与语义的互动而发生的语法化，路径隐晦，不能一眼就看出来，是研究的难点所在。比如给予义动词“给”在河南、江苏等地方言中可以充当连-介词，相当于介词“跟”和并列连词“和”，如苏晓青、吕永卫(1998：173)“给”：

(8) a. 伴随介词：我给他拼了|我给你没完。

b. 并列连词：今天的活儿就落下你给小王两个没干完了。

从给予动词到连-介词的演变过程是怎么样的，不具有直观性，需要费一番考证的功夫。首先，要确定“给”演变为连-介词的源结构式是什么。诚然，双宾句是“给”出现的典型句式，但是双宾句却不存在“给”演变为连-介词的句法和语义条件，须另想出路。鉴于“给”的义素结构是“A使B获得C”，也就是说“给”含有使役义素，于是，我们再从表示使役的兼语句考察。当“给”出现在兼语句中时，它本身的使役义素被激活，被凸显，给予义反而隐退，从而由给予义演变为使役义。例如：

(9) 邹师父是从来不给人赢的，今日一般也输了。(《儒林外史》53回，不允许他人赢)

在兼语句中，“给”演变为使役义动词“让、允许”。这例属于常规兼语式“A给B VP”，B是A的受事，又是VP的施事，这种常规兼语式不能使“给”演变为虚词。但是，在下面的例句中，当VP是非典型组合的集体动词时，“给”就有条件演化为伴随介词了，例如：

(10) 师傅请过来，给员外相见。(《济公全传》6回)

(11) 吃过晚饭，仍到账房里，给乙庚谈天。(《二十年目睹之怪现状》17回)

(12) 这天，桂花卖线子回来，夜里给小荣坐在一块纺线。(冯金堂《黄水传》)

例中的VP或是集体动词“相见、谈天”，或有副词“一块”修饰(“一块纺线”)，组合成分VP由单个行为动词变为集体行为动词，使得常规兼语式中的VP由B单独实施变异为由A和B共同施行。组合成分VP的义类变异了，原句法结构的语义关系随之发生了变化，语义关系的变化又引起原兼语式结构的变异：由兼语式重析为主谓式：A[[给B]VP]，“给”也随着结构式的重析由使役动词语法化为伴随介词(下文3.3所述“给”由“给予”义动词到处所介词的演变也经历了词类和义类两次变异组合才得以实现，可参看)。

以上所举语法化实例的类型有简单复杂之分，但可以看出，其语法化的诱因都是因常规结构式中的组合成分发生了变异，或词性发生改变(由NP变VP)，或词义不同于典型搭配，还有的突破了句式限定的动词语义类型(由单个行为动词变为集体动词)等等，一句话，常规结构式的超常组合是语法化的诱因。

2.3　超常组合的原因

如上所说，常规结构式的超常组合是语法化的诱因之一，那么，是什么原因导致组合成分可以突破原有的规范而发生变异呢？试从两方面来解释。

其一，一种语言的句型再丰富，跟人类所要表达的客观事物和主观思想感情相比总是有限的，为了利用有限的句型表达无限丰富的语义要求，就需要突破常规句式规范的束缚，在隐喻和转喻思维的作用下，用一些超常的组合来提高结构式的表达功用和效率，即从典型组合扩大到非典型组合。非形态语言的汉语在通过变换同一表层结构式中的语义关系而达到表达尽可能多的语义功能方面显得尤其能为。

其二，有些变异组合可以行得通，从根本上也应归因于汉语的特点。汉语的动词可以直接指称该动作行为而不必有任何形态变化(或曰汉语的动词可以直接当名词用)，所以它就可以比较自由地出现在常规句中名词的位置上；但它毕竟不是真正的名词，占据了名词位置的动词毕竟属于异样的搭配，因而这种变异会引起常规结构式的句法结构和语义关系的变化，成为语法化的诱因。

3. 结构式语义羡余是语法化的特殊诱因

3.1　结构式语义羡余

有些结构式中的组合成分具有比较特殊的语义关系，如：语义复指、语义部分重合或语义同指等。所谓语义复指(也叫回指)，是指结构式中的某一成分重复指称其前面的人或事物、事件等；所谓语义部分重合，是指结构式中相邻的两个成分语义上有部分相同的义素，如“分给、持将、缠着”等；所谓语义同指，是指结构式中的某一成分与另一成分所指为同一个人或事物等。本文把上述三种现象概括为结构式语义羡余，我们发现，每当遇到这类情况，往往容易诱发成分的语法化。关于语义复指、语义部分重合或语义同指跟语法化的关系以及在语法化过程中的表现，前贤的个案研究中或多或少涉及到，但显得有些不太经意，更不曾将其归纳为具有普遍规律性的诱因提出。本文把结构式中这三种特殊的语义关系概括为语义羡余，并明确提出语义羡余是语法化的又一诱因的观点。

3.2 语义复指

因语义复指(或叫回指)而导致语法化的典型实例是王力(1958)在《汉语史稿》中册早已指出的“是”由复指的指示代词演变为系词(判断词)的例子。郭锡良(1990)赞成并重申了王力的观点，石毓智、李讷(2001)用类推说对演变过程进行了细致的描写分析。在“富与贵，是人之所欲也”这一判断句中，“是”复指其前的话题“富与贵”；“千里而见王，是予所欲也”，“是”复指前面的话题“千里而见王”这样的事件。由于两汉之前的汉语判断句“A(者)，B也”不用系词连接主语和宾语，所以当前面的话题由名词成分充当时，后面起复指作用的“是”就显得更为多余；因为从语义上看，这种情况下的话题的指称性更突出，其后面如果再加个指称性的“是”就显得多余，指代词“是”最先在名词性话题句中发展为系词的原因正在于此。另一方面，此类表示复指的“是”字处在话题主语和谓语之间，其位置与普通动词所处的句法位置契合，所以就由指代词被重析为动词性的系词。

王力还指出“之”由指代词演变为结构助词：“麟之趾”的最初意义是“麟它趾”，“公侯之事”最初的意思是“公侯他们的事情”，“之”分别复指“麟”和“公侯”。此二例同样可以用结构式语义羡余来解释。当一个指示代词复指前面的名词时，两个成分之间距离越远，越倾向于使用指代词来复指；反之，就越不倾向于用指代词来复指。在“麟之趾”这类结构中，由于“之”与它的先行词紧邻，距离太近了，所以“之”的复指意义必然大大减弱。再加上汉语的名词可以直接修饰另一个名词(NN)，所以这个处于修饰语与中心语中间的、语义羡余的“之”被重新分析为修饰语标记——结构助词就是很自然的了。

3.3 语义部分重合

语义部分重合引发语法化的案例，贝罗贝(1991)和刘坚等(1995)都曾谈到。贝文指出，在《史记》双宾句“厚分与其女财”“分予文君僮百人”中，“分”的词义跟“与/予”部分重合，“与/予”不是非要不可的成分。刘坚等的文章谈到在连动句“V＋将＋补”如“曳将去、持将去、挟将飞”中，V的词义与“将”部分重合，不加“将”也能表达同样的语义(曳去、持去、挟飞、录其将去-录去)，导致“将”义弱化、虚化。介词“着”是由“附着”义动词虚化而来，在“V＋着＋处所词”结构中，最初V都是一些会产生附着状态的动词，如“缠，藏，载，坐”，其词义与“着”部分重合，“缠着金柱”中的“着”表示“缠”的结果是附着在金柱上，可以是长时间或固定的状态，“着”义较实；在“载着车中”“坐着膝前”中，“载，坐”的义素中含有附着义，但比“缠”附着义轻，且都是一时性的动作，“着”就显得不很必要，去掉它也无妨句义(载车中，坐膝前)，“V＋着＋处所”受常规结构“V＋于＋处所”的类化，致使“着”由动词虚化为处所介词。

以上结构式中组成成分语义的部分重合比较直观，还有一类语义部分重合现象比较隐蔽，不容易一眼看出。江蓝生(2014)论证了“跟”做处所介词的诱因。动词“跟”在顺承复句“A跟在后面，VP”中虚化为处所介词就是因组合成分“跟在”的语义有部分重合引起的。“跟”的语义结构可分析为：

[甲][在乙后面][紧随着][同向行动]

其中最重要的义素有两个：a) 位置：在后面；b) 情状：紧随着持续行动。可以看出，动词“跟”的语义结构中先天就蕴含着“在后面”这一方位义素(这应是“跟”能产生出表处所的功能的语义基础)，与介词“在”部分语义重合。当“跟在后面”是顺承复句的前一小句时：

(13) 小荷跟在后面，一边走一边回身拱手。(老舍《四世同堂》)

(14) 老仆人跟在后面，拿着电筒。(曹禺《北京人》第三幕)

“跟在后面”中“跟在”为动补结构，“在”的功能是引进处所；由于“跟”本身就含有处所义素“在后面”，所以动补结构“跟在”的语义有重复羡余之处。重复从本质上是语义表达的强化手段，但是在顺承复句“跟在后面，VP”中，“跟在后面”却处在语义轻化、弱化的位置，这样，强化形式“跟在”就跟语义弱化的“跟在后面”产生了不太相宜的偏离，这种偏离推动了羡余成分的脱落或省略。上面两例如果省略“在”，就成了“跟后面VP”，由顺承复句紧缩为状中句：

小荷跟在后面~~，~~一边走一边回身拱手。

老仆人跟在后面~~，~~拿着电筒。

在状中句“跟后面VP”中,“跟”被重析为表示处所的介词,相当于“在”。“A跟在后面,VP”只是“跟”语法化为处所介词的先决句法条件,而并非诱因,真正的诱因是“跟在后面”中“跟在”的组合有部分语义重合。重合就意味着羡余,羡余就有可能在语用环节被省去。(口语中省去“跟后面VP”的VP,“跟”就用作存在动词了:你跟哪儿呢?跟家呢。)

江蓝生(2012)分析数量词“两个”是如何语法化为并列连词的。同位短语“X两个”的义素结构可分解为:X和Y两个人。具体到“我两个”短语来说,其语义就是“我和另一个人”,在“我两个一路去”(“我两个”做主语)、“屋里只有我两个”(“我两个”做宾语)这类句子中,短语“我两个”中只有其中之一“我”是显现在句子表层的,另一个人是谁,没有说出,隐含在短语结构中。通常,在口语语境下,另一个人是谁对于交际双方都是不言而喻的,因而无需指出。但是,当对方不明详情或说话人在口头交流过程中临时想要把另一个人是谁明示出来时,就会从“我两个一路去的”生成“我两个大姐一路去的”,从“屋里只有我两个”生成“屋里只有我两个婆婆”这种变异句。可见,“两个”语法化的初始语境是同位短语“我两个”做句子的主语或宾语,语法化的动因是说话人感到需要明确指出共同行动的另一个主体,从而把短语隐含的另一个主体显性化。一旦隐含的主体显现到句子平面,就引起句子结构的变化。在“我两个大姐一路去的”句中,“我两个”本已指“我”和“大姐”,所以主语“我两个大姐”是个语义部分重合的羡余组合,不符合汉语语法的规范;恰好在“我两个大姐”结构中,“两个”位于“我”和“大姐”两项之间,这是并列连词的典型位置,在类推心理作用下,就把原来不合规范的句子类推为并列主语句,把“两个”重析为并列连词,这样,变异的结构式就取得了新的平衡。可见说话人为加强言语表达的明晰性而主观增添隐含的句子成分,造成组合成分部分语义重合是数量词“两个”语法化的诱因。

上述显性的和隐性的语法化实例都说明了组合成分部分语义重合确实诱发了语法化的发生。

3.4 语义同指或语义具有同一性

结构式中两个句法成分语义同指与结构式中两个句法成分在语义上具有同一性,这两种情况具有某种相似性,所以一并放在本节说明。

3.4.1 贝文(1991)指出处置式、伴随动词等的语法化产生于连动式。但我们认为连动式其实只是它们语法化的句法先决条件,不能视为诱因。真正的诱因是贝文所揭示的一个特殊的语义条件:在“$S+V_1+O_1+V_2+O_2$”连动句中O_1与O_2语义同指。例如杜诗“明年此会知谁健,醉把茱萸仔细看”,其中“醉把茱萸仔细看”,把的是茱萸,看的也是茱萸,O_1与O_2语义同指,由于二者同指,就容易省略O_2,生成了宾语同指连动句“$S+V_1+O+V_2$”。这种句式的结构较前紧密,语义的重心在V_2。语义重心的后移使原连动式中的VP_1状语化,从而为“把”语法化为处置介词提供了句法和语义双重条件。当与V_1搭配的名词宾语超出手握之物时,如:“欲把青天摸”(皮日休)、“莫把杭州刺史欺”(白居易),就最终完成了“把”的语法化。在常规连动句“$S+V_1+O_1+V_2+O_2$”中,O_1与O_2不同指,如“客散酒醒深夜后,更持红烛赏残花”(李商隐),持的是红烛,赏的是残花,不会发生语法化。这说明“把”字连动句中O_1与O_2语义同指是引发“把”字处置式产生的诱因,而“把NP”非常规组合则是使诱因最终起作用的推力。

“将”字处置式的产生跟“把”字处置式类同。先看下例:

> 《曹瞒传》曰:公遣华歆勒兵入宫收后,后闭户匿壁中。歆坏户发壁,牵后出。帝时与御史大夫郗虑坐,后被发徒跣过,执帝手曰:“不能复相活邪?”帝曰:“我亦不自知命在何时也。”帝谓虑曰:“郗公,天下宁有是邪!”遂将后杀之,完及宗族死者数百人。(《三国志·武帝纪》裴注)

汉皇后伏氏请求曹操不要杀她,曹操不从,伏氏被人带走杀了。其中连动句“遂将后杀之”中O_1与O_2同指“后”,是句式语法化的诱因,但由于“将”仍是“带领”义,“将后”为常规搭配,故离句式语法化还差一步之遥。当“将”不具有实在的“携带”或“手持”义时,此类O_1与O_2同指的连动句就得以语法化为处置式。例如:

> 三年春,可将荚、叶卖之。(《齐民要术》)

其中的“之”与“荚、叶”同指,且“将”已不是常规搭配的“携带”或“手持”义,在这种变异句中,语义重心在VP_2(卖荚、叶),VP_1(“将荚、叶”)的语义弱化,“将”只起表示处置的语法意义。

江蓝生(2004)指出,话题标记“的话”依托的句法结构是“说X的话”,在语义上,当“X”与“话”语义同指时,引发“的话”的虚化。如“且莫说那位姑娘的话”(《儿女英雄传》)就等于“且莫说那位姑娘”,“话”与“姑娘”语义同指,“的话”语义空灵;当“X的话”摆脱“说”类动词的支配,位移至话题主语位置时,引发“的话”语法化为话题标记。

3.4.2 结构式中两个句法成分在语义上具有同一性,也是语法化的特殊诱因。江蓝生(2014)第4.3.2节论述“给”由“给予”义动词到处所介词的演变是在变异双宾句中完成的。演变过程中双宾句经过了两次变异,一次变异是句子成分的词类变异:由“A给B NP”变为“A给B VP”,即直接宾语由体词变为谓词,“给”虚化为受益介词“为/替”(如“我给他做饭”);二次变异是句子成分的义类变异:“A给B VP”,B由指人名词(实体名词)扩大为方位处所名词(我给家里做饭)。走到这一步,句子产生了一个特殊的语义关系,即:B与VP在处所上具有同一性。这包含两种情况:第一种,B实际是VP发生的场所,如“周末我给家里做饭”,“家里”既是“做饭”这一动作的受益处所,又是“做饭”所在的处所,故也可歧解为“周末我在家里做饭”;“村民们给地里施肥”,“地里”既是“施肥”这一动作的受益处所,又是“施肥”所在的处所,故可歧解为“村民们在地里施肥”。第二种,B是VP中的受事位移的处所,如“给油箱里加油”,“油箱”既是“加油”的受益处所,又是宾语“油”位移的终到处所(目的地),故“给油箱里加油”可歧解为“在油箱里加油”。与上面几例不同,在“给汽车加油”“给灾区捐款”这类句子中,“汽车”是实体名词,不符合结构中B须是处所词的前提条件;“灾区”虽是处所名词,但捐款的行为不发生在灾区,在处所上不具同一性,所以不具备使“给”演变为处所介词的充分条件。如果换成“志愿者们给灾区修路”,由于“灾区”既是受益处所,又是“修路”所在处所,在处所上具有同一性,就有可能歧解为“志愿者们在灾区修路”。可见,只有机缘巧合,当以上句法、语义条件都具备时,“给”才可能经重新分析而演变为处所介词。

3.5 我们把语义复指、语义部分重合和语义同指概括为语义羡余。语言中的某一成分如果是羡余的,那它的语义就容易空灵化,虚化,如果羡余成分恰好处于汉语句法的某个功能词的位置,它就可能语法化为该相应的虚词。其实,语义羡余从根本上说属于非典型组合,也是一种组合变异,跟上一节所说常规结构式组合关系变异是一个问题的两个方面。而且,上面我们虽然分别从句法结构变异和特殊的语义关系两个层面来谈语法化的诱因,但在实际语法化的过程中有时很难把语法结构的变异跟语义关系的变化划然分开,二者是相互关联,相互推动的关系(这一点,从上面对“给”虚化为处所介词的分析可以看得很清楚)。

4. 结　语

4.1 探讨汉语语法化的发生,首先要考察它的语义基础是什么,是在什么样的语境下产生的。本文认为语义相宜性和特定的句法结构、句法位置只是语法化的前提条件,不是语法化的真正诱因。语法化的真正动因在于变异,即常规结构式的组合成分发生了变异,非典型化了。变异打破了常规结构式的句法和语义平衡,语法化的完成则使变异句建立起新的平衡,或者A)使一种常规结构式演变为另一种常规结构式,或者B)产生出一种新的结构式。A)类重新分析的实质就是类推,是把变异结构式类推为与之表层结构相同的另一种常规句式,与此同时把变异结构中的某一组成成分重析为一个语法成分(如系词“是”、处所介词“给”、并列连词“两个”等);B)类重新分析产生了新的句式(如“将”字处置式、“把”字处置式),这种新的结构式日后逐渐稳定为新的常规结构式,所以常规结构式的成员并不是一成不变的。

4.2 本文把组合成分语义复指、语义部分重合和语义同指概括为语义羡余,认为语义羡余也是语法化的诱因之一。不过,许多语义羡余现象是由超常组合形成的,从本质上,语义羡余是超常组合的衍生现象。实词语法化的具体诱因有多种多样,但归根结底是常规结构式组合关系发生了各种变异。本文认为这种解释更切中肯綮,也更具有概括性。

4.3 本文的解释运用了结构主义的语法系统观,即每一步棋的移动都会牵动整局棋。如上所述,伴随介词、工具介词、处置介词都来源于常规连动句“$S+V_1+O_1+V_2+O_2$”(如“郑伯将王自圉门入”“即将雌剑往见楚王”),当V_2变异为非位移动词、且O_1发生由指人名词变为抽象名词的义类变异时,诱发“将”语法化为工具介词“以/用”(如“苏秦始将连横说秦惠王”);当V_1“将”不是典型组合的“携带”义而是“手持”义时,诱发“将”语法化为工具介词(如“将帽塞口”);当$O_1=O_2$时,诱发“将、把”语法化为处置介词(如“可将荚、叶卖之”)。

不消说，本文的解释也运用了语用学的观点，即语言是在使用中发展变化的，语法化现象是在口语交际中诱发并完成的，某一个词语在特定场合的使用，可能引起它的语义变化，也有可能促使它向某种语法功能词发展。

马克思在《资本论》中说："研究必须充分地占有材料，分析它的各种发展形式，探索这些形式的内在联系。"也就是说，科学规律的提炼需要依赖大量事实为基础，本文的观点是从自己和同行学者对语言事实的许多个案研究中概括出来的，具有相当数量的经验证据，当然，这还不够，还需要等待更多经验事实的检验。

4.4　矛盾有普遍性，也有特殊性。从语言共性的角度看，西方学者所归纳的语法化的一般规律、原则对于汉语来说基本上是适用的，但在具体演变的条件、诱因和路径上，汉语与英语等有形态标记的语言则很不相同，跟语序为 SOV 类型的语言也不相同，表现出鲜明的汉语特色。我们应在语言类型学的视野下，既关注世界语言的共性，又要更加关注汉语自己的特性。改革开放以来，我们拜西方语言学理论和方法所赐，对语法化现象的认识大为加深，在许多个案研究上斩获颇多，丰富了一般语言学的理论和知识。但是，一方面，个案研究还不够深入系统，还有很多死角和空白，特别是对方言中的语法化现象还研究得很不够，这与方言语法的丰富多彩很不相称；另一方面，对于汉语语法化现象的理论总结和提升也做得不够，需要进一步加强。

参考文献

贝罗贝　1991　《汉语的语法演变——论语法化》，中研院《历史语言研究所集刊》第五十九本第三分（台北）。又载吴福祥主编《汉语语法化研究》，商务印书馆，2005 年。

曹广顺　1995　《近代汉语助词》，语文出版社。

冯　力　杨永龙　赵长才（主编）　2009　《汉语时体的历史研究》，语文出版社。

郭锡良　1990　《关于系词"是"产生的时代和来源论证的几点认识》，《王力先生纪念论文集》，商务印书馆，又载《汉语史论集》，商务印书馆，1997 版。

洪　波　2010　《汉语历史语法研究》，商务印书馆。

江蓝生　2002　《时间词"时"和"后"的语法化》，《中国语文》第 4 期。

江蓝生　2004　《跨层非短语结构"的话"的词汇化》，《中国语文》第 5 期。

江蓝生　2012　《汉语连-介词的来源及其语法化的路径和类型》，《中国语文》第 4 期。

江蓝生　2014　《连-介词表处所功能的不同来源及其非同质性》，《中国语文》第 4 期。

梁银峰　2007　《汉语趋向动词的语法化》，学林出版社。

刘丹青　2001　《语法化中的更新、强化与叠加》，《语言研究》第 2 期。

刘　坚　曹广顺　吴福祥　1995　《论诱发汉语词汇语法化的若干因素》，《中国语文》第 1 期。

刘子瑜　黄小玉　2015　《从否定副词到语气词——语气词"不成"的来源及其语法化补议》，《汉语史学报》第十五辑，上海教育出版社。

沈家煊（主编）　2006　《认知与汉语语法研究》，商务印书馆。

石毓智　李　讷　2001　《汉语语法化的历程——形态句法发展的动因和机制》，北京大学出版社。

石毓智　2006　《语法化的动因与机制》，北京大学出版社。

王　力　1958　《汉语史稿》（中册），科学出版社，又中华书局 1980 版。

王　力（主编）　2000　《王力古汉语词典》，中华书局。

吴福祥（主编）　2005　《汉语语法化研究》，商务印书馆。

吴福祥　洪　波（主编）　2003　《语法化与语法研究》（一），商务印书馆。

解惠全　1987　《谈实词的虚化》，《语言研究论丛》第 4 辑，南开大学出版社，又载吴福祥、洪波主编《语法化与语法研究》（一），商务印书馆，2003 年。

杨永龙　2000　《近代汉语反诘副词"不成"的来源及虚化过程》，《语言研究》第 1 期。

杨永龙　2001　《〈朱子语类〉完成体研究》，河南大学出版社。

苏晓青　吕永卫　1998　《徐州方言词典》，江苏教育出版社。

Heine, Bernd and Tania Kuteva　2002　*World Lexicon of Grammaticalization*. Combridge: Combridge University Press.

Hopper, Paul J. and Elizabeth C. Traugott 1993/2003 *Grammaticalization*. Lodon: Cambridge University Press.中译本《语法化学说》(第二版),梁银峰译,复旦大学出版社,2008。

Traugott, Elizabeth C. 1996 *Grammaticalization and Lexicalization*. In Bromn, Keith and Jim Miller (ed.), *Concise Encyclopedia of Syntactic Theories*. 181－187. Oxford: Pergamon.

江蓝生,中国社会科学院语言研究所 jiangls@cass.org.cn

(原载《中国语文》2016 年第 5 期)

詞義演變和句法演變的相互關係

蔣紹愚

提 要 本文討論詞義演變和句法演變的相互關係，認爲詞義演變和句法演變的相互關係有三種情況：一、詞義影響句法。二、句法影響詞義。三、句法和詞義共同影響詞義。

關鍵詞 詞義演變 句法演變 詞義和句法的相互影響

詞義的演變和句法的演變，都已討論得很多。但通常是把這兩者分別討論的。研究歷史詞彙的關注詞義的演變，研究歷史句法的關注句法的演變；至於詞義演變和句法演變的相互關係，往往注意得不夠。其實，這兩者是有關係的。貝羅貝、李明(2007)對此作了深入的討論，對我們很有啓發。下面我想就此問題談一點自己的想法。

我在2013《詞義變化與句法變化》一文(以下簡稱“2013文”)中談過這個問題，本文在此基礎上進一步展開，有些問題是新增的，有些問題的看法有一些改變。有些問題(如“構式影響詞義”)也在這個題目範圍內，但因爲在2013文中已經談過，而且没有什麽改變，就略去不談。

本文認爲，詞義演變和句法演變的相互關係有三種情況：一、詞義影響句法。二、句法影響詞義。三、詞義和句法共同影響詞義。

一 詞義影響句法

詞義變了，其句法組合也會隨之而變，這是最常見的。比如，“吃(喫)”最初的意義是“食用”，可以用於主動句和被動句，如“我吃魚”，“魚被我吃了”。後來演變爲“受到、遭受”，就只能用於主動句，不能用於被動句，如只能説“他吃了批評”，不能説“批評被他吃了”。但不是詞義演變後其句法組合都要發生變化，詞義演變後其句法組合不變也很常見。

1.1 下面以“謂”爲例説明詞義變化影響句法組合變化

“謂”在先秦有5個主要義項：①(對某人)説。②稱(某人爲N)。③説/認爲(某人、某物如何)。④説/評論(某人)。⑤以爲。①是基本義，其餘的是演變而成的意義。

① 謂[1]：(對某人)説。

謂[1]的詞義决定了句子要有三個部分：説的動作(謂[1])，説的對象(動詞的間接賓語)，説的内容(動詞的直接賓語)。説的内容可以是直接引語(DQ)，也可以是間接引語(IQ)。在直接引語前面可以有“曰”，也可以没有“曰”。這樣，其常見的句法結構有3種類型：

1) 謂[1]＋O＋曰＋DQ

《論語·爲政》：“或謂孔子曰：‘子奚不爲政？’”

2) 謂[1]＋O＋DQ

《詩經·大雅·皇矣》：“帝謂文王：‘無然畔援。’”

3) 謂[1]＋O＋IQ

《左傳·襄公二十二年》：“今吾子來，寡君謂吾子姑還，吾將使馹奔問諸晉而以告。”

《左傳·宣公十八年》：“逢大夫與其二子乘，謂其二子無顧。”

《左傳·襄公二十七年》:"子木謂向戌,請晉、楚之從交相見也。"

《左傳·昭公二十五年》:"公若從,謂曹氏勿與,魯將逐之。"

② 謂^2:稱(某人爲N)。

謂^2 的詞義决定了句子要有三個部分:稱的動作(謂^2),稱的對象(動詞的間接賓語),對象的稱呼(動詞的直接賓語)。

其句法結構爲:

謂^2+O1(N)+O2(N)

《詩經·王風·葛藟》:"終遠兄弟,謂他人父。"

《左傳·隱公元年》:"請京,使居之,謂之京城大叔。"

雖然謂^1 和謂^2 的句法結構都是"動詞+間接賓語+直接賓語",但謂^1 的直接賓語是謂詞性的,通常是一個動詞短語,謂^2 的直接賓語是名詞性的,通常是一個簡單名詞。這種不同是由動詞詞義决定的。

③ 謂^3:説/認爲(某人、某物如何)。

謂^3 和謂^1 都是"説",但含義不同。謂^1 是向對方説一句話,目的是向對方提供某種信息或提出某種要求、某個問題,謂^3 是説(認爲)對象如何如何。謂^3 組成的句子,其構成和謂^1 大體相同,有三個部分:説/認爲的動作(謂^1),説/認爲的對象(動詞的間接賓語),説/認爲的内容(動詞的直接賓語)。但謂^3 和謂^1 詞義不同,所以句中説的内容不是告訴對方的一句話,而是描述對象的性狀。也有少數句子中説的對象不出現,"謂"後面直接跟説的内容,這就是第3)種句式。

其句法結構有4種類型:

1) 謂^3+O1(N)+O2(P)

《詩經·王風·大車》:"謂予不信,有如皦日。"

2) 謂^3+O1(N)+O2(S+P)

《詩經·魏風·園有桃》:"不知我者,謂我士也罔極。"

3) 謂^3+O(S+P,DQ)

《左傳·昭公二十六年》:"單旗、劉狄剥亂天下,壹行不若,謂'先王何常之有,唯余心所命,其誰敢討之',帥群不弔之人,以行亂於王室。"

有時説的對象和説的内容可以合在一起,構成一個主謂結構(S+P),整個作謂^3 的賓語,這樣,句子就不是雙賓語,而是單賓語了。而且,"謂+SP"可以是口説的言辭,也可以是心裏的認定,這兩者往往難以截然區分,這時的"謂"已經處於從言説動詞演變爲認知動詞的過程中了。

4) 謂^3+O(S+P,IQ)

《詩經·召南·行露》:"誰謂雀無角,何以穿我屋。"

《論語·八佾》:"孰謂鄹人之子知禮乎?"

④ 謂^4:説(某人),評論(某人)。

謂^4 是由謂^3 演變而來的,謂^3 是用言説來描述對象的某種性狀,謂^4 演變爲"評論"義,表示説話者對對象的一種評價。這個義項在《詩經》中没有出現,到《論語》中才出現,可能比前面三個義項出現得晚一些。

謂^4 評論的内容都是作爲謂^4 的直接賓語出現的,個别句子在"謂"後面還有"曰",所以其句法組合有2種類型:

1) 謂^4+O(評論的對象)+DQ

《論語·公冶長》:"子謂公冶長:'可妻也。'"

《論語·公冶長》:"子謂子産:'有君子之道四焉。'"

《左傳·襄公十四年》:"惠公蠲其大德,謂我諸戎:'是四嶽之裔胄也,毋是翦棄。'賜我南鄙之田,狐狸所居,豺狼所嗥。"

《左傳·襄公二十四年》:"毋寧使人謂子'子實生我',而謂'子浚我以生'乎?"

《左傳·昭公十二年》:“楚子謂成虎:‘若敖之餘也。’遂殺之。”

2) 謂^4+O(評論的對象)+曰+DQ

《左傳·文公十年》:“楚范巫矞似謂成王與子玉、子西曰:‘三君皆將强死。’”

⑤ 謂^5:以爲。(反叙實)

“謂^5”是從“謂^3”的表認定演變而來的。“謂^3”的表認定是叙實(認識和客觀事物一致),“謂^5”是反叙實(認識和客觀事物相反)。和表認定的“謂^3”一樣,其語法組合只有一種形式,“謂”的賓語是一個小句(S+P):

謂^5+O(S+P)

《左傳·僖公二十四年》:“臣謂君之入也,其知之矣。若猶未也,又將及難。”

《左傳·襄公十三年》:“吴乘我喪,謂我不能師也,必易我而不戒。子爲三覆以待我,我請誘之。”

從謂^{1}到謂^5,都是“謂”本身詞義的演變,這種演變不是句法組合影響的結果,但詞義演變會影響句法結構。但也可能詞義變化了而句法結構不變,從謂^{3}到謂^{5}就是如此。

我在2013文中説:

> “謂2”和“謂3”的詞義很接近:都是表示對某個對象的稱述。只是“謂2”表示稱某人爲何(名詞,名稱),“謂3”表示説(認爲)某人爲如何(謂詞,性狀)。從“謂2”變爲“謂3”是不難的。“謂2”的句法組合也容易變成“謂3”的句法組合。從“謂+O+N”→“謂+O+P”→“謂+O+(S+P)”,“謂”就從“謂2”變爲“謂3”。而“O+P”的結構變得再緊密一點,成了“S+P”,這就成了“誰謂[雀無角]”這樣的句子。這種組合關係的變化也會影響“謂”的詞義,使之從“謂2”變爲“謂3”。
>
> 這是詞義和句法組合同時發生變化。

現在,我的看法有些改變。從“謂+O+N”→“謂+O+P”→“謂+O+(S+P)”,確實是句法結構的改變,但這種改變不會影響詞義的變化。當“謂”是“謂^2:稱(某人爲N)”的時候,其句法結構只能是“謂+O+N”,不能變爲“謂+O+P”,更不能是“謂+O+(S+P)”,所以不可能是句法結構的變化使“謂^2:稱(某人爲N)”變爲“謂^3:説/認爲(某人、某物如何)”。相反,句法結構“謂+O+P”和“謂+O+(S+P)”的出現,只能是“謂^2:稱(某人爲N)”變爲“謂^3:説/認爲(某人、某物如何)”的結果。這還是詞義變化影響句法結構的變化。

1.2 我們還可以用“呼”來和“謂”作一比較

“謂”和“呼”的詞義有相同的發展。“謂”的例句已如上舉,“呼”的有關例句不太好找,儘量多列一些:

① 呼^1:(對某人)説。

其句法結構爲:

呼^1+O+曰+DQ

《左傳·宣公六年》:“趙盾起將進劍,祁彌明自下呼之曰:‘盾食飽則出,何故拔劍於君所?’”

《左傳·哀公十一年》:“將戰,吴子呼叔孫曰:‘而事何也?’”

《左傳·哀公十三年》:“趙鞅呼司馬寅曰:‘日旰矣,大事未成,二臣之罪也。’”

《國語·吴語》:“王親獨行,屏營彷徨於山林之中,三日乃見其涓人疇。王呼之曰:‘余不食三日矣。’”

② 呼^2:稱(某人爲N)。

其句法結構有兩種類型:

1) 呼^2+O1(N)+O2(N)

《莊子·天道》:“昔者子呼我牛也而謂之牛,呼我馬也而謂之馬。”

2) 呼^2+O1(N)+爲+O2(N)

王符《潛夫論》:“即呼鳥爲魚,可内之水乎?呼魚爲鳥,可棲之木邪?”

《抱朴子内篇·仙藥》:“楚人呼天門冬爲百部。”

此種句式,在郭璞注《爾雅》及《方言》中甚多,僅各舉一例:

《爾雅·釋鳥》:“鳲鳩,鴶鵴。”郭璞注:“今之布穀也,江東呼爲穫穀。”

《方言》卷一:“自關而東河濟之間謂之媌。”郭璞注:“今關西人亦呼好爲媌。”

③ 呼^{3}：認爲(某人、某物如何)。(叙實)但“呼^{3}”和“謂^{3}”的語義表達有所不同:“呼^{3}”不表示口説的言辭,只表示心裏的認定,已經從言説動詞演變爲認知動詞。所以其句法結構中,“呼^{3}”後面没有言説的對象,只有認定的内容。也就是説,没有“謂^{3}”那種雙賓語式,只有謂詞性成分作賓語。

其句法結構有兩種類型:

1) 呼^{3}+O(VP)

陸雲《與兄平原書》:“《文賦》甚有辭,綺語頗多,文適多體便欲不清,不審兄呼爾不?”

王羲之《雜帖四》:“吾尚不能惜小節目,但一開無解已,又亦終無能爲益,適足爲煩瀆,足下呼爾不?”

《抱朴子内篇·論仙》:“魏文帝窮覽洽聞,自呼於物無所不經,謂天下無切玉之刀,火浣之布。”校勘記:“榮案盧本‘自呼’作‘自謂’。”

戴逵《答周處士難釋疑論》:“僕所爲能審分命者,自呼識拔常均,妙鑒理宗,校練名實,比驗古今者耳。不謂淪溺生死之域,欣戚失得之徒也。”

也可以“呼謂”或“謂呼”連用:

《六度集經》卷六:“怪此夫人口爲妄語,謂呼鬼病。下問譴祟,無所不至,無能知者。”

《賢愚經》卷十:“太子貪惜,增倍求價。謂呼價貴,當不能貫。”

《抱朴子外篇·譏惑》:“又凡人不解,呼謂中國之中居喪者,多皆奢溢,殊不然也。”

2) 呼^{3}+爲+O(VP)

《三國志·魏書·杜畿傳》注引《杜氏新書》:“殺胡之事,天下謂之是邪,是僕諧也;呼爲非邪,僕自受之,無所怨咎。”

《抱朴子内篇·勤求》:“天下别有此物,或呼爲鬼魅之變化,或云偶值於自然。”

《抱朴子外篇·尚博》:“爾則文章雖爲德行之弟,未可呼爲餘事也。”

⑤ 呼^{5}：以爲(反叙實)。“呼^{3}”已經從言説動詞演變爲認知動詞,“呼^{5}”更增强了主觀性,從“呼^{3}”的叙實變爲反叙實。

其句法結構爲:

呼^{5}+O(VP)

《修行本起經》卷上:“諸來決藝,悉皆受折,慚辱而去。復有力人王,最於後來,壯健非常,勇猛絶世。謂調達難陀,爲不足擊,當與太子共決技耳。被辱去者審呼能報,踴躍歡喜。”

更多的是“謂呼”連用:

《雜寶藏經》卷一:“母見其子慈仁孝順,謂不能去,戲語之言:‘汝亦可去。’得母此語,謂呼已定,便計伴侣,欲入海去。莊嚴既竟,辭母欲去。母即語言:‘我唯一子。當待我死,何由放汝。’”

《百喻經》卷三:“昔有癡人,往大池所。見水底影,有真金像,謂呼有金。即入水中,撓泥求覓。”

《百喻經》卷四:“中捉驢根,謂呼是乳。即便構之,望得其乳。”

《佛所行贊》:“聞白馬悲鳴,長鳴而應之,謂呼太子還,不見而絶聲。”

“呼”這個詞的詞義演變路徑和“謂”是不完全相同的。“謂”一開始就是一個言説動詞,而“呼”基本的詞義是“呼喊,呼叫”,不是言説動詞。只是“呼”的詞義從“呼喊,呼叫”演變爲“言説”(即上面所説的“呼^{1}”)以後,才和“謂”有了相同的詞義,並有了大致相同的演變路徑。和“謂”相比,“呼”缺少“謂^{4}”的意義和句法結構,其他意義和“謂”大致相同,各種不同意義的“呼”的句法結構也和“謂”大致相同(有一些小差異),即:

呼^{1} 的句法結構爲:呼^{2}+O1(N)+曰+O2(N)

呼^{2} 的句法結構爲:呼^{2}+O1(N)+O2(N)(有時中間有“爲”)

呼^{3} 的句法結構爲:呼^{3}+O(VP)(有時中間有“爲”,有時“謂呼”連用)

呼^{5} 的句法結構爲:呼^{5}+O(VP)(經常“謂呼”連用)

從呼^{1} 到呼^{5} 是“呼”本身的詞義演變,其句法結構的不同是詞義的不同造成的,不是句法結構的不同造成詞義的不同。而且“呼”的詞義演變和“謂”的詞義演變一致,這説明其詞義演變有共同的規律。從言説動詞到認知動詞的演變是詞義演變的共同規律，這在李明(2003)中已經作了很好的說明。所以，"謂"和"呼"是詞義變化影響句法變化的例子。

這裏還有一個問題需要回過來討論。上面引的"呼"的例句中，有這樣一些例句：

《爾雅·釋鳥》："鳲鳩，鴶鵴。"郭璞注："今之布穀也，江東呼爲穫穀。"

《抱朴子外篇·尚博》："爾則文章雖爲德行之弟，未可呼爲餘事也。"

《三國志·魏書·杜畿傳》注引《杜氏新書》："殺胡之事，天下謂之是邪，是僕諂也；呼爲非邪，僕自受之，無所怨咎。"

郭璞例的"呼"是"呼²"(稱爲)，後面兩例的"呼"是"呼³"(認爲)，這是詞義的不同。但比較一下三個例句中的"呼爲××"，是不是可以認爲，這是從"呼爲穫穀"(呼爲＋專名)→"呼爲餘事"(呼爲＋一般名詞)→"呼爲非"(呼爲＋形容詞)，因爲句法結構的變化，造成了詞義的從"稱爲"到"認爲"的變化呢？我想，如果單從這幾個例句看，特別是因爲有"爲"的存在，當然不排斥這種可能。但從總體上看，表"稱爲"的"呼²"和表"認爲"的"呼³"都還有其他句法表達形式，是無法作這樣的轉换的，比如，"呼我牛"這種句法結構，不可能把"牛"换成形容詞從而使"呼"的詞義發生變化。而且，和"呼"平行的"謂"，也無法因句法結構的變化而造成"謂²"(稱爲)演變爲"謂³"(認爲)。所以，從總體上看，"呼"和"謂"都是先出現詞義變化，從"稱爲"義演變爲"認爲"義，然後，由於詞義不同，句法結構隨之而不同；而不是反過來，由句法結構的變化造成詞義的變化。

二　句法影響詞義

句法影響詞義有三種情況：(1) 詞所處的句法位置使得詞義變化。(2) 句法組合的變化影響詞義變化。(3) 構式影響詞義變化。分述如下。

2.1　詞所處的句法位置使得詞義變化

最明顯的例子是"是"從指示代詞演變爲繫詞。我在《古漢語詞彙綱要》中說：

有些詞因爲經常出現在某種句法位置上，因而取得了新的意義。

例如，"是"原是指示代詞，後來變爲判斷詞。這種變化是怎樣産生的呢？這是因爲指示代詞"是"經常出現在《荀子·天論》"日月星辰瑞曆，是禹桀之所同也"這樣的句子中。這種句子有個特點：謂語("是禹桀之所同")是個主謂結構，"是"充當這個主謂結構的主語，而且複指整個句子的主語"日月星辰瑞曆"。

日月星辰瑞曆，是禹桀之所同也
主1　　　謂1
主2　　謂2

在"是禹桀之所同"這個主謂結構中，"是"(主 2)和"禹桀之所同"(謂 2)構成判斷。但因爲"是"是複指"日月星辰瑞曆"的，所以在意義上，"日月星辰瑞曆"(主 1)和"禹桀之所同"(謂 2)也可以構成判斷。這樣，"是"的作用逐漸變爲聯繫一個判斷中的主謂兩項的"繫詞"。

這種演變過程已經有很多討論，此處從略。

2.2　句法組合的變化影響詞義變化

有時，在詞義不變的情況下，句法組合可以有一些細微的變化。比如，動詞後面可以有處所名詞。這些處所名詞可以有不同的類別。某種類别的處所名詞出現得多了，可能會引起詞義的變化。下面舉兩個例子。

(1) "走"的變化

"走"本來的意思是"快跑"。

《爾雅·釋宫》："室中謂之時。堂上謂之行。堂下謂之步。門外謂之趨。中庭謂之走。大路謂之奔。"

《釋名》卷二："兩脚進曰行……徐行曰步……疾趨曰走……奔……奔赴之也。"

到漢代，"走"産生了"趨向"義。例見下。

"走"從表示行走方式的動詞(快跑)變爲表示行走趨向的動詞(趨向)，詞義發生了變化。這種變化是怎樣發生的呢？

表示“快跑”的“走”是個不及物動詞，後面不跟賓語。從較早的文獻看，《周易》、《論語》無“走”字，《尚書》中的“走”6例，最後2例是《古文尚書》的，但《胤征》例《左傳》曾引用過，所以是可靠的；《武成》例暫不計入。前5例都是“奔走”或“走”後面不跟名詞。如：

《尚書·酒誥》：“純其藝黍稷，奔走事厥考厥長。”

《尚書·君奭》：“小臣屏侯甸，矧咸奔走。”

《尚書·多士》：“亦惟爾多士攸服，奔走臣我。”

《尚書·多方》：“今爾奔走臣我監五祀。”

《尚書·胤征》：“嗇夫馳，庶人走。”

《尚書·武成》：“邦甸、侯、衛駿奔走，執豆籩。”

《詩經》中2例，其中《綿》例“走”是使動，《清廟》例“奔走”後面有處所名詞，表示奔走的處所。

《詩經·大雅·綿》：“古公亶父，來朝走馬。”

《詩經·周頌·清廟》：“駿奔走在廟。”

在《左傳》中“走”後面出現了表示“走”的趨向之地的處所名詞，有8例：

《左傳·文公十六年》：“百濮離居，將各走其邑。”

《左傳·宣公十二年》：“趙旃棄車而走林。”

《左傳·宣公十二年》：“遇敵不能去，棄車而走林。”

《左傳·襄公十八年》：“齊侯駕，將走郵棠。”

《左傳·襄公二十三年》：“奉君以走固宮，必無害也。”

《左傳·昭公七年》：“寡君寢疾，於今三月矣，並走群望，有加而無瘳。”

《左傳·昭公十八年》：“卜筮走望，不愛牲玉。”

《左傳·昭公二十六年》：“王愆於厥身，諸侯莫不並走其望，以祈王身。”

陸德明《經典釋文》在《襄公二十一年》“奉君以走固宮”下注“走如字，一音奏”，他還是傾向於“走”不改讀。在其他處均無注。

《國語》也有4例帶表示趨向的處所賓語：

《國語·魯語下》：“從君而走患，則不如違君以避難。”注：“走，之也。”

《國語·晉語二》：“夫狄近晉而不通，愚陋而多怨，走之易達。”

《國語·晉語二》：“且夫偕出偕入難，聚居異情惡，不若走梁。”

《國語·晉語九》：“襄子出，曰：‘吾何走乎？’”

可見這種句式在戰國初期已經出現了。這種句式，到漢代更加普遍，而且在注釋中已有了“奏”的破讀音。

《淮南子·説林》：“漁者走淵，木者走山。”高誘注：“走讀奏記之奏。”

在《史記》中，這樣的句式更多，注釋中標明“音奏”的共有8處，有的還注出詞義“向也”：

《史記·項羽本紀》：“長史欣恐，還走其軍。”《正義》：“走音奏。”

《史記·項羽本紀》：“殺漢卒十餘萬人。漢卒皆南走山。”《正義》：“走音奏。”

《史記·楚世家》：“射傷王。王走鄖。”《正義》：“走音奏。”

《史記·蕭相國世家》：“沛公至咸陽，諸將皆爭走金帛財物之府分之。”《索隱》：“音奏。奏者，趨向之。

《史記·伍子胥列傳》：“盜擊王，王走鄖。”《索隱》：“奏云二音。走，向也。”

《史記·蒙恬列傳》：“行出遊會稽，並海上，北走琅邪。”《索隱》：“走音奏。走猶向也。”

《史記·黥布列傳》：“可遂殺楚使者，無使歸，而疾走漢並力。”《索隱》：“走音奏，向也。”

《史記·張釋之馮唐列傳》：“上指示慎夫人新豐道，曰：‘此走邯鄲道也。’”《集解》：“如淳曰：‘走音奏，趨也。’”《索隱》：“音奏。案：走猶向也。”

《史記·吴王濞列傳》：“因王子定長沙以北，西走蜀、漢中。”《正義》：“走音奏，向也。”

不及物動詞不帶表對象的賓語，但是可以帶處所賓語。如“坐”，如果要表達其處所，多數是用“坐於＋P”的形式，如《孟子・梁惠王上》：“王坐於堂上。”這種形式很常見，不用多舉例。但也可以不用“於”，“坐”後面直接跟處所名詞，如：

《晏子春秋・諫下》：“景公獵休，坐地而食……晏子對曰：‘臣聞介胄坐陳不席，獄訟不席，尸坐堂上不席。’”

《吕氏春秋・分職》：“公衣狐裘，坐熊席。”

《楚辭・招魂》：“坐堂伏檻，臨曲池些！”

這種處所名詞表示的是“坐”這個動作所在的地方，“坐”還是一個静態的動作，其詞義没有改變。

按照這種“Vi＋P”的句法規則，“走”這個不及物動詞後面也可以帶處所名詞。如《詩經》例所顯示的，最初帶的處所名詞是表示“走”這個動作的處所，這不會影響“走”的詞義。但後來帶的處所名詞表示“走”的趨向之地，像《左傳》以下的諸例。這種“走＋P”整個表示動作的趨向。由於這種影響，人們就會把趨向義看作是動詞“走”所帶的詞義，這樣，就使得“走”的詞義逐漸變化，到後來甚至覺得“走”的詞義已經改變，明確地注明“走”的意義是“之也”（見《國語・魯語下》例韋昭注），而且用音變的辦法把它和原來表“快跑”義的“走”區分開來，也就是説，認爲“走”是一個趨向動詞了。這個例子清楚地表明了句法組合影響詞義變化。

(2)“進”的變化

在上古漢語中，“進”和“入”的詞義是不同的。“進”是前進，“入”是入内。《韓非子・外儲説左上》：“夫爲門而不使入，委利而不使進，亂之所以産也。”“進”和“入”的區别很明顯。但後來，“進”逐漸演變成“入”義，而“入”在口語中不單用了。這種變化是怎麽産生的呢？

上古漢語中，“進”是個不及物動詞。先秦 10 種文獻中，“進”共出現 370 餘次，帶賓語的 44 次，多數是“進”爲“推薦”義（如“進賢”），或爲“進獻”義（如“進酒”）；“前進”義的“進”帶賓語只有使動賓語，如《左傳・宣公四年》：“鼓而進之。”有時“進”後面有介詞“於”，表示在某種境界中前進，如《荀子・性惡》：“身日進於仁義而不自知也者，靡使然也。”總之，“進”的詞義只表明行走的方向，無需説出進到什麽處所，所以後面没有處所賓語；不但如此，在上文中也没有表示進到什麽地方的詞語。這是先秦的情况。

後來這種情况有了改變。請看漢代文獻中的一些例句：

《淮南子・人間》：“師行數千里，數絶諸侯之地，其勢必襲鄭。凡襲國者，以爲無備也。今示以知其情，必不敢進。”

賈誼《過秦論》：“秦人開關延敵，九國之師逡巡遁逃而不敢進。”

《漢書・王莽傳下》：“嚴尤曰：‘稱尊號者在宛下，宜亟進。’”

揚雄《太玄・進》：“次八：進於淵，君子用船。測曰：進淵用船，以道行也。”

《漢書・文帝紀》：“代王乃進至渭橋。”

《漢書・天文志》：“太白出西方，進在日前，氣盛乃逆行。”

《後漢書・禰衡傳》：“衡進至操前而止。”

《後漢書・光武帝紀》：“進至邯鄲。”“進至××”在《後漢書》中多次出現。

上述例句都説明了“進”到什麽處所。有兩種情况：(1) 在上文説明“進”的處所。如：鄭，關（函谷關），宛下。(2) 更多的是用介詞標明處所。如：於，至，在。這些例句進的處所是一個廣大的地域，所以不影響“進”的詞義。

但時代再往後（大約是漢末到晉代），在句中出現的“進”的處所就有所變化。例如：

《後漢書・南蠻傳》：“槃瓠得女，負而走入南山，止石室中。所處險絶，人跡不至。於是女解去衣裳，爲僕鑒之結，著獨力之衣。帝悲思之，遣使尋求，輒遇風雨震晦，使者不得進。”注：“此已上並見《風俗通》也。”

《三國志・吴書・朱治傳》：“諸父老故人，莫不詣門。治皆引進，與共飲宴。”

《搜神記》卷一：“陳仲舉微時，常宿黄申家，申婦方産，有扣申門者，家人咸不知，久久方聞屋裏有人言：‘賓堂下有人，不可進。’”

《搜神記》卷十二：“秦時，南方有‘落頭民’，其頭能飛。其種人部有祭祀，號曰‘蟲落’，故因取名焉。吴時，將軍朱桓，得一婢，每夜卧後，頭輒飛去。或從狗竇，或從天窗中出入，以耳爲翼，將曉，復還。數數如此，傍人怪之，夜中照視，唯有身無頭，其體微冷，氣息裁屬。乃蒙之以被。至曉，頭還，礙被不得安，兩三度，墮地，噫吒甚愁，體氣甚急，狀若將死。乃去被，頭復起，傅頸。有頃，和平。桓以爲大怪，畏不敢畜，乃放遣之。既而詳之，乃知天性也。時南征大將，亦往往得之。又嘗有覆以銅盤者，頭不得進，遂死。"

《晉書·石崇傳》："崇素與輿等善，聞當有變，夜馳詣愷，問二劉所在，愷迫卒不得隱。崇徑進，於後齋牽出，同車而去。"

《晉書·皇甫謐傳》："刺史陶侃禮之甚厚。侃每造之，著素士服，望門輒下而進。"

《晉書·劉兆傳》："嘗有人著鞾騎驢至兆門外，曰：'吾欲見劉延世。'兆儒德道素，青州無稱其字者，門人大怒。兆曰：'聽前。'既進，踞床問兆曰：'聞君大學，比何所作？'兆答如上事，末云：'多有所疑。'客問之。兆説疑畢，客曰：'此易解耳。'因爲辯釋疑者是非耳。兆别更立意，客一難，兆不能對。客去，已出門，兆欲留之，使人重呼還。"

注意：這個例句需要分析。如果看"兆曰：'聽前。'既進，……"這兩個小句，似乎"進"就是"前進"。但前面説客"至兆門外"而不得入，後面説客"出門"，可知"進"的就是"門"；"進門"就是"入門"。

《魏書·楊播傳》："逸爲政愛人，尤憎豪猾，廣設耳目。其兵吏出使下邑，皆自持糧，人或爲設食者，雖在闇室，終不進，咸言'楊使君有千里眼，那可欺之'。"

這些例句中，進的處所是一個狹小的、封閉的區域，如：室中、門内、堂下、盤中、室内。在這種情況下，"進"的詞義就和"入"相同了。

下面一些例句時代可能更晚一些，"進"的處所直接出現在"進"後面，《魏書》例用"於"，其他諸例都是直接作"進"的賓語。這些處所和上面一些例句一樣，都是狹小、封閉的區域，所以，"進"的詞義同於"入"。

《魏書·桓玄傳》："玄入建鄴宫，逆風迅激，旍旗、服章、儀飾一皆傾偃。是月酷寒，此日尤甚。多行苛政，而時施小惠。迎温神主進於太廟。"

《南齊書·崔景慧傳》："恭祖率輕騎十餘匹突進北掖門，乃復出。"

《北齊書·王晞傳》："有頃，奏趙郡王睿爲左長史，晞爲司馬。每夜載入，晝則不與語，以晞儒緩，恐不允武將之意，後進晞密室，曰……"（意思是"使晞進密室"。）

《梁書·陳伯之傳》："伯之頓籬門，尋進西明門。"

下面例句中"進"和"入"都出現，詞義和用法都一樣。

《南史·謝弘微傳》："曾要何徵君講《中論》，何難以巾褐入南門，乃從東囷進。"

《南史·王弘傳》："俄而帝崩，融乃處分以子良兵禁諸門。西昌侯聞，急馳到雲龍門，不得進，乃曰：'有敕召我。'仍排而入。"

《南史·齊宗室傳》："乃進西掖門，開鼓後得入殿内。"

這種情況，到唐代的文獻中更多，略舉幾例：

韓愈《唐故虞部員外郎張府君墓誌銘》："（張）塗進韓氏門，伏哭庭下。"

《舊唐書·玄宗紀上》："攻白獸、玄德等門，斬關而進，左萬騎自左入，右萬騎自右入，合於凌煙閣前。"

大概到了唐代，"進"的舊義"前進"仍在使用，而新義"入内"已經固定，"進"和"入"同義，所以可以構成一個複合詞"進入"在語言中使用了。"進入"原來是一個連動結構，意爲"前進而入某處"，如：

《三國志·吴書·周瑜傳》："轉下湖孰、江乘，進入曲阿，劉繇奔走。"

但到唐五代，在下列例句中，"進入"的意思就是原來的"入"或新出現的"進"。如：

王建《宫詞》："昨日教坊新進入，並房宫女與梳頭。"

《入唐求法巡禮行記》卷二："摇櫓進入桑島東南少海，有島，於此泊船。"

花蕊夫人《宫詞》："畫船花舫總新妝，進入池心近島傍。"

"進"的"入内"義，各種辭書都引同一個例句：

王嘉《拾遺記·秦始皇》："〔有人身長十尺〕云欲見秦王子嬰，門者許進焉。"

僅此一例，顯得很孤單也很突兀。通過上面的引例和分析，可以看出，"進"的詞義從"前進"演變爲"入内"，是有一個歷史過程的，是逐漸發展的。首先是在漢代，"進"要到達的處所在文中已經出現，但其處所還是一個廣大的地區，所以不影響"進"的詞義。後來，進的處所可以是一個狹小、封閉的區域，這就使得"進"的詞義逐步向"入"演變。《後漢書》例"進"的處所在文中表達得不大清楚，如果是指進室中，那這就是"進"詞義演變的開端；這個例句雖然出於《後漢書》，但李賢注説是引自《風俗通》，也就是説，"進"的詞義演變從東漢末就已經開始了。在魏晉南北朝時期，這種演變逐步推進，其演變的時代和演變的脈絡都比較清晰，例子也不止一個。到了唐代，這種演變已經完成。但那時"進"的舊義和新義還同時並用，後來舊義逐步消失。

特别值得注意的是：引起"進"的詞義演變的，開始時並不是在"進"所處的句子中綫性組合的改變（比如賓語的增加、減少，或賓語類别的改變），而是"進"的論元的改變，而且這個論元是在"進"前面出現的，甚至是句子的表層結構上是不出現(《拾遺記》例）或在句中不明確的(《晉書・劉兆傳》例）。這種論元的變化也會影響動詞詞義的改變。

2.3　構式影響詞義變化

上面説的是一般的句法組合的變化造成詞義的變化。這裏説的是構式影響詞義的變化。"構式"和一般句法組合不同，Goldberg "Constructions"給"構式"下的定義是："如果短語型式的形式或意義的某些方面不能從其構成成分的特徵或其他構式中得到完全預測，那麽其短語型式是一個構式。"（中譯本，p.4）一個詞處於某個構式中，會表現出某種特别的意義，這是由這個詞的詞義和構式意義整合在一起而産生的，是一種臨時的意義，這個詞的詞義並没有改變。但是，如果一個詞長期處在某個構式中，這種整合而産生的意義也可能成爲其固定的詞義。在2013文中，我以"來→招徠"，"貸→與之"爲例，做過詳細的討論，此處從略。

三　句法和詞義共同影響詞義

有些詞義的演變，似乎是由句法關係造成的；但仔細分析，詞義本身仍然是造成演變的一個重要因素。所以，這是由句法和詞義的共同影響而造成詞義的演變。

3.1　我的《古漢語詞彙綱要》第八章第一節是"由語法關係而造成的詞義變化"，裏面舉了三個詞作例子："爲""斯""必"。在2013文中，只談了"爲"和"斯"兩個詞，而且認爲："還是語義變化在前；當然，句法的影響也很重要。"本文的看法有些改變，我認爲這是句法和詞義的共同影響而造成的詞義變化。下面對這三個詞的演變重新做一些分析和討論，例句也增加一些。

（一）爲

"爲"由動詞"作，做"演變爲疑問語氣詞。這經過三個階段：

(1) 疑問代詞＋以＋N＋爲？

1)《論語・顔淵》："君子質而已矣，何以文爲？"

2)《莊子・讓王》："日出而作，日入而息，逍遥於天地之間而心意自得。吾何以天下爲哉？"

3)《韓非子・説林下》："君長有齊，奚以薛爲？"

"何（奚）以文爲"即"以文爲何（奚）"。"何（奚）以N爲"的格式中N是名詞。"以"是"用"，"爲何（奚）"表示"做什麽"，"爲"是動詞"作，做"，不能去掉。

(2) 疑問代詞＋以＋V＋爲？

1)《論語・季氏》："是社稷之臣也，何以伐爲？"

2)《莊子・逍遥遊》："我決起而飛，槍榆枋，時則不至，而控於地而已矣，奚以之九萬里而南爲？"

"何（奚）以V爲"的格式中V是動詞。這種格式，仍可理解爲"以V爲何（奚）"；但"以"也可以理解爲"因"，"何以/奚以"可以表示"爲什麽"，作V的修飾語。這樣，"何（奚）以V爲"就大致等於"何（奚）以V也（乎）"。可比較下面兩句：

3)《吕氏春秋・贊能》："子何以不歸耕乎？"

4)《戰國策·秦策五》:“君其試臣,奚以遽言叱也?”

所以“何以 V/奚以 V”可以成句。這樣,“爲”就成爲多餘的;因爲處在疑問句的句末,所以被人們理解爲疑問語氣詞。

(3) VP+爲?

1)《穀梁傳·定公十年》:“夷狄之民,何爲來爲?”

2)《楚辭·漁父》:“何故深思高舉,令自放爲?”

“爲”已成爲語氣詞,所以,可以用在疑問句的句末。

“爲”從動詞演變爲疑問語氣詞,是因爲另一個詞“以”的歧義(用/因)而產生重新分析,改變了直接成分的邊界,“爲”成爲多餘的了;然後又因爲處於疑問句的句末,被人們當作疑問語氣詞。這可以説是語法變化影響詞義變化,但首先還是因“以”的歧義而使“爲”的詞義變化,所以這一演變也和詞義的變化有關。

(二) 斯

“斯”從指示代詞演變爲連詞。這也經過三個階段。

1)《論語·堯曰》:“子張曰:‘何謂惠而不費?’子曰:‘因民之所利而利之,斯不亦惠而不費乎!’”

“斯不亦惠而不費乎”是個陳述句。“斯”是指示代詞,回指上文“因民之所利而利之”,在“斯不亦惠而不費乎”這個小句中作主語。作主語的“斯”在句中的地位比較突出,其指示代詞的性質不會改變。

2)《論語·堯曰》:“子張問於孔子曰:‘何如斯可以從政矣?’子曰:‘尊五美,屏四惡,斯可以從政矣。’”

“尊五美,屏四惡,斯可以從政矣”是個因果複句。“尊五美,屏四惡”是因,“可以從政矣”是果。“斯”本是指示代詞,回指“尊五美,屏四惡”,“斯”和“可以從政矣”也是因果關係。因爲“尊五美,屏四惡”和“可以從政矣”的因果關係已經很清楚,再用“斯”回指上一小句而和“可以從政矣”構成因果關係已屬多餘。所以“斯”的指示代詞的性質逐漸淡化。另一方面,“斯”處在“因”和“果”之間,這種因果關係本來是由句式而不用虚詞表示的,但既然“斯”的指示代詞的性質已經淡化,那麽,“斯”在句中起什麽作用呢? 人們會覺得“斯”是用來連接因果的,於是對這類句子作新的解讀(重新分析)。這樣,“斯”就逐漸取得了連詞的功能。

3)《論語·先進》:“冉有問:‘聞斯行諸?’子曰:‘聞斯行之!’”

當“斯”逐漸演變爲連詞之後,人們就可以把它作爲連詞來使用,所以,可以用在這種表因果的語句中。

“斯”的這三個句子雖然都是出現在《論語》中的,是同一個時代平面的句子。但就句中“斯”的性質和功能來看,是反映了“斯”演變的三個階段。

(三) 必

“必”原來是一個副詞,最常見的意義是“必定,一定”。後來演變爲假設連詞“如果”。前一種意義大家都很熟悉,例子不用舉了。後一種意義,是清代學者吴昌瑩在《經詞衍釋·補遺》中首先提到:

“必,若也。《昭二十七年》:‘必觀之。’《家語五刑解》:‘義必明,則民不犯。’《史記孟嘗君傳》:‘必受命於天,君何憂也。必受命於户,則高其户耳。’《項羽紀》:‘必欲烹若翁。’《高祖紀》:‘必欲誅無道秦。’”

在現代編纂的幾部詞典中都列有此義項:

《漢語大字典》:“必⑧連詞。表示假設關係,相當於‘假使’、‘如果’。《左傳·昭公十五年》:‘必求之,吾助子請。’《史記·廉頗藺相如列傳》:‘王必無人,臣願奉璧往使。’唐杜荀鶴《題會上人院》:‘必能行大道,何用在深山。’”

《漢語大詞典》:“必⑦連詞。表示假設關係。倘若,如果。《論語·顔淵》:‘子貢問政。子曰:“足食,足兵,民信之矣。”子貢曰:“必不得已而去,於斯三者何先?”曰:“去兵。”’《史記·項羽本紀》:‘吾翁即若翁,必欲烹而翁,則幸分我一杯羹。’宋梅堯臣《題老人泉寄蘇明允》詩:‘淵中必有魚,與子自徜徉;淵中苟無魚,子特翫滄浪。’”

《古代漢語虚詞詞典》:“必連詞……可譯爲‘果真’、‘假使’等。”例句爲:《左傳·昭公十五年》:“必求之,吾助子請。”《論語·顔淵》:“子貢曰:‘必不得已而去,於斯三者何先?’”《史記·廉頗藺相如列傳》:“王必無人,臣願奉璧往使。”等。

下面，我們對“必”的這個意義進行一些討論。

“必”在歷史上有没有作連詞“假如”這個意義？應該説是有的。這將在下面進一步論證。但上述例句中很多“必”不是連詞“假如”。

先看先秦的例句。

《論語》中“必不得已而去”的“必”是個副詞。《經詞衍釋·補遺》：“必，果也。《論語》：‘必不得已而去之。’”這是對的。

《左傳·昭公二十七年》：“令尹好甲兵，子出之，吾擇焉。取五甲五兵。曰：‘寘諸門。令尹至，必觀之，而從以酬之。’”

這個例句中的“必”顯然不是“假使”的意思，因爲令尹“好甲兵”，所以到來後“必觀之”。“必”是“必定”之意。

《左傳·昭公十五年》：“楚費無極害朝吴之在蔡也，欲去之。乃謂之曰：‘王唯信子，故處子於蔡。子亦長矣，而在下位，辱。必求之，吾助子請。’又謂其上之人曰：‘王唯信吴，故處諸蔡。二三子莫之如也，而在其上，不亦難乎？弗圖，必及於難。’”

這是費無極兩邊挑撥的話。他一方面慫恿朝吴，讓他必須去求上位；一方面對處於上位的人説，要他防備朝吴。“必”是“必須”，不是“假使”。

我調查了《左傳》中“必”的用法，不見“必”有“假使”義。

《史記》中的“必”是否有“假使”義呢？一般認爲有“假使”義的有如下例句：

《史記·項羽本紀》：“吾翁即若翁，必欲烹而翁，則幸分我一杯羹。”

《史記·高祖本紀》：“足下必欲誅無道秦，不宜踞見長者。”

《史記·廉頗藺相如列傳》：“王必無人，臣願奉璧往使。”

《史記·孟嘗君列傳》：“文曰：‘人生受命於天乎？將受命於户邪？’嬰默然。文曰：‘必受命於天，君何憂焉？必受命於户，則高其户耳，誰能至者！’”

其實，這些例句都不是。

先看“必欲”。《史記》中“必欲”用得很多，除上述例句外，再舉兩例：

《史記·晉世家》：“王必欲致士，先從隗始。”

《史記·樂毅列傳》：“王必欲伐之，莫如與趙及楚、魏。”

“欲”表示意願，後面的動詞是未然的動作。“必”仍是“一定”的意思，但因爲放在“欲”前面，表達的也是未然的意思。正是這種未然的語境，使得“必”讀起來似乎有“假使”的意思。把“必欲＋V”讀作“如果一定要”也是讀得通的，但實際上，“如果”是由語境而産生的，不是“必”的詞義。

再看其他的“必”。“王必無人，臣願奉璧往使。”這個“必”，《王力古漢語字典》是這樣解釋的：

必㊀副詞。① 一定。《詩·邶風·旄丘》：“何其久也？～有以也。”② 果真。《史記·廉頗藺相如列傳》：“王～無人，臣願奉璧往使。”

這是很對的。這個“必”不是假設連詞“如果”，而是副詞“果真”。《史記·孟嘗君列傳》：“必受命於天。”這個“必”也是“果真”。

《史記》中這種“必”也很多，舉例如下。這些例句中的“必”都能用“果真”解釋：

《史記·高祖本紀》：“正月，諸侯及將相相與共請尊漢王爲皇帝。漢王曰：‘吾聞帝賢者有也，空言虚語，非所守也，吾不敢當帝位。’群臣皆曰：‘大王起微細，誅暴逆，平定四海，有功者輒裂地而封爲王侯。大王不尊號，皆疑不信。臣等以死守之。’漢王三讓，不得已，曰：‘諸君必以爲便，便國家。’甲午，乃即皇帝位汜水之陽。”

《史記·晉世家》：“獻公私謂驪姬曰：‘吾欲廢太子，以奚齊代之。’驪姬泣曰：‘太子之立，諸侯皆已知之，而數將兵，百姓附之，奈何以賤妾之故廢適立庶？君必行之，妾自殺也。’”

《史記·廉頗藺相如列傳》：“復請李牧，牧杜門不出，固稱疾。趙王乃復强起使將兵。牧曰：‘王必用臣，臣如前，乃敢奉令。’王許之。”

《史記·仲尼弟子列傳》:“且王必惡越,臣請東見越王,令出兵以從,此實空越,名從諸侯以伐也。”

把這種“必”解釋爲“果真”是有根據的。

《玉篇》:“必,果也。”

《廣韻·質韻》:“必,審也。”

“果真”和“假使,如果”不同,“假使,如果”是單純的假設,“果真”是“假使+一定”或“假使+確實”。如果把上述句子中的“必”解釋爲“假使,如果”,就剩下了單純的假設,而把“一定/確實”的意思丢掉了。實際上,“一定/確實”正是“必”本身的意義,而“假使”是語境造成的:上述句子説的都是一種假設的情况,這種語境,把“假設”的意義帶給了“必”。

所以,上述句子中的“必”還不是假設連詞,雖然已經朝假設連詞跨近了一大步。

那麽,“必”到什麽時候演變爲假設連詞呢?請看下面一例:

《太平經》卷五三:“其子事者,必若父有伏匿之事,不敢以報其子;子有匿過,不敢以報其父母,皆應相欺,以此爲階也。”

《太平經》認爲,君主對臣有四種態度:師父事之,友事之,子事之,視臣若狗、若草木。子事其臣,則是君臣之間如有錯誤互相隱瞞。這裏的“必若”是“必”和“若”同義並用,“必”義同“若”,是單純的假設,没有“一定,確實”之義。這就是假設連詞了。據此,可以認爲,“必”在東漢的口語中已經演變爲假設連詞。

假設連詞“必”,到唐代就用得很多了。張相《詩詞曲語辭匯釋》卷二:“必,假擬之辭,猶倘也,若也,如也,或也。”也可“必若”連用。舉唐詩例甚多。如:

杜甫《丹青引》:“將軍畫善蓋有神,必逢佳士亦寫真。”

杜甫《送韋諷上閬州録事參軍》詩:“必若救瘡痍,先應去蟊賊。”

下面補充一些敦煌變文和《舊唐書》中的例句:

《敦煌變文校注·燕子賦》:“你亦未能斷事,到頭没多詞句。必其倚有高才,請乞立題詩賦。”

《敦煌變文校注·歡喜國王緣》:“必若有人延得命,與王齊受百千年。”

《舊唐書·魯炅傳》:“中官馮廷瓌曰:‘將軍必能入,我請以兩騎助之。’”

《舊唐書·安禄山等傳》:“必若玄宗采九齡之語,行三令之威,不然使禄山名位不高,委任得所,則群黎未必陷於塗炭,萬乘未必越岷、峨。”

這些“必”,都没有“一定,確實”之義,而只是單純的表假設了,所以,已經演變爲假設連詞。

所以,“必”的詞義演變首先是由於經常處於假設語境中,而其演變的完成,是由於其原有的詞義“一定,確實”的消失。

3.2 “爲”“斯”“必”三個詞的詞義演變,都是“語境吸收”(absorption of context)。

“語境吸收(absorption of context)”見於 J.Bybee 等(1993),我在 2013 文中引用了其中有關段落,並以漢語“要”的詞義演變加以説明,此處不贅。簡單地説,“語境吸收”是指一個詞經常處於表示某種語法關係的語境中,這個詞原有的詞義淡化,逐步吸收了語境的語法意義,形成一個新的詞義。

由“語境吸收”而造成詞義演變,“語境”是關鍵。“爲”“斯”和“必”的詞義演變正是這樣。“爲”演變爲疑問語氣詞,“斯”演變爲承接連詞,“必”演變爲假設連詞,都是吸收了它們經常所處的語境的意義,這是句法對詞義演變的影響。但是,並不是任何詞處在同樣的語境中都會發生同樣的詞義演變的。這種詞義演變的一個必要條件是這個詞原有意義的弱化以至消失。“爲”的演變,首先是由於“以”的歧義,使“何(奚)以V爲”這種格式發生重新分析,“爲”成爲多餘的成分,然後才吸收了語境的意義,演變爲疑問語氣詞。“斯”的演變,是因爲“斯”的指代性不是很强,有可能弱化而吸收語境意義;如果换一個指代性更强的“此”,即使處在同樣的語境中,也不會吸收語境意義而變成連詞,不會有“聞此行諸”這樣的句子。“必”如果只是吸收了語境意義,而其本身的詞義“一定,確實”没有消失,其演變只能到達“果真”這一步;只有進一步演變,“必”本身的詞義消失了,這才演變爲假設連詞。這又是詞義變化對這種演變的影響。所以,由“語境吸收”而産生的詞義演變,是句法和詞義共同影響的結果。

上面説到“是”從指示代詞演變爲繫詞,是由於“是”所處的句法位置造成的,但是没有把“是”的演變看作“語境吸收”。爲什麽這樣處理呢？因爲“語境吸收”是一個詞經常處於某種語境中，其原有的詞義弱化以至消失，同時吸收了語境的意義（如疑問、連接、假設等）。而“是”所處的句法位置（N1，是 N2）本身並没有表判斷的語法意義，N1 和 N2 在句法上並不構成判斷；只是 N1 和 N2 在語義上所指相同，這爲“是”演變成繫詞提供了條件。所以，這是和“語境吸收”有區别的。

在討論詞義和句法的影響的關係時，有一個問題應當注意。如果在一個句子中詞義和句法都發生了變化，那麽，對於何者是影響演變的原因，何者是演變形成的結果，必須通過細緻的分析，作出明確的區分，而不能倒果爲因。

比如：

1）《左傳·僖公二年》：“荀息請以屈產之乘與垂棘之璧假道於虞以伐虢。公曰：‘是吾寶也。’”

2）《史記·刺客列傳》：“此必是豫讓也。”

以 2）和 1）相比，其中“是”的詞義已經發生了變化，從指示代詞發展爲繫詞；句法也發生了變化，指示代詞“是”本來是不能用副詞修飾的，而在這個句子中，“是”前面有副詞“必”修飾。那麽，這兩種變化究竟是哪一種發生在前？是句法的變化影響到詞義的變化呢，還是詞義的變化影響到句法的變化？指示代詞“是”前面是不能用副詞修飾的，現在“是”前面有副詞“必”，能不能説這是繫詞産生的句法條件？

如果這麽説，就是倒果爲因。如果 2）中的“是”還是個指示代詞，那就不可能用副詞“必”修飾。現在“是”前面有副詞“必”，説明“是”已經演變爲繫詞。

那麽，“是”是在什麽情况下從指示代詞演變爲繫詞的？這在前面已經説過，是像“日月星辰瑞曆，是禹桀之所同也”這種句法環境。這種句法環境中的 N1 和 N2 之間的位置，可以兼容指示代詞“是”和繫詞“是”，正因爲如此，這個句子的結構可以發生重新分析，“是”也由此發生演變。“是”的詞義演變（語法化）確實是受句法位置影響的，但對它産生影響的句法條件是“日月星辰瑞曆，是禹桀之所同也”這種句式，而不是副詞出現在“是”前面。副詞出現在“是”前面是“是”詞義演變（語法化）的結果，而不是其原因。

又如：

“把”原是個動詞，“執持”之義。後來演變爲處置式的標記。

1）宋之問《桂州三月三日》詩：“晨趨北闕鳴珂至，夜出南宫把燭歸。”

2）宋之問《温泉莊卧病寄楊七炯》詩：“惜無載酒人，徒把涼泉掬。”

以 2）和 1）相比，其中“把”的詞義已經發生了變化，從動詞發展爲處置式標記；句法也發生了變化，動詞“把”的賓語必須是可執持之物，而在這個句子中，“把”的賓語“凉泉”是不能執持的。那麽，這兩種變化究竟是哪一種發生在前？是句法的變化影響到詞義的變化呢，還是詞義的變化影響到句法的變化？能不能説“把”的賓語出現了不可執持之物是“把”演變爲處置式標記的句法條件？

處置式的形成，已有很多論述。簡單地説，處置式“把（P）＋N＋V”是從連動式“把（V）＋N＋V”演變來的。連動式“把（V）＋N＋V”中的 N 都是可執持之物，如上舉宋之問詩例 1）；演變過程中的“把＋N＋V”，N 也是可執持之物，如王力《漢語史稿》所舉的例子：杜荀鶴《入關因别舍弟》：“莫愁寒族無人薦，但願春官把卷看。”“把”正是在這種既可讀作連動式也可讀作處置式的情況下，産生重新分析，從而從動詞演變爲處置式標記的。如果“把”的後面出現了不可執持之物作賓語，如上舉宋之問詩例 2），那就已經演變爲處置式標記了。所以，“把”的後面出現了不可執持之物作賓語，是“把”詞義演變的結果，而不是“把”詞義演變的條件。

當然，這不是説句法成分中賓語類别的改變全都不可能影響詞義。上面説過，“走”和“進”的詞義變化，是受這些動詞後面的賓語類别改變而産生的。關鍵在於：“走”和“進”是在詞義不變的情况下賓語類别發生改變，所以賓語類别的改變是詞義變化的原因。而“把”是在詞義改變之後，賓語類别才改變的，所以賓語類别的改變是詞義變化的結果。詞義變化和句法變化孰先孰後，必須分清楚，這樣才不會倒果爲因。

詞義演變和句法演變的相互關係是一個重要問題，對這個問題的研究還剛開始，上面談的是我的一些初步的想法。希望有更多的人關注這個問題，使研究逐步深入。

參考文獻

貝羅貝 李 明 2007 《語義演變與句法演變》,沈陽、馮勝利主編《當代語言學理論和漢語研究》,商務印書館。
蔣紹愚 1989 《古漢語詞彙綱要》,北京大學出版社。
—— 2011 《詞彙、語法和認知的表達》,《語言教學與研究》第4期。
—— 2013 《詞義變化與句法變化》,《蘇州大學學報》第1期。
李 明 2003 《試談言説動詞向認知動詞的引申》,《語法化與語法研究(一)》,商務印書館。
Bybee, Joan, Revere Perkins and William Pagliuca 1994 *The Evolution of Grammar — Tense, Aspect, and Modality in the Language of the World*, The University of Chicago Press.
Goldberg E.Adele 1995/2007 *Constructions — A Construction Grammar Approach to Argument Structure*,吴海波譯,北京大學出版社。

蒋绍愚,北京大学中文系 jiangshy@pku.edu.cn

(原载《汉语史学报》2015年第1期)

汉语中的非话题主语*

刘丹青

提 要 很多学者认同Li和Thompson(1976)的分类,将汉语视为话题优先型语言,但仍有很多语法学者认为汉语的主语都是语用上的话题,甚至认为汉语基本没有句法上的主语,只有语用上的话题。本文将以若干句法、信息结构和韵律特征为标准,辅以跨语言比较,判定至少在7种情况下,汉语主句的主语不是话题:主语为对比焦点;主语为信息焦点;主语出现于整句焦点句;主语受焦点敏感算子约束;无定主语句;新信息主语句;最小量化主语句等。而且,从句中非话题主语更多。这些情况显示汉语主语和话题虽然交叉很多,但仍是汉语中两个各自独立的句法库藏成分。本文还从跨语言角度进一步探讨主语和话题的关系,赞同主语的原型是施事。主语能够扩展到离施事多远的角色,因语言而异。话题优先语言中主语会比其他语言的主语更常带话题特征,但不妨碍非话题的施事类成分充当主语。

关键词 主语 话题 非话题主语 焦点 汉语 判断类型

1. 引言:汉语话题优先论与汉语主语-话题等同说的区别

Li和Thomson(1976)提出主语-话题类型学,将世界上的语言分为主语优先,话题优先,主语优先和话题优先并存,主语优先和话题优先都不明显四种类型。这一学说当受到了赵元任(Chao,1948;李荣编译,1954:16;Chao,1968:§2.4)和霍凯特(Hockett,1958;索、叶译,1986:251)等的汉语主谓观的启发,即视汉语主谓结构为话题述题结构。但在一个关键问题上,主语-话题类型学及其包含的汉语话题优先论,与前辈们的相关观点是判然有别的。赵元任和Hockett都认为汉语的主语就是(语用上的)话题,在汉语这类语言中主语和话题是等同的(本文称为汉语主语-话题等同说)。而Li和Thompson的学说从分类系统和理论前提上就将话题和主语分开,话题优先和主语优先是对立的类型。具体到汉语中,他们认为这类语言被凸显的恰恰不是主语,而是话题。这一观点的前提仍是主语和话题不等同。Li和Thompson明确指出,并非话题优先语言就没有主语,或主语优先语言就没有话题。事实上在他们的考察范围内,所有语言都有话题结构;同时,虽然并非所有语言都有主语,但是多数话题优先语言都有某些方式可以用来识别出主语。

以上的类型比较,是在语言之间进行的。在单一语言内部,话题和主语的关系是怎样的呢?在话题优先论者看来,汉语作为话题优先语言的主要特点是话题比主语在语法系统中更凸显,句法地位比主语更确定,有更明确的语法标记,语法化程度比主语更高(参看Li & Thompson,1976;徐烈炯、刘丹青,1998:§7.2)。这些定性和表述的前提,是汉语中话题和主语为不同的句法成分。Li和Thompson还指出,虽然他们将汉语普通话描写为话题优先语言,但主语概念确实在某些句子类型中起着作用,他们还将汉语定位于话题优先语言中略偏主语优先一点的语言,这表明了主语-话题类型学的提出者认定,话题和主语在汉语中并存而有别。陈国华、王建国(2010)为了说明汉语话题优先的特点并不明显,专门考察过汉语非主语话题。不管此文质疑是否有效,但其标题列明的考察

* 本文为中国社科院创新工程项目“汉语口语的跨方言调查与理论分析”部分成果。初稿不同版本曾先后在语言类型学国际研讨会(2015.5浙江大学)、国际中国语言学会23届年会(2015.8韩国汉阳大学)和南昌大学文学院(2015.10)报告,获Chungmin Lee、黄晓山、吴义诚、端木三、陆丙甫、徐阳春等先生讨论指教,《中国语文》审稿人也提出有益修改意见,一并致谢。尚存问题由作者负责。

对象"非主语话题"已经默认话题可以不是主语。不过这并未明示主语是否都是话题。

对主语-话题等同说的学者来说,汉语的主语就是语用上的话题。此说早已有之,还是主语-话题类型学的理论源泉之一,Li 和 Thompson(1976)就引述了赵元任的观点。在主语-话题类型学问世之后,汉语话题-主语等同说仍然盛行。如朱德熙(1982:96)认为,"说话的人选来作主语的是他最感兴趣的话题,谓语则是对于选定了的话题的陈述。通常说主语是话题,就是从表达的角度说的。至于说主语是施事、受事或与事,那是从语义的角度说的,二者也不能混同"。根据朱德熙的看法,主语在语义层面有施事、受事、与事等不同的表现,而在表达层面就是话题。这样,实际上已承认句法上的主语在表达层面就是话题,而在语义层面则无法归结为一种语义。这是一种主语-话题等同说。

逻辑上,仅仅"主语都是话题"说还不足于构成主语-话题等同说,因为并未排除话题非主语的可能性。事实上,有些等同说学者们不仅认为所有主语都是话题,也认为所有话题都可以分析为(汉语特色的)主语(这与上引陈国华、王建国,2010 看法不同)。凡是动词前的名词性成分,包括时间处所等外围成分,甚至一些不做谓语的动词性成分,句法上都被分析为主语(见 Chao,1968:§2.8)。

这一派学者还有一种更强势的观点,大致可称为话题覆盖主语说,以罗仁地(詹卫东译,2004)为代表。他认为在汉语这样的语言中,只有语用上的话题,还根本没有句法上的主语,因为主语达不到一个句法成分所需的语法化程度。沈家煊(2007)赞同赵元任和罗仁地的看法。他把主谓关系和话题结构放在句子和语段的大背景下来论述。首先认为英语的 sentence(句子)和 utterance(话段)是实现的关系,而汉语的句子和话段是构成的关系,汉语里"句子"的构成就是"话段"。相应的,汉语的主语和话题也是构成的关系,"在讲汉语语法时我们还是可以采用'主语'和'谓语'这两个惯用的名称,但是得时刻记着,它们的语法化程度是不高的,它们的语法意义是话题和说明"。

在主语-话题类型学提出后,很多学者持有与此说理论前提相同的观点,即主语和话题在一定程度上分离,如曹逢甫(谢译,1995)、陆俭明(1986)。曹著、陆文都提出了一些识别话题的标准,至今仍有参考价值(见下)。但是,主语即话题的观点很少面对系统性的质疑,尤其是在汉语语法学界,其影响依然很大。

主语-话题等同说也并非独盛于汉语学界,而有更深远的理论背景。正如 Shibatani(1991)所指出的,西方的语法学传统一直试图将主语的两个侧面——语义上的施事和语用上的话题统一起来,科姆里(Comrie 著、沈译,1989:130)对主语的原型论的定义也近于这种努力:"典型的主语是施事和话题的重合"。尤有甚者,西方语法传统在主语的界定上更倾向于突出话题这一面。经典的主语定义——主语是句子的谓语部分谈论的对象——说的恰恰是话题的本质属性。Shibatani(1991)通过对日语等的研究,指出这一定义其实更适合日语这类语言中的话题而不是主语。但是这一界定给主语-话题等同说提供了语法传统的观念支撑。Comrie(1988)也举过另一种主语-话题等同说的样本:在 Givón 的句法学体系中,主语就是小句内的首要话题,直接宾语则是次要话题(参看 Givón,1984:138、168)。这些都是主语-话题等同说的一般语言学基础。

主张话题主语可以分离的著述,如徐烈炯、刘丹青(1998),也遇到在具体汉语句子中如何区分两者的难题,可此可彼的现象并不少见。对日语、韩国语这样的话题和主语有不同语法标记的语言,这一问题很好办。可是汉语中主语没有标记、话题有标记但并不强制性使用,这一问题要棘手得多。对此难点,杨成凯(2003)有过较详细的分析。实际情况是,假如脱离语境,汉语中大量句子的句首名词语分析为主语或话题都是合理的,如"<u>小明</u>做完了作业""<u>他的书法</u>很漂亮"。这一现象似乎成为主语-话题等同说的有力论据和主语-话题分离说的难题。但是,倘若句法上的主语真的都是语用上的话题,那么这两个术语就没有必要并存,应用奥卡姆剃刀裁去其一。Lambrecht(1994:131)也就英语的情况指出过,假如话题可以跟某个句法成分等同,就不需要另设话题这个概念了。

本文的主旨,是想以具体实例的分析指出,主语-话题等同说(包括话题覆盖主语说)即使在汉语这样的话题优先语言里也是不成立的。虽然划清主语和话题的界限仍有一些理论和实践难度,还难以明确划定哪些主语同时兼属话题,但是,我们可以明确地划出哪些主语肯定不是话题,因为对一系列语言事实的观察和分析,已经可以从句法、语义和语用上清楚地排除若干类主语的话题属性。两类成分即使共享诸多属性,只要在若干情况下相斥,也足以证明两者是不同的范畴。例如,副词和形容词共享状语的功能,介词和动词共享"X+NP+VP"中 X 的句法槽位,但是这些词类间都有相互区别的功能,如形容词的定语功能,动词的谓语功能,这些就足以将它们划为不同的词类。

文末将从跨语言角度进一步探讨主语和话题的本质区别及其理论意义，以此完善主语-话题类型学，为之提供更坚实的理论和事实基础，同时也为汉语这种话题优先语言中主语和话题的关系提供更加合理的定位和解释。

2. 区分主语和话题的若干可行性标准

2.1 话题概念来自话语。它是否属于句法成分，是因语言而异的，但它必然具备固有的话语属性。跨语言的话题考察显示话题的主要话语属性有：已知信息、有定或类指成分（类指被 Li 和 Thompson，1976 归在有定范畴中）、可以被听说双方共同认知、是注意的中心（center of attention）或后面成分的陈述对象、常常是已经激活的信息（但不是必然激活）。（参看 Gundal，1987）而主语是一个句法概念，根据 Li 和 Thompson（1976）、Shibatani（1991）等分析，它的语义属性更加明确，与谓语动词有论元关系和词汇选择关系，大致与施事（agent，对于事件命题来说），或者属性主体（对于形容词谓语和名词表语来说）有密切的关系。主语虽然也常带话题的话语属性，但这不是必然的要求。

汉语虽然缺少日、韩语言那种主语和话题的刚性形态句法标记，但是我们还是可以找到若干帮助辨别主语是不是话题的标准，有语用的、虚词的、句法的、韵律的，其中有些参考了上引曹逢甫、陆俭明等文献已经提到的标准。这些标准基本上是可以相互映证和支持而不是彼此矛盾的，这强化了这些标准的适用性和可靠性。

2.2 语用上，看这些主语是否有与话题属性相违的信息结构地位。如本身是对比焦点的主语，主语没有话题性。全句都是焦点的句子，主语也没有话题性。（Lambrecht，1994：§4）

2.3 汉语的所谓句中语气词（又称提顿词，见徐烈炯、刘丹青，1998：第三章），即“啊、么（麽、嘛、嚜）、呢、吧”等，带有话题标记的属性。虽然汉语提顿词不是强制性的话题标记，但其实呈现出一种负面刚性规则——话题不是都需要带话题标记，但是，话题都可以带话题标记（若不考虑文体制约），而没有话题性的成分则不能带话题标记。曹逢甫（谢译，1995：38）指出“啊、呀、呢、嘛、吧”等语气词“在有困难的情况下，这是判定汉语主题的可靠方法。要是名词组允许某个语气词插在它和句子其余部分之间，那么这个名词组就是主题”①。下列句子中带星号的提顿词都因为主语不具有话题性而受到强制排斥：

(1) 孩子们都喝（*啊）牛奶。

(2) a. 这些孩子们（*啊）的家长都来了。

b. 这些孩子们的（*啊）家长都来了。

c. 这些孩子们（啊），家长都来了。

(3) a. 小陈啊，刚刚买了水果。

b. 小陈（*啊，）刚刚买的水果很新鲜。

(1) 显示谓语动词不能带提顿词，因为谓语动词是述题的核心成分，述题是跟话题相对的。(2) 显示定语不能带提顿词，不管用在定语标记前还是后。这是因为定语在句子层面没有独立的信息地位，而是一个 NP 内部的从属成分，无由取得话题属性。但是语义上的领属成分在话题优先语言中可以提升为话题，句法上与被领属的名词分离（可插入停顿），此时它不再是句法上的定语，而成为有领属义的话题，并且是一种常见的汉语式话题，如“这棵树，叶子大”。这时，领属成分后就可以带提顿词了。(3) 显示主语虽然很容易带上提顿词成为显性话题，但是在关系从句中，整个小句降格为定语，从句主语没有主句主语那样的信息地位，无法成为句子的话题，就不能带提顿词了②。

① 屈承熹（2005）认为“啊/呀、吧、呢、嘛”中“啊/呀”只是停顿词，不是有话题标记功能的提顿词，其他三个都有话题标记功能。本文同意曹逢甫的处理，视“啊”为话题标记，因为它也排斥非话题成分。本文并以“啊”为主要测试词，因为它语义上最中立，适用面最广，没有其他几个话题标记的特定语用限制。

② 本文主要讨论主句中的主语是否属于话题。话题-述题结构基本上是一种主句现象，因而在从句中天然更受排斥。例（3b）就反映关系从句排斥提顿词的情况。总体上嵌入型从句都不能容纳带提顿词标记的话题结构，因而主语-话题等同说在从句中更难成立。不过，徐烈炯、刘丹青（1998：50）也分析到若干话题结构出现在从句中的现象。这实际上是话题结构在汉语中的显赫性所造成的范畴扩张。

据此，提顿词可以成为测试话题性句法的有效手段。带有话题性的主语都可以带上提顿词成为显性话题，而不具有话题性的主语，刚性地排斥话题标记。

2.4　非话题主语重读，而话题主语不带焦点重音。重读与否，与话题的信息属性有关。有定、已知信息一般不重读，而焦点、新信息等需要重读。陆俭明(1986)已提出话题非句子的自然重音所在。此外，话题也不能是焦点重音所在。重读的主语，不管承载自然重音还是焦点重音，都与话题属性相悖，只能是非话题主语。

2.5　日语、韩国语等语言具有区别于主格标记(日语が ga，韩语이 i/가 ka)的话题标记(日语为は wa，韩语는 [nɨn])，这为我们识别汉语中的话题和主语提供了有益参照。

2.6　罗曼语的主语在没有话题属性时，会有一些特殊的去话题化的句法处理，如意大利语的主语后置，法语的断裂结构等。这类主语所对应的汉语主语，通常是非话题主语。

下面我们根据这些标准，来识别汉语中的非话题主语。

3. 汉语中的若干非话题主语类别

3.1　当主语是对比焦点时，不是话题。

对比焦点是焦点属性最强的焦点(相比于一般的信息焦点、话题焦点等)，它是句子中仅有的被凸显的新信息，句子的其余部分都是预设。按 Lambrecht(1994：§4.2.3，§4.3)，焦点以外命题所预设的已知信息，才是句子的话题，不管它们位于什么句法位置。我们虽然不必认为主语作为对比焦点时，谓语部分反而是话题，但是至少这种谓语不是话题-述题(topic-comment)理论中作为新信息的述题，也不是主位-述位(theme-rheme)中的述位。看例(ˈ号加黑体表示重读。井号＃代表句子在此语境中不成立)：

(4) A. 小张去了上海。

B1. 不，小张没去上海，(是)ˈ**小王**去了上海。

B2. 不，(是)ˈ**小王**。

B3. (不，小张没去上海，)＃<u>小王啊</u>，去了上海。

(5) A. 小王去广州了吗?

B. 小王啊，去了上海。

上面的对话(4)，A 陈述了一个事件，以“小张”为施事主语；B 指出该陈述为假，施事不是小张而是小王，主语“小王”成为对比焦点，跟 A 中的“小张”构成对比，“小王”所在小句中的其余成分都是预设，是已知信息，“小王”是仅有的新信息。对陈述 A 的纠正，繁简可以不同，但基本的句法、韵律属性是一致的。下面试做分析。

作为对比焦点和唯一新信息，答句中的“小王”必须重读，以施强调和纠正功能。“小王”前还可以带上焦点强调词“是”，但也可以不用“是”，单用重读来彰显焦点。作为答句信息结构中唯一的新信息，“小王”是不能省略的，而句子的其余部分都是预设信息(即 Lambrecht 所说的“话题”)，均可省略，造成(4)B2 那样的简短回答。在简答中，“是”也可加可不加，“小王”仍须重读，这些属性没变，而谓语的省略则更清楚地揭示这里的谓语不是述题或述位，它们所对应的主语也不是话题或主位。

答句(4)B3 在此不成立，原因是主语带上了话题标记“啊”。(4)B3 在孤立语境或另一些语境中是可以成立的句子，见(5)，只是在对话(4)中刚性地不成立，所以此处标以井号＃而非星号＊。(4)B3 中“么”的标记话题的功能，跟“小王”的信息属性——对比焦点、非话题相冲突，因此看似在汉语中隐现颇为自由的提顿词，在这里被强制性地排斥。

例(4)中的答句，在日语、韩国语的相应句子中都要加主格标记，而不能带话题标记。

但是，在任何语法分析体系中，答句中不带“是”的“小王”在句法上都是主语，它的主语身份不受其话语功能——非话题性——的影响。这表明，汉语中完全存在非话题的主语，主语并不是天然的话题，主语也未必一定由话题直接构成。

3.2 主语是信息焦点时不是话题。

陆俭明(1986)已指出疑问代词主语不是话题。疑问代词是信息焦点的一类,这个命题可以泛化为信息焦点主语不是话题。所谓信息焦点,就是并不与话语中的一个成分对比,而是以一个无界集合为背景而凸显的成分,虽然对比性不显著,但它仍然是所在句子中信息强度最大的成分。问句中的疑问代词主语或答句中回答疑问代词的主语都是典型的信息焦点,其非话题的表现与对比焦点主语相似。看例:

(6) A. '**谁**是张明?

B. *谁啊,是张明?

(7) A. '**谁**是张明?

B. '**我**是张明。

C. (是)'**我**。

D. #我啊,是张明。

例(6)a是一个由疑问代词充当主语的特指问句,疑问代词是特指问句的默认信息焦点。当"谁"作为疑问焦点时,它以整个人类的集合为背景,在这个集合中寻找符合条件("是张明")的特定个体。作为疑问信息焦点,"谁"要重读。假如不是"是"字判断句,这个"谁"还可以带焦点标记"是",如"是谁骂了小张?"①。例(6)B2显示,这个信息焦点是不能带提顿词的,因为焦点属性与话题标记的功能是相冲突的。

例(7)关注(6)这类主语焦点特指疑问句的答句的表现。在特指疑问句的答句中,回答疑问代词的成分是信息焦点,即答句中的"我"。句子的其余部分都是预设的旧信息。(7)B显示,作为信息焦点的主语"我"要重读。(7)C显示,在主语为信息焦点的答句中,句子的其余部分(此句中即谓语部分)都是可以省略的,这是预设的旧信息的正常句法表现。也说明(7)B的谓语不是述题或述位成分,它所对应的主语也就不是话题或主位。(7)D显示,信息焦点落在主语上时,主语失去了话题性,因此答句的主语是不允许带提顿词的。而同样的句子在其他语境中,是可以带提顿词来标注其话题身份的。如:

(8) A. 您是哪一位啊?

B. 我啊,是张明。

总之,在信息结构中,信息焦点和对比焦点的焦点强度有所区别,但两者都是所在句子中信息强度最大的成分,它们在性质上共同与话题构成对立。因此,主语一旦作为对比焦点或信息焦点,就不再是话题。句法、虚词、韵律表现等一致证明了这一点。此外,徐烈炯、刘丹青(1998:97-102)还提到了一类"话题焦点",它们又被称为对比性话题(contrastive topic,见Chu,2005)。这类成分本身兼有话题和焦点的属性,做主语时不属于非话题主语。

3.3 整句焦点句的主语不是话题。

整句焦点句(sentence-focus structure。Lambrecht,1994:138)是可以用来回答"发生了什么"(What happened?)、"怎么回事"(What's the matter?)这类问题的句子,亦称"事件报道句"(event-reporting),归属"非主题判断"(thetic judgement,见沈园(2000)的介绍,并详下文)。它们以整个事件为焦点,全句都是新信息,因而主语不是已知信息和预设内容,句子不构成话题-述题结构,主语作为焦点的一部分也就无法成为话题。我们先来看看其他语言中这类句子和普通的主题判断(categorical judgement)的区别。

在英语中,孤立地看,同一个句子,例如表达"我的脖子疼",既可以是以整句为焦点的事件报道句,属非主题判断,也可以是普通的主题判断句。两者的区别可以由简单的语境来展示,句子本身则主要在重音模式上有不同。Lambrecht(1994:137)通过跨语言材料证明,人类语言除了重音外还有多种形态句法手段来区分这两者,例如(小型大写字母代表重读):

① 正是因为疑问代词做主语经常带"是",所以《祖堂集》等近代文献中出现在句首的疑问代词常以带"是"的形式出现,用多了便被视为词缀,如"是谁如此解会?"(蒋绍愚、曹广顺主编,2005:76)。

(9) A. What's the matter? '怎么回事?'

a. MY NECK hurts. '我的脖子疼'

b. My fa male il COLLO.

c. J'ai mon cou qui me fait MAL.

d. Kubi ga itai.

B. How's your neck? '你的脖子怎么啦?'

a. My neck HURTS. '我的脖子疼'

b. Il collo mi fa MALE.

c. Mon cou il mi a mal.

d. Kubi wa itai.

例(9)A－a是由"怎么回事"这类提问引出的答句,因此整句都是新信息,属于非主题判断,其中的主语核心名词会重读。例(9)B－a是"你的脖子怎么啦"引出的答句,问句中已有话题"你的脖子",答句则是主题判断,重读不能在话题上,而在谓语动词 hurts 上。再来看其他各语言表现。

b答句是意大利语。(9)A－b为整句焦点句,主语 il collo(脖子)作为焦点信息的一部分不居句首而居句末,并且重读。这是意大利语的句法所要求的语序调整,实为主语的非话题化。而(9)B－b是主题判断句,主语 il collo 位于句首并且不再重读,具有话题的属性,而让表示新信息的谓语 male(疼)位于句末并重读,实际充当信息焦点。简言之,对于整句焦点,意大利语通过语序后移和重读实现主语的去话题化。

c答句是法语,(9)A－c为了取消当事主语的非话题性,采用了分裂句,近似于英语 It is my neck that I feel hurt,主语以显性对比焦点的面貌出现,虽然并不是独立担任焦点,而是整句焦点的一部分。(9) B－c是常规主谓句,主语 mon cou(我的脖子)作为预设的已知信息具有完全的话题性,位于正常的句首位置。换言之,法语是通过分裂式焦点化来实现主语的去话题化的。

d答句是日语。(9)A－d和B－d语序无别。(9)A－d以整句为焦点,答句施事带主格标记がga而不是话题标记はwa,以此实现去话题化。而(9)B－d的施事是已知预设信息,带话题标记。可见,在整句焦点句中,日语以主格标记来实现主语的去话题化。野田尚史(张译,2003: 12)对下句的分析实际上也体现了日语整句焦点句主语带主格标记的策略,如:

(10) そのとが八木がホームランだ打った

sono toga …… ga……

那时候　八木　本垒打　打了

对此,野田(同上: 12)分析道:"这里句子不是向希望了解关于八木的信息的听话人讲述八木的情况,也不是告诉希望了解本垒打的信息的听话人是谁打了本垒打。它仅仅标出了听话人所不知道的某种事态的发生"。野田的解释表明这里的句子既不是以八木为话题,也不是以八木为信息焦点,而是听话人所不知道的"某种事态"的发生,即整句都是新信息,"八木"带了主格标记。在这点上,韩国语采用与日语相同的策略,例略。

下面我们来看汉语的情况。一般情况下,汉语整句焦点句与话题性主语句,在语序上没有区别,表面上可以完全同形,但是重音模式不同。这点上跟英语相近而与意、法、日、韩语言都不同。如:

(11) A. 什么事儿?/怎么啦?/怎么回事?　　B. 我的'**脖子**疼。

(12) A. 你的脖子怎么啦?　　B. 我的脖子'**疼**。

(11)B句和(12)B句结构看似完全相同,但是(11)B句重音在"脖子"上,(12)B句重音在"疼"上。前者通过重音实现了主语的去话题化,后者主语"我的脖子"有话题性,属已知信息,不但不能重读,而且可以整个删除,只答一个"疼"字。

另一方面,汉语也可以有略近日语韩语的模式,在有话题性的主语上带上提顿词,而整句焦点句中主语不能带提顿词。比较:

(13) A. 什么事儿?/怎么啦?/怎么回事?　　B. 我的脖子(*啊,)疼。

(14) A. 你的脖子怎么啦?　　B. 我的脖子(啊,)疼。

整句焦点不限于对"怎么啦?"、"怎么回事"这一类固定问句的回答。凡是要求提供整句新信息的问题,包括要求解释原因的问句,都能引出整句焦点句。而各种整句焦点句都排斥主语后的提顿词。如:

(15) A. 发生什么事儿了?　　B. 哥哥(*啊)打我。

(16) 她问陆:“听说您十五岁就到这里来做工了,为什么?”

“日本军队抓了我。……”(邓友梅《别了,濑户内海!》)

(15)A是询问整句性的新信息,答句也是整句焦点,主语“哥哥”后不能带提顿词。(16)例“她”的话是问原因的,陆以整句焦点做解释。这里,“日本军队”是整句焦点的一部分,不是话题,不能带提顿词。

整句焦点并非只出现在口语对话中。我们注意到,日文媒体的句子型新闻标题,即使主语是有定成分(如指公众熟知人名地名),也常带主格标记而不是话题标记。消息正文也不乏这类句子。这是因为,新闻标题都是没有上文的陈述,而且新闻以提供新的信息为己任(“新闻”、news在词形上都突出了“新”意),因此,整个标题都是新信息,是整句焦点,主语则是这个整句焦点的一部分,因此不管有定无定都不宜带话题标记。相应的,汉语媒体的句子型新闻标题命题也属于整句焦点。当然,在正规书面语言中,汉语一般不用提顿词,这是语体限制。但是,媒体的句子型标题,即使不考虑语体因素,给主语强加上提顿词,在语法上也是不成立的,因为与标题的信息结构不符。如以下真实标题都插不进提顿词,主语也倾向于重读:

(17)《福建首虎徐钢(*啊)落马前主动谈及被举报》

(18)《北京(*啊)今年将实施海外游客离境退税政策》

(19)《西科大“励志保安哥”(*啊)自学十年考研成功》

整句焦点属于主题判断(categorical judgement)/非主题判断(thetic judgement)理论中的非主题判断(Lambrecht,1994: §4.2.2),又译为简单判断(陆烁、潘海华,2009);按沈园(2000)所引的久野璋(Kuno)的说法,是没有预设的中性句,区别于话题-述题结构。关于主题判断和非主题判断,沈园(2000)有如下介绍:

(20) Brentano和Marty进一步提出逻辑判断具有两种而不是通常认为的一种基本形式。这两种逻辑判断的基本形式分别是主题判断(categorical judgement)和非主题判断(thetic judgement)。其中前者对应于传统意义上的主-谓两分式逻辑判断类型。从认知角度来看,前者包含两个不同的认知行为,即先对一个实体进行命名然后再对它进行描述;后者则只是将一个事件或状态作为整体来描述,是对作为/视为整体的判断内容的简单肯定或否定,是一种单一的认知行为。因此人们经常也将前者称为双重判断(double judgement),将后者称为简单判断(simple judgement)。

从上述介绍可以看出,主题判断和非主题判断的根本区别在于两分式的双重判断和浑然不分的简单判断。非主题判断虽然语法上可能有主有谓,但逻辑上却是一个紧密的整体。

在日语中,主题判断和非主题判断分别对应于话题助词はwa和主格助词がga,这不是偶然的。虽然主题判断被认为更符合传统的主-谓二分的逻辑结构,但日语的材料启发我们,从某种意义上说,内部二分的主题判断更对应于句法上较松散的话题结构,而浑然一体的非主题判断更对应于句法上较紧密的主谓结构。这在汉语中可以得到进一步证明。汉语的主谓结构没有语法标记,而话题结构可以带话题标记。带话题标记的成分总是伴随着停顿,停顿显性表征了主题判断的二分属性。我们把话题标记叫提顿词,也是因为它有提示、提取的作用,即将话题从整个判断中提取出来,从而跟谓语/述题部分分离。而没有话题性的主谓结构,插不进话题标记,表征了它浑然一体的简单判断的属性。Shibatani(1991)指出,传统日本语法学认为话题标记はwa的重要功能是分离作用(separation),就是将带はwa的成分与句子其余部分分开,这更对应于西方传统逻辑中命题主-谓二分的观念;而带主格标记がwa的成分与句子后部的成分更加紧密,不可分离。印欧语言无法像日语那样在形态上区分话题和主语,于是都用“主谓关系”来概括,其中其实包含了两类判断。日语的はwa类话题句更对应于主谓二分的传统逻辑命题——现代所说的主题判断,而日语的がga类主格句更对应于浑然一体的非主题判断(简单判断)这一传统逻辑所忽略的判断。

汉语的话题结构句虽然表面上可以跟非主题判断的主谓句一样,但是潜在地都可以在主语后加上提顿词(及停顿)变成显性话题句,跟日语はwa类话题句一样彰显其主题判断的本性;而没有话题性的主语不能带提顿词,跟日语がga类主格句一样只能与谓语部分一起构成结构更紧的主谓句。日语主语作为对比焦点和信息焦点都要带主格标记がga,而がga在整句焦点句中则不是用来标记窄焦点,而是用来去话题化,表明非主题判断句主语的身份。汉语没有主格标记,但可以通过添加话题标记来测试是话题性主语还是非话题性主语,能加标记的是主谓分离的话题结构；不能加的则是非话题主语，是跟谓语浑然一体的、非主题判断的主语。

3.4 无定主语句不是话题句。

无定成分在本性上就与话题的一系列固有属性相冲突，如有定(Li & Thompson，1976)，已知信息，能为随后的命题提供适用的框架(Chafe，1976) 等话题属性。因此，无定成分不能充当话题是很自然的。但是，以往汉语研究所认为的对无定成分的限制，不仅指向话题，也指向主语。赵元任(Chao，1968：76)早就指出汉语主语强烈倾向于有定成分。这一倾向确实存在，总体上汉语主语与话题也确实有对应的一面。但是，自范继淹(1985)以来，汉语学者普遍认识到无定主语句确实存在，在某些文体中还为数不少，如新闻体语言。至今已有很多文献探讨解释无定主语句的成因，如徐烈炯(Xu，1997)、王灿龙(2003)、陆烁、潘海华(2009)等。那这些无定主语是不是话题呢？这正是本文重点关注的问题。

无定主语句大都属于非主题判断，跟上面的整句焦点句有较大的交叉。作为非主题判断的一种，无定主语本质上就不是话题。由于非主题判断的主语可以无定也可以有定，因此无定主语句值得单独提出来一说。下面是上引范继淹文中所列举的无定主语例句，无定主语都排斥提顿词(除非做类指解)，见括号中带星号的提顿词：

(21) 一位中年妇女(*啊)匆匆走来。她也是专程来给 14 号投票的。(北京日报)

(22) 一位来自哈尔滨的顾客(*啊)在本市买了一台钢琴，由于没有包装，铁路不予托运。(同上)

(23) 三个素不相识的男青年(*啊)闯进女学生的家……(北京晚报)

经过对大量无定主语例句的初步分析，范文在结尾处总结道："无定 NP 主语句的主语由数量名短语(包括其他修饰成分)构成，是说话人发出的'新传信息'，对听话人而言是'未知信息'"。既然无定主语具有"新传信息""未知信息"的属性，它们显然与话题属性是相对立的。它排斥提顿词也就很好理解。

陆烁、潘海华(2009)对无定主语句的信息地位有进一步的分析。他们指出，无定主语句要尽可能减少预设等听说双方的"共同背景"，是难以从共同背景推出的"新情况"(事件匹配新情况；而属性则是恒久的，不匹配新情况)。"越是异于共同背景的'新情况'，越能构成明确的简单判断谓语"。陆、潘文认为无定主语句在新闻语体中最容易出现，就因为新闻语体受众面极广，共同背景少，最适合表述新情况，这正是无定主语句的用武之地，而这些都与话题的有定性、已知性是对立的。

此外，范继淹(1985)已注意到无定主语句主语之前如有其他成分、无定主语作为后续成分出现更自由。潘、陆文也引述了李行德、朱晓农等的同类观察，即前面有"主题"的句子更容易出现无定主语句，如以下两例：

(24) 昨天一个工人从窗口掉了下来。(Lee，1986)

(25) 快来看，俩猫打架了。(朱晓农，1988)

潘、陆文认为这是因为有主题的句子更容易出现简单判断。本文的解读是：因为句子已另有语用话题，所以主语不带话题性也更加自由。这从又一个角度显示无定主语句的非话题性。

此外，无定形式在汉语中还可以表类指。类指主语的指称、信息属性迥异于真正的无定主语。根据陆烁、潘海华(2009)，无定的类指解读需要有通称算子(即类指算子)约束，主要是要求属性谓语。陆、潘文引述相关文献，对通指句主语的话题性做了清楚的解释："根据 Chierchia(1995)等人的分析，通指句的谓语都属于个体性谓语，所描述的性状作用于主语已经确定的话题上面。也就是说，通指句中的无定主语实际上是话题。Kratzer(1995)、Diesing(1992)等也认为通指句的主语是 VP 外主语，即处于 IP，Spec 的位置；Lambrecht(1987)则直接将其称作'话题-述题句'(topic-comment sentence) 。汉语还有一个明显的证据，即通指句一般都可以加上话题标记"，下面是陆、潘文的例句：

(26) 书，是智慧的宝库。

(27) 一个年轻人啊，应当有志气①。

(28) 三个步兵呢，可以带九份口粮。

① 用无定形式表示类指，实际上不是直接表达，而是一种转喻，用个体转指类，参看刘丹青(2002) 。这种转喻需要一定的语境条件。比(27)更自然的、对语境依赖更小的类指用例是讲述更一般道理的句子，如"一个人啊，要讲良心"。

同样是无定形式，真正表无定时与话题性不相容，因此排斥提顿词；表示类指时，则话题性很强，因此就可以带提顿词了。可见，话题性排斥的不是无定成分的结构形式，而是无定语义的指称属性和信息地位。

此外，"一量名"短语还能在一定构式中表示最小量，也没有话题性，见 3.7。

3.5　受焦点敏感算子约束的主语不是话题句。

焦点敏感算子是能在句子中关联焦点的成分，其中很多是副词性成分，它们总是与句子的一个焦点成分相关联。与焦点敏感算子相关联的焦点成分称为语义焦点。语义焦点是一类特殊的对比焦点，同一个焦点敏感算子关联不同的焦点会带来真值语义的不同，因此被称为语义焦点（参看徐烈炯，2005 对相关理论的介绍），如（原文粗体此处改为小型大写字母）：

(29) a. John only introduced **Bill** to Sue.　'John 只介绍 **Bill** 给 Sue'

b. John only introduced Bill to **Sue**.　'John 只介绍 Bill 给 **Sue**'

例(29)两例的构成完全相同，都含有焦点敏感算子 only(只)，但是重音不同，就导致焦点位置不同，只有重读的那个音节才是焦点。a 句 only 只关联 Bill，John 只介绍了 Bill 一个人给 Sue(不排除他也介绍 Bill 给其他人)。b 句关联 Sue，John 只给 Sue 一个人介绍了 John(不排除他也给 Sue 介绍了其他人)。

英语的 only 和汉语的"只"都是右向关联的。有些焦点敏感算子则是左向关联的，包括关联主语，使主语成为语义焦点。作语义焦点的主语也像作其他对比焦点的主语一样，不再带有话题属性，也就不再能带提顿词。如《现代汉语八百词》(吕叔湘主编，1980：281)"就"条的一个义项是"就＋动/形。主语重读，'就'轻读，表示主语已符合谓语所提的条件，无须另外寻找"，举的例子是(此处重新编号，并插入提顿词测试)：

(30) a. 老'赵(*啊)就学过法语，你可以问他

b. 你要的材料(啊)，'我(*啊)手头就有

c. '这个花色(*啊)就好

d. '这儿(*啊)就很安静

e. '那种规格(*啊)就合适

这种句子中的"就"是指向主语的焦点敏感算子，所以主语作为焦点总是重读，如《八百词》所指出的，而且主语后插不进提顿词或插入后会改变原有重音模式和语义模式。此外，这类句子主语前可以有真正的话题，如(30b)句的"你要的材料"，这种话题后可以带话题标记。

副词"才"也有左向关联功能，其所关联的主语(也要重读)是作为必要条件的焦点，而"就"所关联的主语是作为充分条件的焦点。"才"字句主语后也很难带提顿词。如：

(31) 吃过苦的人(?啊)才会更加珍惜幸福生活。(《刘汉洪快乐学》)

(32) "你(?啊)才是我真正的朋友！"毕加索的这句话，在他耳旁一遍遍地响起。(李良旭《你才是我真正的朋友》，《读书》2011 年 13 期)

3.6　新信息主语句不是话题句。

以上小类都有比较明确的测试方式可以确定主语是焦点本身或成为整句焦点的一部分。本小类句子的主语，包括一些抽象名词短语，既不是无定形式的 NP，也不是典型的类指，有些甚至还有一定的有定性(如专有名词或带领属定语)，没有很直接的测试方式判定它们是不是焦点，但是，语境显示它们是句子中的新信息，并带有焦点的属性。我们对韩国学者朴正九教授的征询也表明同样语境中这类句子的主语在韩国语中要带主格标记이 i/가 ka 而非话题标记는 nɨn 的。这类主语在汉语中都排斥提顿词，显示其非话题性质，如：

(33) 身边谁说他都没用；有时候，陌生人的严厉斥责(*啊)能让他惊醒。

(34) 如若课前布置学生收集有关作者杏林子的生平资料，阅读她的有关文章，作者不平凡的经历(*啊)会给学生以震撼，从而产生强烈的阅读期待。(鹏程万里的新浪博客)

例(33)主语"陌生人的严厉斥责"是一个领属结构，在这儿跟上句"身边谁"相对，是一个新信息，也是作者强调的内容，带有焦点属性，因此，不适合当话题，排斥提顿词。例(34)"作者不平凡的经历"也是领属结构，其中领属语"作者"属已知信息，但加了修饰语"不平凡的"后，名词短语整体属于新信息，并且是作者强调的方面，因而就不再

带有话题性，并排斥提顿词。假如去掉提供新信息的“不平凡的”，则“作者的经历”在此句中可以带提顿词：

(35) 如若课前布置学生收集有关作者杏林子的生平资料，阅读她的有关文章，作者的经历(啊)会给学生以震撼，从而产生强烈的阅读期待。

再假如“不平凡的经历”与“平凡的经历”构成对比性话题，分别引出不同的话题，也可以带提顿词成为显性话题(对比性话题适合用“麼”)，如：

(36) 有人说，生命如同故事。不平凡的经历(麼)会有不平凡的故事；平凡的经历(麼)也同样会有不平凡的故事。(语文教材《微笑着承受一切》网上备课材料)

再看下例：

(37)“市财政局有个乔安平，刚提拔不久的副局长，今天下午在市委大院跳楼自杀了。”

向天亮故作惊讶，“乔安平？我认识啊，一起在市党校待过……哎，他怎么想不开了？”

余中豪说，“蹊跷，许厅长(*啊)让我跑一趟清河。”

……

向天亮索性装傻到底，“这个乔安平很重要吗？还要省厅派人下去确认？”

余中豪轻声一叹，“这么说吧，咱们清河市藏龙卧虎，我也是刚知道的，这个乔安平来头不小，听许厅长说，省委书记李文瑞(*啊)亲自下了命令。”(网络小说《官道》第0966章)

例中的“许厅长”和“省委书记李文瑞”都是专有名词，对听说者来说都是有定成分，但是在此语境中是新信息，虽然不像3.2的例句那样可以通过疑问句的问答来确定其信息焦点的地位，但在这里的语境中也能认定其具有焦点的属性。这两处有定成分都不能带提顿词变成显性话题。可见，主语的话题性根本上来自话语中的信息地位而不是指称的有定性。

3.7 主语为极小量词语的全量否定句不是话题句。

这一小类属于周遍性主语，陆俭明(1986)认为周遍性主语不是话题，包含了这一小类①。

张斌主编(2010：826－827)指出，“一＋量$_{名}$＋动”结构一般是否定形式，受副词影响，结构中的‘一’不是基数用法而是强调周遍性，是全量用法，如‘车子一辆也没有、一个都不敢动’”。该书所举的“车子一辆也没有”，“车子”是全句话题，全量主语是“一辆”。此句也可以说成“一辆车子也没有”，那就是纯粹的全量否定句主语了。

这里说的“受副词影响”，应指在构成这种全量否定构式时有副词“都/也”参与。这类句子的主语可以是施事(一个人都不敢动、一个人也没来)，也可以是受事(车子一辆也没有、一口饭都没吃)。这里的“一”有时也可以换成“半”，如“半点便宜也没捞着”，“一”和“半”在此均非实数，而作极小量的代表。值得注意的是，极小量词语在全量否定句的主语位置上都要重读，这与其他焦点性主语是一致的。所以，即使是受事，也不宜分析为话题，而当视为受事主语。由于这类主语的非话题性，它们也都不能带提顿词。如“*一个啊也不敢动”、“*一口饭啊都没吃”。值得注意的是，假如名词部分放在极小量词语之前，就可以带提顿词，极小量词语仍不能带提顿词；假如名词放在极小量词语之后，则该NP整体不能带提顿词，如：

(38) a. 车子(啊)一辆都没有。　　～ b. 一辆车子(*啊)都没有。

可见，与提顿词排斥的是表示全量的极小量词语，而与实义名词本身无关。

上面我们从不同角度讨论了汉语中的7小类情况，有些小类之间有交叉关系，都不完全等同。在这七小类情况的条件下，汉语句子的主语都不是话题性成分，属于本文所说的非话题主语，这可以得到句法(提顿词的使用)、语义、重音、语用等方面的证实。

以上7小类仍是很粗略的列举，只涉及了主句中的主语。假如将讨论范围扩大到从句，则非话题主语远比主句中更常见，如前文例(3b)关系从句的情况。假如我们参考野田(张译，2003)对日语主格助词が ga类句子的分析，能找出汉语中更多与话题性相排斥的句法和语义条件，它们会造成主语的非话题属性。初略对比可以发现，日语中带

① 陆文说的周遍性主语句包括“什么人都不知道这件事、一个人都不知道这件事、人人都不知道这件事”三小类。本文暂不讨论“什么人”、“人人”这类句首成分的话题性问题。

主格标记が的句子在汉语中要么属于需要重读、不能带提顿词的非话题主语，要么在汉语中不适合做主语。

4. 话题与主语再议

上文的讨论初步显示，汉语中确实存在不具有话题性、只能分析为主语的句法成分。将汉语主语简单地等同于话题，或认为句法主语都是语用上的话题，或认为汉语主语直接由话题构成，都是片面的看法。对此问题的全面认识，还得回到话题和主语各自属性的问题。

西方语法传统中对主语的定义（“主语是谓语陈述的对象”之类）和逻辑学上命题的主谓二分，都将主语的功能指向话题，然而，正如柴谷方良（Shibatani，1991）所指出的，主语的原型其实是行为事件的施事（agent）。他发现，对于有主语的语言来说，该成分的语义泛化程度因语言而异，其中英语是主语泛化最厉害的，但是施事肯定都在各语言主语的语义角色之内，区别只在于其他主语还可以离施事这个原型多远。柴谷认为，扩展得越远，代表主语的语法化程度越高①。很多语言中带话题性的成分就因为施事性不够而不做主语，只以其他格位的身份出现，比较（柴谷原例无释义，译文及分析为本文所加）：

(39) a. 英语 I like beer. ～ b. 西班牙语 Me gusta la cerveza.‘我喜欢啤酒’

(40) a. 英语 I am hungry. ～ b. 德语 Mich hungert.‘我饿了’

(41) a. 英语 I am freezing. ～ b. 德语 Mich friert.‘我冻坏了’

诸 a 句的英语都以经验者角色（或中文文献中的“当事”）I 为主语，取第一人称单数主格。但西班牙语例（39b）却用第一人称单数的与格 me 表示喜欢的主体，因为“喜欢”不是动作动词，主体没有施事性，所以西班牙语不用主格代词，全句没有主语。德语例（40b）（41b）都用宾格来表示饿和冻的主体/感受者，也因为饿和冻的主体是被动感受者而不是主动施事者，因此宁可没有主语也不用主格形式。这几句的属性主体或状态主体的话题性是没有疑问的，但是话题性并不能支持它们在西班牙和德语中以主语的身份出现，因为施事性不够。

科姆里（Comrie 著、沈译，1989：130）提出的典型的主语是施事和话题的重合的观点，基本符合实际，但无法覆盖非典型的主语。从跨语言来看，施事对主语的制约比话题对主语的制约更加刚性。没有话题性的施事完全可以充当句法主语，包括像意大利语等罗曼语那样放到句末（见例（9Ab）），仍是主语。虽然施事也可以出于语用考虑而去主语化——如动词被动化，施事降级为旁格（英语的 by 短语），但这不是刚性制约。另一方面，不少语言的主体性论元因施事性不够就无法充当主语，只能取旁格而让主语位置空缺，这倒是刚性句法规则。因此，主语的原型只能是施事而不是话题。换言之，非典型主语，经常是非话题的施事，但不能是非施事的话题，除非该角色在该语言中已在主语语义扩展的规约域内。

对柴谷的看法，只需要做一点小补充。主语不仅面向动词/事件性谓语，也面向形容词谓语和（系词＋）名词表语。对于后两者来说，“施事”作为主语的语义标签就过分狭窄。因此，我们认为主语的原型语义角色是（事件的）施事，有时也包括（属性、身份的）主体，三者加起来即较广义的“主体”。不同语言的主语，可以围绕着这一原型语义做不同程度的扩展，但无论怎样扩展，肯定是语义上越接近施事的成分越能成为主语。

那么，话题在主语中又扮演着何种角色呢？我们同意上引科姆里的看法，典型的主语确实包含了施事和话题的重合。施事有更高的生命度和指称性，更容易成为注意的中心。在多数情况下，这些因素足以同时满足对主语的施事性和话题性的要求，因此让主语兼话题的策略经常能同时满足语句的语义和语用要求。但是，当有话题性的成分不符合施事的要求时，它就常常被编码为主语以外的句法成分，而只是靠语序等手段成为语用上的话题；没有话题性的施事，例如属于非话题判断的各类事件的施事，则仍然可以成为主语，有些语言会另用些语用手段表征其信息地位。可见在主语的要素中，施事的地位超过话题。

汉语在这一问题上表现如何、特点何在呢？汉语主语的语义要求可能没有西班牙语、德语那么严格，像（39—

① 我们倡设的库藏类型学实际上已在更一般意义上采取这一观点，即任何范畴表达手段的语法化程度越高，就越显赫，扩展到其他范畴能力也越强。参看刘丹青（2012）。

41)那样的句子,汉语都可以表达为主谓结构。但是,汉语并不像人们所想的,做主语的成分在语义上非常没有限制。例如,柴谷所举的一些在英语中被编码为主语的偏离施事的成分,有些在汉语中很难成为主语,如:

(42) a. The recent earthquake killed 150 people. ～ b. ??最近这场地震杀了 150 人。

(43) a. The 1930's saw the world at the brink of disaster. ～ b. *1930 年代看见了世界在灾难的边缘。

当然,汉语似乎也存在语义偏离施事更远的主语,比如赵元任(Chao,1968: 71)举的那些"奇怪例句"。这又怎么理解呢?这是因为,汉语在主语之外,还存在一个话题的句法位置,这个位置的存在有许多表征(参看刘丹青,2008、2009),这是跟英语完全不同的。这个话题位置不像日语、韩国语那样是由话题标记的刚性使用界定的。汉语的话题可以由提顿词表示,但这不是刚性要求,事实上大部分有话题性的主语也未必带提顿词,尤其在正规书面语中。不带提顿词时,除了非话题主语,主语都是一种隐性的话题;当主语带上提顿词时,就成为"显性的话题"——前文已多次提过这个术语,在此补做一个交待。

我们回头再看赵元任(Chao,1968: 71)的举例,可以发现,偏离主语的施事要求的成分,往往在主语-话题测试中符合话题要求而不符合主语要求。例如:

(44) a. 他是个日本女人。(意为:他的用人是个日本女人)①

b. 他呀,是个日本女人。

c. *'**他**是个日本女人。

(45) a. 他是一个美国丈夫。(意为她嫁了一个美国丈夫。该处"他"的英文是女性的 she)

b. 她呀,是一个美国丈夫。

c. *'**她**是一个美国丈夫。

(46) a. 你(的小松树)要死了找我。(括号里是没有说出来的意义)

b. 你呀,(小松树) 要死了找我。

c. *'**你**(的小松树)要死了找我。

可见,赵著举的表面语义怪异的主谓关系,其"主语"其实都是话题,不符合主语可以重读的特性,也都可以加进提顿词变成显性话题。放在适当的语境下,加了话题标记和停顿的例句会很自然,而上举主语带重音的各例靠语境也无法救活。话题的语义可以偏离施事当事很远,而主语的语义偏离的幅度就小得多。因此,话题的表现并不代表主语的表现。

基于以上认识,汉语作为话题优先语言的特点何在呢?我们现在可以归纳为下面几点,这几点也可以视为对徐烈炯、刘丹青(1998)观点的进一步补充和推进。

1) 在现代汉语中,主语不是一种语法化程度很高或者说句法属性很强的成分。它不具备人类语言主语常有的关键句法属性:主格形态(或虚词)、一致关系。它在语序上和信息地位上都跟话题有交叠,句法界限不清。多数主语可以视为隐性的话题。这些也基本符合上引赵元任、罗仁地、沈家煊的看法。但是,汉语确实存在没有话题性的主语,如本文所列举的 7 类主语。这些主语以重读为形式特征,而话题不重读。

2) 话题在汉语中是比主语语法化程度更高的成分,这是汉语划归话题优先语言的依据。虽然话题也常常没有标记、只靠语序在前作为形式特征,但是话题可以带提顿词构成显性话题,而主语中只有带话题性的那些才能带提顿词转化为显性话题;没有话题性的主语,主要属于非主题判断,不能带提顿词。

3) 汉语的主语和隐性话题在很多情况下是叠合的,可以进行两可的分析。但是,主语是以施事为原型、以跟谓语的论元关系/词汇选择关系为纽带组成主谓结构,主谓结构可以出现在话题结构所不能出现的许多场合,包括本文所分析的 7 类(基本上属于非主题判断),这些是主句的情况。到从句中,主语更容易丢失话题性,非话题主语更多(须另文详析)。话题以已知、有定、类指、注意中心等信息、认知地位为特征跟述题组成话题结构,话题结构内部的语义关系松紧不一,可以完全没有词汇选择关系。因此,虽然有较大叠合,汉语语法库藏中仍须包括

---

① 张和友、邓思颖(2010) 认为汉语中很多语义关系特殊的"特异型'是'字句"是主语空缺的话题句,其中包括这里引用的赵著"他是个日本女人"这一小类。尽管本文的论证方式与张、邓文不同,但是我们赞同他们对这一小类"是"字句的定性,"他"是话题,不是主语。

主语和话题两种句法位置，不能相互包含或取代。这是汉语区别于英语之类主语优先语言的重要方面。

4）话题和主语既然是两个既交叉又有不同的句法成分，那么在谓语前的位置上就可能发生既共生又竞争的关系。汉语的情况是话题优先，其表现之一就是具有话题性的成分更容易占据谓语前的位置。由属于隐性话题的主语位于谓语之前，是最周全的策略，既满足了话题性需求，又实现了话题和主语的合一，避免了冲突。这是最无标记的句子。但遇到话题性最强的成分属于非施事非当事成分，汉语就倾向于让话题性更强的位置占据一个话题位置，主语占据另一个话题位置或非话题的主语位置（如"这棵树叶子大"）。汉语的主语虽然确有非话题的类别，但是对非话题主语的排斥还是比日、韩语等大一些。如野田（张译，2003）一书中的がga类主语，有些可以对应汉语的非话题主语，但还有很多小类在汉语中不宜前置于动词，而要改造结构，让非话题的施事当事充当谓语中的成分。无定主语句之前加"有"也是一种去主语化操作。再比较野田（张译，2003：96－98）的下列例句及其汉译：

（47）何か音が使こぇるわ。耳を澄ませて

～ 好像有什么声音？你好好听！

（48）「このボタンを押すと波長の違う音が出てくるんです」と僕は言った。

～ 我说："只要你按这个按钮，就会发出不同波长的声音来。"

例（47）疑问代词短语"何か音"（什么声音）是信息焦点，位于句首且带主格标记がga，充当主语；中文译为"有"的宾语，因为此短语既没有话题性，也不是施事，在汉语中被主语位置排斥。例（48），"波長の違う音"（不同波长的声音）也是带が的主语，中文译为"发出"的宾语，理由同上。正是在这方面，汉语作为话题优先语言又区别于作为话题优先和主语优先并重的日语、韩国语等语言。

5. 小　　结

Li和Thompson（1976）的主语-话题类型学，确立了汉语的话题优先类型，同时设定了主语和话题的区别。而由于汉语主语没有明确的句法标志，主语又常常具有的话题的语用功能，使汉语主语跟话题的界限更加模糊，以致很多学者都持有汉语主语和话题等同的观念。

本文参考前人研究，进一步确定了区分话题和主语的几条可操作的测试标准，包括信息地位（是否焦点）、话题标记能否出现、能否重读、与日韩等语言的话题标记还是主格标记对应、在一些罗曼语种有无对应的去话题化操作。据此，识别出至少在7种情况下，汉语的主语不是话题。这些主要涉及主句中的主语，很多属于非话题判断（thetic judgement＝简单判断）类型。假如延伸到从句的研究，非话题的主语类型会更多。基于这个研究结果，本文否定了主语话题等同说的合理性。

参考主题判断与非主题判断（简单判断）学说和Shibatani对主语、话题的类型学分析，本文认同话题概念基于话语信息结构，而主语作为一个句法成分则以施事为原型语义。由于主语常常（但并不总是）带有话题性，因此两者可以在很多情况下叠合，但仍然不能等同。在不同的语言类型中，话题和主语在句法上的关系有所差异。汉语主语没有形式特征；话题可以没有标记，也可以带提顿词做标记；而没有话题性的主语无法带提顿词。因此，汉语在一定程度上能区分出话题和主语，至少能识别出非话题主语，从而在类型上区别于只有主语有句法地位、话题没有句法地位的主语优先语言如英语。另一方面，汉语作为话题优先语言，对主语有一定的信息结构限制，日韩语言用主格标记的大量非话题主语，有一部分在汉语中可以实现为非话题主语，还有一些日韩语的主语要改在汉语谓语部分表达，从而使汉语在类型上又区别于话题优先和主语优先并存的日语、韩国语。

参考文献

曹逢甫（著）　谢天蔚（译）　1995　《主题在汉语中的功能研究——迈向语段分析的第一步》，语文出版社。英文原著：*A Functional Study of Topic in Chinese: The First Step Towards Discourse Analysis*. 1979。

陈国华　王建国　2010　《汉语的无标记非主语话题》,《世界汉语教学》第 3 期。
赵元任(著)　李　荣(编译)　1954　《北京口语语法》,中国青年出版社,英文原著 1948。
屈承熹　2005　《话题的表达形式和语用关系》,徐烈炯、刘丹青主编《话题与焦点新论》,上海教育出版社。
科姆里(Bernard Comrie)(著)　沈家煊(译)　1989　《语言共性和语言类型》,华夏出版社。英文原著 1981。
范继淹　1985　《无定 NP 主语句》,《中国语文》第 5 期。
霍凯特(Charles Hockett)(著)　索振羽　叶蜚声(译)　1986　《现代语言学教程》北京大学出版社。英文原著 1958。
蒋绍愚　曹广顺(主编)　2005　《近代汉语语法史研究综述》,商务印书馆。
罗仁地(Randy LaPolla)(著)　詹卫东(译)　2004　《语用关系与汉语的词序》,《语言学论丛》第 30 辑,商务印书馆。
刘丹青　2002　《汉语类指成分的语义属性和句法属性》,《中国语文》第 5 期。
刘丹青　2008　《话题理论与汉语句法研究》,沈阳、冯胜利主编《当代语言学理论汉语研究》,商务印书馆。
刘丹青　2009　《话题优先的句法后果》,程工、刘丹青主编《汉语的形式与功能研究》,商务印书馆。
刘丹青　2012　《汉语的若干显赫范畴——语言库藏类型学视角》,《世界汉语教学》第 3 期。
陆俭明　1986　《周遍性主语及其他》,《中国语文》第 3 期。
陆　烁　潘海华　2009　《汉语无定主语的语义允准分析》,《中国语文》第 6 期。
吕叔湘(主编)　1980　《现代汉语八百词》,商务印书馆。
野田尚史(著)　张麟声(译)　2003　《日语主题助词は与主格助词が》,人民教育出版社。
沈家煊　2007　《汉语里的名词和动词》,《汉藏语学报》第 1 期,商务印书馆。
沈　园　2000　《逻辑判断基本类型及其在语言中的反映》,《当代语言学》第 3 期。
王灿龙　2003　《制约无定主语句使用的若干因素》,《语法研究和探索(十二)》,商务印书馆。
杨成凯　2005　《汉语句子的主语和话题》,徐烈炯、刘丹青主编《话题与焦点新论》,上海教育出版社。
徐烈炯　2005　《几个不同的焦点概念》,徐烈炯、潘海华主编《焦点结构和意义的研究》,外语教学与研究出版社。
徐烈炯　刘丹青　1998　《话题的结构与功能》,上海教育出版社。
张　斌(主编)　2010　《现代汉语描写语法》,商务印书馆。
张和友　邓思颖　2010　《与空语类相关的特异型"是"字句的句法、语义》,《当代语言学》第 1 期。
朱德熙　1982　《语法讲义》,商务印书馆。
Chafe, Wallace　1976　Givenness, contrastiveness, definiteness, subjects, topics and point of view. In Li, Charles N. (ed.) *Subject and Topic*: 457 - 498. New York: Academic Press.
Chao, Yuen Ren　1968　*A Grammar of Spoken Chinese*. Berkeley: University of California Press.
Chu, Chauncey　2005　Please, let topic and focus co-exist peacefully! 徐烈炯、刘丹青主编《话题与焦点新论》,上海教育出版社.
Comrie, Bernard　1988　Topics, grammaticalized topics, and subjects. *Berkeley Linguistic Society* 14: 265 - 280.
Givón, Talmy　1984　*Syntax: A Functional-Typological Introduction*. Amsterdan & Philadelphia: John Benjamins.
Gundel, Jeanette　1988　Universals of topic-comment structure. In Hammond, Michael, Edith Moravacsik and Jessica Wirth (eds.) 1988 *Studies in Syntactic Typology*: 209 - 239. John Benjamins Publishing Company.
Lambrecht, Knud　1994　*Information Structure and Sentence Form: Topics, Focus, and the Mental Representations of Discourse Referents*. Cambridge University Press.
Li, Charles N. and Sandra Thompson　1976　Subject and topic: a new typology of language. In Li, Charles N. (ed.) *Subject and Topic*: 457 - 498. New York: Academic Press.
Shibatani, Masayoshi　1991　Grammaticalization of topic into subject. In Traugott and Heine (eds.). *Approaches to Grammaticalization*, Vol. II: 93 - 133. Amsterdan & Philadelphia: John Benjamins.
Xu, Liejiong　1997　Limitation on subjecthood of numerically quantified noun phrases: a pragmatic approach. In Xu, Liejiong (ed.) *The Referential Properties of Chinese Noun Phrases*, Paris: EHESS.

刘丹青,中国社会科学院语言研究所　liudq@cass.org.cn

(原载《中国语文》2016 年第 3 期)

“四缺一”现象的动因定位和评价*

——兼谈描写简单性跟解释简单性的正比关系

陆丙甫 丁 健

提 要 表达蕴涵共性的“四缺一”格局,可通过“可能性等级”和“两因素互动”去解释。就后者来说,要找到相关的动因却并不容易,其中有种种复杂的情况。并且,“四缺一”也可能是不止两个的动因造成的。本文通过一些个案分析“四缺一”的复杂性及相关动因的优选原则。

关键词 蕴涵共性 四缺一 两因素互动 动因优选

一 两种蕴涵共性与两种解释

当代语言类型学非常强调蕴涵共性(A 现象蕴涵着 B 现象)。蕴涵共性首先是提供了一种新的共性类型,从而大大丰富了语言共性的研究范围,加深了我们对人类语言共性的认识。更重要的是,它提供了一种继结构主义“最小差别对”(minimal pair)之后的又一种普遍描写模式。“四缺一”本质上也是一种“最小差别”格局:在两对各自具有“是—非”两个变量所构成的四个搭配中,只有一个不存在。事实上,四个搭配的其他三种结果(“四个全”、“四缺二”和“四缺三”)都没有理论上的价值(陆丙甫 1989、2006)。

以上所谓“缺(失)”的格式,指的是“非真”的不合格格式。从生成语法开始,语言研究不仅分析“以书为证”的合格语料,也同样重视不合格语料(通常是作者有意自造的)的分析。而蕴涵共性为不合格语料的利用提供了一种严格的分析框架,或者说发掘其价值的具体分析方法。另外,类型学的不合格形式,主要是指调查中没有发现的或极为罕见的形式。

蕴涵共性有两种解释模式:“可能性等级”和“两因素互动”。两种解释都直接联系到功能分析,因此可以说,蕴涵关系的描写为功能解释提供了方便的基础。

两种解释虽然都是功能性的,但逻辑性质完全不同,应该严格加以区分(陆丙甫、金立鑫 2010)。

1.1 用“可能性等级”解释的简单蕴涵共性

用“可能性”等级解释的蕴涵共性是比较简单的,实际上所需要的描写并不是“四缺一”,用“两缺一”就够了。我们以 Greenberg(1966: 91)的共性 25 为例说明这一点。

(1) Greenberg 共性 25:如果代词性宾语后置于动词,那么名词性宾语也同样后置。

更明确的表达是“代词宾语后置于动词蕴涵着名词宾语也后置于动词,但反过来(即名词宾语后置于动词蕴涵着代词宾语也后置于动词)则不成立”。

Greenberg(1966)用“四缺一”的格式对蕴涵共性作了进一步形式化。这样,共性 25 可以表达为:

(2) a. [前置代词宾语,前置名词宾语][Pro V,N V]

b. [后置代词宾语,后置名词宾语][V Pro,V N]

* 本文的写作,从跟吴怀成、李占炳的讨论中受到很大启发。修改中还得益于《语言教学与研究》匿名审稿专家的宝贵意见。本研究受国家社科基金项目(12BYY090)资助。对以上帮助,在此一并致以衷心感谢。

c. ［前置代词宾语，后置名词宾语］［Pro V，V N］

d. *［后置代词宾语，前置名词宾语］*［V Pro，N V］

这个蕴涵共性，可用可能性等级解释：代词的可别度比名词高，因此前置倾向比名词大；那么，前置倾向较大的代词宾语后置于动词，则前置倾向较小的名词宾语就更应后置于动词①。

上述四分表中，真正能反映这个前置可能性等级的是搭配（2c）和（2d）。（2a）和（2b）中两种宾语的位置相同，体现不了前置可能性等级，完全是冗余的信息。根据描写简洁性的原则，就应该删去。因此，对于能用可能性等级去解释的蕴涵共性，只要一真（合格）一假（不合格）两个表达式就可以了。我们把这类蕴涵共性称为"简单蕴涵共性"，而把用四分表才能表达并且需要用两因素互动去解释的蕴涵共性，称为"复杂蕴涵共性"。

有趣的是，"简单蕴涵共性"似乎也能用两因素互动去解释。Greenberg 就是用"和谐"和"优势"这两个因素去解释的。不过，他的"优势"需要用"和谐"去定义（Greenberg 1966：97）：

> 优势的语序总可以出现，而与其相反的处于劣势的语序则只有在其和谐结构也出现时才会出现。
>
> 注意这里所谓优势并不由出现率高低来决定，而是根据四分表上有一组为零这个因素来决定的。要找一个虽为劣势结构但出现率比优势结构高的例子并不困难。优势地位跟和谐的关系完全可以从这张带有一个零的表上机械地推导出来。构成零的那一组每一个结构都为劣势结构，并且两个结构之间相互也不和谐。

"处于劣势的语序则只有在其和谐结构也出现时才会出现"，这句话实际也可以看作"优势"的定义。

Greenberg（1966）认为，只有既不和谐又不是优势的语序搭配，即［V Pro，NV］这种搭配（代词宾语后置而名词宾语前置），才是不合格的。

但是，既然定义"优势"时用到了"和谐"的概念，那么，根据这两个概念的互动去解释蕴涵关系，本质上是种循环论证，并不能告诉我们任何新的信息。

此外，后一种解释本质上只是用到了可别度等级；因为所谓"代词宾语有前置倾向"和"名词宾语有后置倾向"是相对而言的；实际上就是说"代词宾语相对于名词宾语有更大前置倾向"（或说"名词宾语相对于代词宾语有更大后置倾向"），本质上用到的仍是（由可别度等级导致的）前置倾向等级这一"可能性等级"。何不直截了当用简单的两分表和可能性等级去解释呢？

同样的理论和解释，可以用复杂形式去表达，也可以用简单形式去表达，而评价理论的重要标准之一就是简洁性。能用可能性等级解释的现象没有必要动用四分表。根据奥卡姆剃刀原理，冗余描写不但无必要，而且干扰思维。

不过，Greenberg（1966）所用"两因素互动"的方式，的确启发了我们去解释复杂蕴涵现象。复杂蕴涵现象的最简单解释方法，正是两因素互动。不过其中的两因素不是"和谐"和"优势"，而是根据不同的情况可以有不同的选择。

1.2 用"两动因互动"解释的复杂蕴涵共性

真正必须用"四缺一"四分表去表达的是两因素互动的情况，其中两个因素（设分别为动因 X 和动因 Y）都是搭配合格的"充分条件"，搭配的结果有四种：a. 符合 X 也符合 Y；b. 符合 X 却违背 Y；c. 违背 X 却符合 Y；d. *违背 X 也违背 Y。只有两个充分条件都没有落实的搭配 d 是不成立的。下面举一个例子（陆丙甫 2006）。

（3）定语指别词 D、形容词 A 都出现于核心名词 N 同侧的语序分布：

a. ［D—A—N］符合语义靠近动因，也符合可别度领先动因

b. ［N—D—A］违背语义靠近动因，却符合可别度领先动因

c. ［N—A—D］符合语义靠近动因，却违背可别度领先动因

d. *［A—D—N］违背语义靠近动因，也违背可别度领先动因

---

① 一位审阅者提出这条共性也可以用 Hawkins（1983：88－113）的"重度顺序原则"（Heaviness Serialization Principle，HSP）解释。陆丙甫（2005）对这个解释进行了详细的分析，认为并不成立。

虽然“四缺一”一定都可以用蕴涵关系来表达，如(3)可用蕴涵表达为“D跟A都前置于N蕴涵着D前置于A”，或其逆反命题“D后置于A蕴涵着D和A都后置于N”。但是由于其中的蕴涵项和被蕴涵项的性质相差太大，并不属于同类范畴，不构成“最小差别对”，因此无法用一个“可能性等级”去解释。事实上，我们从这种复杂的蕴涵关系中也难以直接推导出什么结论。换言之，这种复杂蕴涵关系无助于启发简明的功能解释。“描写清楚就解决了一半”。上述这种四缺一现象用一个蕴涵命题来表达，虽然是一种概括，但概括得到的命题并不简单，因此不是理想的描写。

以往我们还用“语义靠近”和“可别度领先”这两个动因的互动解释了以下这些“四缺一”现象(Lu 1998)①：

(4) 如果主语S跟宾语O都在动词V的同一侧，[OSV]作为基本语序不存在。

(5) 如果方式状语Adv跟宾语O都在动词V的同一侧，[V Adv O]作为基本语序不存在。

(6) 如果双及物动词的直接宾语Od跟间接宾语Oi都在动词V同一侧，[Od Oi V]作为基本语序不存在。

以上“四缺一”现象中，都是同时满足两个充分条件的搭配，在语料中得到证实的数量最多。这也是检验所选动因是否正确的鉴别标准之一。

二　多种动因的可能性

虽然“四缺一”是两个充分条件互动的典型格局，但这一格局并不能直接告诉我们作为充分条件的两个因素究竟是什么。事实上，对于同一个“四缺一”现象，可以选择不同的因素去解释。

刘丹青(2003：124－125)提供了这样一个两因素互动的“四缺一”现象：

(7) 先秦介词“以”的分布分析之一(√表示符合该动因，×表示不符合该动因)②：

	联系项居中	介词前置
a. 以夜继日	×	√
b. *继日夜以	×	×
c. 夜以继日	√	×
d. 继日以夜	√	√

其中有两个成分：介宾结构{以—夜}和动宾结构[继—日]③。两个成分的组合有两种排列顺序，介宾结构本身又有两个排列，两两相乘就得到四种可能。其中只有(7b)这种搭配是“四缺一”中的缺失项。

刘丹青(2003)解释这个现象所用的两个因素是“联系项居中”优势(动因X)和“介词前置”优势(动因Y)。因为只有(7b)同时违背这两个动因才不合格。

我们也可以尝试找到其他的相关因素，如汉语中“状语前置”的优势。

设：X＝联系项居中，Y＝状语(“以夜”或“夜以”)前置，那么，同样也可以排除“继日夜以”：

(8) 先秦介词“以”的分布分析之二

① 所谓“基本语序”，是指语用上中性的无标记语序。某些语序作为基本语序不存在，但是作为转换派生语序是可以的。以上情况中，因为两个从属语都在核心词同一侧，在每侧都有两个排列可能，排列总数是四种，结果排除一种，因此可说是“四缺一”现象。那些不存在的基本语序，都是既违背语义靠近动因又违背可别度领先动因的；并且，使用频率高的语序，都是同时满足两个动因的(陆丙甫2004、2005；陆丙甫、罗天华2009)。

此外，所谓不存在的搭配形式也并不是绝对的，可以包括“极其罕见”。但只要四个格式中有一个明显地少于其他，就可以当作“四缺一”去解释，因为其格局已足以显示这种数量差别具有统计学意义，而不是偶然的。不过在非严格的“四缺一”格局中，又增加了一些其他干扰动因，使得根据两因素互动而不应该出现的现象会偶然出现。

② 刘丹青(2003)所说的“介词”，实际上相当于类型学文献中的“旁置词”(adposition)，包括前置词(preposition)和后置词(postposition)。

③ {　}内表示成员顺序不固定的“组合”，[　]内表示成员顺序固定的“排列”，下同。

	联系项居中	状语前置
a. 以夜继日	×	√
b. *继日夜以	×	×
c. 夜以继日	√	√
d. 继日以夜	√	×

事实上，还可以把三个因素参项放在一起看：

(9)“夜以继日”中三因素的互动：

	联系项居中	旁置词前置	状语前置	动因总和
a. 以夜继日	×	√	√	1
b. *继日夜以	×	×	×	−3
c. 夜以继日	√	×	√	1
d. 继日以夜	√	√	×	1

假设三个因素的作用大小相同（权重相同），违背一个动因就算失去一分，即“−1”，满足一个动因就算获得一分，即“1”，那么，“继日夜以”明显得分最低，因此就不合格。看来，“四缺一”格局也可能是由两个以上动因所导致的。我们无法否认可能还有其他动因；因此，可以把“两因素互动”改为“多因素互动”，而两因素互动只是其中的最简形式。看来更精确的说法是：“四缺一”是描写多因素互动的最简形式。

三　动因的权重比较和优选顺序

3.1　外部标准：动因理据性、普遍性

上面的例子中，取其中任何两个因素都足以解释这个“四缺一”格局，三个因素都考虑进去当然也能解释。我们甚至还可能找到其他的因素。从经济角度看，如果只保留两个因素，怎样的动因应该优先保留？更重要的是，根据什么标准去判断这些动因的权重区别呢？

主要标准首先要看动因是否有明显的功能基础，即理据性。在上述“夜以继日”这一现象中，“联系项居中”具有明显的普遍功能基础。事实上，它可以从一条更概括的动因“语义靠近象似性”中推导出；既然联系项同时联系两项，自然是居于同两项都靠近的位置为最好，而这就是居中位置。此外，联系项居中在人类语言中也有极广泛的表现（参看刘丹青 2003：68－73，315－317）。因此，“联系项居中”无疑是首选的动因。

其次，就是动因的普遍性。功能明显的动因通常也是普遍的。普遍性也可以理解为跟其他类型学参项的相关度、和谐度。其中又可分两步，首先看跨语言的普遍性，然后看本语言中的普遍性。

先说旁置词前置。根据类型学研究，旁置词的后置和前置中，总体上是后置占优势（Hawkins 1988；Hawkins & Cutler 1988；Bybee et al 1990；Tsunoda et al 1995 等），即“后置词优势”。具体地说，许多根据其他特征应该采取前置词的语言也会破格使用后置词。汉语，特别是现代汉语，是个明显的例子。现代汉语是 VO 语言，与此相和谐的是，有大量前置词；但同时也有大量后置词（方位词和表示联系条件复句的“—的话”等）。英语作为 VO 语言和前置词语言的特征更明显，但也有个别后置词，如 ago。但反过来，即本应使用后置词而使用前置词的语言几乎不存在①。

再看状语前置优势。它跟旁置词前置优势一样，并无跨语言的普遍性，尽管在现代汉语中是如此。并且现代汉语状语前置本身也跟其基本语序 VO 不和谐，甚至可以说是严重不和谐，因为绝大多数 VO 语言都采用状语后

① 这种优势的功能基础是：虚词作为轻读单位及其较低的可别度，都使其倾向后置。其实，“后置优势”，不仅限于虚词，可以扩展为所有形态性虚语素，即“后置形态标志优势”。事实上，一个成分如果在语法化的同时经历了语序变化，几乎都是从前置变为后置。

置，跟宾语后置相和谐。根据 Dryer & Gensle(2013)的一项统计(见(10))，旁格成分和状语成分在(S)VO 语言中几乎都出现在 VO 后面，即 VOX(210 种语言)；而 X 出现在 VO 前面的语言，即 XVO 语言，极为少见(3 种语言)①。

(10) 动宾语序跟状动语序的相关性

VO 语序			OV 语序			无优势语序
VOX	XVO	VXO	XOV	OXV	OVX	
210	3	0	48	27	45	167

由此可见，VO 语言中“状语前置”这一动因，从跨语言的角度来看，完全没有普遍性。从汉语本身来看，虽然现代汉语中状语确实一律前置，但是古汉语中状语前置优势也不明显；而这里讨论的现象却正是古汉语的。很自然，评价状语前置的重要性时，应该以古汉语为主。根据以上分析，“旁置词前置”和“状语前置”这两个参项的重要性似乎是不相上下。

如果根据以上标准难以取舍，下一步就是看动因在“四缺一”语料中落实的数量。前面说过，同时满足两个动因所落实的语料数量通常都是最多的。同样，哪个动因作用大，其落实的数量也应该越多。在上述“四缺一”中，如果满足“状语前置”而违背“旁置词前置”的(9c)“夜以继日”比相反的(9d)“继日以夜”落实次数多，则取“状语前置”为第二条标准。否则取“旁置词前置”为第二标准。由于目前没有这方面的统计，这个标准暂时用不上。此外，统计有关这两条标准的重要性应不局限于具体这四个字的格式，应统计更多同类结构。“补拙以勤、勤以补拙”等等，以及同时期古汉语中旁置词前置、后置的出现比例、状语前置、后置的出现比例等等。

再看一个例子。

(11)

	语义靠近	可别度领先	内小外大	节律优势	满足动因数
a. 新编　英汉　词典	√	√			2
b. *英汉　新编　词典	×	×			−2
c. 新　英汉　词典	√	√	×	×	0
d. 英汉　新　词典	×	×	√	√	0

目前想到的解释动因有四个。一是“语义靠近”，即跟核心语义关系紧密的从属语结构上也越靠近核心：这里表示“语种”的定语比起表示“新旧”的定语，应该更靠近核心“词典”。二是“可别度领先”，这里表现为可比度领先的引申用法，即对名词短语的可别度贡献较大的定语也有较大的前置倾向。两个定语的可别度，“新编”高于“英汉”，这表现于“新(编)的那本”和“*英汉的那本”的对比。三是“内小外大”，指靠近核心的内层从属语倾向于比外层从属语短小，这样可以减少组块过程的中间干扰(陆丙甫 2015：121－123，129)。四是“节律优势”，这里的具体情况是五音节的自然音步形式是 2—3，如无内部结构的“加利/福尼亚”所显示的(冯胜利 1998)。

在(11)中，“语义靠近”和“可别度领先”肯定是重要的动因，原因是两者具有极大的普遍性。并且它们在四行格子中均有表现，即具有本现象中的运用“普遍性”(不同于“在一般类型学参项中落实的普遍性”)。

接下来，应该说“内小外大”比“节律优势”更重要，因为“内小外大”的适用面超过“节律优势”。组合结构名词短语内部的定语顺序、动词短语内部语序和复句的语序都受“内小外大”的影响，以下三例分别体现了这三种情况。

(12) a. beautiful large houses‘美丽的大房子’

符合“语义靠近”的常规语序［主观评价—客观形体—核心名词］

① Dryer & Gensle(2013)中所列三种 XVO 语言为汉语北方话、客家话和粤语，实际上都是汉语的变体。另一方面，中国境内少数民族语言中采用 SVO 语序的，跟汉语一样采用 XVO 的语言其实还不少。这似乎是个区域性特征。

b. very large, beautiful houses‘很大的美丽房子’

违背“语义靠近”的派生语序［客观形体—主观评价—核心名词］

(13) a. Spell the words carefully.

符合“语义靠近”和“可别度领先”的常规语序［V O Adv］

b. Spell carefully the words that you are not familiar with.

受“内小外大”驱动而违背“语义靠近”和“可别度领先”的派生语序［V Adv O］

(14) a. 我因为孩子没有去参加这个会议。

b. 因为孩子病了家里无人照顾，我没有去参加这个会议。

c. 我没有去参加这个会议，因为孩子病了家里无人照顾。

事实上，主从复句中的从句，都来自包含小句的状语：因为长度大而外移到句子外层，形成相对独立的原因从句。

更何况，“内小外大”的功能理据性也极为明显：减少外层成分跟核心之间的中间干扰。

至于“节律优势”，作用范围比较有限，一般只在短小、紧凑的结构（主要在本质上是复合词的“黏合结构”）中起作用。即使在黏合结构中，节律优势并不总是明确的，这一点后面还会谈到。

根据以上分析，四个动因的权重排序应是：语义靠近/可别度领先＞内小外大＞节律优势。

下面是一个类似的多动因“四缺一”的例子。

(15)

	语义靠近	可别度领先	内小外大	节律优势	满足动因数
a. 新式 水泥 建筑	√	√			2
b. *水泥 新式 建筑	×	×			−2
c. 新式 钢筋水泥 建筑	√	√	×	×	0
d. 钢筋水泥 新式 建筑	×	×	√	√	0

其中［44］节律的“钢筋水泥/新式建筑”优于非［44］的“新式钢筋水泥建筑”，虽然找不到内部无结构的音译长词为背景衬托其优势，但可以用8位数字串“12345678”的各种切分中，［44］节律的“1234/5678”明显优于其他切分来证明①。

从某种角度看，就(11)本身来看，前两个动因在四个搭配中的落实情况是相同的，后两个动因这方面也是相同的。但是由于功能基础不同，不能将落实情况相同的不同动因合并。以下例子说明“内小外大”的结果跟“节律优势”并非总是一致。

(16)

	可别度领先	语义靠近	内小外大	节律优势	满足动因数
a. 新编葡萄牙语汉语词典	√	√	×		1
b. *葡萄牙语汉语新编词典	×	×	√		−1

以上两个表达，在节律上都没有明显优势，没有差别，即在这里不起作用；但内小外大却发生了作用。

跟以上分析有关的另一个问题是，同样对一个动因的违背，还有个违背程度的问题。如同样违背语义靠近原理，如果两个成分本来所处轨层比较接近，颠倒的结果，对原来无标记顺序的违背程度就比较低。柯航(2011)提出一条“语义松紧度接近原则”：居首的单音节定语与中心词的语义松紧度同后继定语与中心词的语义松紧度相

① 其原因可能是，“四”也是人类认知中一个重要数目。它是一个敏感点，同时处理四个以上的信息块，难度跟同时处理四个以下差别不大，而一旦超过四块，难度明显增加(陆丙甫、蔡振光 2009)。因此，处理12位数字串时，切分［444］的处理易于切分［3333］。当然，切分［44］比［332］［2222］等都更容易处理。

差越小的越容易移位；反之则难移位。如说“黑色旧沙发”（新旧—颜色）但不说“*皮革黑沙发”。这是因为根据定语的一般顺序“新旧＞大小＞颜色＞形状、气味＞属性＞时间、处所＞材料＞用途＋核心名词”，“颜色”跟“新旧”之间只隔了“大小”一层，而“材料”跟“颜色”之间隔了“形状、气味＞属性＞时间、处所”三层。前两类定语的换位比起后两类定语的换位，违背无标记“语义靠近”顺序的程度较轻。

郭中（2012）根据多项状语结构中状语交换位置的情况，也提出了类似的“距离—难度—标记对应律”，撇开“标记”对状语移动的影响，主要意思是：轨层上越是彼此远离的从属语之间越是难以互相交换位置。

上述选择标准，建立在有关动因的普遍解释力的基础上，牵涉当前所研究现象之外的领域，因此说是“外部标准”，并且有关因素都可看作“四缺一”中的充分条件。以下讨论的动因优选，包括非充分条件的情况，并且依据的标准是限于当前现象内部的。

3.2 内部标准：动因的充分性、必要性和倾向性

对动因的重要性排序，还可以根据各动因在当前所研究现象中的作用大小，这可看作是内部标准。据此，我们可将动因分为充分性的、必要性的和倾向性的三种。

充分性是指有动因A，必然有现象B，但如果没有动因A，未必没有现象B。比如，沈家煊（1999：207）提到了一个单向蕴涵式“O无定⊃VO”，从中可以看到：在普通话中，宾语在语义上的无定是使用VO语序的一个充分性动因[①]。例如：

（17）a. 他上午洗了一件毛衣。

b. *他上午（把）一件毛衣洗了。

c. 他上午洗了这件毛衣。

例（17a）中的O“一件毛衣”是无定的，所以VO语序成立，但不能是OV语序，如（17b）所示。但是，当O有定时，VO语序也可以成立，如（17c）所示。可见，当O无定时，必然采用VO语序，但采用VO语序时，O不一定就是无定的。

必要性是指如果有现象B，必然有动因A，但如果有动因A，则未必有现象B。比如，在普通话中，宾语在语义上的有定就是使用OV语序的一个必要动因。对比（18）和（17b）两例可知：使用OV语序时，O只能是有定的，不能是无定的。但是，当O有定时，除了可以使用OV语序外（如（18）所示），还可以使用VO语序（如（17c）所示）。

（18）他上午把这件毛衣洗了。

可见，使用OV语序时，O必然是有定的，但O有定时，则不一定使用OV语序。

倾向性是指如果有动因A，则倾向于有现象B。比如，在解释SVO语言中伴随结构的语序时，语序和谐原则就是一个倾向性动因。

伴随结构属于状语性成分，是动词核心的从属语。因此，根据语序和谐原则，在（S）VO语言中，包含伴随结构（这里用X来表示）的句法形式应该编码为SVOX语序。实际上Dryer & Gensle（2013）的研究也表明，在世界范围内的（S）VO语言中，状语几乎都出现在VO的后面，尽管他们没有明确提到伴随结构。但在中国境内的SVO语言中，伴随结构后置于VO的语序却不占优势。根据李占炳（2013）对中国境内37种SVO型少数民族语言的统计，伴随结构以不和谐语序SXVO编码的有23种，而以和谐语序SVOX编码的只有6种，另有8种语言的情况不明。可见，语序和谐原则在这里只是一个倾向性动因，作用力较大，但并不具有强制性。

下面，我们来看一个充分性、必要性和倾向性三种动因同时作用于一种语言现象的例子。丁健（2014）就台州吴语的肯定句中{V—P}组合（P指受事Patient）编码为[VP]语序还是[PV]语序（即P编码为宾语还是次话题）的问题，给出了三个可能的动因，按照它们对语序作用的程度，可以排出如下的优先等级序列：

完成性＞信息度＞指称性（“＞”读作“优先于”）

---

① 严格地说，这里的“无定”是非特指的无定，不包括特指的无定（specific indefiniteness）。如“把一辆车卖了”可说，因为个人拥有的车辆非常有限，可以说是特指的（比较“*他把一辆车买了”）。一般认为的无定主语，通常也都是特指的。与此对应的，下面所说的名词短语前置于核心动词的“必要条件”是“有定”中的“有定”，也包括特指在内。

这三个权重由大到小的动因正是充分性、必要性和倾向性的具体表现。如下表所示：

(19)

信息度 完成性 指称性			V非完成体 (P部分受作用)	V完成体 (P完全受作用)
P指称性高	P有定	旧信息	SPV或SVP	SPV
P指称性低	P无定	新信息	SVP	
	P无指	旧信息	SPV或SVP	
		新信息	SVP	

很明显，当V为完成体是，只能用PV语序，因此，“完成性”是P能够前置于V的充分性动因。信息度和指称性都只是在V为非完成体时，才对{V—P}组合的语序产生影响。当P表达旧信息时，既能出现SPV语序，也能出现SVP语序，而当P表达新信息时，则只能出现SVP语序，不能出现SPV语序。可见，在V为非完成体时，“信息度”(P表达旧信息)是P能够前置于V的必要性动因。

根据“可别度领先原理”(陆丙甫2005)，有定P的可别度高于无定P和无指P。如(19)所示，在V为非完成体的条件下，无指P表达旧信息时，既可以前置于V，也可以后置于V。那么，理论上同样条件下的有定P只能是前置于V的，但实际上有定P也存在着违背可别度领先原理的SVP语序。丁健(2014)认为，这是台州话在受普通话的影响后，将普通话中常规语序SVP吸收进来的结果。也就是说，在V为非完成体时，“指称性”(P有定)最多只能算P能够前置于V的倾向性动因，当然这还需要方言语料的统计数据来证明。

四　余言：现象描写和本质解释

4.1　描写简单性跟解释简单性之间的一致性

本文第一节指出，较简单的，用一个“可能性等级”就能解释的“四缺一”现象可以简化为“两缺一”的简单蕴涵表达；只有无法用一个动因去解释的两因素互动现象，才必须至少用“四缺一”去描写。由此可见，描写形式的复杂度跟解释内容的复杂度之间也存在某种一致性。这类似于代数中的情况：未知数的数量跟求解这些未知数所需要的方程式的数量成正比①。

当然，对于同一个现象的描写，既能用较简单的形式，也能用较复杂的形式。比如，由某个可能性等级决定的简单蕴涵现象，用两个搭配或者“四缺一”(四个搭配)来表达都可以。但只有两个搭配的表达，才是最直接反映可能性等级的简单描写形式。此时若采用“四缺一”这种较复杂的描写形式，反而显得画蛇添足。另一方面，就反映两因素互动的复杂蕴涵现象而言，就适合用“四缺一”这种复杂描写形式。如果要简化成一个蕴涵命题，如(3)这样的“四缺一”格局，用“D跟A都前置于N蕴涵着D前置于A”一句话去表达，反而因简得繁，无法明确反映其中两个动因各自都是充分条件的情况。

事实上，两因素互动还可以表现为“六缺二”等形式。如例(3)因为设定了“定语指别词D、形容词A都出现于核心名词N同侧”这一条件，才获得“四缺一”真值表。如果没有这个条件，就还有两个语序[D—N—A]和*[A—N—D]，其中后者不存在。这样加上原来四个语序，就得到“六缺二”的真值表。但是根据这个真值表，分析结果跟“四缺一”是一样的。因此，其他条件都相同的条件下，我们选择简单的“四缺一”真值表作为分析对象，而另外两个语序，可以用作对所分解出的两个动因的检验。具体分析如下：

在新增加的[D—N—A]和*[A—N—D]这两个排列中，由于两个从属语分置核心名词两侧，它们跟核心的距离差别没有明显的对比，“语义靠近动因”的作用暂时无法直接应用，但由于[D—N—A]符合“可别度领先动因”，

① 代数中，解答一元方程所需要的方程式是一个，解答二元方程的方程式需要两个，解答三元方程的方程式需要三个，以此类推。其中“元”代表“未知数”，相当于语言现象的动因；而方程式代表现象描写，相当于语言研究中的一条条现象描写。

就成立。而*[A—N—D]违背这个动因,就不成立。

1.2 节提到的共性现象(4)、(5)和(6),如果取消了“两个从属语分置核心动词两侧”的限制,也都分别可以增加另外两个排列。以(4)为例:

(4′) 主语 S、宾语 O 和核心动词 V 组成的排列中,增加了[SVO]和*[OVS],其中后者不存在。

其中的解释跟上述名词短语中[D—N—A]和*[A—N—D]的情况完全一样。

下面是另一个描写应该尽可能简单化的例子。

宋丽萍(2006)指出:{数—量—名}组合可能构成的六种排列中,其中有三种排列是不能作为基本语序出现的。

(20) {数、量、名}排列的分布①

序　号	1	2	3	4	5	6
排　列	[数—量—名]	[名—数—量]	[名—量—数]	[量—数—名]	*[量—名—数]*	*[数—名—量]*
语言总数	56	32	8	0	*0*	*0*

宋丽萍用“概念距离动因原则”、“可别度领先原则”、“跨范畴和谐原则”去解释上述分布,由于有三个动因,就显得比较复杂。其实,这里面牵涉到两个问题。她的“概念距离动因”是为了排除其中的第 5 种和第 6 种排列。在假设{量—数}构成一个单位(一个板块)的基础上,(20)就可以简化成一个由表格中第 1—4 列构成的“四缺一”真值表。

既然是“四缺一”格局,就可以用两动因互动去解释。我们认为这两个动因就是量词具有“后缀性”和“联系项”的性质。关于量词的“联系项”居中倾向,是因为它在意义上跟数词和名词都密切联系:它表示数的单位,同时也表示名词的单位(跟名词有选择关系)。关于量词的“后缀性”,是因为量词是虚词,而虚词有后置倾向。据笔者至今所知,所有语法化和虚化现象如果牵涉到虚化单位的位置变化,都是从前置变为后置②。上述 4 个排列中,只有在不合格的[[量 数]名]中,两个动因才都没有得到落实。而两个动因都得到落实的[[数 量]名]分布最广。

至于为什么只满足量词后置倾向的 [名[数 量]]比只满足量词中介性的 [名[量 数]]要多得多,可能的解释有两个:一是假设量词后缀性的作用(权重)比联系项居中的作用大得多;其次就是假设还有其他一个未知的动因在起作用。[名[数 量]]在满足量词后缀性的同时,也满足了那个额外动因;而[名[量 数]]满足了量词联系项居中后,并没有满足那个额外动因。在没有发现其他动因之前,不妨,也只能,暂时接受前一种假设。

4.2　区分现象描写和本质解释

在某些情况下,一个因素就能决定某个形式是否合格,如内部无轻读的[12]节律三音动词绝对不能带后置宾语(冯胜利 1997)③:

(21) a. 写通 文章　　　　　　b. *写通顺 文章

　　c. 把文章 写通顺　　　　　d. 把文章 写通

例(21)牵涉到两个变数,一是“动结式”复合词中的结果补语可以是单音节或双音节,二是宾语的前置或后置。至于前置宾语需要带“把”,可看作宾语前置时的自然副产品,属于“不相关的变动”④。所以,基本上还是可以纳入“四缺一”格局。这个“四缺一”现象似乎可以用“内部无轻读的[12]节律三音动词绝对不能带后置宾语”一个条件排除。这是否意味着可以用一个动因去解释?实际上,“内部无轻读的[12]节律三音动词绝对不能带后置宾

---

① 一位审稿者指出,当数词为“一”时,侗语有 [量—名—“一”]这样的语序。其实,这个情况是大量存在的。许多语言中,“一”往往比其他数词更容易后置(蒋仁萍 2007:34-41)。这很可能跟“一”往往具有表达不定指意义有关。事实上,许多语言的不定指标志是从数词“一”发展来的。由于量词和数词分离只见于数词“一”,可以作为特殊情况加以排除。

② 标志后置的总体优势,可以部分地用跨范畴可别度去解释。词缀和前、后置词因为意义抽象、可别度最低而有后置倾向。

③ 为何(21c)中能带前置宾语?是因为论元跟动词的关系是“前松后紧”,在松散的[把文章/写通顺]中,动词对论元的选择限制也相对减弱了(陆丙甫、应学凤 2013)。

④ 当然,“把”影响到节律。(21b)和(21d)都违背“自然音步”[2+3]节奏。但一个合格一个不合格,可见,自然音步在这里不起作用。

语”只是描写或概括，而不是解释本身。

Comrie(1989：25)也指出给个名称不等于解释：“作为一种经验的论断，天赋说只是一种空洞的假说，因为它无法用独立的证据加以验证——不如说，它只是给一批语言共性所起的名称，而使用这个名称不应使我们盲目地认为名称本身就是一种解释”。实际上，“名称”往往是某种概括的简单代号而已。

也许可说，只有提供了因果机制的解释才是真正的解释。问题是原因后面还有原因，这个回溯过程就是发掘越来越简单的原因。因此，可说最终的解释就是最简单的解释。而现象之间的“一致性”可说是最简单的关系，可以作为解释的起点(陆丙甫、刘小川 2015)。

关于动因优选的标准，3.1 节提出了“理据性”和“普遍性”标准，3.2 节提出了“充分性”、“必要性”和“倾向性”标准。其中前两条属于解释性的，特别是“理据性”，就是因果关系，是机制原理；而后面三条实质上还是描写性的。并且前者更多地考虑到跨语言分布，后者主要是限定范围的就事论事。当然以前者为优选。

后者有更多统计性质。统计可以帮助我们发现背后的动因，但是永远无法代替解释。例如画千百个三角形及其角平分线，发现三条角平分线总是交于一点。但是最终还是要靠推理和证明去得到“三角形三条角平分线交于一点”的定理。总之，统计无法代替实质性解释。

又比如，关于成为演奏家到底是勤奋练习还是天赋在起主要作用的讨论中，统计证明那些最终成为演奏家的人都有勤奋练习的经历。但是进一步研究，可以发现勤奋背后还是天赋在起作用，因为有这方面天赋、兴趣才能坚持勤奋练习。换言之，勤奋正是天赋的具体表现形式之一，本身也是天赋的结果。

一切科学研究的目的，终究还是解释：用简单、普遍的东西，通过可以理解的因果关系，去解释复杂的东西，即做到以简驭繁，通过深化去简化人类对世界的理解。

参考文献

丁　健　2014　可别度对受事次话题句的影响——以吴语台州话为例，《中国语文》第 2 期。
冯胜利　1997　《汉语的韵律、词法和句法》，北京大学出版社。
冯胜利　1998　论汉语的“自然音步”，《中国语文》第 1 期。
郭　中　2012　汉语多类状语共现的语序自由度及其解释，《汉语学习》第 4 期。
蒋仁萍　2007　基数词和序数词的类型学研究，南昌大学硕士论文。
柯　航　2011　汉语单音节定语位移的语义制约，《中国语文》第 5 期。
李占炳　2013　类型学视角下伴随标志和并列标志研究，《外国语》第 4 期。
刘丹青　2003　《语序类型学与介词理论》，商务印书馆。
陆丙甫　1989　结构、节奏、松紧、轻重在汉语中的相互作用：从“等等＋单音名词”为何不合格说起，《汉语学习》第 3 期。
陆丙甫　2004　共性探索背景下的汉语句法研究——谈谈如何从个性中分解、提取共性规律，《语言学论丛》第 30 辑，商务印书馆。
陆丙甫　2005　语序优势的认知解释：论可别度对语序的普遍影响(上、下)，《当代语言学》第 1 期、第 2 期。
陆丙甫　2006　“形式描写、功能解释”的当代语言类型学，《东方语言学》第 1 辑，上海教育出版社。
陆丙甫　2015　《核心推导语法》(第二版)，上海教育出版社。
陆丙甫、蔡振光　2009　“组块”与语言结构难度，《世界汉语教学》第 1 期。
陆丙甫、金立鑫　2010　论蕴涵关系的两种解释模式——描写和解释对应关系的个案分析，《中国语文》第 4 期。
陆丙甫、刘小川　2015　语法分析的第二个初始起点及语言象似性，《语言教学与研究》第 4 期。
陆丙甫、罗天华　2009　中国境内语言的双及物结构语序，《汉藏语学报》第 3 期，商务印书馆。
陆丙甫、应学凤　2013　节律和形态里的前后不对称，《中国语文》第 5 期。
沈家煊　1999　《不对称和标记论》，江西教育出版社。
宋丽萍　2006　数量名结构语序及其分布的类型学考察，《语言学论丛》第 34 辑，商务印书馆。
Bybee, Joan L., William Pagliuca & Revere D. Perkins　1990　On the asymmetries in the affixation of grammatical material. In William Croft, Keith Denning & Suzanne Kemmer(eds.) *Studies in Typology and Diachrony: Papers Presented to Joseph H. Greenberg on His 75th Birthday*, 1-42. Amsterdam: John Benjamins Publishing Company.

Comrie, Bernard 1989 *Language Universals and Linguistic Typology: Syntax and Morphology* (*2nd edition*). Chicago: The University of Chicago Press.

Dryer, Matthew S. & Orin D. Gensler 2013 Order of object, oblique, and verb. In Matthew S. Dryer & Haspelmath Martin(eds.) *The World Atlas of Language Structures Online*. Leipzig: Max Planck Institute for Evolutionary Anthropology. (Available online at http://wals.info/chapter/84, Accessed on 2015-12-13.).

Greenberg, Joseph H. 1966 Some universals of grammar with particular reference to the order of meaningful elements. In Joseph H. Greenberg(ed.) *Universals of Language*(*2nd edition*), 73-113. Cambridge, MA: The MIT Press.

Hawkins, John A. 1983 *Word Order Universals*. New York: Academic Press.

Hawkins, John A. 1988 On explaining some left-right asymmetries in syntactic and morphological universals. In Michael Hammond, Edith Moravcsik & Jessica Wirth(eds.) *Studies in Syntactic Typology*, 3-28. Amsterdam: John Benjamins Publishing Company.

Hawkins, John A. & Ann Cutler 1988 Psycholinguistic factors in morphological asymmetry. In John A. Hawkins(ed.) *Explaining Language Universals*, 280-317. Oxford: Basil Blackwell Ltd.

Lu, Bingfu(陆丙甫) 1998 Left-right asymmetries of word order variation: A functional explanation. Ph. D. dissertation. University of Southern California, Los Angeles.

Tsunoda, Tasaku, Yoshiaki Itoh & Sumie Ueda 1995 Adpositions in word order typology. *Linguistics* 33(4): 741-761.

陆丙甫，南昌大学语言类型学研究所 lubingfu@yahoo.com

丁 健，中国社会科学院语言研究所 dingjianzj@163.com

（原载《语言教学与研究》2016 年第 2 期）

三音词语的韵律-结构-语义界面调适*

——兼论汉语词法的界面关系

孟 凯

提 要 本文发现,有些[2+1]偏正式三音词语(如"恒温器、净水器、嫩肉粉、热水器、瘦肉精")和[1+2]动宾式三音词语(如"吃偏饭、喝闷酒、读死书、开夜车、睡懒觉")在韵律、结构或语义上具有特异性,但能够在这三个界面的调适中实现和谐。[2+1]偏正式三音词语主要体现的是语义压制导致内部成分结构顺应的双界面调适,[1+2]动宾式三音词语则体现出韵律压制促使结构和内部语义先后顺应的连锁式界面调适。以具有特异性的三音词语和跨层结构词汇化而来的双音词为代表的复合词语体现的正是汉语词法的韵律-结构-语义的界面关系。

关键词 韵律 结构 语义 三音词语 界面 压制 顺应 调适

近年来,汉语的三音词语①有明显增加的趋势(韩晨宇,2007;张小平,2008:294;邱雪玫、李葆嘉,2011;刘楚群,2012;惠天罡,2014;刘中富,2014;程荣,2015等)。学界对三音词语的研究有的侧重于探讨其韵律特点及韵律与结构形式的对应关系,如[1+2]结构以动宾式(开玩笑)为主,[2+1]结构以偏正式(宽心丸)占绝对优势,[1+1+1]结构不多,主要是联合式(短平快)、补充式(舍不得)、主谓式(面对面)(吕叔湘,1963;吴为善,1986;齐沪扬,1989;Lu & Duanmu,2002;卞成林,1998;王洪君,2001;王新宇,2009;罗树林,2014等);有的注意到了特殊的三音结构"$V_{单}+X+N_{单}$"(戴绿帽、吃干醋)的语义构成和语义发展(周荐,2004;杨书俊,2005;李慧,2012等)。不过,三音词语远没有像双音节那样得到重视(董秀芳,2014),尽管它在汉语构词法上"有着双音节不可替代的作用",如"词语的层面上就可以形成最典型的汉语的基本结构'主+动+宾'型的格式,如'胆结石'、'鬼画符'、'面对面'等"(郑庆君,2003)。其实,三音词语的韵律(prosodic)、结构(structure)和语义(semantic)三者之间的界面(interface)特征也比较明显,只是还没有得到学界的足够关注。因此,本文拟从韵律-结构-语义的界面关系这一角度来研究三音词语。

1. 三音词语的典型结构类型及其界面和谐

1.1 三音词语的典型结构类型

三音词语涵盖了偏正式(保险柜)、动宾式(闯天下)、补充式(来不及)、主谓式(脑震荡)、联合式(高精尖)、重叠式(白茫茫)、派生词(老好人、工业化)、外来词(可卡因)等诸多类型,其中,偏正式最多,占80%左右,动宾式次之,占10%左右,二者合计占到90%以上(卞成林,1998;郑庆君,2003),是三音词语的典型结构类型。

对偏正式和动宾式三音词语的研究主要集中于:

* 本研究得到教育部人文社会科学重点研究基地重大项目(项目批准号:15JJD740006)和北京语言大学校级科研项目(中央高校基本科研业务专项资金)(项目编号为15ZDJ05)资助,张博、施春宏、帅志嵩等先生,《中国语文》匿审专家和诸位同门,我的研究生们提出了宝贵的修改建议,特此致谢。

① 未径称"三音词",是因为三音节是否都是词尚无定论。《现代汉语词典》(第6版,下文简称《现汉》)给很多名词性的三音节标注了词性,动词性的一般都不标注词性。可见,《现汉》对后者的"词"归属持审慎态度。因此,本文笼统地称"三音词语"。

1）韵律上，偏正式以[2+1]为主，动宾式以[1+2]占绝对优势。

2）词类分布上，偏正式倾向于呈现名词属性，动宾式主要呈现动词属性。

3）结构层次上，除构成成分2是单纯词（卡丁车）或专名（中山装）的三音词语具有单层结构关系外，多数情况下，三音词语都体现出双层结构关系，如“节能灯”是[2+1]定中式，2（节能）是动宾式；“够朋友”是[1+2]动宾式，2（朋友）是联合式。

4）语义上，多为名词性的[2+1]偏正式体现的是2对名词性1的限定或修饰，多为动词性的[1+2]动宾式体现的是动词性1与名词性2丰富的语义关系①；还有一种嵌入式“$V_{单}$+X+$N_{单}$”（敲边鼓、睡懒觉）中的X并不与$N_{单}$构成名词性2，而是与“$V_{单}$+$N_{单}$”所表示的事件发生语义关系。（参看吕叔湘，1963；吴为善，1986；齐沪扬，1989；冯胜利，1996；卞成林，1998；郑庆君，2003；周荐，2004；吕长凤，2005；杨书俊，2005；李慧，2012；董秀芳，2014等）

通常情况下，三音词语保持着韵律-结构-语义的界面和谐，即韵律、结构与语义具有对应（correspondence）关系。本文将以偏正式和动宾式这两类典型的结构类型为例，简要分析一下三音词语的主流性界面和谐。

1.2　偏正式三音词语的界面和谐

偏正式三音词语的结构关系是定中（敬老院）或状中（百日咳），[2+1]结构占了近八成（卞成林，1998）。一般的偏正式三音词语的语法结构和语义结构都是双层的，无论是[2+1]式（北极熊、热水袋），还是[1+2]式（活地图、总动员），其中的双音成分几乎都是语义和功能独立的词语，整体与单音成分产生语义关联，体现着限定或修饰的语义关系；双音成分内部还有一层语法语义关系。与单音成分构成三音词语前后，双音成分的结构和语义保持不变。可以说，偏正式三音词语普遍实现了韵律-结构-语义的界面对应。（见图1，以“热水袋”为例）

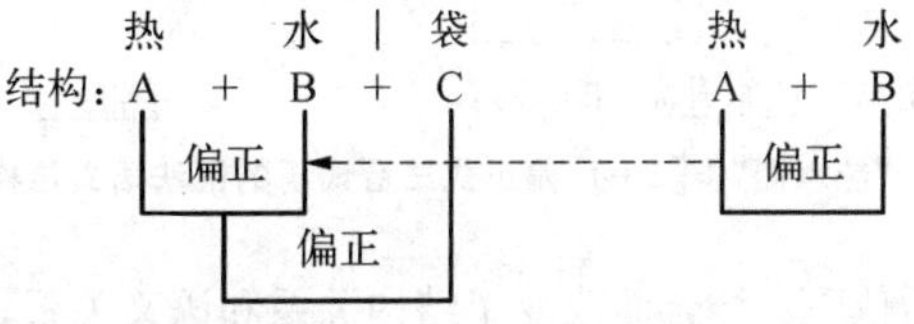

语义：盛热水的橡胶袋

图1　[2+1]偏正式三音词语（热水袋）的语法语义结构图②

1.3　动宾式三音词语的界面和谐

动宾式三音词语中，[1+2]结构占到了近98%（卞成林，1998），优势相当明显。因此，我们就以[1+2]结构为例来分析动宾式三音词语的界面和谐。

一般而言，[1+2]动宾式三音词语是一个$V_{单}$和一个$NP_{双}$的组合，如“撑场面、煞风景、没说的”，韵律和结构和谐匹配，语义往往是引申义，如“撑场面”中的“场面”用的是“表面的排场”义，“煞风景”整体比喻使人扫兴，“没说的”则是一个包括三个意义的多义词语。这些引申义虽然没有在字面上与[1+2]动宾结构形成对应，但也没有打破其韵律与结构的和谐，只是令三音词语的语义更加融合，而这也正是三音词语（传统上多认为是惯用语）的语义特点所在。$NP_{双}$的内部同样具有第二层语法语义关系。因此，一般的[1+2]动宾式三音词语总体上体现了韵律-结构-语义三个界面的对应。（见图2，以“闹笑话”为例）

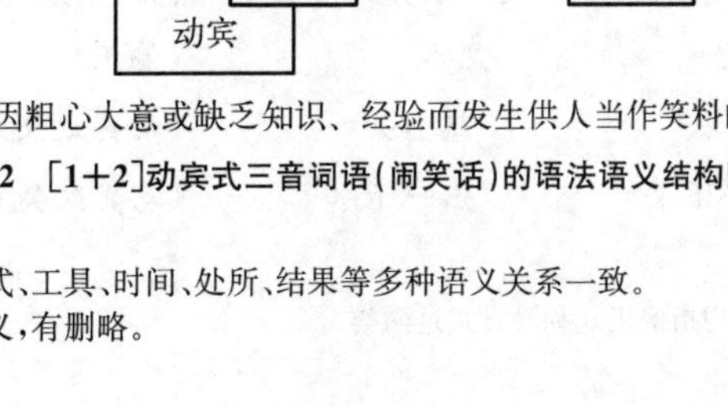

语义：因粗心大意或缺乏知识、经验而发生供人当作笑料的错误

图2　[1+2]动宾式三音词语（闹笑话）的语法语义结构图

---

①　与动宾结构包括受事、施事、方式、工具、时间、处所、结果等多种语义关系一致。

②　语义主要来自《现汉》的相关释义，有删略。

上述分析让我们看到,一般情况下,三音词语①都保持着 1 与固有词或短语成分 2 的韵律、结构和语义匹配,2 的韵律、结构或语义在进入三音词语前后保持不变。这说明,韵律-结构-语义三个界面和谐匹配是三音词语的主流特征,三者无需通过调适来完成界面平衡。

不过,不可否认的是,还有一些三音词语在韵律、结构或语义上具有特异性,不符合上述界面特征,需要通过调适三个界面的关系才能实现与三音词语主流特征的对应与匹配。那么,这类三音词语有什么特异性?又是如何实现三个界面的调适的?

2. [2+1]偏正式三音词语的语义压制导致内部成分的结构顺应

2.1 "热水器"类[2+1]偏正式三音词语的韵律-结构-语义特点

我们发现,有一些[2+1]偏正式三音词语,如"恒温器、净水器、嫩肉粉、热水器、瘦肉精"(下文称为"'热水器'类[2+1]偏正式三音词语"),其韵律与多数偏正式三音词语无异,仍是[2+1],但其语法、语义结构却与一般的[2+1]偏正式三音词语有所不同。意即,其前位双音成分(恒温、净水、嫩肉、热水、瘦肉)未进入以上三音词语、单独存在或使用时是偏正式,进入三音词语后结构和语义就不同了,结构关系不再是偏正式,而是动宾式;语义也不再表达限定或修饰,而是致使。(见图 3,以"热水器"为例)

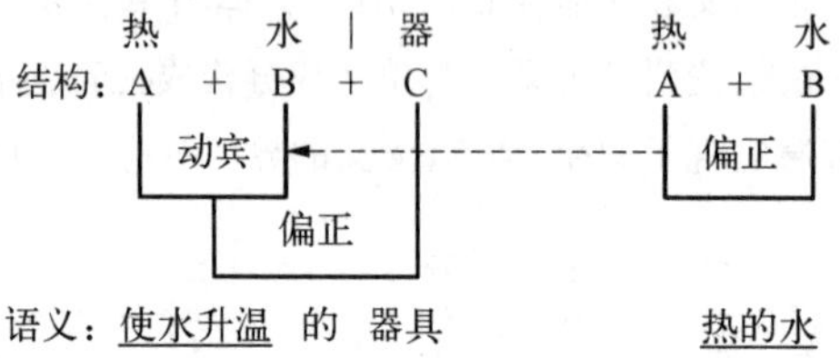

图 3 "热水器"类[2+1]偏正式三音词语的语法语义结构图

那么,前位双音成分是因为与后位 $N_{单}$ 结合而改变了结构关系和语义关系,还是先改变了结构和语义关系后再与后位 $N_{单}$ 结合的?如若是前者,那么是否与类似"器、粉、精"这样的后位 $N_{单}$ 结合的双音成分都会改变结构和语义关系?这些所涉及的就是"热水器"类[2+1]偏正式三音词语的结构与语义的界面调适问题。

2.2 "热水器"类[2+1]偏正式三音词语的语义促动内部成分的结构调适

与"热水器"类[2+1]偏正式三音词语中的前位双音成分类似的双音节"热+N""嫩+N""瘦+N""净+N"等,很多时候是能表动宾致使义的。有的多出现于句法层面,如"热一下饭、热热那盘豆腐""该瘦瘦身了、这款产品能让你快速瘦脸";有的则因表致使义时句法独立性不强而多用于构造多音短语,如"嫩肤霜、嫩手液""净颜乳、净身出户"。相对而言,"热水""嫩肉""瘦肉"这样的双音节在母语者的头脑中首先激活的一定是使用频率相当高的偏正义,有的单用时可以有动宾致使义,如"热水"可以跟"热饭、热菜"一样用于"热一热那壶水"而拥有致使义;有的单用时根本就没有动宾致使义,如"嫩肉""瘦肉"就不可以说成"*嫩一下那块肉""*瘦一瘦这块肉"。当然,不排除"嫩肉""瘦肉"等受其他可以表动宾致使的"嫩+N""瘦+N"等的影响也产生致使义,只是要改变"嫩肉""瘦肉"率先被激活的常用义需要一定的条件(如后加成分,下文详析),而不大可能在单用时直接产生致使义。因此,"嫩肉、瘦肉"多半是进入三音词语后产生的致使义。那么,单用时也可以表致使的"热水"是先变为致使义再与后位 $N_{单}$"器"结合成"热水器"的吗?

我们先来看一下"热水"与典型的兼具偏正义与动宾致使义的"热饭、热菜"的差异:

(1)	a. 热饭	热菜	热水	(偏正)
	b. 热饭去	热菜去	?热水去	(动宾致使)
	c. 热一下饭	热一下菜	?热一下水	(动宾致使)

① 下文若无特别说明,"三音词语"均指偏正式和动宾式这两类。

d. 把饭热一下　　　把菜热一下　　　?把水热一下　　　（动宾致使）

例(1)b、c、d三种动宾致使义的句法表达中，“热水”三句的可接受度都不如“热饭、热菜”高。而且，语言事实表明，“热水”在句法中的动宾致使用法比较少见，这一方面与水不宜反复加热有关，另一方面，“热水”中的“热”一般是烧开了的意思，不同于寻常的“热”。因此，类似于例(1)b、c、d的动宾致使义，通常多用“烧水去、再烧一下水、把水再烧一下”“温一下水、把水温一下”等来表达。与“热饭、热菜”动宾致使句法表达的差异从侧面说明高频使用的偏正式“热水”几乎不大可能是先变成致使义再与后位$N_{单}$结合的。

以上分析说明，多数情况下，“热水器”类[2+1]偏正式三音词语中的前位双音成分是先与后位$N_{单}$结合才拥有动宾致使义的。那么，与之结合的后位$N_{单}$有什么特点能促使前位双音成分拥有致使义？

先看一下《现汉》对“热水器”类[2+1]偏正式三音词语中3个主要的后位$N_{单}$的释义：

器　❶器具。（【器具】名 用具；工具。）

粉　❶名 粉末。（【粉末】名 极细的颗粒；细屑。）

精　❷提炼出来的精华。（精❶名（事物）最重要、最好的部分。）

“器、粉、精”等多具有黏附性的$N_{单}$（吴为善，1989）原本都不含致使义，位于“热水”等后能够使这些双音成分变为动宾致使义可能与这些$N_{单}$在三音词语中的作用有关。生成词库理论（Generative Lexicon Theory，Pustejovsky，1991、1995）认为，词汇的物性结构（qualia structure）中有功用角色（telic role），用于描写对象的用途（purpose）和功能（function）。“热水器”类[2+1]偏正式三音词语中的后位$N_{单}$恰恰就充当了锚定（anchor）前位双音成分的用途或功能的功用角色。“器、粉、精”等表示的多为人造物，在用于构造三音词语时既可以表明该人造物是做什么用的，如“计步器、探测器、洗衣粉、洗发精、洗洁精”，或由什么材料制成的，如“贝壳粉、蔬菜精”；也可以表明该人造物有什么作用或功能，即“热水器”类[2+1]偏正式三音词语的意义，如“热水器”不是盛装热水的器具，而是使水变热的器具，“瘦肉精”不是瘦肉制成的“精”，而是能让肉变瘦的“精”。所以，当三音词语需要用前位双音成分凸显后位$N_{单}$的作用或功能（其实是人们的心理需求需要被凸显）时，前位双音成分就可能产生致使义，即其结构和语义都跟单用时不同。也正是“器”类后位$N_{单}$的功用角色将可能表达多种语义的“热水”定位在了动宾致使义上，而不能取其他语义。

那么，同样是与“器”类后位$N_{单}$结合，为什么“热水器”类表达的是致使义，而“计步器、探测器”等却不能表达致使义呢？这就涉及“热水器”类[2+1]偏正式三音词语中用于凸显作用或功能的前位双音成分需满足的条件的问题。

第一个条件，此类致使义是动宾致使义，前位双音成分须为动宾结构关系，像“探测器、抢答器”中的“探测、抢答”这样的并列式、偏正式的前位双音成分是不可能表达动宾致使义的。

第二个条件，具有动宾关系的前位双音成分须能将功能性结果显现于词形。更具体地说，是双音成分中的首位成分“热、净、嫩、瘦、恒”要含有结果义。这也就是“热水器”类[2+1]偏正式三音词语中的首位成分基本都是由性状形容词性成分“热、净、嫩、瘦、恒”等来充当的原因。这个语义要求得不到满足，前位双音成分就无法表达致使义（孟凯，2012）。因此，“计步器、洗衣粉、洗发精、供水厂、切菜刀、收音机、扫路机”等的前位双音成分虽也是动宾式，可以比较自由地充当定中式三音词语的定语成分，但是，其首位成分“计、洗、供、切、收、扫”等是比较典型的及物动词性成分，不含结果义，所由构成的前位双音成分“计步、洗衣、洗发、供水、切菜、收音、扫路”等也就无法拥有致使义，只能是充当三音词语中的定语成分的普通动宾式。

综上，虽然我们不能说“热水器”类[2+1]偏正式三音词语中的后位$N_{单}$一定强制其黏附的双音成分由进入三音词语前的偏正关系变为三音词语中的动宾致使关系，但不可否认的是，后位$N_{单}$对前位双音成分结构和语义的变化具有重要的促动作用。意即，只要前位双音成分是能够凸显结果性的动宾式（以动宾式“A+N”为主），后位$N_{单}$用以表明双音成分的作用或功能，它们组构的[2+1]偏正式三音词语就应该是内部具有致使义的“热水器”类三音词语。像一般单用时常被理解为偏正式的“热饭、热菜”，若能与“器、锅、炉、灶”等功能性比较突出的器物$N_{单}$组构成三音词语，其意义也可以是致使性的。这就说明，后位$N_{单}$在一定条件下确实能够促使其前位双音成分发生结构关系和语义关系的改变。因为语义需求是根本性的语言需求，语义压制（semantic coercion）具有底层效应(underlying effect),因此,前位双音成分结构关系的变化应是对后位 $N_{单}$ 对其语义要求的顺应(conformation)。

偏正式三音词语既有[2+1]式,也有[1+2]式,只是前者比后者多。这种可以兼容两类韵律模式的特点使得偏正式三音词语的韵律一般不会与结构或语义发生龃龉,选择二者之中的哪一种韵律模式都合法。因此,偏正式三音词语主要体现的是语义-结构的双界面调适。具体而言,就是三音词语的语义压制导致其内部成分的结构顺应。

3. [1+2]动宾式三音词语的韵律压制促发结构和内部语义连锁顺应

3.1 "吃偏饭"类[1+2]动宾式三音词语的韵律对结构的促动

本文的特异性[1+2]动宾式三音词语主要来自杨书俊(2005)、李慧(2012)和笔者所收集的语例,即:帮倒忙、炒冷饭、吃白饭、吃白食、吃长斋、吃独食、吃干醋、吃干饭、吃讲茶、吃偏饭、吃偏食、吃闲饭、出远门、打边鼓、打黑枪、打冷枪、打群架、打雪仗、打硬仗、打嘴仗、读死书、放暗箭、放冷箭、喊倒好$_{儿}$、喝花酒、喝闷酒、喝倒彩、怀鬼胎、降半旗、开倒车、开黑店、开夜车、夸海口、拉偏架、拉偏手$_{儿}$、迈方步、跑旱船、敲边鼓、请春客、守活寡、睡大觉、睡懒觉、说瞎话、说闲话、装洋蒜等。这类[1+2]动宾式三音词语(下文称为"'吃偏饭'类[1+2]动宾式三音词语")表面上似乎与一般的[1+2]动宾式三音词语"$V_{单}+NP_{双}$"(闹笑话、开玩笑)无异,但事实并非如此。吕叔湘(1963)、周荐(2004)、杨书俊(2005)和李慧(2012)等已指出,这类动宾式三音词语其实是单音成分B插入双音动宾式AC中,导致AC的韵律结构被打破,不再连续出现,从而形成三音节。(见图4,以"吃偏饭"为例)

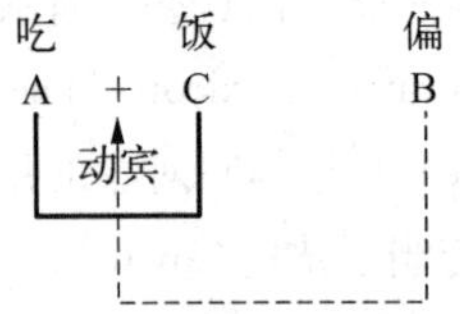

图4 "吃偏饭"类[1+2]动宾式三音词语结构图

一般而言,现成的词形式是不能被破坏的,动宾式除外。"吃偏饭"类三音词语就是原双音动宾式AC被单音成分B插入其中而来的。那么,单音成分B为什么不是处于前位与双音成分AC构成[1+2]状中式(偏吃饭[①])?为什么也不处于双音成分AC之后构成[2+1]动(宾)补式(*吃饭偏)?单音成分B插入双音成分AC之中为什么没有构成[2+1]动(补)宾式,而恰恰构成了[1+2]动(定)宾式?

首先,单音成分B没有与双音成分AC构成[1+2]状中式的原因主要在于:1) 三音词语是以双音动宾式AC为基底构造的,有些[1+2]动宾式尚有对应的[1+2]偏正式,如"白吃饭、偏吃饭、闲吃饭、死读书、倒喊好$_{儿}$、瞎说话";而有些则没有对应的[1+2]偏正式,如"*花喝酒、*黑打枪、*方迈步、*旱跑船、*懒睡觉、*洋装蒜"等都不能说;有些虽有对应的[1+2]偏正式,如"干吃醋、鬼怀胎、边敲鼓",但意义与[1+2]动宾式截然不同。2) 动宾结构规约性喻义(如"吃偏饭"的"比喻得到特别的照顾"义)选择用什么方式表达,还是会以动宾结构为优选,而状中式体现更多的是修饰关系,多用于表达成分间组合性的修饰义。

其次,单音成分B没有与双音成分AC构成[2+1]动(宾)补式的原因则与动宾结构的特点有关。尽管"帮忙、吃饭、出门、读书、喝酒、开车、说话、睡觉"等双音动宾式都是现代汉语常用双音节,时常紧邻出现,但其同时也都是使用频率很高的离合结构,其间插入其他语言成分不足为奇,如"帮个忙、吃午饭、出趟门、读完书、喝两瓶酒、开了车、说十分钟话、睡一觉"。单音成分B若要与双音动宾式AC构成具有动补关系的三音词语,也应该插入双音节之中,而不是居于双音节之后。因此,"吃饭偏"这样的形式几乎是不可能出现的。

再次,单音成分B插入双音成分AC之中却没有构成[2+1]动(补)宾式,而必须构成[1+2]动(定)宾式的原因在于,一般而言,插入离合结构与动词性成分形成动补关系的成分多为结构助词(了、着、过)、结果补语(完、好、

① "偏吃饭"因"偏"义的不同可以有两个意义,一般的理解是"偏偏吃饭"(你不让我吃饭,我偏吃饭),其中的"偏"是故意唱反调的意思;另一个意义应与"吃偏饭"对应,是吃得比别人好,亦指得到特别的照顾,其中的"偏"义为偏向一方或对人对事不公平。第二个意义是"偏吃饭"可以有、但实际语言生活中似乎没有使用过的(笔者调查过的十几位汉语母语者都反映没用过或没听过"偏吃饭"的第二个意义)。而没有被应用的原因恰恰就是本文要论述的第二个意义的优选表达方式是"吃偏饭",而"偏吃饭"优先占位的常用义则是第一个意义"偏偏吃饭"。

懂)、动量词(趟、次)、时量成分(十分钟、一会儿)等,能充当补足语的形容词性成分主要是“完、好、下”等,“偏、闲、独、闷、夜、懒”等形容词性或名词性成分一般不做动词性成分的补足语,即使充当补足语,所能搭配的动词也比较有限,如“跑偏、(字)写偏”,且这些形容词性或名词性成分往往多与其后的名词性成分先结合成定中结构,如“吃午饭、耍花招”中的“午饭、花招”。因此,单音成分B没有先与前位的动词性成分结合成动补结构AB再去与C构造[2+1]动(补)宾式。

最后,单音成分B插入双音成分AC构成的动宾式三音词语的语法和语义结构都应是[1+1+1],因为“偏”类单音成分与“饭”类宾语成分并非如一般的[1+2]动宾式三音词语中的后两个成分那样,是个名词(短语),如“得人心、打招呼、见世面、哭鼻子、拉关系”中的“人心、招呼、世面、鼻子、关系”,“偏”与“饭”其实是没有语义关系的两个独立成分(李慧,2012)。按理说,“吃偏饭”类动宾式选择与其语法和语义结构对应的[1+1+1]韵律最理想,但事实是,其韵律是[1+2]。为什么不能是[1+1+1]呢?因为[1+1+1]的三音词语基本都是联合式(老大难)、补充式(赶不上)的,[1+1+1]不具有构造动宾式的韵律制约效应(prosodic effect)。既然这个动宾式三音词语既不能是[2+1]动(补)宾式,也不能是[1+1+1]式,那么,它只能是[1+2]动宾式。

可见,韵律效应首先在结构关系中起作用了,其强大的压制力使得“吃偏饭”类三音词语不可避免地被分析为[1+2]动宾式,而其中本没有语义关系的两个后位成分B和C被强制性地组成了貌似定中式的宾语成分$NP_{双}$“偏饭”。

综上,“吃偏饭”类动宾式三音词语的韵律结构[1+2]与一般的动宾式三音词语的韵律相吻合,其压制作用促发三音词语的结构关系与之匹配、对应。但是,没有直接语义关联的B和C又该如何在语义上与三音词语的韵律和结构实现对接呢?

3.2 “吃偏饭”类[1+2]动宾式三音词语韵律和结构对内部语义的促动

韵律是语言社团自发形成的语音习惯,尽管只是对语言表层形式的切分,但却有强制性,它要求结构和语义通过调适来与之和谐、匹配。“吃偏饭”类动宾式三音词语亦不例外。既然结构关系首先与韵律匹配了,那么内部语义就将在二者的促动下实现三界面和谐。

李慧(2012)对“吃偏饭”类[1+2]动宾式三音词语语义结构的特点进行了详析:大部分嵌入成分B与名词性成分C在语义上并非直接组合的关系,一方面,嵌入成分所表示的属性,不是名词性成分所指概念所具有的,如“喝闷酒、吃闲饭”,“酒”有“酸甜苦辣”“贵贱”“好差”之分,但没有“闷”与“快乐”的区别;饭有“稀稠”“好坏”等的区分,却没有“闲”“忙”的区别。因此,嵌入成分难以与名词性成分进行语义融合。另一方面,嵌入成分的语义并不指向后面的名词性成分,如“吃闲饭”中的“闲”指向施事,指的是施事不干活,处于闲散的状态;“打冷枪”中的“冷”指“打枪”这一事件发生的突然性和隐蔽性;“打嘴仗”中的“嘴”指工具,即用嘴打仗。基于以上两点,嵌入成分、名词性成分与动词具有一种依存关系,一般不能脱离动词而存在。

嵌入成分与名词性成分原本的不相融与此类三音词语的形成机制相关。该类三音词语是在双音动宾式AC的基础上融入其他概念成分整合而成的,嵌入成分B不是与动词或名词性成分有关,而是与双音动宾式所表示的事件相关。“当一个事件出现了新的元素,则会反映在语言形式上。在这一过程中,语言的经济原则起到重要作用。比如表示‘心情不好时喝酒’,不是用一句话表示,而是选取表示‘心情不好’的‘闷’,嵌入到‘喝酒’中,从而形成一个简单的语言形式——‘喝闷酒’。”(李慧,2012)

按理说,由于嵌入成分具有特殊的语义作用方向——AC所表示的事件,三音词语[1+1+1]的语义似乎难以与其[1+2]的韵律适配。不过,正如李慧(2012)所指出的,“吃偏饭”类动宾式三音词语中的B、C本没有结合的语义基础,但在具备一定条件的前提下,也有成词的可能,或处于词汇化进程中。李文提到了三个促动因素:1)非独立成分BC的语义发展与三音词语的使用频率相关。三音词语使用频率越高,越有助于非独立成分BC的独立。2)嵌入成分所处的位置。在三音词语中,嵌入成分B位于名词性成分C之前,且多为形容词性或名词性成分,很容易被看作C的修饰成分,从而有助于与C的结合,衍生出引申义。如“吃偏饭”中的“偏饭”在《现汉》中已独立出条就说明其已初步完成了词汇化,开始具有独立的意义。3)嵌入成分与名词性成分的词汇化还与名词性复合词的强势语义模式紧密相关。名词性复合词的强势语义模式为“提示特征+事物类”(董秀芳,2004:132-

136)，嵌入成分与名词性成分并不是“提示特征＋事物类”的语义关系，但是由于嵌入成分处于定语位置，很容易被看作名词性成分的修饰成分。受名词性复合词强势语义模式的影响，人们倾向于将嵌入成分看作是提示特征，于是本来各自独立的嵌入成分与名词性成分进行重新整合，进而发生词汇化。

“偏饭、闲饭”等非独立双音成分正在或已完成词汇化的事实说明，“吃偏饭”类动宾式三音词语的语义也在向其[1＋2]的韵律靠拢，正在或已实现了与韵律和结构的和谐匹配。而这种和谐匹配恰恰来自于界面调适。具体而言，在三音词语的使用频率较高时，韵律的压制作用使得原本彼此独立的 B 和 C 紧邻共现的几率提高，黏附性增强，语义也产生了关联，进而逐步发生词汇化。因此，“吃偏饭”类[1＋2]动宾式三音词语体现的是韵律压制(prosodic coercion)促发结构顺应，再进一步促使内部语义顺应的连锁促动。

4. 余论：三音词语与双音词所体现的词法的界面调适

我们讨论了“热水器”类[2＋1]偏正式和“吃偏饭”类[1＋2]动宾式两类三音词语的韵律-结构-语义的界面调适，偏正式主要体现了三音词语的整体语义压制导致内部成分结构顺应的双界面调适，动宾式更明显地体现出三音词语的韵律压制促使结构和内部语义先后顺应的连锁式界面调适。

由于多音节具有韵律切分的多种可能性，很适于探讨汉语的韵律问题，因而，目前国内的韵律研究多集中于多音节(冯胜利，1996、1997、2004；Duanmu，1997；石定栩，2002；何元建，2004；周韧，2011 等)。不可否认的是，很多结构定型、意义非字面组合义的三音词语又不同于“皮鞋厂、种桃树”这样的三音自由短语，无论是名词性的，还是动词性的，它们的性质都更接近于“词”。因此，本文所研究的两类三音词语体现出的韵律-结构-语义的界面调适应是汉语词法的界面关系问题。

事实上，不只三音词语具有韵律-结构-语义的界面特征，双音词同样存在韵律-结构-语义的界面关系，比较突出的例子就是跨层结构词汇化而来的双音词。

江蓝生(2004)、董秀芳(2011：265－285)、刘红妮(2013)等对跨层结构词汇化进行了深入探讨，如“的话、否则、给以、极其、据说、可以、因而”等双音词都属此类。虽然两个成分线性紧邻，但它们原本并不处于同一结构层次，内部没有直接的结构关系，双音节之间存在着外部停延，长于诸如偏正、动宾、动补等比较紧密的双音词的内部停延(王洪君，2001)。尽管这种韵律差别可能细微到人耳几乎难以分辨，需借助仪器进行测量，但它曾经应该是存在的。随着历时词汇化，这些跨层结构在现代汉语中已融合为一个紧密的双音词，两个成分间原有的停顿已逐渐消失，其韵律上的语音感知已与其他双音词无异；由于跨层结构词汇化的双音词多演变为虚词，其结构关系多半也已淡化，语义以表达语法关系为主。这样，跨层结构词汇化的双音词就在经历了重新分析(reanalysis)的基础上实现了韵律、结构和语义的融合、匹配。可以说，这是三个界面调适整合的结果。

总体来看，双音词体现的韵律-结构-语义的界面调适不是那么明显，因为双音词的两个成分一般都处于同一结构内，几乎不存在韵律与结构的不对应，需要调和的主要是这二者与语义的关系。而双音词形义不对应的复杂性，如定语成分和宾语成分分别在定中式和动宾式双音词中所体现出的复杂多样的语义关系(张博，2007；谭景春，2010；孟凯，2012 等)，正是词法之于句法的特殊之处。因而，双音词内部的调适往往不是在三个界面间完成的，而是韵律、结构这两个界面与语义这一界面的调适。

最能体现韵律-结构-语义三界面关系的是跨层结构词汇化而来的双音词和“吃偏饭”类[1＋2]动宾式三音词语，前者主要是虚词，尤其是连词的历史来源，已不具有能产性；后者是现代汉语中具有一定活跃性的能产结构，只要有现实语言需求，就有可能出现诸如“吃闷饭、喝乐酒”之类的三音词语。而“吃偏饭”类[1＋2]动宾式三音词语所体现出来的界面关系也说明，较之于其他紧密度都较高的复合结构，动宾结构因多具有可离析性而导致其韵律、结构和语义都需要经过深度调适、整合才能重新获得和谐匹配。因而，此类三音词语反而比源出的常用双音离合词的语义黏合性更强、凝固度更高(杨书俊，2005)。

无论是双音词，还是日愈增多的三音词语，都可以体现汉语复合词法的界面特点。词法的界面关系往往不如句法的直接、显豁，因为复合词语的语义更多地潜隐于深层语义结构，而非音节有限的词语表层成分之中，因此，词法的韵律、结构和语义三者的关系常常也不大为学界所关注。但是，作为与句法具有高度同构性和历史继承性的词法（朱德熙，1982：32；王洪君，1998 等），其界面特征也比较明显，其所引发的韵律、结构、语义以及构式压制（王寅，2011；施春宏，2014、2015 等）等语言现象也相当丰富，有待于更深入的分析。

参考文献

卞成林　1998《现代汉语三音节复合词结构分析》，《汉语学习》第 4 期。

程　荣　2015《语汇学的研究对象与新语的类型特点》，《世界汉语教学》第 4 期。

董秀芳　2004《汉语的词库和词法》，北京大学出版社。

董秀芳　2011《词汇化：汉语双音词的衍生和发展》（修订本），商务印书馆。

董秀芳　2014《2+1 式三音节复合词构成中的一些问题》，《汉语学习》第 6 期。

冯胜利　1996《论汉语的“韵律词”》，《中国社会科学》第 1 期。

冯胜利　1997《汉语的韵律、词法与句法》，北京大学出版社。

冯胜利　2004《动宾倒置与韵律构词法》，《语言科学》第 3 期。

韩晨宇　2007《汉语三音节新词语与类词缀的发展初探》，《北京广播电视大学学报》第 3 期。

何元建　2004《回环理论与汉语构词法》，《当代语言学》第 3 期。

惠天罡　2014《近十年来汉语新词语的构词、语义、语用特点分析》，《语言文字应用》第 4 期。

江蓝生　2004《跨层非短语结构“的话”的词汇化》，《中国语文》第 5 期。

李　慧　2012《嵌入式语块的构成及语义发展》，《汉语学习》第 4 期。

刘楚群　2012《近年新词语的三音节倾向及其理据分析》，《汉语学报》第 3 期。

刘红妮　2013《结构省缩与词汇化》，《语文研究》第 1 期。

刘中富　2014《现代汉语三音节词的判定问题》，《中国海洋大学学报》（社会科学版）第 2 期。

罗树林　2014《三音节聚合词语结构、语义特征及词汇化现状分析》，《语言文字应用》第 1 期。

吕长凤　2005《现代汉语三音节词的词类分布及其语法特征》，《北方论丛》第 4 期。

吕叔湘　1963《现代汉语单双音节问题初探》，《中国语文》第 1 期。

孟　凯　2012《“X+N 役事”致使词式的类型及其语义关联》，《世界汉语教学》第 4 期。

齐沪扬　1989《三音节 V+N 结构组合规律的初步考察》，《淮北煤师院学报》（社会科学版）第 2 期。

邱雪玫　李葆嘉　2011《论当代汉语新词的词音结构多音节化》，《语言文字应用》第 1 期。

施春宏　2014《“招聘”和“求职”：构式压制中双向互动的合力机制》，《当代修辞学》第 2 期。

施春宏　2015《构式压制现象分析的语言学价值》，《当代修辞学》第 2 期。

石定栩　2002《复合词与短语的句法地位——从谓词性定中结构说起》，《语法研究和探索》（十一），商务印书馆。

谭景春　2010《名名偏正结构的语义关系及其在词典释义中的作用》，《中国语文》第 4 期。

王洪君　1998《从与自由短语的类比看“打拳”“养伤”的内部结构》，《语文研究》第 4 期。

王洪君　2001《音节单双、音域展敛（重音）与语法结构类型和成分次序》，《当代语言学》第 4 期。

王新宇　2009《三字格聚合词初探》，《语文学刊》第 8 期。

王　寅　2011《构式语法研究》（上下卷），上海外语教育出版社。

吴为善　1986《现代汉语三音节组合规律初探》，《汉语学习》第 5 期。

吴为善　1989《论汉语后置单音节的粘附性》，《汉语学习》第 1 期。

杨书俊　2005《三音节“$V_{单}$+X+$N_{单}$”构词分析》，《汉语学报》第 4 期。

张　博　2007《反义类比构词中的语义不对应及其成因》，《语言教学与研究》第 1 期。

张小平　2008《当代汉语词汇发展变化研究》，齐鲁书社。

郑庆君　2003《三音节合成词的结构类型及层次》，《山西大学学报》（哲学社会科学版）第 1 期。

中国社会科学院语言研究所词典编辑室编　2012《现代汉语词典》（第 6 版），商务印书馆。

周　荐　2004《汉语词汇结构论》，上海辞书出版社。

周　韧　2011《现代汉语韵律与语法的互动关系研究》，商务印书馆。

朱德熙　1982《语法讲义》，商务印书馆。

Duanmu，San 1997 Phonologically motivated word order movement：Evidence from Chinese compounds. *Studies in the Linguistic Science* 27：71－87.

Lu，Bingfu and San Duanmu 2002 Rhythm and syntax in Chinese：A case study. *Journal of the Chinese Language Teachers Association* 37：123－136.

Pustejovsky，James 1991 The generative lexicon. *Computational Linguistics* 4：409－441.

Pustejovsky，James 1995 *The Generative Lexicon*. Cambridge：The MIT Press.

孟凯，北京语言大学对外汉语研究中心　mk0451@sina.com

（原载《中国语文》2016 年第 3 期）

从生成整体论的角度看语言结构的生成与分析

——主要以汉语动宾结构为例

任　鹰

提　要　汉语句法结构和语义结构的关系较为松散，同一类句法结构常可包容多种语义关系。动宾结构又是颇为能产并极具开放特征的句法结构，汉语句法结构有着较强的语义兼容能力的特点，在动宾结构中体现得尤为突出。动宾结构究竟能够包容多少种语义关系，乃至某些动宾结构的语义关系应当如何确认，一直被视为汉语语法研究中的难题。之所以会有这样的“难题”存在，就是因为语言研究中的结构分析同语言运用中的结构生成和理解，在理念与方法上均存有抵牾。简单地说，主要以“系统整体论”为哲学范式的语言结构分析是难以全面、准确地反映本质上与“生成整体论”思想相契合的汉语句法结构的内在机制的，因而其有效性会有一定的限度。句法结构的生成与其说是从部分到整体，不如说是从一个整体到另一个整体，部分在整体中的地位、部分对整体的表述价值，决定着部分——结构成分的提取方式。汉语句法结构的生成注重部分的突显度，注重部分同整体的关系，应是汉语句法结构语义包容能力极强的根本原因，“正反同义结构”中的否定式等语义关系难以解释的句法结构的存在，便是其中比较典型或者说比较极端的例证。

关键词　句法结构的生成与分析　系统整体论　生成整体论　动宾结构　正反同义结构

1. 导　言

按照配位理论所给出的句法成分和语义成分的连接规则，在一个句法结构中，施事等主格（nominative case）一般占据主语位置，受事等宾格（objective case）一般占据宾语位置，工具、材料、处所等非核心格（oblique case）或称外围格一般要在介词的引导下占据状语位置。在形式系统相对丰富、规整的语言中，上述规则通常是比较严格的。而汉语的句法结构同语义结构的关系则较为松散，同一类句法结构往往可以包容多种语义关系①。同时，动宾结构又是一类颇为能产并极具开放特征的句法结构，汉语句法结构语义兼容能力较强的特点，在动宾结构中体现得尤为突出。人们普遍认为，汉语动宾结构所能包容的语义关系十分复杂多样，甚至“动词和宾语的关系是说不完的”，而且“动宾结构的使用范围在扩大”（陈建民 1986；邢福义 1997）。动宾结构究竟能够包容多少种语义关系，宾语成分究竟有多少种语义类型，乃至某些动宾结构的语义关系也就是宾语成分的语义类型究竟应当如何确认，一直都被视为汉语语法研究中的难题。在我们看来，之所以会有这样的“难题”存在，归根结底，就是因为语言

① 在汉语语法研究中，这一特点已为人们所普遍认同。譬如，钱乃荣（1990：234－5）曾指出：“从语义关系上来归类，主语和宾语都可以表示动作的施事、受事、对象、处所、工具、方式、价值、原因、关涉、数量等语义关系”、“动宾关系的多样性是汉语的一大特点”。书中还列出十六种既能做主语同时又能做宾语的语义成分，这也就意味着汉语的两大句法结构——主谓结构和动宾结构所能包容的语义关系是大体相同的。邢福义（1997：3）曾明确提出：“在汉语语法结构中，有一个十分值得注意的事实，这就是语义蕴含上的兼容性和形式选用上的趋简性。同样一个语法结构，可以包容多种意义。……四十多年前，《中国语文》连载的《语法讲话》中就指出：‘动词和宾语的关系是说不完的’。实际上，不仅动宾结构如此，动补、主谓、定心、状心等结构何尝不是如此？”胡建华（2007：163，165）则进一步指出：“在现代汉语中，主宾语在句子中的实现似乎不仅不受动词题元角色选择，而且也不受论元结构的制约”，并进而认为“格在现代汉语中的存在很难从经验和理论上验证”。

研究中的结构分析同语言运用中的结构生成和理解，从理念到程序与方法均有抵牾乃至有所背离。简单地说，主要以“系统整体论”(Systematic Holism)为哲学范式的语言结构分析是难以全面、准确地反映本质上与“生成整体论”(Generative Holism)思想相契合的汉语句法结构的内在机制的，因而其有效性会有一定的限度①。

2. 语言结构分析与系统整体论

2.1 语义关系分析的困境

在语言研究与教学中，结构分析是一项非常重要的内容，其中句法关系和语义关系的分析则是结构分析的主要内容。人们通常认为，语言结构是由语言成分构成的整体，是由相关要素集合而成的系统，结构与成分之间的关系是整体与部分或者说系统与要素的关系。结构义源自成分义及成分之间的关系义，系统的整体功能(主要是指表意功能)可以通过系统的分解获得解释。因此，要识解一个语言结构，最好的办法就是对结构关系进行分析，对结构成分之间的句法和语义关系做出判定，这也就是对语言结构进行分析的意义与动因。更进一步说，语言结构还是一个有机的整体，结构成分是相互作用、相互制约着的，相互之间存在着各种各样的关系，语言结构的表意功能正是在结构成分的关联中形成并体现的，因此结构成分之间的关系是完全能够得到合理说明的。可以说，对语言结构的这种还原主义认识，正是人们试图对包括动宾结构在内的所有句法结构的语义关系做出穷尽性描写的理据所在。

然而，事实上，在对汉语句法结构特别是动宾结构的语义关系进行分析时，人们却遇到了诸多难题。譬如，对某些动宾结构(包括一些常用结构)的语义关系，人们或者始终莫衷一是，或者根本无法给出明确的看法，前者如“吃食堂、晒太阳”等，后者如“打扫卫生、恢复疲劳”等。对此类堪称汉语语法研究传统难题的问题，不同的研究学派曾从不同的角度寻求解决的途径，但问题却一直未能得到妥善解决。这就不能不促使我们从更深的层面考虑问题，考虑我们进行语言结构分析的动因与理据是否有不尽客观、合理之处，我们所依循的语言观和方法论同语言事实是否尚有距离。再说得具体一些，就是要考虑语言结构是否都如我们所认定的那样由结构成分自下而上组合而成，结构成分的组合是否都要依循一定的逻辑语义规则，乃至结构成分之间是否都会直接产生线性关联。

2.2 系统整体论的主张

长期以来，人们观念中的语法研究其实就是语法分析，而语言结构分析不过是语法分析的一项内容，正如沈家煊(2007)所指出的，“一个世纪来，中国的语法学基本上是沿着《马氏文通》的路子，不断借鉴西方的分析法，‘语法分析’几乎成了‘语法研究’的同义词”。我们知道，现代科学是一个整体，现代语言学无疑是现代科学的子领域之一。在整个现代科学发展时期，在方法论上占主导地位的是以还原主义为特征的系统整体论。整体论思想是人类自古便有的哲学思想，作为整体论思想发展的一个重要阶段，系统整体论对近现代科学发展的影响是巨大的。就其对语言研究的影响而言，系统整体论的下述基本内涵是我们不能忽视的：一是整体来源于部分或要素，即部分先于整体而存在，是整体的构成要素；二是整体只有分解成部分才能获得理解与解释，即“化整为零、还整为零”是认识整体的主要途径(金吾伦 2006；刘啸霆 2007)。不难看出，以往人们对语言结构及其成分的关系的看法同系统整体论的基本内涵是相一致的。系统整体论作为普适性世界观与方法论，理所当然也成为现代语言学研究的哲学范式。同时，由于语言结构在表层化或称形式化的过程中，其成分只能按一定的顺序依次出现，从而表现出明显的线条性和层级性，所以人们就更有理由相信，语言结构就是由小到大、一层一层地由结构成分组装而成的，整体可以分解为部分，部分可以还原为整体，任何一个结构、任何一种结构关系，都是可以分析的。

仅就表层序列而言，成分与成分之间关系的理解的确是理解结构的前提，结构成分之间的关系也大都是可描

① 宾语问题是我们一直所关注的问题。随着语言学理论及方法的更新，我们对包括动宾结构在内的汉语句法结构的内在机制和生成理据的认识也在不断深化。而随着认识的深化，对问题的看法也会有所改变。本文所反映的对汉语动宾结构的内在机制和生成理据的认识，在任鹰(2007)的“余论”部分曾有涉及，不过对问题的总体看法已有变化。

述的，分解与分析的方法对于把握语言结构的重要性应是不言而喻的。同系统整体论曾对科学的发展乃至人类社会的进步产生过重要作用一样，其对语言科学的发展所起的作用也是非常重要的。甚至可以认为，现代语言学的研究理念与思路就源自系统整体论思想，该思想决定着现代语言学的总体面貌。

3. 动宾结构的生成与整体论思想的革新

3.1 从系统整体论到生成整体论

随着科学的发展和社会的进步，随着人类认识的不断深化，曾被作为普遍认识原则的系统整体论在包括语言科学在内的众多学科及社会领域均显露出不足与局限，前文所述及的动宾结构语义关系分析中的难题，其实就同该方法论的不足与局限有关。

为克服系统整体论的不足与局限，人们开始寻求科学研究的新范式、新途径，于是，新的整体观——生成整体论就应运而生。按照生成整体论，整体与部分不是组成关系，不能强调整体是各相关元素的集合。它们是生成关系，部分是整体生成的。因此生成整体论的前提是先有整体，然后才会有部分；部分只是整体的显现、表达与展示，部分作为整体的具体表达而存在，而不仅仅是整体的组成成分（金吾伦 2006）。生成整体论虽然同系统整体论一样，都以整体的眼光看待世界以及世界上的万事万物，并关注整体与部分的关系，但在出发点以及对整体与部分的关系的认识上，二者有着根本的区别。先有整体还是先有部分，整体与部分之间是构成关系还是显现关系，整体的属性和功能能否以还原的方式通过各构成要素得到解释，应当重视系统的空间结构还是系统的整合过程，是系统整体论和生成整体论的主要分歧。

语言结构是一个整体，以整体论思想看待语言结构，其合理性应是显而易见的。从以往语言研究的实际情况来看，系统整体论的应用也的确是卓有成效的。不过，就其本质而言，以生成整体论思想考察汉语句法结构，可能会更接近事实真相。

3.2 语言认知的"完形"特征

人有整体认知的能力，现实世界中的每一个场景（scene）都有可能作为一个整体被认知，从而形成一个概念结构，成为人脑中一个相对完整的认知图式①。关于人的整体认知能力问题，在"完形"（gestalt）心理学中早已得到了充分的证明与阐释。完形心理学理论提出，人对事物的知觉并不是以一个个分离的部分为依据的，整体并不等于其构成要素的总和。在人的知觉活动中，整体就是部分的前提。各构成要素既然已经融入整体，也就不再是独立的要素，而是要作为由构成"完形"的整体所规定的部分实现其功能。人的知觉有把知觉对象尽可能简洁地整合为一个"图形"的倾向，这是完形心理学的基本主张。语言结构是认知的产物，人的整体认知能力决定着语言结构生成与理解的途径与方式，在完形心理学中可以找到足够的心理依据。

从信息流通的角度来看，语言结构生成的过程也就是信息的输入→加工→输出的过程。在这个过程中，说话人并不是感知一个要素便输出一个要素，并通过要素间的联系形成整体概念，而是先在头脑中形成整体概念，然后有选择地提取并输出最能代表整体概念的要素。汉语的动宾结构作为一类最具"完形"特点的句法结构，更应与相对完整的认知图式相对应。这个图式无论包含多少要素，它们也都是图式中的要素，没有图式，也就无所谓图式中的要素。按照生成整体论思想，既然先有整体，即先有作为整体的认知图式，那么在整体的表达中，也就是在语言表层序列的形成中，人们首先考虑的就不应是用哪些要素构成整体，而是用哪些要素代表整体；考虑的不是构成问题，而是显现问题；不是要素之间的关系，而是要素与整体的关系；是要素在整体中的突显程度、要素对整体的表现价值。于是，选取认知显著度及信息价值较高的成分构成动宾结构，使其代表整个图式，就成了顺理

---

① 我们这里所说的"认知图式"同人们通常所说的"认知图式"（cognitive approach）的含义有所不同。后者一般是指认知主体在对外部世界长期的认知体验中所形成的概念框架，是带有个性化特征的认知结构，它既是认知的结果，也是认知的出发点。而我们这里所说的"认知图式"则是指客观场景在人的认知中的整体映现，是人在对客观场景加以感知的基础上所构建的主观意象。一个图式是对一个场景的主观映现，是一个包含着人的认知因素的意象，或者说就是一个相对完整的概念结构。"客观场景→认知图式（概念结构）→句法结构"，是人们在语言交际中所用语句的生成程序。

成章的事情。

从信息的接收亦即语言交际中理解的角度来看，听话人也不是按照“1＋1＝2”的方式理解语言结构的，不是简单地凭借结构成分的组合关系把握整个结构的；而是以结构成分为线索，以言语共同体所共有的经验结构为依据来把握结构成分所代表的认知图式。也就是说，听话人的认知结果不是结构成分，而是结构成分所代表的认知图式。对于语言理解这一“整体性”特点，崔希亮(2001：7)曾有阐述：“通过对自然语言的调查分析我们发现，影响我们理解句子的因素和限制句子可接受性的因素包括句法信息、语义信息和认知图式。句法和语义信息在我们解码的过程中毫无疑问会起很重要的作用，但是我们发现在汉语里认知图式更重要。我们理解一个句子并不是先做结构分析、再做语义分析然后获得句子的意思的(转引自 Foss and Hakes 1976)，而是通过认知图式综合地获得句子的意思。”①一个具有“完形”特点的句法结构(如动宾结构)能在听话人的头脑中呈现为一个图式，“听说”双方得以就此形成共识，正是语言交际得以顺利进行、交际目的得以实现的保证。恰恰是在这一点上，真正意义上的语言交际同语言习得是有很大区别的②。

由此看来，我们似可推断，汉语的动宾结构本质上并不是依循逻辑语义规则组合而成的逻辑结构，而是经验性的认知结构，是以信息的有效传递为宗旨的信息结构，认知显著度及信息价值理应成为结构成分最重要的选取条件。因此，对动宾结构并非都可进行逻辑语义关系分析。这大概也就是有些动宾结构的语义关系难以描述，有些宾语的语义角色难以确认的根源所在。

3.3　已有研究的阐释及语义关系分析的理据

对某些语言结构非逻辑组合的特点，研究者曾从不同的角度做过阐释。吕叔湘(1980：65)指出，“语言的表达意义，一部分是显示，一部分是暗示，有点儿像打仗，占据一点，控制一片”、“像‘谢幕’那样的字眼，就放弃了很多东西，只抓住两点，‘谢’和‘幕’。说是‘放弃’，并不是不要，而是不明白说出来，只隐含在里边”。按我们的理解，“占据一点，控制一片”似已含有以部分代表整体，而且是以认知显著度较高的部分代表整个认知图式的思想。“不明白说出来”的部分，无疑就“隐含”于整体中，是未能实现于语言表层序列的要素。杉村博文(2006：59－60)则提出，“与别的语言相比，为‘现象’取名时，现代汉语语法更倾向于采用 VN 形式”、“当需要给一个‘现象’以 VN 形式取名时，汉语是怎样选择 V 和 N 的呢？我们对这个问题的答案是：谁对‘现象’最具象征性，就让谁来充当 V 和 N。因此，V 和 N 之间虽然在形式上存在着述宾关系，但是在语义上可以不存在述宾关系。它们是以‘现象’为中介才发生形式上的述宾关系的。是否对‘现象’具备突出的象征性，这是汉语选择 V 和 N 的唯一标准。只有这条标准才能够将‘教书、吃食堂、坐茶馆儿、喊嗓子、走路、晒太阳’等，表面上看起来五花八门的 VN 概括起来。也正因为如此，从语义角色的角度对 VN 中的 N 进行分类，是很难成功的”。主张在为“现象”命名的 VN 结构的生成中，“是否对‘现象’具备突出的象征性”，“是汉语选择 V 和 N 的唯一标准”，强调的就是认知显著度和信息价值对结构成分(整体中的部分)选取的制约作用，就是部分对整体的“象征”作用，而不是部分对整体的“构成”功能。我们认为，杉村博文(2006)有关汉语为“现象”命名的 VN 结构的生成理据的主张，完全合乎生成整体论思想，对动宾结构有很强的解释力。不过，杉村博文(2006：62)还提出，“讨论汉语述宾结构时，应该分别对待‘现象’和‘事例’”。“在像‘洗了一件衣服’(‘衣服’[有指][无定])、‘把衣服都洗了’(‘衣服’[有指][有定])这种表达层次上，V 和 N 就各自独立，分别代表一个具体的动作行为和一个/一些具体的事物(‘1＋1＝2’)”、“只有在‘1＋1＝2’时，N

① 严格地说，崔希亮(2001)中的“认知图式”与本文所说的“认知图式”并不是同一个概念，前者仍为人们通常所说的“认知图式”(参见第 91 页脚注①)。不过，我们所说的作为“具体客观场景的主观映现”的认知图式，正是以人们通常所说的抽象的认知图式为模型构建而成的，如果说前者是具体的算式，后者则是抽象的公式，在结构性或者说整体性特征上，二者是相一致的。“通过认知图式综合地获得句子的意思”，也就意味着对句子所代表的场景、概念进行整体感知。

② 语言交际中的理解与语言习得中的理解有一定区别，后者似乎更为倚重成分义的分别识读，通常会完全按照成分义和成分之间的组合关系理解结构义，会以还原的方式把握语言结构。正因如此，语言习得如未达到一定的水平，习得者则很难准确理解所谓“非常规”的句法组合。以“吃 N”结构为例，N 如为受事成分，习得者只要知道 N 的意思，就会毫无障碍地理解“吃 N”。相反，N 如为非常规宾语，即对“吃”和 N 的语义关系难作判断，那么即便对 N 非常熟悉，也可能无法准确地理解“吃 N”的意思。譬如，“吃菜、吃中国菜、吃法国菜、吃中餐、吃西餐、吃辣的、吃酸的”，对于习得者来说，均为不难理解的“吃 N”结构；而“吃食堂、吃大碗、吃父母、吃环境、吃气氛”则很难为习得者所理解。理解的障碍显然不在“吃”和 N 的意思上，而在“吃”和 N 所代表的认知图式的整体把握上。这也说明对句法结构所代表的认知图式进行整体把握的能力，应为高层次的语言能力。

才算是名副其实的，可以和 V 分庭抗礼的宾语，这时对它从语义角色的角度进行分类也会好做得多”。在我们看来，仅凭 N 的某些特征便把 VN 区分为表述“现象”的 VN 和表述“事例”的 VN，并认为两类 VN 结构有着不同的生成机制，还缺乏足够的说服力。

其实，以生成整体论思想对汉语动宾结构的生成理据做出统一的解释，并不妨碍对“洗了一件衣服”之类的结构进行语义关系分析的必要性和可行性；我们说汉语的动宾结构并非是按逻辑语义规则组合而成的逻辑结构，更不是说对动宾结构就根本不能进行语义关系分析。动宾结构所反映的认知图式毕竟是一个各要素相关联的有机整体，要素不但会与整体发生关联，而且要素与要素之间也会以各种方式产生联系。同时，逻辑思维是人类思维能力很重要的一种特质，因而即便是按信息价值选取宾语，这个宾语也是认知图式中的一个要素，往往会与代表其他要素的成分发生语义关联。为此，大部分动宾结构的语义关系是可分析的，大部分宾语的语义类型是可确定的。如从哲学的角度来看，生成整体论并不是系统整体论的否定，而是其变革与发展，按整体与部分的关系理解世界毕竟是二者所共有的认知理念，而且“通过分析，找出整体的各组成部分的差异确实有助于把握整体的性质”（沈家煊 2007）。语言结构的表层序列的线条性和结构成分的相对独立性、自足性，更使得分析方法在语言结构的理解和研究中有着不可替代的作用。对包括动宾结构在内的句法结构的语义关系的分析，依然是把握一个结构的重要途径。对于语言教学来说，其有效性更是不可忽视的。

不过，这里依然需要强调的是，动宾结构（也包括其他句法结构）的语义关系大都可以分析，结构成分的语义角色大都可以确定，归根结底还是由句法结构所对应的概念结构的整体性特征决定，而不是取决于结构成分的组合性特点。从某种意义上可以说，有明确语义关系存在的句法结构体现的是信息价值与语义关系的耦合，这样的结构往往是功能附加值不高的结构。而语义关系不甚明确或者较为特异的结构体现的则是信息价值与语义关系的异动，这样的结构往往是附加功能凸显的结构。就其本质而言，这两类结构的生成理据并无区别，均与生成是从整体到部分、整体可以分解为部分、部分可以代表整体，却不能简单地还原为整体的生成整体论思想相契合。

3.4 受事宾语的信息价值

前已述及，汉语动宾结构是开放性、能产性极强的优势结构序列，在表述一个场景或一个概念时，汉语会比日语、英语等语言更多地采用动宾结构。同时，我们也知道，汉语动宾结构的语义关系虽然已至多不胜数的地步，但从动词所带宾语的绝对比率和使用频率上看，出现最多的无疑还是受事宾语。“动词＋受事”结构不仅数量多，而且能以类推的方式比较自由地生成。也正因为这样，受事宾语才会被视为“常规宾语”。不可否认，动作直接作用于动作对象，二者的关系最为直接，表示动作的动词与表示动作对象的受事成分的语义联系非常紧密，“动词＋受事”可以说是“完形”特征最为突出的动宾结构。那么，“动词＋受事”类动宾结构的大量存在，能否证明动宾结构一般是由两个成分按逻辑语义规则组合而成，而少数语义关系超乎常规甚至无语义关系可言的动宾结构应为“一般”之外的“特殊”呢？我们认为，对“动词＋受事”类动宾结构的生成理据同样可从部分表现整体的角度加以阐释，即可从认知显著度和信息价值的角度考察受事宾语的特点。

按照认知语法理论，“受事”是一个要靠“特征束”进行定义的典型范畴，而“变化性”则被认为是“受事”最重要的特征，是决定一个成分受事性强弱的主要因素。Taylor(1996 日译本）就曾明确指出，典型的宾语应为受事者，而典型的受事者应是在施动者的作用下产生变化的成分。实际上，类似看法在 Fillmore(1975)的格语法理论、Dowty(1991)的典型范畴理论等现代语言学理论中已有体现。“宾语-受事-变化”之间具有深刻的内在关联，可谓是有一定普遍性的语言规律，而且有着不同背景的理论学说对这一规律均有证明和阐释，其可信度和涵盖力应是毋庸置疑的。分析至此，受事成分往往最适合充当宾语的理由似已基本明确。简单地说，受事作为动作的承受者，常常会在动作的作用下发生变化，包含着较多的未知信息，因此是最有理由被作为常规焦点置于句末的，这正是汉语优先选择受事做宾语的理据所在。对此，陆丙甫（1998：356）有过论述，“典型的宾语是受事和常规焦点的结合”，而“人类语言之所以倾向于选择受事作焦点，可能是因为受事直接受动作影响而改变状态，往往是表达中的新信息，而新信息倾向于成为交流的焦点”。

3.5 非受事宾语的“焦点化”及其形成条件

我们相信汉语优先选择受事成分作宾语，最重要、最直接的动因是其信息价值，还有一个很重要的理由，那就是受事同动作的联系如已“惯常化”至一定的程度[1]，乃至成为认知中的“默认值”(default)，同时认知图式中又有另一个更有信息价值的要素值得突显，那么受事就会受到抑制，就会在表述整体的表层序列中“隐退”，将宾语位置让给其他成分，这是各类非常规宾语得以形成的一个很重要的条件。“‘隐退’是相对‘突显’而言的，‘一隐一显’才形成一个整体。如经典的心理实验‘图像-背景倒换’所证明的那样，在一个视觉域内必须有一部分突显一部分隐退，作为一个‘完形’(整合体)的图像才会浮现出来”(沈家煊 2007)。受事的“隐退”与其他成分的“突显”是整体保持平衡的一种方式，而“一隐一显”所反映或所依照的就是其信息价值的对比变化，除此之外很难再找出更多的原因。

相反，受事如果含有无法被抑制的语义要素，含有无法忽略的信息价值，就很难在结构中“隐退”。由个体名词特别是数量名结构充当的受事宾语通常不会让位于其他成分，就是一个很好的证明。前文曾提到过，杉村博文(2006)把汉语中的 VN 区分为两类，其中表示“事例”的 VN 是一般可对 N 进行语义角色分类的 VN，而这样的 VN 中的 N 应为代表“一个/一些具体的事物”的“有指”成分。据我们考察，杉村博文(2006)所说的表示“事例”的 VN 中，代表“一个/一些具体的事物”的有指的 N 基本都是受事成分。那么，我们是否可以认为，受事若为代表个体事物的有指成分，它就不易让出宾语的位置呢？将宾语的“个体性”与“受动性”视为相互关联的属性，是很多研究者都持有的看法。从道理上说，具体的特定的事物要比抽象的泛指的事物更容易受到动作作用，更容易在动作的作用下发生变化，而且这种作用和变化往往是实实在在的，甚至是有形的、可辨的，在认知图式及呈现认知图式的语言结构中均会处于“前景化”地位。另外，“数量短语本身就对焦点敏感”(徐杰 2001；刘探宙 2009)，语言结构中有关“数量”的信息大都是重要信息的说法，也从另一侧面说明某些受事成分难以“隐退”，本质上是由其信息价值及其对整体的表述功能所决定的。

有关受事宾语之外的所谓非常规宾语的形成理据问题，研究者早已述及。虽然研究和论述的角度有所不同，但在对其信息价值的重视与强调这一点上，相关研究却有明显的一致性。邢福义(1991：80)在谈到“代体宾语”(即非受事宾语)的形成条件时指出，“代体宾语要在常规宾语的基础上向人提供一个新的信息。从信息量上看，动词＋代体宾语＝动词＋常规宾语＋代体宾语”，“在‘动词＋代体宾语’的格式里，隐含着不言而喻的常规宾语，而代体宾语则提供出跟常规宾语有关的一个新信息”，“如果不能提供新的信息，代体宾语不能成立，宾语的代入现象就显得滑稽可笑”。文中不仅明确提出“提供新信息”是“代体宾语”成立的条件之一，而且已很清楚地涉及“常规宾语”和“代体宾语”的“隐、显”关系。从文中论述不难看出，常规宾语的“不言而喻”(即信息价值下降)和“代体宾语”的信息增值(即在认知图式中的突显度增加)，“一隐一显”，应是“代体宾语”得以形成的不可或缺的条件。刘丹青(1995：11，15)则从语言类型学的视角述及汉语宾语类型多样化的问题，认为“在语用优先的汉语中句子格局受语用的制约特别大”，“在宏观体系的层次，语用优先可能是汉语语法学方法论的必然选择”。汉语作为注重话题型语言的观点已得到普遍认同，而“根据全息理论，事物的某个部分的结构和特性，往往映现该事物整体的结构与特性。语言具有全息性，例如汉语语法中构词法、短语、复句具有类似的组合方式和组合关系。因此，汉语在主语-话题问题上的语用优先，也应当是整个汉语语法语用优先的全息映现”。“话题”和“焦点”当为两个最重要的语用概念，汉语“在主语-话题问题上的语用优先”同在“宾语-焦点问题上的语用优先”应是相辅相成的。也就是说，汉语在主位成分的选择上，语用上的话题优先于句法上的主语；在宾位成分的选择上，语用上的焦点优先于句法上的宾语。在此，我们姑且不论汉语是否存在单纯句法上的主语和宾语，是否存在语用上的话题、焦点与句法上的主语、宾语分裂的问题，单就从“传通功能”的角度考虑汉语“句子的格局、句子基本结构的分析方法和生成句子的条件”而言，刘丹青(1995)的主张对汉语句法结构特别是动宾结构的多义现象还是很有解释力的。文中的“语用”即“语法的传通功能”及“表达传通意义”的语法手段，也就是指语言传递信息的功能及句子成分的信息特征对句子总体格局的制约作用。此外，张云秋、王馥芳(2005：25－6)等也把“功能因素引入了制约语法输出形式的限制条件内”，认为“汉语动宾结构宾语位置上的语义角色输出限制至少包括四个，即论元匹配制约、句法

---

① 邢福义(1991)指出，事物和动作之间存在着一种常规联系，“这种常规联系为说汉语的人共同认识和共同接受”。一般来说，“饭”和“吃”、“水”和“喝”、“床”和“睡”、“房间”和“住”之间的联系无疑就属于这种常规联系。

制约、焦点原则制约以及经济原则制约，可以把前两者看作忠实性限制条件，把后者看作标记性限制条件”，“汉语动宾结构宾语位置上非典型受事成分的出现实质上是忠实性限制条件和标记性限制条件互相冲突、相互妥协的结果”。将限制“宾语位置上的语义角色输出”的因素归结为四个条件，并将其剥离开来、置于并存等立的地位，是我们所不能认同的。不过，张云秋、王馥芳(2005)强调功能动因即焦点原则、经济原则为汉语动宾结构“过度使用”、宾语类型多样化的主要促发因素，则同我们的看法是相通的。

汉语组词成句的主要语法手段是语序，将话题与焦点分置于句首与句末，依循从已知到未知的“线性增量原则”安排结构，是汉语很重要的句法倾向。句末是自然焦点所在，把重要的信息放在句末，也就是汉语这样的SVO语言的宾语位置上，是非常合乎语言表达的经济原则的。从外部功能的层面上看，汉语动宾结构的语义关系极为复杂，宾语类型极为多样，正是焦点化需要和语言表达的经济原则共同作用的结果，是“语用”因素决定汉语句子格局的体现；从内在的生成机制的层面上看，焦点无疑就是认知图式中最值得聚焦的“一点”，是认知显著度和信息价值较高的“一点”，是对整体最具表述力的部分，以这样的部分代表整体，整体才会得到准确、充分地表现。同时，汉语的形式手段较少，句法成分的实现不必受到严格的形式规则的制约，应当说也是汉语动宾结构极具能产性、开放性的一个条件。

4. 其他典型事例

4.1 “正反同义结构”形成的认知根源和语用动因

实际上，汉语句法结构的生成重视结构成分的认知显著度和信息价值，重视部分对整体的表述功能，从而使得句法结构极具语义兼容力的特点，在动宾结构之外的其他句法结构中也有体现。譬如，由修饰成分和被修饰成分组成的偏正结构的多义性就是十分突出的，甚至有时修饰成分和被修饰成分之间的语义关系是难以言明的，“正反同义结构”可谓是其中最能说明问题的一类结构。

所谓正反同义结构主要是指肯定形式和否定形式的语义基本相同的一类特殊语言结构①，例如，“差点儿VP”和“差点儿没VP”、“难免VP”和“难免不VP”、“VP之前”和“没VP之前”等等。对此类特殊的语言结构，研究者曾从不同的角度加以阐释(王灿龙2004；江蓝生2008)。其中，江蓝生(2008)的阐释应是比较全面、深入的。从结构内在的生成机制到外在的表义功能，从共时平面的语用动因到历时平面的句式渊源，该文均有详细阐述，特别是对我们所关注的内部语义关系难以解释的否定式的构造方式及其同肯定式语义不对称的原因的说明，很有说服力。不过，该文在涉及认知根源的深层理据的发掘上，仍有值得讨论的地方。

江蓝生(2008)指出，正反同义结构中的否定式“是由语义具有同一性的正反两个概念表达式叠加整合而成的”，句式所附加的情态义就源自概念的叠加，亦即强调。至于“为什么表达不希望的事情(如‘摔倒’)时‘差点儿摔倒’跟‘没摔倒’发生了叠加，而表达希望的事情(如‘考上’)时‘差点儿考上’与‘没考上’没有发生叠加”，文章给出的答案是，“不如意的事情已经发生了，还从反向计量它离没有发生有多少距离(从已发生到未发生)通常是没有什么实际意义的。如果不希望的事情不幸而发生了，人们只要说它发生了就可以了，这是关注的焦点，不会管它离没有发生还有多少量的差别。例如一个人患了轻微的感冒，不会说自己‘差一点＋没感冒’，因为既然已经感冒了，再说‘差点儿＋没感冒’是毫无意义的”，“由于交际原则和语言逻辑的制约，当‘差点儿’修饰不希望的事情时，实际生活中只有正向表达的肯定式‘差点儿VP’，而没有与之相对应的反向表达式——原型否定式‘差点儿＋没VP’。原型否定式的缺位为叠合式(异构否定式)的出现留下了空间，叠合式只是肯定式的强调式，而不是真正意义上的否定式”。同样的道理，“在实际的话语交际中，当人们要表达离某一时间点或空间点还有多少距离时，总是以到达这个时间点或空间点为基准，而不是以没有达到这一基点为基准”，原型否定式(定中结构“没VP＋之前”)“不合语言逻辑，因而在语义上是不成立的”，这就为叠合式(没VP＋VP之前→没VP之前)的产生留下了句式空间。文章总结说，“我们用概念叠加和句式整合对汉语中的诸多正反同义结构的生成及语用动机作了统一的

① 这里所说的语义基本相同是指真值条件相同，而并未将认知因素、语用功能等考虑在内。

解释。这种解释不只适用于一两个正反同义结构，而是对几乎所有这类现象都具有简明的、可还原的说服力。当然，细分起来，以上各句产生的动因也有差别，'差点儿没 VP'和'没 VP 之前'是由原型否定式缺位引起的，'难免不 VP'是正反同义表达式因思维的断裂而把两种意念叠加在一起的"。总之，按江蓝生(2008)的分析，正反同义结构中的否定式应为叠合式结构，是概念叠加和句式整合的结果，而原型否定式的缺位则是某些叠合式得以运用的原因。可是，在我们看来，原型否定式的缺位只能算是此类否定式得以运用的外在句法条件，而非真正的内在生成动因。事实上，语言中的句法缺位并不罕见，句法缺位也并不是都能填充，在已有表述同一事象并且合乎其量逻辑语义关系的肯定式存在的情况下，说话人为何还要采用有悖逻辑语义关系的否定式呢？确如该文所指出的，正反同义结构中的"正式"(肯定式)和"反式"(否定式)并不是等值的，后者"在表达上独具特色"。例如，"差点儿没 VP"除了陈述 VP 几近发生但终未发生的事实之外，还表达了"后怕、庆幸"的情感；"难免不 VP"除了表述 VP 的发生不可避免的事实之外，还表达了"释然、无奈"的情感。"差点儿没 VP"和"难免不 VP"所表达的情感虽然有所不同，但有一点却是相同的，即结构中的 VP 都是说话人所不希望发生的事情，或者说"没 VP"和"不 VP"其实都是说话人的期盼，"期盼"无疑是极其强烈的心理意愿，其在语言认知中的突显度应是不言而喻的。"没 VP 之前"与"VP 之前"的表义功能的区别更明显，与后者单纯表明时间有所不同，前者含有强调"没 VP"所表示的状态和条件的意味，二者常常是不宜互换的(王灿龙 2004；江蓝生 2008)。由此可见，"没(不)VP"在整个认知图式中处于异常突显的地位，应是正反同义结构中的否定式的共同特征，我们理应于此寻求此类结构的生成理据。

如前所述，江蓝生(2008)指出，正反同义结构中的否定式为概念叠加和句式整合的结果，而"所谓概念叠加，其实就是人脑对某一概念的正反两个角度的表达方式的叠加，或曰两种心理意象的叠合。当说话人使用其中一种表述方法时，脑中又浮现出与之意思基本相同的另一种表达方式，从而在某种语用意图的促动下把两种意念叠加在了一起。基于经济原则和句法规则的约束，概念不能简单叠加，需要在结构上进行整合，使之既简约又能在表层结构上与汉语语法的原型式兼容"。在语言结构生成的层面上，这是我们所能接受的结论。然而，即便是循此思路考虑问题，我们还是要问，为何在此类结构的生成中概念会发生叠加？促发概念叠加的深层动因和认知理据究竟何在？我们认为，正反同义结构中否定式的生成，均可归因于"没(不)VP"的认知显著度极高，以致常会自动"弹出"，成为语言认知中前景化意象，甚至会使说话人不得不中断思维的链条，将其同另一个同样突显的意象组合在一起，表述整个图式。正是由于"没(不)VP"得到了超乎思维逻辑的强调，否定式才会形成肯定式所不具备的表义功能，才会产生特殊的情态义。前面所提到的几类否定式可以据此得到统一解释，其生成机制并无本质差异。

4.2 "反义"形式的"同义"成分及语言交际中的口误现象

除了以上正反同义结构之外，汉语中还有一些对我们所讨论的问题颇具说服力的反义形式的同义结构，如"地上"和"地下"①、"生前"和"死前"等等。值得注意的是，"地下"和"生前"虽常被看作偏正结构，但其内部语义关系却无法按修饰限制关系去理解，即"地下"并不是"地的下面"之意，"生前"并不是"生存之前"之意。简而言之，"地下、生前"同前述正反同义结构中的否定式的生成动因和理据是基本一致的。"地下"是指地面，其指称对象客观地说是"地"，从说话人的视点来看则为"下"。"下"是与语言视点有关的意象，"地"和"下"虽未直接发生语义关系，却属于同一个图式，是同一个图式中最为突显的两个意象。"生前"是指"死者还活着的时候"，"生"是"生存"的意思，是"活着"的客观表述；"生"先于"死"，如以"死"为视点看"生"(追述"死者还活着的时候"的情况，理应将视点置于当下时点——"死后")，"生"自然为"前"。"前"是相对于作为语言视点的"死"而言的，是认知显著度极高的主观化意象。说话人把客观的"生"与主观的"前"组合在一起，表述"死者还活着的时候"，是以两个同样突显但彼此之间并无直接语义关系的意象代表一个图式。当然，"地上"和"地下"、"死前"和"生前"被看作同义形式，也只是说二者的真值条件趋同，并不意味着二者就是等值的。在实际运用中，"地上"和"地下"、"死前"和"生前"的语义和语用差别还是很大的(邢福义 2003；任鹰 2007)，这同前文正反同义结构的情况大体相同。

"差点儿没 VP、难免不 VP、没 VP 之前、地下、生前"等内部语义关系难以分析，因而被视为带有一定特异性

---

① 对"地下"有两种解读，这里所说的"地下"不是"地下停车场"的"地下"，而是"扔到地下"的"地下"("下"要轻读)。

的语言结构，是因为这类结构可以作为典型例证，证明认知显著度高、对整体表述价值大的要素很容易在概念结构中得到突显，在语言结构中被前景化。作为更极端的例证，还应说到语言交际中的口误现象。口误现象无非就是说错了"词儿"，从语言认知的角度来看，口误的出现也并非是毫无理据的。说错的"词儿"所表述的概念，对于说话人来说通常都是比较重要的意象，是说话人所急于表达的内容。正是由于其突显度极高，所以就难以在语言认知和表述中受到抑制，就会"不合时宜"地在说话人的脑海中浮现，会脱口而出①。口误几乎都是在不假思索中说出的，反映的是思维的下意识或称无意识状态。因此，这种特殊的语言交际现象有助于我们了解排除逻辑思维及其他理性因素时的语言认知状况。

4.3 小结

种种语言事实表明，从场景到图式，从概念结构到语言结构，是从一个整体到另一个整体，部分在整体中的地位、部分与整体的关系制约着部分亦即结构成分的提取方式。而且越是在即时性的口语表达中，部分的突显度就越重要，优先提取认知显著度高、表述价值大的部分表述整体的倾向就越突出。

最后，我们再回到问题的提出——对动宾结构生成理据的认识上。同动宾结构相比，偏正结构的概念一体化程度往往更高一些，成分之间的联系更紧密、直接一些。如果说偏正结构所对应的大都是要素简单的直线图式，那么动宾结构所对应的则多为要素复杂的立体图式；与此相关，如果说在偏正结构的生成中，说话人的思维可做单向推移，那么在动宾结构的生成中，说话人的思维则会以多维多向的形式展开。在偏正结构所对应的直线图式中，修饰成分与被修饰成分之间的关系往往是单一的、确定的，没有太多的备选项可供选择。正因如此，在正反同义结构否定式的生成中，人们才会感到思维链条的断裂，才会认为其语义关系异乎寻常。相反，在动宾结构所对应的立体图式中，动词所表示的动作行为往往会同时涉及多个要素，即有多个配项，至少是从理论上说，各要素/配项皆有可能作为焦点成分进入句末宾语位置。正是由于宾语的备选项是多元的，说话人的思维是非链条式的，所以无论是选择受事类常规宾语，还是其他非常规宾语，甚至是与动词的语义关系无法言明的特殊宾语，人们一般都不会感到思维链条的断裂，也很少认为其语义关系是异乎寻常的。

5. 结语及余论

综上所述，某些动宾结构的语义关系的分析，某些宾语成分的语义类型的确认，之所以会成为汉语语法研究的难题，从根源上说，就是因为语言结构分析理念与语言结构生成理据之间存有抵牾。我们所采用的分析方法以系统整体论为哲学观与方法论，其理论出发点便是部分先于整体而存在，整体由部分构成，即语言结构由语言成分按其内在的语义关联组合而成；整体均可分解为部分，部分则可还原为整体，即语言结构成分之间的关系都是可以分析的。然而，事实上，语言结构的生成与其说是从部分到整体，不如说是从一个整体（概念结构）到另一个整体（语言结构），语言结构成分在语言结构生成之前，已是语言结构所对应的概念结构中的部分，部分在这一整体中的地位、部分对整体的表述价值，决定着部分即结构成分的提取方式。同时，汉语句法成分的实现不必在形式上受到严格的"赋格"规则的制约，客观上也使得宾位成分的选择更为灵活。汉语作为"尾焦点"（end focus）型语言的线性增量特征及动宾结构的开放性、能产性特点，均源自其句法结构的生成是以部分表述整体而非以部分构成整体的深层机制与理据。推而广之，汉语句法结构的生成注重部分的突显度，注重部分同整体的关系，应是汉语各类句法结构的语义兼容能力极强、句法关系与语义关系相对疏离的根本原因，"正反同义结构"的否定式等语义关系难以解释的句法结构，便是其中比较典型或者说比较极端的例证。就其深层机制而言，汉语句法结构的生成同新的整体观——生成整体论思想是相契合的。生成整体论的兴起无疑为包括现代语言学理论在内的现代科学理论的更新和发展提供了新的契机，也势必会为我们重新认识汉语动宾结构的特点乃至各类句法结构的生

① 我们在网上常能看到有趣的口误实例。例如，早上上班，发现自行车轮胎没气了，于是想叫妈妈帮忙推到门外打一下气，结果就说"把我的轮胎推出去"。在 KTV 点歌，一女孩大声喊"给我点一首周截棍的'双杰伦'"。驾照考试快结束了，考官说"前方停车"，结果不料前面有一个消火栓。学员很惊恐地回道"报告消火栓，前方不能停车"。一男生走进面馆很酷地把头发一甩："老板，二两葱不要米线！"完了还加一句"多下点米线啊！"。上述实例中说错了的"词儿"，无一不是当时说话人头脑中最为突显的意象。

成理据、语言认知的内在机制等，提供新的理论视角。

值得注意的是，据我们初步了解，其他一些同汉语相似的、形式手段相对简单的孤立语，也大都具有句法结构所包容的语义关系，即句法成分的语义类型较为多样的特点，动宾结构的开放性、能产性的程度也都相对较高。语言是一个各种要素相互制衡的系统，语言手段往往会通过此消彼长维护自身的均衡与效率，因此，一种语言在某个方面所具有的特点通常都不是孤立的、偶然的，而是成系统的、可预测的，是语言总体面貌的"全息映现"。在此意义上可以说，汉语动宾结构的特点或许就是具有语言类型学意义的特征，是汉语语法特点的集中体现。

胡建华(2007：163－8)"从格标的角度对汉语与英语等语言在主宾语实现上的差异"进行探讨，对"现代汉语为什么与英、日、韩等语言相比在主宾语题元的选择上具有较大的自由度"的深层理据做出阐释，提出"语言间的一个重要差异就是 NP 是否需要通过赋格来允准；语言可以分格标语言与非格标语言"，"在格标语言中，NP 只有被赋格才可以得到允准，而在非格标语言中，NP 可以不通过赋格来得到允准。由于非格标语言中占据主宾语这类 GF 位置的 NP 无格，动词的题元可以不按常规释放，NP 可以不通过占据题元位置来获得题元，所占据的句位可以不是题元位置。主宾语如果不占据题元位置，就可以不是论元"，"现代汉语主宾语的选择自由正是源自这一格标效应"，"在非格标语言中，NP 的允准和解读并不完全取决于句法，而是由句法-语义-语用的接口机制来决定"。在我们看来，虽然以汉语和英语为例说明"非格标语言"与"格标语言"的差异，或许会有不尽合理之处，不过这并不影响对问题的总体看法的价值。姑且不论人类语言是否会有"格标"甚至是"格"的类型差异，至少可以说"格标"越明确，句法成分(主要是指主宾语)对语义格的选择就越倾向于严格，宾语的语义类型就越倾向于简单。科姆里(1989：86－99)在论述语言类型问题时，就曾提及英语和俄语在语义角色和语法关系的相互作用方面存在差异：在英语中，一种特定的语法关系可以表示不同的语义角色；而在俄语中，不同的语义角色必须用不同的形态标记标明。与英语相比，俄语的句法和语义的差异范围较小，语法关系和语义角色之间的关系较为密切。如前所述，汉语语法手段应与英语较为接近。对英语和俄语差异的说明，似也同样适用于汉语同其他形式标志较为显著的语言的对比，如汉语和日语。简单地说，日语最重要的形式标志为格助词，俄语最为重要的形式标志是形态变化，英语的形式标志除了语序之外，还有形态及形态变化，汉语的形式标志则基本为语序。相比较而言，格助词和形态标记的数目要多于句位，其外在标示作用要强于语序，也就是说，在上述几种语言中，日语和俄语的"格标"较为明确，英语次之，汉语"格标"的复杂度和明确度则要低于其他三种语言。同时，据我们所知，日、俄语宾语的语义类型较为简单，英语宾语的语义类型要相对复杂一些，汉语宾语的语义类型最为多样，为此，在把汉语翻译为其他语言时，动宾结构常常无法直接对译。例如，在汉译日时，宾语常会分化为を格成分(宾语)、に格成分、で格成分，甚至是が格成分(主语)。以上看法只是我们对问题的初步认识，对此我们还将在相关研究的基础上再做进一步考察①。

References [引用文献]

Chen, J. (陈建民). 1986. *Sentence Patterns in Modern Chinese*. Beijing: Language and Culture Press. [1996,《现代汉语句型论》。北京：语文出版社。]

① 需要说明的是，完成初稿后又读到胡建华(2010)，受到很多启发。该文在胡建华(2007)提出现代汉语应为"无格标"语言，即"主宾语在句子中的实现似乎不仅不受动词题元角色选择，而且也不受论元结构的制约"的基础上，进一步指出，"汉语句法成分表现出无选择性"，"这种无选择性与汉语是无格语言有关"。"格的一个作用就是区分句法成分，汉语没有格，区分句法成分就无法使用差分格标策略"，"但显然句法成分是需要某种方法来区分，否则很多情况下句子的解读无法进行。在这种情况下，显著性在语法运算中的作用就凸现出来了。因此，显著性是汉语句法成分差分标记的一种手段""对于汉语这样没有格标的语言，句法成分的确认需要一种不同的差分标记策略。这一策略就是句法-语义-信息结构接口上运作的显著性以及显著性与局部性之间的交互作用"。虽然该文所说的"显著性"同拙文所述及的"部分对整体的表述价值"及"部分的突显度"的含义不尽一致，但基本思路是相通的；文中强调信息结构对汉语句法结构生成的制约和投射作用，更是同我们对问题的看法有着异曲同工之处。该文有关汉语为无格语言的主张，则使我们更加感到有必要从语言类型的角度深入思考汉语句法机构的多义性理据乃至生成机制问题。归结起来，汉语句法结构具有多义性，汉语句法结构本质上为信息结构，汉语为语用型语言，汉语为无格语言，都是人们对汉语语法特征的描述，上述特征应为相关联且有一定因果逻辑的特征，究竟孰为因孰为果，这些特征是否为孤立型语言所共有，是值得探讨的具有一定类型学价值的问题。对此，我们将另文讨论。

Comrie, Bernard(科姆里,伯纳德,沈家煊译). 1989.《语言共性和语言类型》。北京：华夏出版社。原著：1981. *Language Universals and Linguistic Typology*. Oxford: Blackwell.

Cui, X. (崔希亮). 2001. The spatial and locative scenes and the argument dominance in Chinese. *Chinese Teaching in the World* 4: 3-11. [2001,汉语空间方位场景与论元的凸显。《世界汉语教学》第4期,3-11页。]

Dowty, D. 1991. Thematic proto-roles and argument selection. *Language* 67,3: 547-619.

フィルモア,チャールズ・J.(Fillmore, C.J.)著,田中美春、船城道雄译,1975,《格文法の原理——言語の意味と構造》。東京：三省堂。原著：1968. The case for case. In E. Back and R.T. Harms, eds., *Universals in Linguistic Theory*. Pp. 1-88. New York: Holt, Rinehalt & Winston.

Hu, J. (胡建华). 2007. Theta-roles, arguments, and GF: Case-marking effect and language Variation. *Foreign Language Teaching and Research* 3: 163-8. [2007,题元、论元和语法功能项——格标效应与语言差异。《外语教学与研究》第3期,163-8页。]

——. 2010. The distribution and selection of arguments: Prominence and locality in grammar. *Studies of the Chinese Language* 1: 3-20. [2010,论元的分布与选择——语法中的显著性和局部性。《中国语文》第1期,3-20页。]

Jiang, L. (江蓝生). 2008. Semantic accumulation and constructional integration: An explanation on the asymmetry between affirmation and negation. *Studies of the Chinese Language* 6: 483-97.[2008,概念叠加与构式整合——肯定与否定不对称的解释。《中国语文》第6期,483-97页。]

Jin, W. (金吾伦). 2006. From systematic holism to generative holism. Workshop: On the Forefront Issues in Philosophy of Science and Technology, second meeting (Nov. 16th). *Science Times*, Section B03, Nov. 30th. [2006,从系统整体论到生成整体论。科技哲学前沿问题研讨会(班)第二次会议(11月16日)。科学时报2006年11月30日第B03版。]

Liu, D. (刘丹青). 1995. The priority of semantics or the priority of ragmatics: Thoughts on the construction of Chinese grammar system. *Linguistic Researches* 2: 10-5. [1995,语义优先还是语用优先——汉语语法学体系建设断想。《语文研究》第2期,10-5页。]

Liu, D. and Xu, L. (刘丹青、徐烈炯). 1998. Focus and background, topic and the "*lian*" construction in Chinese. *Studies of the Chinese Language* 4: 243-52. [1998,焦点与背景、话题及汉语"连"字句。《中国语文》第4期,243-52页。]

Liu, T. (刘探宙). 2009. The phenomenon of unergative intransitive verbs taking objects. *Studies of the Chinese Language* 2: 110-9. [2009,一元非作格动词带宾语现象。《中国语文》第2期,110-9页。]

Liu, X. (刘啸霆). 2007. The form and value of holism. *Guangming Daily*, Section 11: Theory Weekly Nov. 18th. [2007,整体论的形态及其价值。《光明日报》9月18日,第11版理论周刊。]

Lu, B. (陆丙甫). 1998. Analyzing syntactic relation using semantics and pragmatics. *Studies of the Chinese Language* 5,353-67. [1998,从语义、语用看语法形式的实质。《中国语文》第5期,353-67页。]

——. 2001. On linguistic functional analysis from the perspective of object marker distribution, *Contemporary Linguistics* 4: 253-63. [2001,从宾语标记的分布看语言类型学的功能分析。《当代语言学》第4期,253-63页。]

Lǚ, S. (吕叔湘). 1980. *Regarding the Chinese language*. Beijing: SDX Joint Publishing Company.[1980,《语文常谈》,北京：生活.读书.新知三联书店。]

Qian, N. (钱乃荣),ed. 1990. *Modern Chinese*. Beijing: Higher Education Press. [1990,《现代汉语》。高等教育出版社。]

Ren, Y. (任鹰). 2007. Realization of verb meanings in certain Chinese constructions with reference to the verb-object semantic relation in VO constructions. *Studies of the Chinese Language* 4: 419-30. [2007,动词词义在结构中的游移与实现——兼议动宾结构的语义关系问题。《中国语文》2007年第5期,419-30页。]

Shen, J. (沈家煊). 2007. Grammar and cognition: Conceptual integration and emergent meaning. Chinese Academy of Social Sciences Symposium (Jul. 17th) [2007,语法与认知：概念整合与浮现意义。中国社会科学院学术报告会(7月17日)。]

Sugimura, H. (杉村博文). 2006. The phenomenon and instance in VN structure. *Chinese Linguistics* 1: 59-63. [2006,VN形式里的"现象"和"事例"。《汉语学报》第1期,59-63页。]

テイラー,ジョン・R.(Taylor, J.R.)著,辻幸夫、鍋島弘治朗、篠原俊吾、菅井三実译,1996,《認知言語学のための14章》。東京：紀伊国屋書店。原著：1989. *Linguistic Categorization: Prototypes in Linguistic Theory*. Oxford: Clarendon Press.

Wang, C. (王灿龙). 2004. "VP-*zhiqian*" and "not VP-*zhiqian*". *Studies of the Chinese Language* 5: 430-9. [2004,说"VP"之前与"没(有)VP之前"。《中国语文》第5期,430-9页。]

Xing, F. (邢福义). 1991. Observation on object-introduction in Chinese. *Chinese Teaching in the World* 2,76-84. [1991,汉语里宾

语代人现象之观察。《世界汉语教学》第 2 期，76 - 84 页。]
——. 1997. The compatibility and simplification of Chinese grammatical structure. *Chinese Teaching in the World* 3: 3 - 8. [1997，汉语语法结构的兼容性和趋简性。《世界汉语教学》第 3 期，3 - 8 页。]
——. 2003. Interpretation on the combinations *shengqian* and *siqian*. *Studies of the Chinese Language* 3: 205 - 10. [2003，说"生、死"与"前"的组合。《中国语文》第 3 期，205 - 10。]
Xu, J. (徐杰). 2001. *Grammatical Principles and Grammatical Phenomena*. Beijing: Peking University Press. [2007，《普遍语法原则和汉语语法现象》。北京：北京大学出版社。]
Zhang, Y. and Wang F. (张云秋、王馥芳). 2005. An optimality theory approach to the overuse of patient markers. *Journal of Foreign Languages* 3: 22 - 8. [2005，受事标记过度使用的优选论解释。《外国语》第 3 期，22 - 8 页。]

任鹰，日本神户市外国语大学中文系　renying822@hotmail.com

（原载《当代语言学》2016 年第 1 期）

词类的类型学和汉语的词类*

沈家煊

提 要 语言类型学的研究从词法类型转移到词序类型，近年又有从词序类型进入词类类型的趋向。本文说明这种转移的内在逻辑，并对当前词类类型研究的情况择要作一介绍，像英语那样名词、动词、形容词、副词四分的词类格局其实在世界语言中并不占多数。本文还就汉语现在通行的词类系统存在的问题（包括理论问题和应用问题）加以分析，初步提出一种更加贴近汉语实际的词类系统。

关键词 词类 类型学 名动包含 语法化

1. "词法"类型，"词序"类型，"词类"类型

语言类型研究和语言共性研究可以说是同一件事情的两个方面，可以这样来理解：类型学是通过比较从结构特点上对语言进行分类；世界上的语言看上去结构千变万化，但是"万变不离其宗"，结构变异要受一定的限制，有些变异类型不可能出现，这种变异的限制就是语言的共性。因此，语言的类型研究和共性研究只是侧重面不同而已：共性研究主要关心语言类型的变化有哪些限制，而类型学主要关心语言有哪些不同的变化类型。但是，说有易，说无难，一时认为不可能有的语言类型不见得真的不存在，只是存在的时间比较短暂或者较为罕见而已。近年来国际语言学界出现"重视语言结构多样性"的趋向。曾经有一句流传很广的名言："按照乔姆斯基的说法，火星上来访的科学家一定得出结论，除了词汇互相听不懂，地球人说的是同一种语言"（Pinker 1994：232）。语言学的新动向是，很多人开始认识到，要找出语言真正的共性，应该要先充分了解语言结构的多样性，研究的重点应该从一致性转移到多样性上来，这方面可参看 Evans 和 Levinson（2009）发表在《行为和脑科学》杂志上的那篇重要文章。那句名言应该改为："火星上来访的科学家发现，地球上的生物多种多样，人类所操的语言也多种多样。"

19世纪的语言类型学，重点是研究"词法"类型，从"构词方式"这个变化参项着眼，将语言分为孤立语、粘着语、屈折语，或者分为分析语、综合语、多式综合语等类型。汉语划归孤立语或分析语类型，这是大家都熟知的。

20世纪的语言类型学不满足于词法的类型，从 Greenberg（1963）开始，研究重点从词法类型转移到"词序"类型，如动词和宾语的顺序分 VO 和 OV 两大类型，形容词和名词的顺序分 AN 和 NA 两大类型。研究者认为，词法类型只是对语言局部结构的分类，只观察一个变化参项，而词序类型着眼于多个变化参项及其之间的联系，是对一种语言整体结构的分类，更能反映不同语言的类型特点（Comrie 1981）。"蕴含共性"（implicational universals）是词序类型学中最重要的概念，它能说明语言类型变异所受的普遍限制，其表述形式为 P→Q。例如，"如果一种语言的名词（N）位于指代词（Dem）之前，那么名词也位于关系小句（Rel）之前"，用逻辑上的蕴含式表示就是 NDem→NRel。这个蕴含式在逻辑上肯定了可能有的四种词序中的三种，即（1）NRel & NDem，（2）NRel & DemN，（3）RelN & DemN，而排除第（4）种 RelN & NDem。这就对可能有的语言类型作出了限制，这种限制被认为是一种语言共性。

---

* 本文是在"中国中文信息学会2014年学术年会暨理事会"（北京，中国科技会堂）的特邀报告，原题为"语言类型学：词法，词序，词类"。

近年来类型学的研究又从“词序”类型进入“词类”类型。个中的原因是，讲“词序”其实是在讲概括的“词类顺序”，而随着研究的深入，一个先天不足的问题就逐渐暴露出来，也就是“词类”和“句法成分类”的关系没有厘清。例如常说的SVO(主动宾)和SOV(主宾动)其实是词类(动词)和句法成分类(主语宾语)混杂在一起的，这对于英语和其他一些印欧语来说问题不大，因为这些语言的词类和句法成分类是大致对应的。拿英语来讲，名词对应主宾语，动词对应谓语，形容词对应定语，副词对应状语。然而汉语不同，正如朱德熙(1985：4,64)指出的，汉语的词类和句法成分之间缺乏一一对应的关系。“生成语法”刚刚兴起的时候，朱德熙就敏锐地指出，它那条最基本的句子转写规则 S→NP+VP 在汉语里“是行不通的”，汉语的事实是：

S→NP+VP　　　我不去。|卖菜的来了。

S→NP+NP　　　小王上海人。|这本书他的。

S→VP+VP　　　光哭没用。|不撞墙不罢休。

S→VP+NP　　　逃，孱头。|不死(今年)一百岁。

这就穷尽了NP和VP加合成句的所有可能。对汉语进行“形式语法”的研究很有必要，但是在开始这种研究之前，最好对这个问题有个说得过去的交代。另外，从陈承泽到赵元任再到朱德熙，汉语语法学界都已经承认汉语的主谓结构可以做谓语，如“象鼻子长、她肚子大了”，那就还需要有一条 S→NP+S′(NP-VP)规则，而现行的词序类型学框架却容不下这条规则。那么“羊肉我不吃”这一句，词序到底算是OSV还是SSV呢？

跟这个问题相联系，S、O、V、N、A这些范畴的内涵和外延在语言之间其实有很大的差异，不能一概而论。例如汉语S涵盖的范围要比英语的S大，“今年一百岁”，“今年”是主语，这在英语里就要算作状语了。英语的V只能做谓语，做主宾语的时候要“名词化”或变为非限定形式，而汉语的V几乎都可以做主宾语，做主宾语的时候还是动词，并没有“名词化”，例如：

打是疼，骂是爱。

吃有吃相，站有站相。

不要理睬她的大哭大闹。

我不怕比，比就比。

广州的吃全国第一，但是他在吃上不讲究。

你快决定吃(进)还是抛(出)。

(出)卖还是(出)租要先想好。

你找老婆是找妈还是找抽？抽你没商量。

她终于离婚了？我想是，是就好。

有总比没有好，大家还是想有。

即便是十分抽象的动词“是”和“有”也是如此。跟这个事实直接相关联的是，汉语的A(形容词)不仅修饰名词做定语，也修饰动词做状语，例如“快车”和“快跑”的“快”是同一个“快”，不像英语的A基本上只修饰名词做定语，如要修饰动词做状语，就要加词缀-ly变为副词。

再说定语和中心语的语序。在汉语的许多方言里，“公鸡”说成“鸡公”，同类例子很多。“鸡公”到底是定语在后还是定语在前？如果是定语在后就得承认汉语除了AN还有NA词序，现在多数人认为还是定语在前，那就是形容词A可以充当NP的中心。另外，按照朱德照(1985：6)的观点，汉语里名词修饰名词是常态，形容词特别是单音形容词做定语反而很受限制，例如说“红脸”不说“凉脸”，说“白的手”不说“白手”。特别是汉语的“的”字结构做定语，如：

我的书　穷的爸爸　他买的衣服

朱德熙极有洞见地指出，做定语的“的”字结构其性质是NP，整个短语的结构是NP+NP。这意味着，“我的”不是相当于英语的my而是mine，“穷的”不是相当于英语的poor而是the poor，“他买的”不是相当于英语的that he bought而是what he bought。

N、V、A三大实词类两两组合成定中结构的名词性短语，一共有九种可能，在汉语里全都成立：

A+N	伟大国家	鲜红玫瑰	高雅艺术	美丽姑娘
N+N	石油国家	血汗工厂	短语结构	人物形象
V+N	出租汽车	养殖对虾	抗日青年	表现方式
N+A	视觉疲劳	海派机敏	生活便利	政治敏感
N+V	汽车出租	房屋补贴	经济支援	细节描述
A+V	严厉批评	野蛮搬家	平等交涉	夸张描写
V+A	审视疲劳	相亲恐惧	赶稿焦虑	面试紧张
A+A	虚假健康	平均富裕	普通肥大	难得糊涂
V+V	租售管理	搬家补助	坠机调查	代理记账

这意味着对汉语来说,有规则等于没有规则。有的计算语言学家想把A+V或V+N里的V标写为N(黄昌宁等2009),这样做的用意很容易理解,因为他们还不想放弃规则,相反对存在的问题毫不在乎是不正常的。

还有所谓关系从句和中心名词的语序NRel和RelN,按照现行的类型学理论,凡是SVO词序的语言,关系小句一律位于它所修饰的中心名词之后,但汉语是唯一例外(吴福祥2012),几次大规模的世界语言调查都得出这个结果。汉语跟英语一样是SVO语言,例如英语说He is a man *you can safely depend on*,关系小句后置,而汉语说"他是一个你可以信赖的人",关系小句前置。这使语言类型学家十分困惑,我们自己也说不出一个所以然来。其实这个问题跟Rel这个范畴的认定有关,上面这句话汉语更自然的表达是"他的为人,你可以信赖",汉语习惯用这样的方式来表达事物之间的联系,例如:

那位女同志,昨天来过了,怎么又来了?

他在找一个人,走路有点儿一拐一拐的,已经找了半天了。

杜十娘拿出一件件首饰,都是价值连城,统统投入江中。

每例含三个片段,按赵元任的说法都是"零句"(minor sentence),主谓不必齐全,按吕叔湘的说法是"流水句",似断还连。如果认为当中划线的片段都是补充说明前面NP的小句,那么也可以认为汉语后置Rel是常态,所谓汉语是例外的问题就根本不是一个真问题。

汉语面临这样一些问题,其他语言也多多少少有同样的问题。公平地说,词序类型研究取得了很大的成绩,揭示了一些重要的词序规律,特别是当调查语言的取样量很大的时候,上面所说的问题不怎么突出。但是研究要深入,这些问题汇聚到一起,不能不使人认为不同语言的"词类系统"有类型上的差别,这就是研究从词序类型进入词类类型的内在逻辑。从事词类类型研究的学者在探讨这样一种可能性:造成语言之间差异的根源之一是词类分合的差异,确定语言类型变异的一个重要参项是词类分合的参项。

2. 词类类型研究概况

2.1 跨语言词类比较的"阿姆斯特丹模型"

已经过世的著名功能语言学家Simon Dik的门生,集中在荷兰的阿姆斯特丹大学,他们提出一个跨语言词类比较的"阿姆斯特丹模型"(Hengeveld, et al. 2004; Rijkhoff and Lier 2013),这里作简要介绍。

这个模型先确定四个句法槽位:指称短语的核心、述谓短语的核心、指称短语的修饰语、述谓短语的修饰语,然后提出词类"专门化"的概念,即看一种语言中是否有一类词"直接"(不用变形)跟某个句法槽位相捆绑。英语是四个功能槽位都已经专门化了的语言,因此名词、动词、形容词、副词四大词类分立,例如:

The tall_A girl_N sings_V beautifully_{adv}.

这种类型的词类系统叫做分化(differentiated)系统,其中的每一类词都专门承担某一种句法功能。但是有大量的和英语不一样的词类系统,大体分为柔性(flexible)和刚性(rigid)两种。在柔性系统中,有的词类功能灵活,可以直接承担多个句法功能,即存在没有专门化的词类。比如土耳其语,有一类词在用作指称短语的核心(见1)、指称短语的修饰语(见2)、述谓短语的修饰语(见3)的时候,并没有形式上的差别。以güzel一词为例:

(1) **güzel**-im
beauty-1.POSS
'my beauty'

(2) **güzel** bir kopek
beauty ART dog
'a beautiful dog'

(3) **Güzel** konuş-tu-Ø.
beauty speak-PST-3.SG①
'S/he spoke well.'

在刚性系统中，每个词类都是专门化的，句法功能固定单一，但并非四个词类俱全，有的功能槽位硬是没有可以直接填入的词类。比如苏丹的Krongo语(尼罗-撒哈拉语系)，有动词和名词，但是没有形容词和方式副词。为了修饰指称短语的名词核心，不得不使用以动词(见4)为基础的关系小句(见5)。

(4) **Álímì** bìitì.
be.cold.M.IPFV water.
'The water is cold.'

(5) bìitì **ŋ-álímì**
water CONN-be.cold.M.IPFV
'cold water'(lit. 'water that is cold')

在(5)中，屈折动词形式álímì(冷)加粘着的系连语素ŋ-构成关系小句。"阿姆斯特丹模型"分出语言的词类系统有7种类型，各不相同，加上中间类型6种，共13种，具体可参看完权、沈家煊(2010)的介绍。

这个模型强调"专一"功能和"直接"形式，标准虽然严格，但是可操作性强。它使人们认识到，像英语那种"名词、动词、形容词、副词"四分的词类格局并不是人类语言普遍的、典型的词类格局，恰恰相反，这种格局是比较罕见的，各种语言的词类系统不仅不完全一致，而且有很大的差异。

在笔者看来，这个模型的主要问题，是没有完全摆脱印欧语"动词中心论"的约束，它假设述谓短语比指称短语更为基本。这个假设至少不完全符合语言事实。拿汉语来说，"他拼命跑，拼命跑才能赢"这一句，"拼命跑"既做述谓短语又做指称短语，而"他拼命跑"跟"他黄头发"、"他老实人"在形式上并没有区别，做谓语的"拼命跑"因此可以视为跟"黄头发、老实人"一样的指称语，只不过是指称动作行为而已。其实有不少语言的词类系统是以名词或指称语为主导的(见以下三小节)。另一个不足之处是，在判定具体语言的词类类型时，对自己不熟悉的语言缺乏深入的了解和准确的把握，只是依据一些参考语法书，而这类参考书的书写框架往往受印欧语观念的支配，并不可靠。例如他们在确定汉语词类类型的时候，根本不掌握汉语的动词除了做述谓短语的核心还可以做指称短语的核心这一重要事实。要弥补这个不足，必须对调查的语言有全面深入的了解，真正掌握这种语言的运作机制。

2.2　汤加语的名词和动词

词类类型的研究聚焦在名词和动词的分合上。是否所有的语言都区分名词和动词，这个问题历经一百多年的争论没有停息。近年来人们的认识有一个重要的进展，就是要把"有没有区分"和"怎么个区分法"区别开来，有名动区分也许是语言的共性，但是怎么个区分法可能有个别语言的类型特点。

《语言类型学》杂志创刊号上Broschart(1997)一文(另见Broschart and Dawuda 2004)，通过对汤加语(中太平洋的一种南岛语)长达五个月的实地调查，令人信服地证明，汤加语属于注重"词型-词例"二分的语言类型，而不是像印欧语那样注重"名词-动词"二分。文章产生很大的影响，成为从事词类类型研究的重要参考文献之一。

汤加语里大多数的词在词库里(作为"词型"，word type)看不出来是指称性的还是述谓性的，而到了语句里(成为"词例"，word token)加上冠词就都能做指称语，加上时体标记就都能做述谓语。例如：

(6) e　tangatá
ART.SPEC　人.DEF
那个人

e　'alú
ART.SPEC　去
那个去

(7) na'e　kata　(e　tangatá)
PAST　笑　ART.SPEC　人.DEF
(那个人)笑了。

'e　'uha
FUT　雨
要下雨。

① 本文例句和行文中出现的语法成分的缩写名词有：ABS=通格，ALL=向格，ART=冠词，BEG=起始态，CL=量词，CONN=系连词，DEF=定指，EMPH=强调标记，FUT=将来时，GEN=属格，LIM=限量标记，LNK=联系词，LOC=处所格，M.IPFV=阳性非完整体，NOM=主格，PAST=过去时，PL=复数，POSS=领有格，PST=现在时，PRST=存现助词，SG=单数，SPEC=特指，TAM=时体态。

词库里的 tangatá(人)和'alú(去)二词加上冠词 e(e 是专指冠词,还有一个非专指冠词 ha)都成为指称语,kata(笑)和'uha(雨)二词加上时体标记(na'e 是过去时标记,'e 是将来时标记)都成为述谓语。注意,汤加语词库的词(光杆词)如果不加冠词或时体标记就不能充当指称语或述谓语,加冠词和时体标记是强制性的。Broschart 特别提醒我们,'alú(去)并没有因为前加 e 而转化为名词,汤加语里没有什么"动词的名词化",因为所谓的"动词"几乎全都可以前加 e 做指称语。

(8) na'e 'alú (')a Sione ki kolo

PAST 去 ABS 肖纳 ALL 城

肖纳去城里了。

(9) ko e 'alú 'a Sione ki kolo

PRST ART 去 GEN.ALL Sione ALL 城

肖纳现正去城里呢。

(8)是'alú(去)加过去时标记 na'e 做述谓语,而在(9)里'alú 又加冠词 e 做指称语指称"去"这个动作,前面的 ko 是一个表存现的助词,意思相当于"有",'a 是领属格标记,相当于"的",句子的字面解读是"(现)有肖纳的去城里"。因为(8)里的(')a 可以视为'a 的变体,所以(8)也可以定性为由指称"肖纳的去城里"的指称短语加过去时标记组成,句子的字面解读是"曾有肖纳的去城里"。汤加语里一般认为是指称性的短语可以加时体标记做谓语,例如:

(10) 'oku fu'u fo'i 'ulu lanu pulu: 'a e kakaá

PST CL.大 CL.圆 头 颜色 蓝 ABS ART 鹦鹉.DEF

这只鹦鹉又圆又大的蓝脑袋。

Broschart 特别指出,起首的现在时标记'oku 并不是将一般认为是指称短语的 fu'u fo'i 'ulu lanu pulu:(又圆又大的蓝脑袋)转变为"长着又圆又大的蓝脑袋"这样的述谓语,它只是"将'又圆又大的蓝脑袋'跟当前场景中的某个指称对象'这只鹦鹉'在时间上联系起来"。从对应的汉语译句可以看出,(10)跟汉语的名词性成分做谓语的判断句如"小王黄头发"和"小张大学生了"相当,"黄头发"、"大学生"、"又圆又大的蓝脑袋"虽然做谓语(可以加"了"),但是"它本身仍旧是名词性成分"(朱德熙 1985: 47)。汤加语和汉语不一样的地方只是,汤加语必须有一个时体标记起联系作用,汉语不一定有这样的标记。

要问汤加语到底有没有名动区分,可以这样回答:词库里的词(词型)名动几乎不分,因为表示动作的词都能跟冠词相容,表示事物的词都能跟时体标记相容。进入句子后的词例是有指称和述谓的区别的,冠词和时体标记不能共现,加了时体标记不能再加冠词,加了冠词不能再加时体标记。不过,带时体标记的述谓短语都具有指称性,可以分析为指称短语,而带冠词的指称短语要用来述谓一件事情,就必须加一个表示"有"的存现助词 ko(见 9)。所以我们说,汤加语的词例是以"指称语包含述谓语"的"指述包含"格局作有限的名动区分,详细可参看沈家煊(2012b)。

图 1 汤加语型的名词主导格局

Broschart 把这种格局叫做"汤加语型的名词主导格局"(Tongan nominalism)。

2.3 他加禄语的名词和动词

受印欧语"动词中心论"的影响,从事菲律宾他加禄语(属南岛语)语法研究的人曾经认为,这种语言的动词有四种语态词缀(施事语态 AV,受事语态 PV,处所语态 LV,替事语态 CV),分别选择施事、受事、处所、替事四种不同的论元充当小句的主语。然而 Kaufman(2009)从生成语言学、历史语言学、语言类型学三个方面论证,这些所谓的动词语态词缀,其实都应该分析为名词性成分的附缀,因为这样的分析能在生成语法的理论框架内对名词短语的提取(extraction)限制做出简单统一的解释,而且跟这些词缀的历史来源相一致。例如,下面四句的英语翻译更接近于他加禄语本来的表达方式(ang 是主格标记,nang 是属格标记):

(11) a. k〈um〉áin nang=dagá ang=púsa

〈**AV**: BEG〉吃 GEN=耗子 NOM=猫

"The cat was the eater of a rat."

b. k〈in〉áin-ø　　nang＝púsa　　ang＝dagá

〈BEG〉吃-**PV**　　GEN＝猫　　NOM＝耗子

"The rat was the eaten one of the cat."

c. k〈in〉áin-an　　nang＝púsa　　nang＝dagá　　ang＝pinggan

〈BEG〉吃-**LV**　　GEN＝猫　　GEN＝耗子　　NOM ＝盘子

"The plate was the cat's eating place of the rat."

d. i-k〈in〉áin　　nang＝púsa　　nang＝dagá　　ang＝áso

CV-〈BEG〉吃　　GEN＝猫　　GEN＝耗子　　NOM＝狗

"The dog was the cat's 'eating benefactor' of the rat."

Kaufman 强调,这样的句子在他加禄语里是基础句式,不是派生而成的。跟英语比照,AV 缀相当于英语名词的施事缀-er,PV 缀相当于英语名词的受事缀-ee,只是英语名词没有相当于 LV 的处所缀和相当于 CV 的替事缀。这正是他加禄语等南岛语里所谓的语态词缀的实质。

不难发现这四个英语译句一句比一句不自然,不如翻译成自然的汉语"话题-说明"句:

(12) a. 猫,吃耗子的$_{AV}$。(表达"猫吃耗子"的意思)

b. 耗子,猫吃的$_{PV}$。(表达"耗子被猫吃"的意思)

c. 盘子,猫在那儿吃耗子的$_{LV}$。(表达"猫在盘子上吃耗子"的意思)

d. 狗,猫替它吃耗子的$_{CV}$。(表达"猫替狗吃耗子"的意思)

这四个汉语句子都是以"的"煞尾的名词性短语充当谓语的句子,系词隐而不显,因此都是用一个指称性谓语对话题加以说明。陆丙甫(2014)采用另一种译法,这里按他的意思做点改动,仿照古汉语用句末的"也"代替表示判断的"是":

(13) a. 涉及耗子的吃$_{AV}$,猫$_{施事}$也。

b. 涉及猫的吃$_{PV}$,耗子$_{受事}$也。

c. 涉及猫在那儿的吃$_{LV}$耗子,盘子$_{处所}$也。

d. 涉及猫替它的吃$_{CV}$耗子,狗$_{替事}$也。

句子也是 NP＋NP 的"话题-说明"格式,好处是保持他加禄语原来的语序,也符合信息结构"话题在先、说明在后"的一般规律。有意思的是,汉语一个统一的"的"既相当于他加禄语的属格标记 nang,又作为名词性短语的标记涵盖了他加禄语 AV、PV、LV、CV 四种词缀。这是汉语的简洁之处。

Kaufman 指出,他加禄语做谓语的动词短语其实都应该分析为名词短语,原因是,这种语言的词根都是名词性的,包括那些表示典型动作的词根。例如:

(14) dalawa＝ng　　**kuha**＝ngá＝lang　　nang＝i_isang　　ibon

two＝LNK　　take＝EMPH＝only　　GEN＝LIM_one　　bird

two takes (photos) of only one bird

(15) saan　　ang＝**lákad**＝mo　　ngayong　　gabi

where　　NOM＝walk＝2S.GEN　　now: LNK　　night

Where is your walk tonight?

(14)表动作的词根 kuha(照(相))受数量词的修饰,nang 是属格标记,好比汉语说"一鸭的两吃",他加禄语是用"一鸟的两照"来表达"一只鸟照了两次"的意思。(15)表动作的词根 lákad(走)带有通常名词带的数-格标记,是用"你今晚哪儿的一走?"来表达"你今晚到哪儿散步?"。这一点还可以从掺杂外语借词的语句和掺杂他加禄语词的洋泾浜英语看出来:

(16) a. mag-*ice-cream*　　b. mag-*basketbol*

AV-ice-cream　　AV-basketball

eat ice cream　　play basketball

(17) a. mag-*trabaho*　　　　　　b. *p*⟨um⟩*arada*

AV-work　　　　　　　　⟨AV⟩stop

to work　　　　　　　　to park

(16)是他加禄语借用英语和西班牙语的名词 ice-cream(冰激凌)和 basketbol(篮球)(没有对应的动词)加上 AV 标记做述谓语,(17)是借用西班牙语的名词 trabaho(工作)和 parada(停靠)(有对应的动词)加 AV 标记做谓语。汉语也有类似的情形,例如:

(18) 你 iphone 了吗?

你 3G 了吗?

我也 blog 了。

(19) 你 parking 好了吗?

你今天 swimming 了吗?

(18)借用英语的名词 iphone、3G、blog 加"了"做述谓语,这与其说是名词临时用作动词的修辞用法,不如说是汉语里由动词充任的述谓语本来就具有名词性,因为这样说的人多半不知道这些英语借词是名词还是动词。(19)在明知英语有动词 park 和 swim 的情形下却还用它们的名词形式,这就更说明问题。

(20) Let's make *pasok* ('enter') *na* to our class! (我们进教室吧!)

Wait *lang*! I'm making *kain* ('eat') *pa*! (等一等,我正在吃呢!)

Come on *na*, we can't make *hintay* ('wait') anymore! (快点,我们不能再等!)

这是掺杂他加禄语词的洋泾浜英语,情形正好跟上面相反,因为表示"进、吃、等"等动作的词根 pasok, kain, hintay 有名词性,所以插入英语句子的时候要前加一个动词 make。掺杂汉语词的洋泾浜英语也有类似的情况,特别是遇到一些不好翻译的汉语动词的时候:

(21) We can't make *zheteng* (折腾) anymore! (我们不能再折腾了!)

Let's do some *zouxue*(走穴), too! (我们也去走走穴吧!)

He is doing *huyou* (忽悠) again! (他又在忽悠了!)

经常是先这么权宜地一说,接着尽量对"折腾、走穴、忽悠"这些词作些解释。如果不假设这些词有名词性,就很难说明为什么还要前加 make 或 do。

类似的情形见于进入日语的汉语词,表动作的汉语词不光是双音词,单音词(动词性强)也是加する(ずる,じる)才变成"用言",不加的时候是"体言",如"检阅する,解放する,爱する,念ずる,任じる"。进入韩语的汉语词也一样,如"建设"加-hada(做)才能做谓语。

原来以为是动词性的词根其实是名词性的,原来以为是动词的语态词缀原来是名词的附缀,这是他加禄语的"名词主导"格局,而且这个结论是在"生成语法"的理论框架内得出的(沈家煌 2013a),其重要性不言而喻,《语言学理论》杂志第 35 卷第 1 期出了一个专辑,专门讨论 Kaufman 的这篇论文。

2.4 Larson 的"大名词"观

生成语法学派虽然大多持名词、动词、形容词三者分立的假设,但是 Larson,就是提出以他的名字命名的"拉森壳假说"(Larson's Shell Hypothesis)的那一位,提出汉语很可能跟一些伊朗语言一样,名词是一个包含动词和形容词在内的"大名词类"(super-noun category, Larson 2009)。

这个结论是根据生成语法的"格"(case)理论,拿汉语的"的"和一些伊朗语言的对当助词的比照得出的。在那些伊朗语言里,跟汉语"的"相当的助词叫 ezafe,在定中结构里它附着在中心名词之后,而不是像"的"附着在定语之后。例如,汉语说"铁石-的|心肠",现代波斯语里是"心肠- EZ|铁石"。这个 EZ 助词起核查"格"的作用,使前后名词性成分的"格"互相协调。已有的研究表明,对伊朗语言的 EZ 作这样的分析和定性在生成语法的理论框架里是合理的、简洁的。汉语里的助词"的"只是跟 EZ 附着方向相反,语法性质和作用是一样的。举例来说:

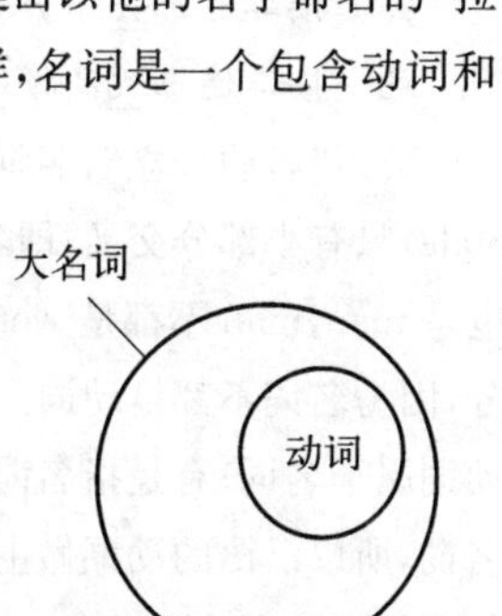

图 2 Larson(2009)的大名词类

爸爸的书　沉重的书　出版的书　出和不出的书

书的封面　书的沉重　书的出版　书的出和不出

按照朱德熙(1961),不管"的"前头的定语成分是名词、形容词还是动词,"的"都是"名词性语法单位的后附成分"(的$_3$)。Larson进一步说,不管"的"前头的定语成分还是后头的中心语,也不管它们是名词、形容词还是动词,"的"都是使前后的名词性语法成分"格协调"的助词。在正统的生成语法的理论框架里,要把定语成分都分析为名词性成分,就必须假设"沉重、出版、(不)出"这些谓词性成分经历了"关系小句化",或者假设它们由限定形式转化为非限定形式;要把中心语都分析为名词性成分,就必须假设"沉重、出版、(不)出"这些谓词性成分都经历了"名词化",因为名词性短语的中心理应是名词性成分,无需论证,不然就违背"X-语杠"理论(或者说"中心扩展规约")。这种"化"那种"化",在汉语里都违背简洁准则,没有必要。有了Larson假设的"大名词",这些"化"都可以取消。现在有人却想把"书的沉重、书的出版、书的出和不出"里的"的"分析为"的$_3$"以外的另一个"的"(插在主谓结构之间的中心成分),这不仅带来新的难以解决的问题,而且违背简洁原则。Larson和Kaufman的做法都给我们一个重要启示:简洁原则凌驾于不同的学派之上,生成语法虽然假设名动分立,但这只是个工作假设而已,在跟简洁原则发生冲突的时候这个假设可以放弃。

汉语的名词性成分没有显性的格标记,在功能学派看来,"的"统一的功能就是"提高指别度"的(完权2010),"格协调"也是为了提高名词性成分的指别度。

Larson在论证汉语"大名词"的时候一再强调,"只从汉语看汉语是看不清汉语的",这话十分有道理,"不识庐山真面目,只缘身在此山中"。看汉语是这样,看其他语言何尝不是这样呢?沈家煊(2013a)从汉语反过来看英语,对英语谓语做了重新认识。

2.5　汉语"名动包含"说

我们已有一系列文章(沈家煊2007,2009a,2009b,2012a,2012b),从许多不同的角度论证,汉语里名词和动词的关系不同于印欧语里名词和动词的关系,印欧语是"名动分立"格局,汉语是"名动包含"格局,图示如下:

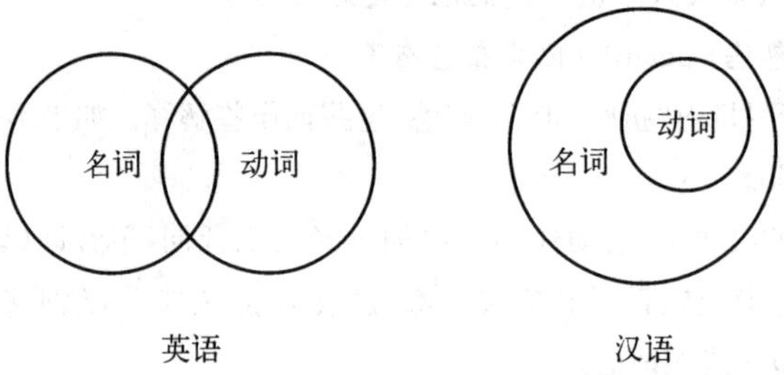

图3　汉、英名动词类的不同格局

汉语的动词全是"动态名词"或"动名词",整个动词类相当于英语的V-ing形式,兼具名动二重性,如:

炸　explode/explosion

死　die/ death

去　接二连三去茅庐不无道理(动性)/刘玄德的第三次去不无道理(名性)

跳　接二连三跳高楼很严重(动性)/富士康的第十一跳很严重(名性)

英语"名动分立",名词和动词的关系好比male和female的关系,是male就不是female,是female就不是male,只有小部分交叉,即名动兼类。汉语是"名动包含",名词和动词的关系好比man和woman的关系,woman也是man,man不都是woman。这个包含格局是名词和动词"既分又不分"的格局。不分,因为动词也是名词;分,因为名词不都是动词。要问汉语有没有"动词"这个类,回答是,有也没有。没有是指没有一个独立的动词类,动词属于名词;有是指名词中有一类特别的动态名词,动态名词就是汉语的动词。正因为汉语的动词本来就都是名词,所以汉语的动词做主宾语的时候没有"名词化"的过程和手段。

从标记理论(markedness theory)来看,Jakobson (1984 [1932],1984 [1939])早就发现,"甲乙分立"和"甲乙包含"是两种不同的标记类型,应该加以区分。很多人混淆这两种标记类型,例如,对male-female这对范畴,说

male 是无标记范畴，female 是有标记范畴，对 man-woman 这对范畴，也说 man 是无标记范畴，woman 是有标记范畴。采用的特征标记法也一样：无标记范畴标为[－F]，有标记范畴标为[＋F]，即 male [－阴性]/female [＋阴性]，man [－阴性]/woman [＋阴性]。其实这两种标记类型是有重要差别的，分立格局里无标记范畴 male 的[－阴性]是表示"确定没有[阴性]特征"，而包含格局里的无标记范畴 man 的[－阴性]是表示"未确定有无[阴性]特征"。英语 unmarked 一词无法显示这种区别，在陈述语言事实的时候常常感到很无奈，因为语言事实上有这种区别。汉语有否定词"未"和"无"的区分，理应把包含格局里的"无标记"范畴改称为"未标记"范畴，特征标为[～F]，即 man[～阴性]。

汉语的名词，也就是 Larson 所说的"大名词"，其特征应标为[～述谓性]而不是[－述谓性]，即没有确定(unspecified)是否具有"述谓性"。正因为汉语是这样的"名动包含"格局，所以传统上所说的汉语名词(大名词中除去动词的那部分名词)是从反面定义的，即不具有"述谓性"(朱德熙 1985：16)。从逻辑上讲，也只有在"名动包含"的格局里，大名词中除去动词的那部分名词(传统上所说的汉语名词)才是从反面定义的。

汉语的名词入句后(词例)就是指称语，动词入句后(词例)就是述谓语，因此"名动包含"的实质是"指述包含"，指称语包含述谓语，这一点跟汤加语是一致的。跟汤加语的区别是，汤加语用形态手段区分词型和词例，汉语不作这样的区分，详见沈家煊(2012b)。

汉语"名动包含"格局跟汉语以"零句为根本"(赵元任 1979：1－51)有密切的联系，前者可以从后者直接推导出来(沈家煊 2013a)。

3. 词类系统的语法化程度

著名的研究语法化(grammaticalization)的德国学者 Heine，也就是编写《语法化的世界词库》的那位，他也是非洲语言专家，根据大量的语言事实得出结论，名词和动词原先并不在同一个层次上，动词是一部分名词"虚化"的产物，参看 Heine 和 Kuteva(2002)。动词相对名词而言是"虚词"，这个观念中国早就有之，清代的袁仁林在《虚字说》(1989 [1746])中把一般认为是名词的词做谓语这一现象(如"解衣衣我，推食食我")就称作"实字虚用，死字活用"。Vogel(2000)从语法化的角度来看名词和动词的分合，他在 Broschart(1997)的研究的基础上提出，在名动的分合上德语(比英语更像"名-动分立"语言)和汤加语分别属于两种不同的类型，图示如下：

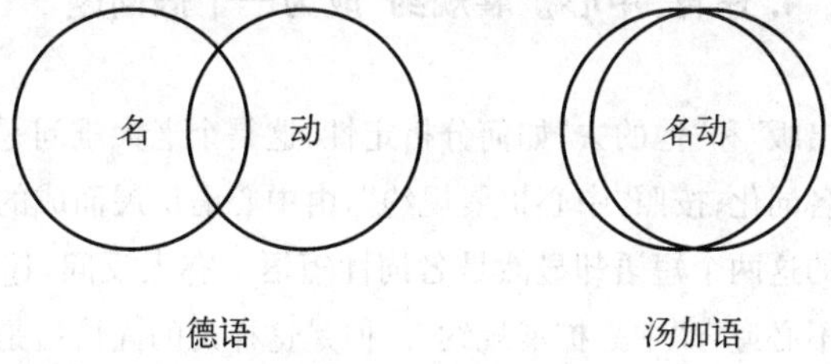

图 4　德语、汤加语名动词类的不同格局

德语里名词和动词是两个分立的类，名词用作指称语，动词用作述谓语，交叉部分(兼类)很小，名词和动词的语法化程度高；汤加语词库里的名词和动词大部分交叠，既可以加冠词做指称语又可以加时体标记做述谓语，可以说是名动基本不分，名词和动词的语法化程度低。

用来衡量词类系统语法化程度高低的标准是看"是否有一种固化的形式给某一部分光杆词标记[＋述谓]特征"。如果有了这种固化的标记，那么就有了跟"名词"对立的"动词"类，不同的光杆词就和不同的句法槽位(指称语槽位和述谓语槽位)有了固定的联系，词类系统的语法化程度就高，反之则低。从这个角度着眼可以看出，在名词和动词的语法化程度上，汉语是最低的，德语是最高的，汤加语处在介于二者之间的过渡阶段：

就像细胞分裂一样，印欧语(德语)已经裂变出两个相对独立的类名词和动词，汉语至今还没有出现这样的裂变，动词还包含在名词之中，而汤加语正处于这个裂变的过程之中。这个"裂变"过程也就是词类的语法化的过程，即具体的语用范畴(指称语述谓语)虚化为抽象的句法范畴(名词动词)的过程。这可以从两个角度来

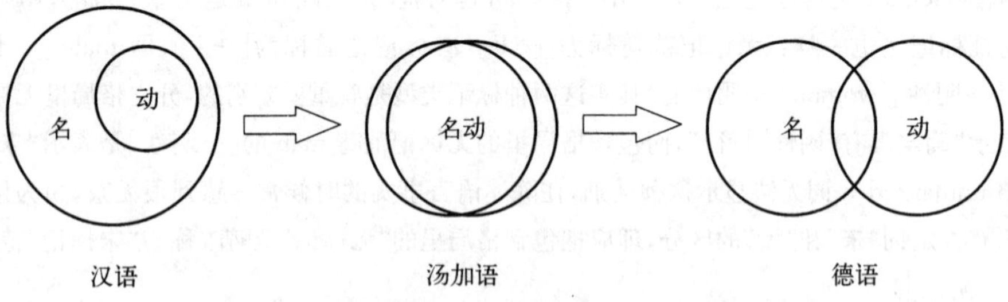

图5　汉语、汤加语、德语名动词类的不同格局

理解：

从一个角度看，汉语名词和动词没有互斥的部分，动词还包含在名词里；汤加语名词和动词大部分交叠，小部分互斥；德语名词和动词已经是大部分互斥，只有小部分交叠。从另一个角度看，汉语虽然在词例层面上已经有标记[＋述谓]特征的形式（主要是表示时体的"了、着、过"），但是它们都还不是强制性的标记，更没有成为词形的一部分；汤加语在词例层面上这种标记形式已经成为强制性的，光杆词不加这样的标记就不能做述谓语，但是这种标记还没有成为词形的一部分；德语特别是拉丁语中这种时体标记不仅是强制性的，而且已经固化为词的形态标记，所以是词类语法化程度最高的。

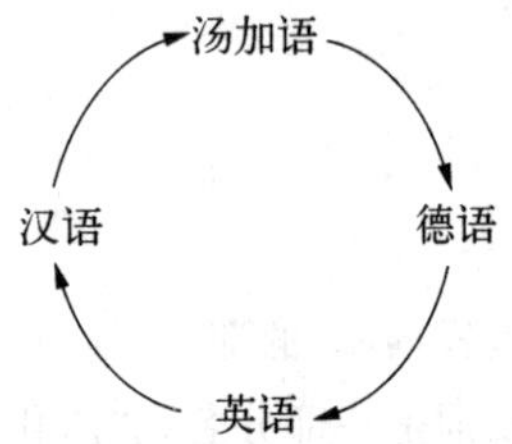

图6　名动分合类型演化的循环

Vogel(2000)还认为，跟德语、拉丁语相比，英语的屈折形态衰减的程度已经很高，因此英语是一种正在"去语法化"(degrammaticalized)的语言，名词和动词兼类的比例也已经相当高。那样的话，我们可以合理地推测语言名动分合的类型演化是循环性的，英语是一种正在向汉语型语言回归的语言(沈家煊 2012b)。

英语如果继续变下去，词的形态消失殆尽，就会变得跟古代汉语一样。现代汉语已经出现谓语后头的"了、着、过"，虽然是非强制性的，但是可以视为汉语出现向汤加语演变的迹象。而古代汉语很可能也是更原始的汉语"去语法化"的产物，因为有证据表明原始汉藏语动词的形态标记和"名词化"标记在上古汉语里有遗迹。汉语词类的类型学价值在于，它为人类语言词类系统循环演变的假设提供一个不可或缺的支点。

4. 违背"中心扩展规约"成为一个假问题

汉语语法理论中"这本书的出版"和"他的去"如何分析定性，这是个老大难问题。按照"简洁原则"，必须坚持"出版"和"去"仍然是动词，没有名词化；按照"中心扩展规约"，由中心语扩展而成的短语，其语法性质应该跟中心语相一致，但是由动词扩展而成的这两个短语却显然是名词性短语。有人反问，违背"中心扩展规约"又怎么样？言下之意是违反也无所谓，汉语不必遵守"中心扩展规约"。但是这样说的人恰恰是很重视形式语法的，而从形式语法的角度，这个规约是语言"递归性"的体现，也是"X-语杠"理论的基础，被视为人类语言区别于动物讯递的特性之一，其实质是"有限手段的无限使用"。他们当中有人试图把"的"分析为短语的中心语，这样做的用意还是不想违背这个规约。但是这样做的缺点是分裂一个统一的"的"，不符合简洁原则。

按照"名动包含"说，汉语的动词本来也是名词，所谓违背中心扩展规约的问题根本就不成为一个问题。这为词性的标注，将"这本书的出版"和"他的去"里的"出版"和"去"标为名词，将"这本书的不出版"和"他的不去"里的"不出版"和"不去"标为名词短语，将名词短语"出租汽车"和"养殖对虾"里的"出租"和"养殖"标为名词，扫清了理论障碍。

5. 维护"名动有别"这一语言共性

有人认为，"名动包含"说是抹杀名词和动词的区别，这是误解。恰恰相反，这是在汉语里维护了"名动有别"

这一语言共性。

前面说过，从造句规则看，汉语除了 S→NP+VP，还有 S→NP+NP，S→VP+VP，甚至 S→VP+NP，正如赵元任(1979：53－7)所说，汉语谓语的类型不受限制，可以是动词形容词，也可以是名词。为了从理论上解释这个事实，有人就说，不仅动词有指称性，名词也有述谓性。这就是说，在汉语里坚持“名动分立”，最后不仅导致“类无定职”，也导致“词无定类”，导致“名动不分”。“名动包含”说并不否定名动有别，动词虽然都是名词，但是名词不都是动词。动词和名词一样具有指称性，可以自由地做主宾语，但是名词不都具有述谓性，传统所说的名词(即“大名词”去除动词后的那部分名词)只有指称性没有述谓性，说汉语谓语的类型不受限制不等于名词做谓语不受限制，传统所说的名词能做谓语不是因为它们有述谓性，而是因为述谓语有指称性。

“名动包含”说没有抹杀名词和动词的区别，而是有限地维护了“名动有别”①。不仅维护了“名动有别”，而且更加符合最简方案的精神，在汉语里可以取消不必要的“名词化”，树形结构和句法操作可以大为简化。

6. 计算语言学对词类研究的启示

白硕(2014)从计算语言学的角度，针对的是“这本书的出版”与 X-语杠理论(即“中心扩展规约”)不相兼容的问题。他首先指出，想要达到两者的兼容并不是崇洋媚外，也不是对乔姆斯基的个人崇拜，因为一个 CFG(上下文自由语法)如果与 X-语杠兼容，分析器的性能就可以有一个非常好的保证，因此兼容对于计算语言学来说当然是一个重大的好消息。

白硕提出一种可以兼容 X-语杠理论的“待定说”：“出版”本身带有名词和动词二重属性，它的词性标注不应匆匆确定。就像量子力学中电子带有粒子和波动二重属性、处于“叠加态”，受观测的干扰就“坍缩”为粒子一样，处于叠加态的“出版”受最大投射“这本书的出版”的结构强制也坍缩为名词。这种“坍缩”，是整体对部分的强制性约束，是观测对叠加态所固有的不确定性的彻底终结。从计算机处理角度看，相应的句法分析过程不再是纯粹“自底向上”的，在中心词词性具有不确定性的时候，要把不确定性保持到最大投射，等确定了再“自顶向下”进行“回代”，回代并不会提高计算复杂性的量级。也许有人要说，回代以后就出现了 N 或 NP 这类名词性成分受“不、迟迟”等修饰的情况，这是不应该出现的。但是这些修饰关系依据涉 V 的构建规则在先，回代为 N 发生在后，发生在后的行为改变了发生在先的行为的结果。

白硕最后说，目前的计算机只能“模拟”并行性不那么强的叠加态演化及其坍缩。如果用量子计算机做分析器，那么这种 N 和 V 混搭的叠加态和坍缩可以很自然地在物理器件上得以实现。好在“这本书的出版”涉及的叠加态演化的并行性并不很强，现在就可以在普通计算机上做出来。

我们想补充的只有一点：汉语具有名动二象性的动词不光是“出版”这类所谓的“名动词”，而是整个汉语动词类(见上 2.4 节)。

7. 覆盖而不是推翻

朱德熙(1985：iii)在谈到汉语语法研究要摆脱旧有观念的时候说，“我们现在在这里批评某些传统观念，很可能我们自己也正在不知不觉之中受这些观念的摆布。这当然只能等将来由别人来纠正了……”。吕叔湘(2002)说，“要大破特破。……要把‘词’、‘动词’、‘形容词’、‘主语’、‘宾语’等等暂时抛弃。可能以后还要捡起来，但这一抛一捡之间就有了变化，赋与这些名词术语的意义和价值就有所不同，对于原来不敢触动的一些条条框框就敢于动它一动了。”

两位前辈大师的学术勇气和豁达大度令人钦佩，笔者作为一个后辈，推崇科学发展的继承性。爱因斯坦相对

① 笔者当年曾参加乔姆斯基 Aspects 和 GB 二书的翻译，之所以没有从事生成语法的研究，是因为对如何让基本转写规则 S→NP+VP 和 VP→V+NP 在汉语里行得通没有想通，迟暮之年倒是想通了。

论是覆盖而不是推翻牛顿力学，汉语“名动包含”说也是覆盖而不是推翻朱德熙先生的词类模型：正因为汉语的动词本来也是名词，所以动词做主宾语的时候还是动词，没有“名词化”，谈不上“名词化”。当朱德熙说“汉语的名词是从反面定义的”时候，一只脚跨进了“名动包含”格局，因为上面已经说明，只有在这个格局里，传统所说的名词才是从反面定义的，即不具有述谓性。

8. 重视汉语自身重视的区分

沈家煊(2015)讲形式类分与合的原则，指出实现的、直观的、稳定的形态才是区分形式类的依据，调查一种语言的语法，重要的是找出这种语言自身重视的区分，而不是去寻找我们碰巧熟悉的语言所重视的区分。上面所讲的汤加语，它不同于印欧语的地方就在于，从形态上看它重视的是“词型”和“词例”的区分，“名词”和“动词”的区别也有，但是有限，只体现在“词例”上，而且呈“指称语包含述谓语”的格局。我们不能只说汉语缺乏印欧语的那种形态，而应该问一问汉语有哪些自身的、不同于印欧语的形态手段，并加以足够的重视。

根据沈家煊(2011，2013b)，陈刚、沈家煊(2012)以及沈家煊、柯航(2014)诸文的论证，一个更加贴近汉语实际的词类系统大致如下所述。限于篇幅，这里只能简要说明。名词和动词虽然也有区别，但是区别有限，汉语所重视的区分依次是：第一刀，用重叠这种形态手段把“大名词”和“摹状词”区分开来；第二刀，在“大名词”内部用“单双区分”这种形态手段把指称性强的双音词和述谓性强的单音词区分开来；第三刀，用“单双组配”手段(“单＋双”和“双＋单”)把形容词和名词动词区分开来。最后，对名词和动词作有限的区别，名词和动词呈“名动包含”格局。

引用文献

Broschart, J. 1997. Why Tongan does it differently: Categorial distinctions in a language without nouns and verbs. *Linguistic Typology* 1: 123 - 65.

Broschart, J. and C. Dawuda. 2004. Beyond nouns and verbs: Typological studies in lexical categorisation. Unpublished manuscript.

Comrie, B. 1981. *Language Universals and Linguistic Typology*. Chicago, IL: The University of Chicago Press.

Evans, N. and S. C. Levinson. 2009. The myth of language universals: Language diversity and its importance for cognitive science. *Behavioral and Brain Sciences* 32,429 - 92.

Greenberg, J. 1963. Some universal of grammar with particular reference to the order of meaningful elements. In J. Greenbeig, ed., *Universals of Grammar*. 2nd edition. Cambridge, MA: The MIT Press. Pp.73 - 113.

Heine, B. and T. Kuteva. 2002. On the evolution of grammatical forms. In A. Wray, ed., *The Transition to Language*. Oxford: Oxford University Press. Pp.376 - 97.

Hengeveld, K., J. Rijkhoff, and A. Siewierska. 2004. Parts-of-speech systems and word order. *Journal of Linguistics* 40, 3: 527 - 70.

Jakobson, R. 1984 [1932]. Structure of the Russian verb. In L.R. Waugh and M. Halle, eds., *Russian and Slavic Grammar: Studies*, 1931 - 1981. The Hague: Mouton. Pp. 1 - 14.

——.1984 [1939]. Zero sign. In L.R. Waugh and M. Halle, eds., *Russian and Slavic Grammar: Studies*, 1931 - 1981. The Hague: Mouton. Pp. 151 - 60.

Kaufman, D. 2009. Austronesian Nominalism and its consequences: A Tagalog case study. *Theoretical Linguistics* 35,1: 1 - 49.

Larson, R. K. 2009. Chinese as a reverse *ezafe* language. *Yuyanxue Luncong* (《语言学论丛》)39,30 - 85.

Pinker, S. 1994. *The Language Instinct*. New York, NY: William Morrow.

Rijkhoff, J. and E. van Lier, eds. 2013. *Flexible Word Classes*. Oxford: Oxford University Press.

Vogel, P.M. 2000. Grammaticalisation and part-of-speech systems. InVogel, P. M. and B. Comrie, eds., *Approaches to the Typology of Word Classes*. Berlin/New York, NY: Mouton de Gruyter. Pp.259 - 84.

白硕，2014，论“这本书的出版”与 X-bar 理论的兼容性。博客论坛 http://blog.sina.com.cn/s/blog_729574a00102uzf6.html[2015 年 3 月 27 日点击]。

陈刚、沈家煊，2012，从“标记颠倒”看韵律和语法的象似关系。《外语教学与研究》第 4 期，483 - 95 页。

黄昌宁、姜自霞、李玉梅,2009,形容词直接修饰动词的"a+v"结构歧义。《中国语文》第1期,54-63页。

陆丙甫,2014,沈家煊"名动包含"理论正反说。《英汉对比与翻译》第二辑。上海:上海外语教育出版社。71-83页。

吕叔湘,2002,语法研究中的破与立。《吕叔湘全集》第十三卷。北京:商务印书馆。402-4页。

沈家煊,2007,汉语里的名词和动词。《汉藏语学报》第1期,27-47页。

——,2009a,我看汉语的词类。《语言科学》第1期,1-12页。

——,2009b,我只是接着向前跨了半步——再谈汉语的名词和动词。《语言学论丛》第40辑,3-22页。

——,2011,从韵律结构看形容词。《汉语学习》第3期,3-10页。

——,2012a,名动词的反思:问题和对策。《世界汉语教学》第1期,3-17页。

——,2012b,名词和动词:汉语、汤加语、拉丁语。《现代中国语研究》(日)第14期,1-14页。

——,2013a,谓语的指称性。《外文研究》第1期(创刊号),1-13页。

——,2013b,"单双区分"在汉语中的地位和作用。日本中国语研究学会第63次年会主题报告,东京。

——,2015,形式类的分与合。《现代外语》第1期,1-14页。

沈家煊、柯航,2014,汉语的节奏是松紧控制轻重。《语言学论丛》第50辑,47-72页。

完权,2010,"的"的性质与功能。中国社会科学院研究生院博士学位论文。

完权、沈家煊,2010,跨语言词类比较的"阿姆斯特丹模型"。《民族语文》第3期,4-17页。

吴福祥,2012,试说汉语几种富有特色的句法模式——兼论汉语语法特点的探求。《语言研究》第1期,5-17页。

袁仁林著,解惠全注,1989[1746],《虚字说》。北京:中华书局。

赵元任(Y.R. Chao)著,吕叔湘译,1979,《汉语口语语法》。北京:商务印书馆。原著:1970 [1968]. *A Grammar of Spoken Chinese*. Berkeley/Los Angeles: University of California Press.

朱德熙,1961,说"的"。《中国语文》第12期,1-15页。

——,1985,《语法答问》。北京:商务印书馆。

沈家煊,中国社会科学院语言研究所 jiaxuanshen@sina.com

(原载《当代语言学》2015年第2期)

变换移位、提升并入、拷贝删除及其他

——与结构变换相关的句法分析理论及在汉语句法研究中的应用*

沈 阳

提 要 自20世纪四五十年代美国结构语法理论提出“变换分析”至今,与这种分析方法相关的句法理论和分析技术已有了很大变化和发展,如提出“成分移位分析”“提升并入分析”“拷贝删除分析”等,同时也涉及运用这种方法对其他语法现象的分析。这些分析方法在汉语句法和语义研究中也有大量成功例子。本文简要介绍这些句法分析的成果及最新进展(包括作者本人的研究成果),希望引起学界重视,并就教于方家。

关键词 句法分析 变换和移位分析 提升和并入分析 拷贝和删除分析

1. “结构变换”“成分移位”及相关的句法分析方法

当代语言学理论中关于句法分析的理论原则很多,如索绪尔提出的“组合关系和聚合关系”,美国结构理论提出的“向心结构和离心结构”“分布分析”“层次分析”,以及生成语法理论提出的“论元结构”“X结构”。但其中有一种方法一直占据着句法分析的核心地位,即与“结构变换”和“成分移位”相关的句法分析手段。

众所周知,“结构变换研究”或者“变换分析法”是美国结构理论后期的重要理论。早期的“生成语法理论”、随后的“管辖与约束理论”(GB理论)、“原则与参数理论”(PP理论)、近年的“最简方案”(MP理论)等理论,以及不同阶段提出的“成分移位分析”(movement)、“提升与并入分析”(raising and merge)和“拷贝与删除分析”(copy and deletion)等重要句法分析方法,都对汉语的语法研究影响巨大。应该说,这些句法分析的操作技术确实越来越进步和科学,对句法构造的解释也越来越严格和有效。

本文将简要回顾近年来与“结构变换”和“成分移位”相关的句法分析方法的嬗变及应用这些理论方法在汉语句法研究中的一些新进展(也包括本文作者的一些研究成果),希望引起学界更多重视,并就相关问题就教于语法学界同好。

2. 关于“句法结构变换”分析和“句法成分移位”分析

“句法结构变换分析”来自美国结构语法理论,代表人物是哈里斯(Harris 1957,1965),“句法成分移位分析”来自美国生成语法理论,代表人物是乔姆斯基(Chomsky 1981)。这两种分析有不少相似之处,至少乔姆斯基就是哈里斯的学生,而且“生成语法”初期名称就叫做“转换语法”,而“成分移位”最核心的操作手段就是跟“结构变换

* 本项研究分别得到国家973项目“语言的计算模型与理论”(2014CB340501)、国家社科基金后期资助项目“现代汉语复杂动词结构研究”(10FYY006)、教育部人文社科重点研究基地重大项目“现代汉语名词短语(DP)的内部构造”(12JJD740008)、国家社科基金重大招标项目“新时期语言文字规范化问题研究”(12&ZD173)的支持。本文写作过程中和修改稿在日本大阪大学、苏州大学、武汉大学、清华大学、澳门大学(第18次现代汉语语法讨论会)、南京大学(2015年南京大学语言学高峰论坛)报告时,曾分别得到合作者和与会者陆俭明、黄正德、司马翎、石定栩、古川裕、蔡维天、冯胜利、李亚非、曹炜等提供重要参考意见;《外语教学与研究》的审稿专家也提出了重要的修改意见;谨此一并致谢。

分析”一脉相承的“成分移位分析”。在汉语语法研究中，无论是利用“变换分析”还是“移位分析”都有许多成功的例子。例如朱德熙(1982)对“NP V着NP”结构的分析和陆俭明(2004)对“V NP给NP”结构的分析，都是既采用“成分变换”，实际上也涉及“成分移位”。

本文作者对“变换分析”和“移位分析”也做过一些研究。例如，对于朱德熙(1982)提出的著名的歧义结构的例子(1a)，我们(沈阳1997)就曾提出通过“把字句”和“重动句”的变换和移位加以分化(变换成“把字句”确定补语动词的指向即“谁喘气”，变换成“重动句”确定谓语动词的指向即“谁追谁”)，而且还提出“把字句”中“把”后名词都只能是补语动词的“主语”，而“重动句”的作用就在于可以确认谓语动词的施事(主体)和受事(客体)。

(1) a. 这孩子追得我直喘气(谁追谁？谁喘气?)

→ b. 这孩子把我追得直喘气(我喘气)

→ c. 我把这孩子追得直喘气(孩子喘气)

→ d. 我追这孩子，把这孩子追得直喘气(我追孩子，孩子喘气)

→ e. 我追这孩子，把我追得直喘气(我追孩子，我喘气)

→ f. 这孩子追我，把我追得直喘气(孩子追我，我喘气)

3. 关于“中心词提升并入”分析和“附加语拷贝删除”分析

随着语法研究的深入，句法理论界逐步感到变换分析有一定的“随意性(不严格)”，移位分析也比较“繁琐化(不经济)”，因此开始出现取代变换分析和移位分析的句法分析方法。其中最重要的包括“中心词提升并入”和“附加语拷贝删除”等句法操作技术。

所谓“中心词提升和并入分析”，是从“动词壳(VP Shell)分析”(Larson 1988)和“小动词(light verb)分析”(Chomsky 1995)发展起来的。基本思想是认为所有的动词结构都是由两层动词结构构造的：上面一层是“小动词层”(vP)，下面一层是“大动词层”(VP)。采用这种分析，首先就比较容易处理汉语中的使动句和“把”字句等结构。即可以假设这类结构的谓语动词之上都包括有小动词层，在其中小动词 v 的位置上可出现“使、以(为)、把”这一类仅具有语法功能作用的成分。这样如果小动词位置上出现这些功能成分，则构成显性的双层动词结构；如大动词进入(并入)小动词位置，就构成使动结构或“把”字结构。后者的句法操作也就是“中心词的提升并入”。例(2)两类结构对应形式中的“(v)V”表示的就是“V-to-v”的提升并入过程。

(2) A. 使动结构：

a1. 这个故事使(v)大家感动(V)

→ a2. 这个故事感动((v)V)了大家

B. “把”字结构：

b1. 他把(v)那只花瓶打碎(V)了

→ b2. 他打碎((v)V)了那只花瓶

“提升并入分析”与“变换分析”或“移位分析”的最大区别有两条：一是“提升”的成分不是结构的被支配成分(如论元名词成分)，而是结构的中心成分(如动词成分)，所以也叫“中心词移位”(head movement)。二是成分“提升”前后的结构形式不一定是显性的结构(即不是“变换”和“移位”前后那种实际存在的结构)，而很可能来自一种非显性的底层结构，所以需要在理论上假设存在这种底层结构。

因此如果上面说的“把字句”例子中谓语动词(如“打碎”)向小动词“把”的移位现象是“提升和并入”，这还比较容易理解的话，我们(司马翎、沈阳2006；沈阳、司马翎2010，2011)提出“补语小句理论”还试图证明，对动结式的分析也同样需要采用“提升并入分析”，即谓语动词向小动词层提升并入之前，还要有一次提升并入过程。这种分析的要点就是动结式中的“动结(煮糊/笑疼)”是由补语小句中的动词(糊/疼)向谓语动词(煮/笑)的提升和并入实现的。采用这种“补语小句”理论假设就可保持对各种动结式构造分析的最大一致性，如“米饭煮糊了”和“肚子笑疼了”的内部构造就并非来自两种底层结构，即名词“米饭、肚子”与谓语动词都没有直接的句法和语义联系，而只是小句动词“糊、疼”的主语，动结式“煮糊、笑疼”都是补语小句动词向谓语动词提升并入构成的。如(3)和(4)所示：

(3) 动结式和“把”字句

A. (妈妈把)米饭煮糊了

[$_{VP}$煮[$_{SC}$米饭糊了]]

→ [$_{IP}$米饭$_i$[$_{VP}$煮[$_{SC}$ t_i 糊了]]]

→ [$_{IP}$米饭$_i$[$_{VP}$煮糊$_j$ 了[$_{SC}$ t_i t_j]]]

→ ([$_{IP}$妈妈[$_{vP}$把)[$_{VP}$米饭$_i$[$_{V^0}$ 煮糊$_j$ 了[$_{SC}$ t_i t_j]]]]]

B. (妈妈把)肚子笑疼了

[$_{VP}$笑[$_{SC}$肚子疼了]]

→ [$_{IP}$肚子$_i$[$_{VP}$笑[$_{SC}$ t_i 疼了]]]

→ [$_{IP}$肚子$_i$[$_{VP}$笑疼$_j$ 了[$_{SC}$ t_i t_j]]]

→ ([$_{IP}$妈妈[$_{vP}$把)[$_{VP}$肚子$_i$[$_{V^0}$ 笑疼$_j$ 了[$_{SC}$ t_i t_j]]]]]

(4)

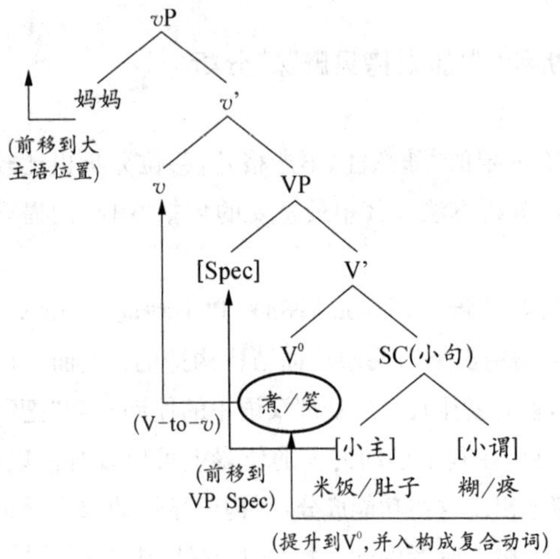

而同样比“变换分析”和“移位分析”要来得简单和严格的分析方法是所谓“附加语拷贝删除分析”。这种分析的最典型例证来自对英语和汉语“特指问句”不同构造的分析。英语特指问句中的疑问词需要前移到句首(WH forward)，但汉语特指问句的疑问词仍留在句中(WH in situ)，对这种现象一直有不同的解释，其中就涉及要不要采取“移位”(包括显性移位和逻辑移位)手段。而采用“拷贝删除分析”，则可以假设英语和汉语特指问句的疑问词在底层结构中是同时出现在句子的句首和句中两端，这就是“拷贝生成”(copy)；但由于实际说出的句子中不允许两次出现疑问词(即语音和语义冗余)，因此就必须删除其中一个，这就是“互补删除”(complementary deletion)。汉语有“语气词”(final particle)来标记疑问句，所以不需要通过删除原位置疑问词来标记疑问句，而英语特指问句没有句末标记，因此必须删除原位置疑问词和保留句首疑问词来标记疑问句。这种分析可合理解释英汉特指问句的结构差异。例如：

(5) A. 英语特指疑问句：

a1. 底层：What did you buy what? → a2. What did you buy(~~what~~)?

B. 汉语特指疑问句：

b1. 底层：什么你买了什么？→b2. (~~什么~~)你买了什么？

“拷贝删除分析”与“变换分析”或“移位分析”的区别也有两条：一是实际上是用“拷贝删除”取代了“变换”和“移位”。道理很简单，原本需要成分移动过去的位置并不需要移入成分，因为本来那里就存在“拷贝”；原本成分移走的位置也不再需要留下“语迹”(trace)，因为只需要把该位置的成分“删除”。二是成分“删除”前后的

“拷贝”形式也不是显性结构，而可能来自一种非显性底层结构，所以也就需要在理论上假设这种底层结构的存在。

我们(沈阳 2009)采用这种“拷贝删除分析”，解释了(6)中包含“处所义 PP”的四种结构的句法构造形式。其中就采用了“提升并入”和“拷贝删除”分析。这要比分别采用不同的“变换分析”或“移位分析”来处理四种不同结构的构造形式简单得多和有效得多。

(6) a. 把书放在了桌子上 (把字句)　　b. 那本书放在桌子上 (话题句)

c. 放一本书在桌子上 (连谓句)　　d. 放在桌子上一本书 (双宾句)

最近我们(沈阳 2015a)进一步采用“提升并入分析”和“拷贝删除分析”来分析现代汉语包含处所 PP 的“位移-终点”(motion-end)结构的句法构造。例如(7)中四种同形的“V＋PP(到/在 NP)”中处所 PP 就存在不同的结构变化和语义差异。

(7) a1. 请大家回到/* 在座位上(方向)　　a2. 把货物搬到/* 在仓库里(方向)

b1. 小猴子跳到/在马背上(方向)　　b2. 她把水泼到/在院子里(方向)

c1. 这些钱应该存到银行里(方向)　　c2. 这些钱一直存在银行里(存在)

c3. 孩子被父母关到屋子里(方向)　　c4. 孩子被父母关在屋子里(存在)

d1. 你不能总呆* 到/在家里(存在)　　d2. 你们可别病* 到/在路上(存在)

(7)中的例子说明，同样是“V＋处所 PP”结构，但各自所选用介词“到、在”不同(有的必须选用“到”或“在”，有的则可混用“到”或“在”)，表示的意义也不同(有的只能表“方向”或“存在”，有的则兼表“方向”或“存在”)。对此过去一直解释不清楚。我们(同上)提出的分析方案是，汉语谓语动词后“到/在 NP”应该有上下两层：下层介词层(PP)的中心词 P^0“在”只表“存在”；而上层功能层(FP/pP)的中心词 F^0“到”则表“方向”。“$P^0_{在}$”在不同“位移特征”的谓语动词“诱发”下实现身份转换，就形成动词与其后“到 NP/在 NP”的不同句法组合。也就是说，介词层“$P^0_{在}$”是在谓语动词诱发下向上提升和并入功能层“$F^0_{到}$”才表“方向”；只是与英语下层介词 in，on 提升合并构成复合介词 into，onto 不同，汉语介词的这种“提升并入”并不是显性的(并不构成复合介词)，即“在”提升和并入后只能或者读“到”的音或者读“在”的音，但一定都表“方向”。如果谓语动词不足以诱发这种提升和并入，那么动词后选择上层的“到 NP”就只表“方向”，选择下层的“在 NP”就只表“存在”，只不过另外一项会由于语义对立或语音冗余而经过核查被删除，即剩下(读成)“到(NP)”的音就表“方向”，剩下(读成)“在(NP)”的音就表“存在”。这种双层 PP(FP(pP)- PP)和其中介词“到、在”的“提升并入”情况，如(8)所示：

(8)

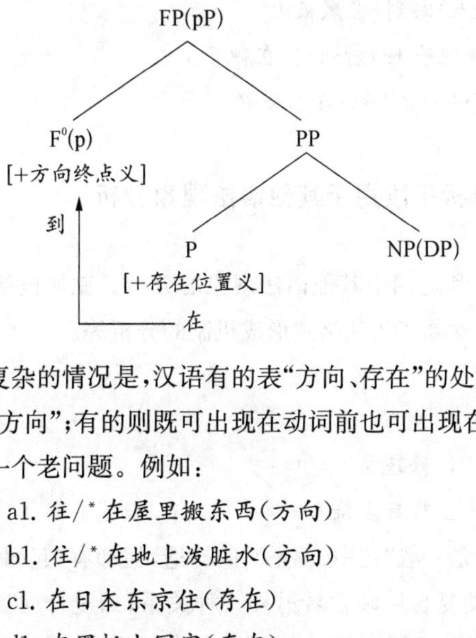

更复杂的情况是，汉语有的表“方向、存在”的处所介词词组只能出现在动词前表“方向”，有的只能出现在动词后表“方向”；有的则既可出现在动词前也可出现在动词后，且表“存在”的意义不变。这也是汉语语法学界多年讨论的一个老问题。例如：

(9) a1. 往/* 在屋里搬东西(方向)　　a2. 东西搬到/* 在屋里(方向)

b1. 往/* 在地上泼脏水(方向)　　b2. 脏水泼到/在地上(方向)

c1. 在日本东京住(存在)　　c2. 住在日本东京(存在)

d1. 在黑板上写字(存在)　　d2. 字写在黑板上(存在)

过去对“PP V”和“V PP”两种结构(包括是否都能成立)的句法构造及相互联系的分析有“移位残留”和“前状

后补”两种方案。“移位残留说”偏重于历时语料，即假设动词前的 PP 都是历史上向前移位形成的，但这不能解释为什么有的动词后介词词组会赖着不走。“前状后补说”偏重于共时分析，即假设动词前后的 PP 各自独立生成，但这又不能解释为什么有的动词前后介词词组的意义会完全一致。而我们(沈阳 2015a)提出的基本假设是：表“方向、存在”的处所 PP 的原始底层位置应该同时在谓语动词两侧，即“位移-终点”结构的底层形式其实应是“PP(往/在 NP)V PP(到/在 NP)”(而且谓语动词前后同时生成的两个处所 PP 都具备前述的双层结构，即上层是表“方向”的 FP(pP)层，下层是表“存在”的 PP 层)：这就是“拷贝生成”；由于动词前后表“方向、存在”的处所 PP 在语义和语音上冗余，因此实际说出的句子中必须经过核查删除其中的一个：这就是“互补删除”。这一假设的基础结构形式如(10)所示：

(10)

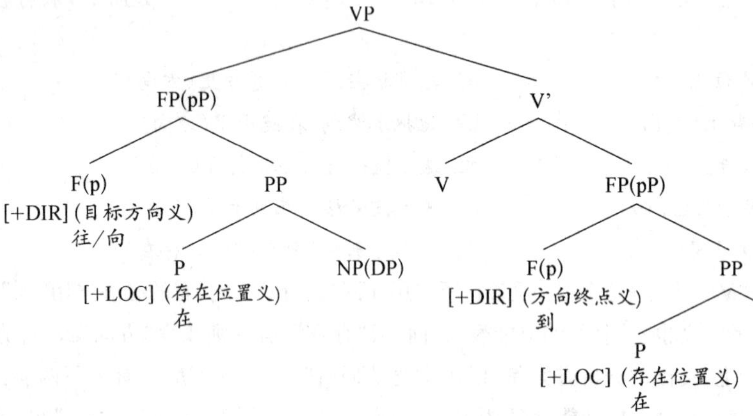

而实际说出的句子对“拷贝生成”的动词前后 PP 进行“互补删除”操作时，有两个层次的限制：第一层是结构限制，主要决定删除动词前“往(向)/在 NP”还是删除动词后“到/在 NP”。只有动词后提供处所 PP 的位置(即不是动宾或动补结构)，才可能选择动词后处所 PP(删除动词前 PP)，反之则只能选择动词前处所 PP(删除动词后 PP)。第二层是动词限制，主要决定在动词前后 PP 中选择哪个介词。由于动词前后都存在表“方向”的 FP(pP)层和表“存在”的 PP 层，选择哪个介词也就都同样要受到动词“位移特征”的限制。比如位移特征较弱的动词就不可能选用 FP 层的介词(往、向、到)，反之亦然(参见沈阳 2015a)。这种“互补删除”的结果如(11)所示：

(11) a. 在黑板上写满/上字(* 写满/上字在黑板上)

b. 往/在黑板上写(~~到/在黑板上~~)字/字(~~往/在黑板上~~)写到/在黑板上

c. 往/* 在靶子上射(~~到/? 在靶子上~~)箭/箭(~~往/* 在靶子上~~)射到/? 在靶子上

d. * 往/在宿舍里呆(~~* 到/在宿舍里~~)/(~~* 往/在宿舍里~~)呆 * 到/在宿舍里

4. 与“结构变换、成分移位”等类似的分析手段用于其他语法现象分析

与“变换移位”相关的分析手段还包括其他一些类似技术和运用于其他语法现象的分析。比如包括运用“中心词并入”对复合词构造形式的分析，运用“拷贝和部分删除”对新兴语法格式形成机制的分析等。

先看词语层面的构造分析。例如：

(12) a. 嫖客	b. 伴郎	c. 赢家
d. 经销商	e. 放牛娃	f. 修理工
g. 话剧演员	h. 服装设计师	i. 节目主持人

吕叔湘(1942/1982)曾指出，(12)中的复合词虽看起来也是一般“定中(偏正)”的构造，但却有“起词(主语)做端语”和“起词-止词(宾语)颠倒”的特殊现象。也就是说这类复合词暗含着另外一种关系，如复合词“节目主持人”中就暗含着“人＋主持”和“主持＋节目”的结构关系。我们(顾阳、沈阳 2002)提出，这一类合成复合词应与基础论元结构存在一种倚变关系。我们(沈阳、洪爽 2014)的分析是，基础论元结构(如(13a))中主语名词决定整个

复合词的性质，而根据形态句法学的“中心词特性”理论，要使宾语“工”将其名词性词汇特性渗透到其他成分上，就要先让“工”成为一个新结构的中心词。如要实现这一步，原基础结构的动词“修理”就要向上提升并入“工”（“汽车”也可以继续向上提升和并入“修理”）。动词提升并入“工”之后，动词就失去作为原结构中心词的作用，而“工”便成为新结构的中心词，这样也就可以通过将自己的词汇特性渗透到整个复合词而得到了一个名词性的合成复合词（修理工/汽车修理工）。这种分析的要点其实也就是“提升和并入”，只不过作为构词层面的“提升并入”与句法层面的“提升并入”的不同在于，这是动词向名词的“提升和并入”，是取消基础结构中动词的性质而使动词依附于名词中心词的“提升和并入”。这一构造过程如（13b—c）所示：

（13）
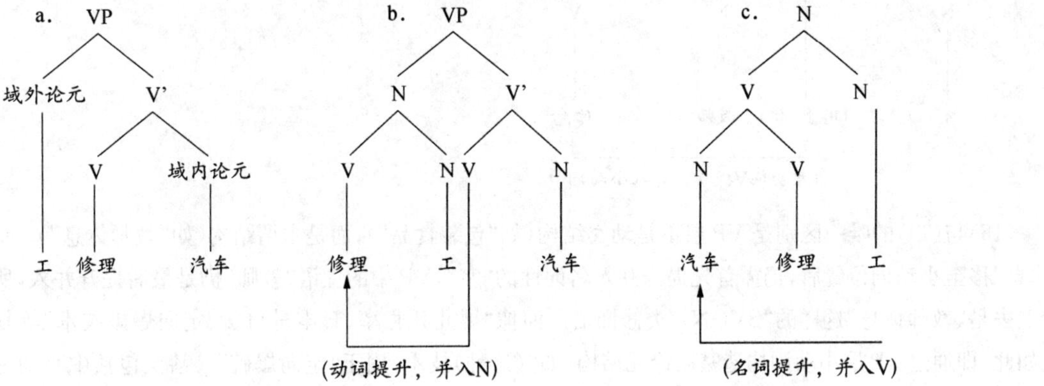

上述文章发表后曾引起不少的讨论。石定栩（2003）曾提出两点质疑：一是工具、处所、客体等似不是基础论元结构的“主语”，例如“食品包装袋、期刊阅览室”等。二是有些合成复合词的修饰语是SV（主谓），而不是OV（宾动），似也不符合“宾语O应最后提升并入到V（即构成‘OV(-N)’）”的分析，例如“教师休息室、校长办公楼”等。我们（沈阳、洪爽 2014）后来提出只要在（13）基础上对合成复合词基础结构形式做一些调整，即改为包含小动词“vP层”的结构就可合理解决上述问题。因为理论上说，vP层主要提供一些范畴性语法意义，同时也可吸引主动词进入这个位置；而从事实上说，句子结构的某些意义也必须要通过vP层加以解释。这样来看，“食品包装袋、期刊阅览室”这一类复合词的基础论元结构和相应的动词向名词提升并入之前的第一步“提升并入”就可分析为（14）：

（14）
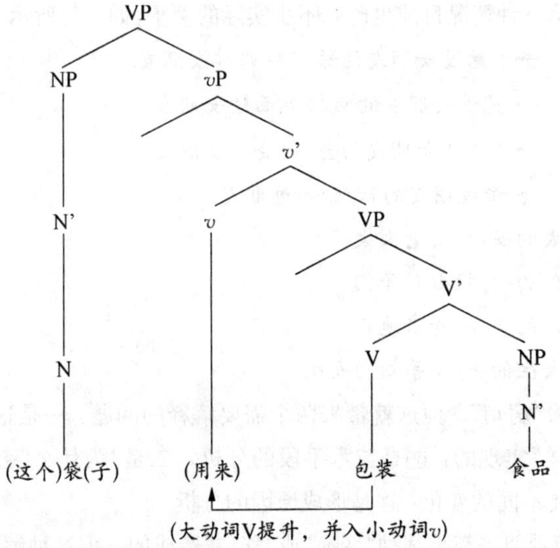

即使对修饰语是“主谓/施动”的那些“SV－N”复合词，如果建立了包含vP层的基础论元结构，其构造形式也不难找到一致性。如“教师休息室”，其结构意义就是“（这个）房间（用于/供）教师休息”，而其基础论元结构和第一步“提升并入”就可分析为（15）：

(15)

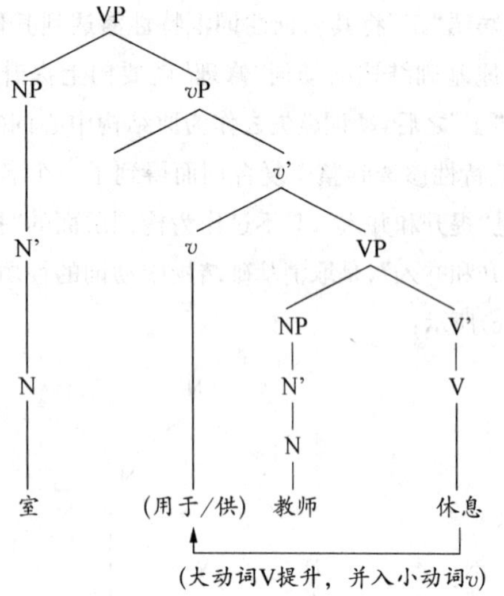

(15)与(14)的唯一区别是 VP 层不是动宾结构(如“包装食品”)，而是主谓结构(如“教师休息”)。而(15)动词“休息”移至小动词位置后，仍需首先提升并入名词性的“室”，VP 中的主语“教师”仍是最后提升并入，所以才形成看上去是“教师休息”这样的“SV(-N)”类修饰语。而像“婴儿死亡率、日本进口货、定向爆破技术”等复合词也都是如此，即通过 *v*P 层小动词构造基础论元结构，如“(这种)技术(用于)定向爆破”。甚至包括中心词是受事或客体表被动义的合成复合词如“资方聘用人员、飞机托运行李”等，其中心词来自被动句主语，这一点就更容易说明。因为既然这种复合词来自被动结构，其基础论元结构 *v*P 层当然也就应该有一个表被动的小动词，如“(这些)人员(被)资方聘用”(参见沈阳、洪爽 2014)。

再看新兴语法格式的构造分析。目前我们(沈阳 2015b)正在做的“支配式不及物复合动词带‘宾语’”研究就是一例。原本现代汉语“结婚、见面、约会、帮忙”等都是典型支配式不及物动词。这些动词结构有个共同点：即在基础结构中或者在核心语义上都必须有一个表“对象”的名词，如“跟女朋友结婚”“跟女朋友见面”“跟女朋友约会”“为朋友帮忙”。但这些结构近年来却发生了三种变化：一种变化是“动宾插名”(动词中间加名词)，如“见面——见过女朋友的面”；一种变化是“动宾加名”(动词后面加名词)，如“约会——约会过女朋友”，还有一种变化是既可“动宾插名”也可“动宾加名”，如“帮忙——帮过朋友的忙/帮忙过朋友”。这三类可统称为支配式不及物动词带“宾语”现象，如(16)所示；尤其需要注意的是第三种情况目前也已有不少实际的例子，如(17)所示。

(16) a. 结婚：跟女朋友结婚(结过三次婚) → *结过女朋友的婚/*结婚过女朋友
b. 见面：跟女朋友见面(见过三次面) → 见过女朋友的面/*见面过女朋友
c. 约会：跟女朋友约会(约过三次会) → *约过女朋友的会/约会过女朋友
d. 帮忙：为朋友帮忙(帮过三次忙) → 帮过朋友的忙/帮忙过朋友

(17) a. 请安：给老太太请安 → 请老太太的安/请安老太太
b. 操心：为孩子们操心 → 操孩子们的心/操心孩子们
c. 投资：向房地产投资 → 投房地产的资/投资房地产
d. 牵手：跟心动女生牵手 → 牵心动女生的手/牵手心动女生

过去常常有人把上面说的三种变化格式都归为“病句”。但这就带来两个需要解释的问题：一是这些新变化究竟是“怎么”形成的，而且这些不同变化又是“怎样”实现的：这是技术手段的分析。二是“为什么”会发生这些新变化，而且既然变化后的意义不变，“为什么”需要不同的变化：这是形成原因的分析。

对于“怎么样”的问题：(16)—(17)的例子表面看似乎都是某种“变换”或“移位”造成的。但这种解释难免“按下葫芦浮起瓢”。因为如果说是“动词分离”造成“动宾插宾”则无法解释为什么还有“动宾加宾”，如果说是“动词压缩”造成“动宾加宾”则又无法解释为什么还有“动宾插宾”，更不用说还要解释为什么有的结构中的对象名词可同时进入两个位置，毕竟不大可能一个支配式复合动词一会儿“分离”一会儿又“压缩”。

对此我们的分析是："见面"类结构中"见面"是整体从大动词（VP 中心语）位置向上移动到小动词（vP"跟"）的位置后，原位置留下同形动词拷贝形式，即"[$_{vP(跟)}$见面（了）女朋友[$_{VP}$见面]]"，然后做部分删除（前一个"见面"保留动词中心语素"见"，删除非中心语素"面"，后一个"见面"保留名词中心语素"面"，删除非中心语素"见"），即形成离子化的"见__（了）__面"。这是"同形拷贝与部分删除"。因为 VP 层"见面"部分删除后该位置由离子化后"（见）面"占据，所以在动词后加入对象名词"你/女朋友"就只能加在"面"前面，形成"见了你/女朋友（的）面"，亦即"动宾插宾"（或称宾语前置填入）。"约会"类结构中"约会"也是整体从大动词（VP 中心语）位置向上移动到小动词（vP"跟"）的位置并在原位置留下同形动词的拷贝形式，即"[$_{vP(跟)}$约会（了）女朋友[$_{VP}$约会]]"，但接下来是选择删除（保留前一个"约会"，删除后一个"约会"），因此形成了单词化的"约会（了）__"。这是"同形拷贝与选择删除"。因为 VP 层拷贝成分"约会"被全部删除后原位置留下空位，所以在动词后加入对象名词"她/女朋友"就可以填入"约会"的后面，并形成"约会了她/女朋友"，亦即"动宾加宾"（或称宾语后置填入）。而"帮忙"类结构则允许同时做"动宾插宾"和"动宾加宾"这两种操作。比较：

（18）a. 见面：跟女朋友见面

→ [$_{vP(跟)}$见面（了）女朋友[$_{VP}$见面]]　（同形拷贝）

→ [$_{vP(跟)}$见__（了）女朋友[$_{VP}$__面]]　（部分删除）

→ 见了女朋友（的）面　（名词后置/动宾插宾）

b. 约会：跟女朋友约会

→ [$_{vP(跟)}$约会（了）女朋友[$_{VP}$约会]]　（同形拷贝）

→ [$_{vP(跟)}$约会（了）女朋友[$_{VP}$__]]　（选择删除）

→ 约会了女朋友　（名词后置/动宾加宾）

c. 帮忙：为朋友帮忙

→ [$_{vP(为)}$帮忙（了）朋友[$_{VP}$帮忙]]　（同形拷贝）

→ [$_{vP(为)}$帮__（了）朋友[$_{VP}$__忙]]　（部分删除）→ 帮了朋友忙（动宾插宾）

→ [$_{vP(为)}$帮忙（了）朋友[$_{VP}$__]]　（选择删除）→ 帮忙了朋友（动宾加宾）

对于"为什么"的问题，特别是如果说这类支配式不及物动词结构必须发生对象名词位置变化，那为什么大量同类结构并不如此变化（如"结婚"类结构）；二是如果说一部分这类结构要发生对象名词后置变化，那为什么"动宾插宾"（如"见面"类结构）和"动宾加宾"（如"约会"类结构）方式又不同，而且为什么有的动词结构同时选择两种"宾语填入"方式（如"帮忙、牵手、请安"类结构）。对此我们暂时还没有结论，需要做进一步研究。

参考文献

Chomsky, N. 1981. *Lectures on Government and Binding* [M]. Dordrecht: Foris.

Chomsky, N. 1995. *The Minimalist Program* [M]. Cambridge, MA.: The MIT Press.

Harris, Z. 1957. Co-occurrence and transformational in linguistic structure[J]. *Language* 33: 283 - 340.

Harris, Z. 1965. Transformational theory[J]. *Language* 41: 363 - 401.

Larson, R. 1988. On the double object construction[J]. *Linguistics Inquiry* 19: 335 - 391.

顾　阳、沈　阳，2002，论元结构与汉语合成复合词的构造过程[J]，《中国语文》(2)：122 - 133。

陆俭明，2004，《现代汉语语法研究教程（修订版）》[M]。北京：北京大学出版社。

吕叔湘，1942/1982，《中国文法要略》[M]。北京：商务印书馆。

沈　阳，1997，名词短语的多重移位形式及把字句的构造过程与语义解释[J]，《中国语文》(6)：402 - 414。

沈　阳，2009，补语小句和处所义双宾结构的句法构造[A]。载北京大学汉语语言学研究中心《语言学论丛》编委会（编），《语言学论丛》（第 39 辑）[C]。北京：商务印书馆。422 - 444。

沈　阳，2015a，现代汉语"V+到/在 NP"结构的句法构造和相关问题[J]，《中国语文》(2)：105 - 120。

沈　阳，2015b，支配式不及物动词带"宾语"的两种形式[R]。国际中国语言学会第 23 次年会论文，首尔，韩国，2015 年 8 月。

沈　阳、洪　爽，2014，再论论元结构与汉语合成复合词的构造形式[J]，《学术交流》(12)：147－154。
沈　阳、司马翎，2010，句法结构标记"给"和动词结构的衍生关系[J]，《中国语文》(3)：222－237。
沈　阳、司马翎，2011，結果補語小節の分析と小節の内部構造[A]。载影山太郎、沈力（编），『日中理論言語学の新展望 2：意味と構文』[C]。東京：くろしお出版。149－166。
石定栩，2003，汉语的定中关系动-名复合词[J]，《中国语文》(6)：483－495。
司马翎、沈　阳，2006，结果补语小句分析和小句的内部结构[J]，《华中科技大学学报》(社科版)(4)：40－46。
朱德熙，1982，《语法讲义》[M]。北京：商务印书馆。

沈阳，南京大学 / 上海师范大学　pkushenyang@hotmail.com

（原载《外语教学与研究》2016 年第 2 期）

论汉语的“隐性述结式”*

孙天琦　郭　锐

提　要　文章着眼于解决“后果宾语”（“跑了一身汗”）的允准机制及实现模式，论证了“后果宾语”结构与述补结构存在整齐的平行性。这类结构可以分析为补语只起语法作用而没有语音形式的“隐性述结式”。由此提出“产生”义和“粘附”义两类“隐性述结式”，从述结式的论元衍生规则推导出“后果宾语”结构的各种实现模式，并统一解决了这类结构的相关问题。文章还把这一模式扩展到“取夺义双宾”、“隐性致使”等特殊结构，解释了这些结构特殊的论元实现问题，进一步论证了“隐性述结式”在汉语研究中的应用价值。

关键词　后果宾语　隐性述结式　双宾结构　隐性致使结构

1 引　言

1.1 “后果宾语”引发的问题

一些汉语句子的主宾语实现情况并不受核心谓词论元结构的制约。例如：

(1) a. 我跑了一身汗。　　　　b. 我摸了一手油。

(2)（这点事儿）跑了我一身汗。　　　　(3)（这张桌子）摸了我一手油。

人们既不能“跑汗”、也不会“摸油”。因此，占据宾语位置的“一身汗”和“一手油”并不是谓词“跑”和“摸”的核心论元。这类结构是非常规的论元实现模式。

一方面，语句发生了“增元”变化：“跑”是典型的一元动词，却可以带两个，如例(1)a，甚至三个论元，如例(2)；“摸”本来是二元动词，在例(3)中却带上了三个论元。

另一方面，语义角色和句法的常规对应规律也被打破。主体论元在这里可以实现为宾语，如例(2)和例(3)中的“我”；客体或旁体论元①可以实现为主语，如例(3)中的“这张桌子”和例(2)中的“这点事儿”。此时谓词的客体论元反而无法实现为宾语，如不能说“*我摸了这张桌子一手油”。

上例“一身汗”和“一手油”都是与动词没有论旨选择关系的非核心成分（孙天琦 2010），都表示事件所产生的某种结果。为了区别于“织毛衣”等由核心论元充当的结果宾语，也考虑到非核心成分所表示的结果多是消极性的，本文把由非核心成分充当的结果宾语定义为“后果宾语”。值得注意的是，“后果宾语”中必须包含数量成分，上述结构如没有数量成分都不能成立，如不能说“*我跑了汗”或“*摸了我油”（参陆俭明 1988；沈家煊 1995）。同时，“后果宾语”对所包含的数量成分有特殊要求，如“跑了一身汗”非常自然，但“？跑了两身汗”的合格性明显变差；可以说“跑了一身汗”，但不能说“*跑了一滴汗”。

可以看出，“后果宾语”的引入引发了一系列问题。首先就是与谓词没有论旨选择关系的“后果宾语”是如何得到允准的；其次是这类结构的论元实现规律如何，为何会出现种种非常规的论元实现模式；再如“后果宾语”为何对数量成分有强制性的特殊要求。

* 本文为教育部人文社会科学基金青年项目（12YJC740090）的阶段性成果。感谢《语言科学》编辑部及匿审专家提出的许多宝贵修改意见，尚存的问题概由笔者负责。

① 本文所指的旁体论元指原因、目的等与动词没有论旨选择关系的非核心成分。

1.2 本文的解决思路

要解决“后果宾语”结构的系列问题，关键要搞清楚“后果宾语”的允准机制。此前的研究大多着眼于“后果宾语”的类型归属或其中动词、宾语的句法语义属性（参董晓敏 1990；鲁川等 1994；谭景春 1997；陈昌来 2002；孟琮等 2005 等），真正触及到“后果宾语”允准机制的研究并不多见。也有一些学者注意到了“后果宾语”与隐含谓词的密切关系。如郭锐和姚静仪（2004）、应晨锦（2006）、郭锐（2007）都曾提出这类结构中包含相应的隐含谓词，但是这些研究并没有把隐含的谓词与结构的实现模式及各种特点联系起来。

本文发现“后果宾语”结构与述结式的论元实现模式有非常整齐的平行性，“后果宾语”其实是由隐性的补语谓词允准的，如“跑了一身汗”的“一身汗”可以分析为隐性的“产生”义补语（“出”）的论元。关键在于构拟出相应的述结式后，“后果宾语”各种看似非常规的实现模式都可以从述补结构的论元衍生规则得到预测和解释，与这类结构相关的系列问题也都可以得到比较合理的解决。

2 从隐含谓词到“隐性述结式”

2.1 “后果宾语”结构与述结式的平行性

“后果宾语”结构的实现模式与述结式存在着非常整齐的平行性。上文中各种非常规的论元实现情况都可在两种结构中找到平行的表现，比如谓词的主体论元在这两类结构中都可以实现为（间接）宾语。

（4）a. 跑了我一身汗。　　　　b. 跑断了我一条腿。

单看例（4）a 不好解释，因为从表面上看，处于间接宾语位置的“我”是谓词“跑”的主体论元。但联系例（4）b 来看，在述结式“跑断”中，处于间接宾语位置的“我”其实是补语谓词“断”的论元（我断了一条腿），只不过恰好与述语谓词的主体论元同指而已（我跑，我断了一条腿）。而这种实现情况正符合述结式的论元衍生规则。按此类推，如果我们把例（4）a 中的“我”分析为隐性的产生义补语的论元（如“我出一身汗”），“后果宾语”结构的论元实现模式就可以直接由述结式的论元衍生规则推出。另一方面，客体论元的非常规实现情况在两种结构中也完全平行。如例（5）带上“后果宾语”后，动词“踢”固有的客体论元反而无法实现为宾语。这种情况也出现在例（6）为代表的述结式中。

（5）a. 踢了我一身汗。（踢球）　　　　b. 踢了（*这场球）一身汗。

（6）a. 踢断我一条腿。（踢球）　　　　b. 踢断了（*这场球）一条腿。

单看例（5）b 不好解释，但结合例（6）中述结式的情况问题就有了答案。因为在述结式“踢断”中，间接宾语只能从补语谓词“断”中提升（我断了一条腿），而不能从述语谓词中提升（踢这场球），这正符合述结式宾语的提升规则（详见下文）。那么，如果我们把例（5）中的“后果宾语”结构分析为带有隐性补语的述结式，例（5）b 类不合法的表达就可以直接由述结式的论元衍生规则排除。

另外，如果需要强调造成某结果的原因，述语谓词的客体论元可以实现为整个结构的主语。这种模式仍然同时存在于“后果宾语”结构和述结式中，如例（7），也同样符合述结式的论元衍生规则。

（7）a. 这场球踢了他一身汗。　　　　b. 这场球踢断他一条腿。

从以上分析可以看出“后果宾语”结构的实现模式与相应的述结式非常平行，它们的论元实现应该受同一套规则支配。因此可以根据述结式的论元衍生规则来解释和预测“后果宾语”的实现情况。

2.2 述结式论元结构的衍生规则

下文采用郭锐（2002）对述结式的分析，从论元提升和抑制的角度来推导述结式的论元结构。根据郭锐（2002），述结式的论元都由述语（V_1）和补语谓词（V_2）的论元提升而来。V_1 和 V_2 的所有论元都参与操作，或者被提升或者被抑制。此处的“论元提升”指作为述结式组成部分的论元提升为整个述结式的论元①（参见郭锐 1995；

① 针对述结式的“论元提升”讨论的是如何从述语、补语谓词的论元提升为整个述结式论元的问题。与句法层面讨论的诸如非核心成分提升至核心句法位置的“论元提升”操作有本质区别，注意不要混淆。

王红旗 1995 等)。以“他唱哑了嗓子”为例,述结式的主语由“唱”的主体论元提升而来,宾语由“哑”的主体论元提升而来。而“唱”的客体论元受到抑制,并未提升,因此“* 他唱哑了一首歌”不能成立。从简约性的原则出发,即使在“他砍断了树枝”这样的结构中,也可以认为“砍”的客体论元并未提升,提升的是补语“断”的主体论元,只是两者同指而已(a_1、p_1 表示述语谓词的论元,a_2、p_2 表示补语谓词的论元,a、p 表示整个述结式的论元)。

(8) 他　唱哑了　嗓子
<a　　p>
他　歌　嗓子
<a_1,　p_1>　<a_2>
唱　哑

(9) 他　砍断了　树枝
<a　　p>
他　树枝$_i$　树枝$_i$
<a_1,　p_1>　<a_2>
砍　断

由此可以得出述结式的主语从 V_1 中提升,宾语从 V_2 中提升。先来看主语的提升情况,提升哪一个论元做述结式主语与事件原因的认定直接相关,也就是说述结式的主体论元是事件的致使者(causer)。一般而言,提升 V_1 的主体论元作主语最容易,也不需要特殊条件,如以上两例。有时,述结式的主语也可以从 V_1 的客体论元或间接的非核心论元中提升,如“这个电影看哭了很多人”、“这批活儿累病了俩工人”。这种论元实现是把客体因素认定为事件的致使者,一般需要特殊条件,如 V_1 和 V_2 的主体论元同指。下图把非核心成分放在圆括号中(“原因”用 r 表示),以区别于尖括号中的核心论元。

(10) 这个电影　看哭了　很多人
<a　　p>
causer
很多人$_i$　这个电影　很多人$_i$
<a_1,　p_1>　<a_2>($a_1=a_2$)
看　哭

(11) 这批活儿　累病了　俩工人
<a　　p>
causer
这批活儿　俩工人$_i$　俩工人$_i$
(r)　<a_1>　<a_2>($a_1=a_2$)
累　病

再看宾语提升的情况,述结式的宾论元都从补语谓词中提升,一次最多可以提升两个。当补语是二元谓词时,其主体和客体论元分别提升为述结式的间接和直接宾语,如“跑断我一条腿”。其中间接宾语是事件的被使者(causee)(d 表示整个述结式的间接宾语论元)。

(12) 他　打断　我　一条腿
<a　　d　p>
causer　causee
他　我　我　一条腿
<a_1,　p_1>　<a_2,　p_2>
打　断

至此可以得出述结式的主语和宾语选择规则。

规则 1(主语选择规则):述结式的主语从 V_1 中提升。

① 一次最多从 V_1 中提升一个论元,其他论元被抑制。② 提升主体论元无条件。③ 提升其他论元(客体、非核心)有条件,如 V_1 和 V_2 的主体论元同指。

规则 2(宾语选择规则):述结式的宾语从 V_2 中提升。一次最多提升两个论元。

与本文相关的还有一条“同指隐含规则”。这个规律是说在“老王累死了”一类结构中,同指的两个论元(老王累,老王死)并未合并为一个论元。因为其中一个还能够以反身代词的形式显现,如“老王把自己累死了”/“老王累死了自己”。

因此可以认为当 V_1 和 V_2 的主体论元同指时,V_2 的论元仍然提升为述结式的宾语,只是一般情况下隐含为空代词(Pro)。实际上,这种情况下也可以只提升 V_2 的论元,而把 V_1 的论元隐含为空代词,如“累死我了”。哪一个显现与话题和焦点的安排有关，如下两例（虚线表示隐含为空代词）。

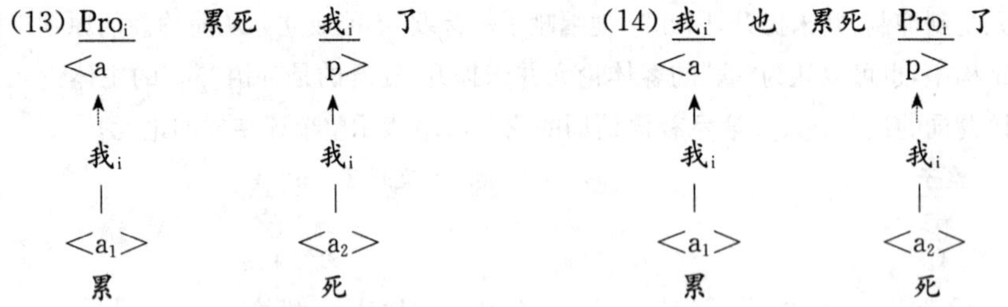

规则 3（同指隐含规则）：被提升为述结式论元的名词短语如果有同指关系，其中一个隐含为空代词。

“后果宾语”结构中诸如“我跑了一身汗”和“跑了我一身汗”的论元交替模式与上述述结式的规律完全一致，可以直接由“同指隐含规则”推出（详见下文）。

2.3 “隐性述结式”的提出

掌握了述结式的论元衍生规则，就能解释“后果宾语”的论元实现规律，即都是述结式论元衍生规则作用的结果。

首先，所谓的“增元”其实都是隐性补语的论元。如“跑了一身汗”中的“一身汗”由“产生”义的隐性补语允准，只能实现为述结式的宾语，规律与“跑断了一条腿”一样。其次，语义角色与句法的非常规对应也是述结式论元整合的结果。对述结式来说，最重要的区分是述语谓词和补语谓词，它们分别为整个结构提供主语和宾语。按照这个思路，“后果宾语”的论元实现问题都可以得到合理的解释。

引入“后果宾语”后谓词固有的客体论元有时反而无法实现为宾语（*我踢了这场球一身汗）。这是因为述结式的宾语只能从补语谓词中提升。“这场球”作为述语谓词的论元，自然不能提升为述结式的宾语。它可以实现为主语（这场球踢了我一身汗）是因为述结式的主语表示事件的原因。而原因不一定都是主观因素，有时也可以是客观因素，此时恰好需要提升述语谓词的非主体论元（规则 1-③）。

“后果宾语”主体论元实现为宾语（跑了我一身汗）更需要从述结的角度来解释。述结式的间接宾语作为事件的被使者，只能从表结果的补语谓词中提升（“某行为”致使“我产生一身汗”）。此时充当间接宾语的成分看似是述语谓词“跑”的论元，其实是隐性补语的论元（我出一身汗），只不过两者同指。“跑了我一身汗”（我跑，我出一身汗）与“跑断我一条腿”（我跑，我断了一条腿）的论元实现规律完全相同。而无论是否有这种同指关系，结构的间接宾语都从补语谓词的论元中提升。只有这样才能统一解释各种实现模式，详见下文 3.1。

综上，“后果宾语”结构可分析为一种述结式带宾语的格式，其特点是其中的补语谓词在表层结构中没有语音实现形式，但仍然起语法作用。所以其论元实现情况仍然符合述结式的规律。本文把这种补语不在表层结构出现的述结式定义为“隐性述结式”，从这个角度统一解决“后果宾语”结构的各类问题。

3 汉语的“隐性述结式”

根据隐性补语类型的不同，汉语“隐性述结式”可以分为不同次类。“后果宾语”代表了两类“隐性述结式”。下面分别论述。

3.1 “产生”义隐性述结式

“产生”义隐性述结式指“产生”义结果补语隐而不现的述结式（如“跑{$V_{\emptyset}$}[①]了一身汗”）。“产生”义的结果补语表示某种结果产生并附着于相关对象，需要一个主体论元（表示产生结果的对象）和一个客体论元（表示某种结果），因此是一个二元谓词。而引起这种结果的原因由述语谓词来表达，述语谓词可以是一元（跑了一身汗）、二元（洗了一身汗）甚至是三元（送了一身汗）的。

隐性补语在某些情况下可以实现出具体的语音形式，如“产生”义补语有时可以实现为“出”（“跑出/急出/吓

① 本文用{}标示隐性补语，{$V_{\emptyset}$}代表隐性补语没有语音实现形式的情况。

出一身汗”）。

但隐性补语并非总能补出语音形式，因为语句结果意义的表达并不依赖于隐性补语（详见下文）。问题的关键在于无论能否实现出具体的语音形式，隐性补语在语法上所起的作用都是一样的，都作为补语谓词参与述结式的论元整合。

根据述结式的宾语选择规则（上节规则 2），其宾论元都从补语谓词中产生，表示事件的结果部分。因此“产生”义隐性补语的两个论元都要提升，主体论元提升为间接宾语，客体论元提升为直接宾语。即述结式宾论元的实现情况是固定的，只需根据述语谓词确定主论元就可以得到整个述结式的论元结构。

如上文所述，述结式主语都表示事件的原因，下面根据述语和补语的主体论元是否同指分别讨论。

根据述结式的“同指隐含规则”（上节规则 3），当 V_1 和 V_2 的主体论元同指时，其中一个可以隐含。如果补语的主体论元隐含可以得到例(15)a：“我跑了一身汗”；①述语的主论元隐含则可以得到例(15)b：“跑了我一身汗”。

下文例示中用{出}代表“产生”义的隐性补语。②

(15) a. 我$_i$　跑了 Pro$_i$　一身汗。　　b. Pro$_i$　跑了　我$_i$　一身汗。

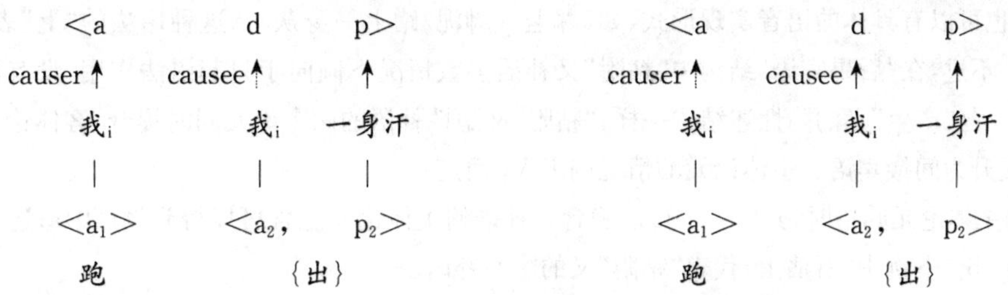

当满足这种同指关系时，述语谓词的非主体论元也可以提升为主语（规则 1-③）。不及物动词在这种条件下可以提升原因等旁体论元（下例中用 r 表示），如例(16)；及物动词在这种条件下还可以提升其客体论元作主语，如例(17)。这些实现形式都是把客观因素认定为事件的致使者。

(16) 这点事　跑了　我　一身汗。　　(17) 这盆衣服　洗了　我　一身汗。

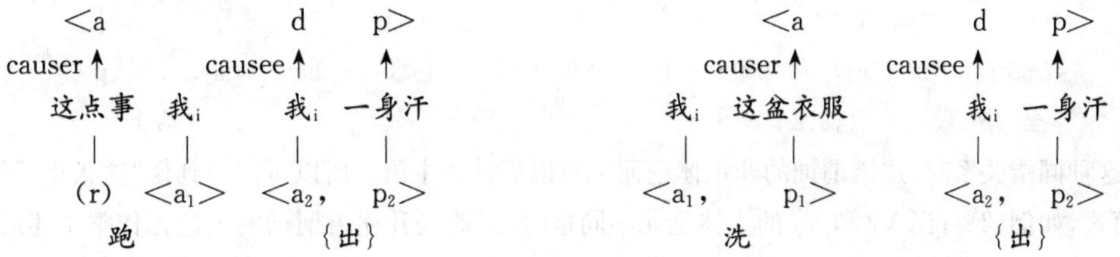

当 V_1 和 V_2 的主体论元不同指时，只能提升述语谓词的主体论元作整个述结式的主语，也没有论元隐含的情况，所以此时述结式的论元实现情况是唯一的。以“咬{出}”为例。

(18) 他　咬了　我　一道牙印儿。

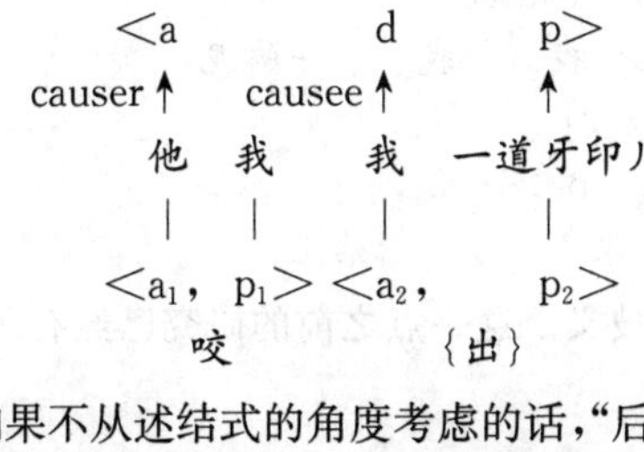

如果不从述结式的角度考虑的话，“后果宾语”结构中间接宾语的实现规律很难概括。因为间接宾语位置能容纳的语义成分看起来十分多样，有时看似述语的主体论元（如“跑了我一身汗”）；有时看似述语的客体论元（如“咬了我一道牙印儿”），还有时根本与述语谓词没有论旨关系，如例(19)：

① 这时虽然述语和补语谓词的主体论元同指，但两者并未合并。证据是补语的主体论元还能以反身代词的形式实现出来，如“他把自己跑了一身汗”/“他跑了（自己）一身汗”。可见间接宾语位置依然存在，因此可把“他跑了一身汗”看做隐性的三元结构。

② 这里用{出}代表“产生”义隐性补语属于用隐性补语的实现形式转喻其自身，即用“例”（token）转喻“类”（type）。但如文中所述，隐性补语重在起语法作用，语音上不一定有实现形式，不要误以为“产生”义隐性补语总是实现为“出”。

(19) 他这一唱，唱了我一身鸡皮疙瘩。(他唱歌，我出一身鸡皮疙瘩)

这三种看似不同的情况可用一条规则概括：间接宾语作为事件的被使者就是隐性补语的主体论元，即事件的结果所附着的个体。

前两种情况不过是隐性补语的论元恰好与述语动词的相关论元有同指关系，所以造成了一种假象，好像间接宾语是述语谓词的论元。例(19)最说明问题，间接宾语“我”与述语谓词根本没有论旨关系，但仍然表示结果所附着的个体，因此只能是隐性补语的论元。可见如果不从隐性补语的角度考虑，就不能提出统一的规律来解释以上现象。

3.2 “粘附”义隐性述结式

“粘附”义隐性述结式指“粘附”义补语只起语法作用而没有语音形式的述结式(如“蹭{$V_¢$}了一身油”)。“粘附”义的结果补语表示某种结果转移并附着于相关对象，[①]需要一个主体论元(表示结果所附着的个体)和一个客体论元(表示某种结果)，因此也是一个二元谓词。引起这种结果的原因同样由述语谓词来表达，述语谓词可以是一元(坐了一屁股灰)或二元(摸了一手油)的。

“粘附”义补语也可以有具体的语音实现形式，如(踩上一脚泥/蹭上一身灰)。这种用法的“上”表示接触、附着，相当于“沾上”。不过，在“后果宾语”结构中“粘附”义补语多数情况下倾向于只起语法作用，没有语音实现形式(理由详见下文)。与“产生”义的隐性述结式一样，“粘附”义隐性补语的两个论元同时提升，客体论元提升为直接宾语，主体论元提升为间接宾语。主体论元的情况则因 V_1 而定。

当 V_1 和 V_2 的主体论元同指时，其中一个可以隐含。补语的主体论元隐含可以得到例(20)a；述语的主体论元隐含则得到例(20)b。下例中用{沾上}代表“粘附”义的隐性补语。[②]

(20) a. 我$_i$ 坐了 Pro$_i$ 一屁股灰。 b. Pro$_i$ 坐了 我$_i$ 一屁股灰。

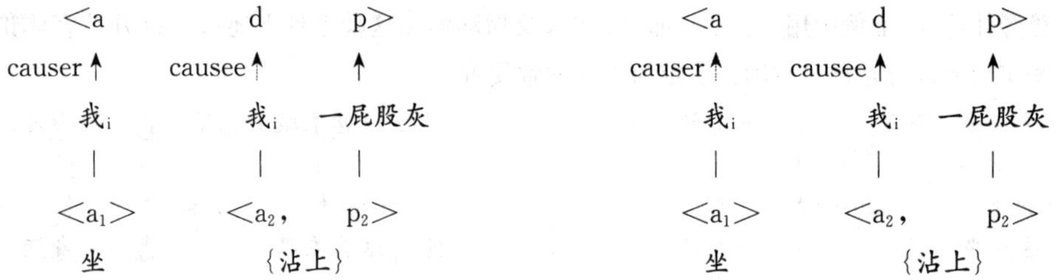

当满足这种同指关系时，述语谓词的非主体论元也可以提升为主语。所以可以得到像“这张桌子摸了我一手油”的实现模式，如例(21)；当 V_1 和 V_2 的主体论元不同指时，只能提升述语谓词的主论元作整个述结式的主语，也不存在同指论元隐含的情况，所以此时述结式的论元结构是固定的，如例(22)。

(21) 这张桌子 摸了 我 一手油 (22) 他 踩了 我 一脚泥

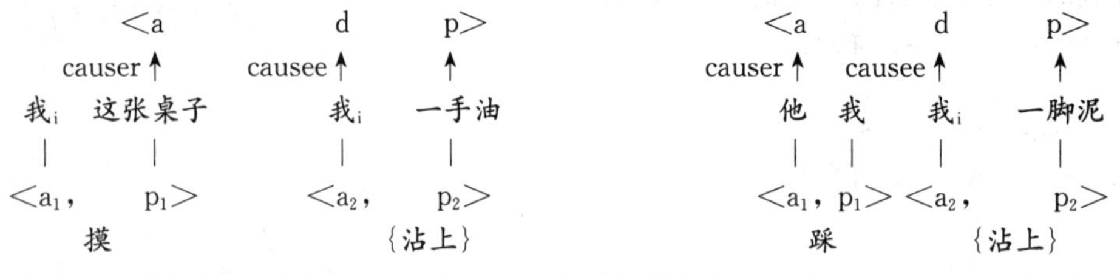

最后讨论一下“后果宾语”结构的歧义问题。这类结构很容易产生歧义。这一点之前的研究已经有所注意，如应晨锦(2006：78)指出以下语句有两种解读。

(23) 那孩子摸了我一手西瓜汁儿。

a. 那孩子摸我的手，以致我一手西瓜汁儿。 b. 我用手摸那孩子，以致我一手西瓜汁儿。

这里要论证的是以上歧义产生的原因及模式都可以通过述结式的论元衍生机制得到解释和预测。如上所

---

① “产生”和“粘附”两种隐性补语表达的都是一种“附着”事件(某结果附着于某对象)。只不过途径不同，前者的结果本来不存在，通过“产生”而“附着”(跑了我一身汗)；后者的结果本来就有，通过“转移”而“附着”(摸了我一手灰)。

② 用{沾上}代表“粘附”义隐性补语是因其语义与“粘附”义相符，虽然在语音实现形式(“上”)不完全一致。

述，述结式的宾语都从 V_2 中提升：V_2 的主体论元实现为间接宾语，客体论元实现为直接宾语。所以语句的后半部分（即谁被结果附着）是没有歧义的，一定是“我沾上一手西瓜汁儿”。这个预测完全符合事实，有歧义的只是语句的前半部分。产生歧义的原因在于“摸”所产生的结果既可以附着于其他对象（V_1 与 V_2 的主体论元不同指），也可以及于自身（V_1 与 V_2 的主体论元同指）。当 V_1 与 V_2 的主体论元不同指时，只有 V_1 的主体论元能够提升为整个述结式的主论元，此时得到的是第一种理解（“那孩子”是主观因素），见例(23)a。当 V_1 与 V_2 的主体论元同指时，可以提升 V_2 的受事作整个述结式的主体论元，此时得出第二种意义（“那孩子”是客观因素），即例(23)b。

```
(23) a. 那孩子   摸了   我    一手西瓜汁          b. 那孩子   摸了   我    一手西瓜汁
        ＜a             d      p＞                  ＜a              d      p＞
  causer ↑      causee ↑       ↑              causer ↑        causee ↑      ↑
        那孩子   我     我    一手西瓜汁           我i   那孩子       我i   一手西瓜汁
        |        |      |       |                  |       |          |        |
       ＜a1，    p1＞ ＜a2，    p2＞              ＜a1，    p1＞     ＜a2，     p2＞
            摸          {沾上}                          摸              {沾上}
```

这样，我们就既解释了这类结构产生歧义的原因，又预测了具体的歧义模式。其实这种歧义是述补结构的一个经典现象。“哥哥追累了弟弟”产生歧义的原因及模式与此处探讨的“那孩子摸了我一手西瓜汁儿”一类结构完全一样。有了述补结构的视角，这些问题都可以用同一套规则统一处理。

```
(24) a. 哥哥   追累了   弟弟                     b. 哥哥   追累了   弟弟
        ＜a              p＞                        ＜a               p＞
  causer ↑               ↑ causee             causer ↑                ↑ causee
        哥哥   弟弟     弟弟                   弟弟i  哥哥           弟弟i
        |       |        |                      |      |               |
       ＜a1，   p1＞   ＜a2＞                  ＜a1，   p1＞         ＜a2＞
            追          累                           追               累
```

通过以上分析可以看出，从述结式的论元衍生规则可以准确地推导出“后果宾语”结构的各种实现模式。论元实现的规律也变得非常清晰，可以概括如下：结构的主语由述语谓词的主体或客体、间接论元充当（具体选择哪一个取决于事件原因的认定）；结构的宾语从隐含的补语谓词中提升，其主体论元和客体论元分别充当间接宾语和直接宾语。

4 “隐性述结式”的成立条件

“隐性述结式”引出了一个理论上的问题。一般而言，述结式的补语谓词是必须出现的。因为无论是语义上还是句法上，补语都起着至关重要的作用。比如“哭肿”绝不等于“哭”：“哭”是一元的，而“哭肿”是二元的。那么，“隐性述结式”为何可以允许补语谓词隐而不现呢？

在汉语能产性极强、数量开放的述结式中，“隐性述结式”无疑是一个非常特殊的封闭类。它们与普通述结式的本质差别在于其结果信息的表达不依赖补语谓词，而是有自己特殊的方式。下面以“产生”和“粘附”两类“隐性述结式”为例具体说明。这两类“隐性述结式”的结果信息都是通过“后果宾语”表达出来的。而“后果宾语”能准确地表达结果意义与其中特殊的数量成分有很大关系。如上文所述，“后果宾语”中必须包含数量成分，没有数量成分结构就不能成立。

(25) a. 我坐了一屁股灰。　b. *我坐了灰。　(26) a. 老王跑了一身汗。　b. *老王跑了汗。

结构之所以如此依赖这些数量成分是因为它们承载着结果意义。尤其是对于“灰”、“汗”等本身没有结果内涵的名词性成分来说，主要靠借用身体部位的临时量词来表现结果意义。如“灰”、“汗”本身不能表达结果义，“坐灰”、“跑汗”的说法也不能成立。但“一屁股灰”、“一身汗”就可以表达“屁股上沾满灰”、“全身是汗”的“遍布”结果义。因此，在“坐{$V_{\varnothing}$}了一屁股灰”、“跑{$V_{\varnothing}$}了一身汗”中“后果宾语”就可以明确地表达结果信息，补语再显现的话反而会成为语义上的冗余信息，这是隐性补语通常没有语音实现形式的主要原因。“后果宾语”中还有一些情况名词中心语本身就表示一定的结果义，如“泡”、“包”等（“烫了一个泡”、“撞了一个包”）。一方面这些名词的词汇语义在一定程度上蕴含着结果，另一方面又借助数量成分的帮助来凸显结果义。所以，“烫了一个泡”类结构与“跑了一身汗”一样，凭借“后果宾语”就可以表达明确的结果意义。

综上所述，在“后果宾语”结构中数量（名）成分和补语谓词一样都有表示结果的作用。从经济性的角度考虑就可以两者择一，不必同时在表层结构中实现出来。汉语的语言事实支持这样的假设。当数量成分出现时，结果谓词可以不出现；反过来，当结果谓词出现时，数量成分也可以适当隐去。例如：

(27) a. 这孩子跑了一身汗。　　b. 这孩子跑出汗了。

(28) a. 他踩了一脚泥。　　b. 他踩上泥了。

(29) a. 脚上磨了一个泡。　　b. 脚上磨出泡了。

关于“隐性述结式”表达结果义的特殊方式还有两点需要特别说明。

一是这类结构中的数量成分大多表示“遍布”意义（参见姚静仪 2004）。这种特殊意义对数词和量词都有特殊要求：数词只能用“一”，①“一”表示全称意义，如“一身”就是“满身”的意思。所以可说“跑了一身汗”，而不能说“？跑了两身汗”；②量词也必须是能够体现“遍布”义的，通常是可以被附着的身体部位，如“身”、“头”等。所以可说“跑了一身/头汗”，而不能说“*跑了一滴汗”。至此上文中“后果宾语”中数量成分的特殊性得到了解释。其实，“后果宾语”中特殊的数量表达虽然形式上是指称性的，意义上已经具有了一定的陈述性。一个形式上的证据是这类结构可以变换为相应的状态补语。例如：

(30) a. 跑了一头汗。　　b. 跑得一头汗。

二是这种特殊方式所表达的结果具有“唯一性”。比如“摸{ V_e }了一手油”这个结构只能表达“手上沾满油”的结果义，不存在其他理解的可能。这种情况下“粘附”义隐性补语如果实现出来反而会成为语义上的冗余信息，不符合语言表达的经济性。因此，隐性补语常常选择隐而不现，只起语法作用，没有语音形式。③ 相比之下，普通述结式不允许补语空缺也是为了保证结果表达的确定性。假设只知道述语谓词是“洗”，宾语是“衣服”，而结果谓词空缺（“洗 V 衣服”），那我们无法准确地预测结果是什么。因为理论上有无限的可能：可以是“洗干净了”，也可以“洗褪色了”，还可能“洗破了”、“洗坏了”等。能够不依赖补语就表达“唯一性”结果的“隐性述结式”一定是非常特别的少数类。如这里谈到的“产生”、“粘附”，还有下文中的“失去”类。这些事件都表达到从无到有或从有到无的变化。“有无”变化的初始状态与结束状态截然相反，没有其他可能性。所以此类变化所导致的结果具有“唯一性”。

综上所述，“隐性述结式”不需要补语就可以明确地表达结果信息，因此允许补语只起语法作用，没有语音实现。由此可以解释“后果宾语”结构对数量成分的特殊要求。

5 “隐性述结式”的扩展应用

以上提出“隐性述结式”的理论模型统一解释了“后果宾语”结构的各种主要问题。根据本文的考察，“隐性述结式”在汉语中的应用范围不限于此，还可以用来分析更多的特殊现象。例如：

(31) 他吃了我三个苹果。

(32) a. 这顿饭吃了我二百块钱。　　b. 一面墙就刷了我两桶油漆。

(33) a. 这篇论文写了他三个月。　　b. 这个案子不知道跑了他多少趟。

以上结构的论元实现模式都比较特殊，也一直是汉语论元结构研究的热点问题。例(31)是汉语“取得”类双宾结构的代表，以往的研究提出了不少有力的证据证明动词后的两个名词性成分不是领属性的定中关系，而是两个独立的宾语（陆俭明 2002；张国宪 2001；徐杰 2004 等）。形式句法对这类结构的句法推导多采用与轻动词相关的理

① 针对“一身汗”、“一手油”等表示“遍布”结果义的临时量词，在“后果宾语”结构中占大多数。

② “跑了两身汗”如可以接受的话，则表示经历了两次“跑一身汗”的过程。

③ 事实上不少句子如要硬给隐性补语一个语音形式反而不能被接受，比如我们不会说“*摸上一手油”。

论(参见张宁 2000;邓思颖 2003;黄正德 2007 等);例(32)和例(33)类结构与"致使"密切相关,这一点不少研究都有所提及。如顾阳(2001)提出这些结构中包含隐性使役轻动词;郭锐和姚静仪(2004)认为其中隐含致使动词;应晨锦(2006)用轻动词 CAUSE 来推导。为了讨论方便,也考虑到这类结构中没有显性致使成分,本文把例(32)和例(33)称为"隐性致使结构"。

这里要论证的是,无论是"双宾"的角度还是"致使"的角度都无法对上述结构的论元实现情况作出统一解释和准确预测。如为何例(31)—(33)中谓词的主体论元可实现为宾语,例(32)和例(33)中客体及旁体论元可实现为主语?结构中与动词没有论旨关系的非核心成分,如例(31)中的间接宾语、例(32)和例(33)中的直接宾语是如何被允准的?这两类结构有着怎样的关联,如何解释人们语感中两者存在的相关性?以上问题轻动词分析无法解决,但本文提出的"隐性述结式"可以统一解决这些问题。

上述结构虽然只出现了一个谓词,却很明确地表示了"失去"、"消耗"的结果含义。事件中的"间接宾语"都失去了"直接宾语"。间接宾语代表失去某物的主体,直接宾语则代表事件中失掉的客体,如金钱、材料、时间等。而且,上述论元实现模式完全符合述结式的论元衍生规则。因此这些结构也可以分析为"隐性述结式"。隐性补语可以根据结构宾语的情况来确定。

上述宾语信息显示这类结构中存在一个表示"失去"义的隐性补语:有主体和客体两个论元。"失去"义的隐性补语有时可有语音实现形式,如"人们每年一共吃掉台湾两条高速公路"、①"我一口气吃掉他三个苹果"。但由于宾语部分已经明确地表示了结果含义,为避免成为冗余信息,"失去"义补语更倾向于只起语法作用,而不在表层结构中显现。经过分析得到了汉语"隐性述结式"的一种新类型——"失去义"隐性述结式。上述结构的宾语部分都表达"失去"事件。间接宾语和直接宾语分别由补语谓词的主体和客体论元充当。这是"失去义"隐性述结式的共同特点。这些结构的不同主要体现在主语的选择上。而主语的选择其实体现了对事件原因的认定。下面分别分析。

首先看"他吃了我三个苹果"类"取得义"双宾结构的情况。这类结构中述语谓词与补语谓词的主体论元一般不同指,此时只能提升述语动词的主论元作为整个述结式的主语,也就是把主观因素认定为"失去"事件的致使者。下文用{掉}代表"失去"义的隐性补语。②

(34) 他　吃了　我　三个苹果。

＜a　　　　d　　p＞

causer ↑　causee ↑　↑

他　苹果　我　三个苹果

|　|　|　|

＜a_1,　p_1＞ ＜a_2,　p_2＞

吃　　{掉}

引入"隐性述结式"后,这类结构的论元实现情况可以得到合理的解释。比如结构的间接宾语与谓词没有论旨选择关系,为何可以占据论元位置。

现在看来,这个"问题"其实并不是问题。因为间接宾语本来就不是述语谓词的论元,而是隐性补语的论元(我失去三个苹果)。

其实,不仅是间接宾语,结构的直接宾语也是隐性补语的论元,只不过多数情况下述语和补语的客体论元同指而已(吃苹果,某人失去苹果)。但汉语中还存在两者不同指的情况,例如:

(35) 他吃了我半个月工资。(他吃饭,我失去半个月工资)

例(35)的间接宾语和直接宾语与谓语动词都没有论旨关系,其论元实现情况很难用"双宾"解释。而从"隐性述结式"出发这些问题可以得到合理解决。"我"和"半个月工资"都是"失去义"隐性补语的论元,本来也不需要与谓语动词"吃"有论旨关系。"吃了我三个苹果"和"吃了我半个月工资"的差别仅在于补语和述语谓词的客体论元是否

① 此例出自蔡维天(2005)例(12)b。
② 这里用{掉}代表"失去"义的隐性补语也属于用"例"转喻"类",并不意味隐性补语一定有这种语音实现形式。

同指。而无论这种同指关系是否存在，整个结构的宾语都从补语谓词的论元中提升，两者的论元实现规律完全一致。

接下来分析以“这顿饭吃了我二百块钱”为代表的“隐性致使结构”。这类结构描述的是述补和补语的主体论元同指的情况。因此可以提升述语动词的非主论元作为整个述结式的主语，也就是把客观因素认定为事件的致使者。例如：

(36) 这顿饭　吃了　我　二百块钱。

　　<a　　　　d　　p>

causer ↑　　causee ↑　　↑

我$_i$ 这顿饭　　我$_i$　二百块钱

<a_1，p_1>　<a_2，p_2>

吃　　　{掉}

之前的很多分析认为这类结构中含有表示致使的轻动词 CAUSE(参见顾阳 2001；应晨锦 2006)。从“隐性述结式”的角度来看的话，则不必专门为这类结构设立轻动词。因为提升述语动词的非主体论元作致事主语只是述结式规则的一部分，并不需要特殊的规定和操作。结构的致使义来自述结式本身的语义。

通过以上分析可以看出，一向被视为棘手问题的“取得义”双宾和“隐性致使结构”都可以被分析为“隐性述结式”，并在这一理论框架中获得统一解释。这两类结构其实是同一种结构的两种不同实现形式，差别仅在于致事主语的选择不同：前者选择述语动词的主体论元作主语(“他吃了我半个月工资”)；后者选择述语动词的非主体论元作主语(“一顿饭吃了我半个月工资”)。

“失去”义隐性述结式的成立条件与我们之前讨论过的规律相同。这类结构不需要显性补语就可以清楚地表达结果意义。而且这种结果也是“唯一性”的，不会引起歧义。“这顿饭吃了我二百块钱”所表达的结果一定是“我失去了二百块钱”。值得注意的是，与“产生”、“粘附”义的“隐性述结式”一样，“失去”义隐性述结式也表达“有无”变化：“产生”、“粘附”义表示“从无到有”的变化，而“失去”义表示“从有到无”的变化。

正如上文所述，这种没有中间状态的极性变化保证了所表达结果意义的唯一性。

现在我们可以回答本节开头提出的一系列问题了。结构中的非核心论元都由隐含的补语谓词允准；结构特殊的论元实现模式都可以由述结式的论元衍生规则推出；这两类看起来同中有异的结构其实是“失去”义隐性述结式的两种不同实现模式。

6 结　语

本文论证了汉语的“后果宾语”结构中含有表示“产生”、“粘附”义的隐性补语，从中提炼出“隐性述结式”的理论模型，从“述结式”的角度解决了这类结构的各种主要问题。“隐性述结式”与普通述结式的差别在于它不需要补语就能明确地表达结果信息，因此允许补语谓词只起语法作用而没有语音实现。语义上冗余的成分能省则省是比较经济的，“隐性述结式”正是这种情况。

“隐性述结式”的理论可以用来分析更多的特殊现象，如本文提出的“失去”义“隐性述结式”可以统一解释“取得”义双宾、隐性致使等结构的论元允准及实现等问题。这种机制在汉语中的进一步应用还有待于深入研究。

参考文献

Cai, Weitian(蔡维天). 2005. Tan hanyu de mengshou jiegou 谈汉语的蒙受结构[A study on affective constructions of Chinese]. Manuscript.

Chen, Changlai(陈昌来). 2002. Lun chengshi jiqi xiangguan dongci 论成事及其相关动词[On the result and the catego ries of the relevant verbs]. *Hanyu Xuexi* 汉语学习[*Chinese Language Learning*] 2002.3: 6-12.

Dong, Xiaomin(董晓敏). 1990. Yizhong teshu de jieguo binyuju 一种特殊的结果宾语句[A special kind of objective sentence of result]. *Jiujiang Shizhuan Xuebao* (Zhexue Shehui Kexue Ban) 九江师专学报(哲学社会科学版)[*Journal of Jiujiang Teacher's College* (Philophophy and Social Sciences)]1990.1: 63 - 69.

Guo, Rui(郭锐). 1995. Shujieshi de peijia jiegou he chengfen de zhenghe 述结式的配价结构和成分的整合[Valent structure of verb-resultative complement and integration]. *Xiandai Hanyu Peijia Yufa Yanjiu* 现代汉语配价语法研究[*Studies on Valent Grammar in Modern Chinese*],168 - 191. Beijing: Beijing Daxue Chubanshe 北京: 北京大学出版社[Beijing: Peking University Press].

Guo, Rui(郭锐). 2002. Shujieshi de lunyuan jiegou 述结式的论元结构[The argument structure of resultative construction in Chinese]. *Xiandai Hanyu Yufa Yanjiu de Xin Tuozhan: 21 Shiji Shoujie Xiandai Hanyu Guoji Yantaohui Lunwenji* 现代语法研究的新拓展——21世纪首届现代汉语国际研讨会论文集[*New Developments of Modern Grammar Studies: Proceedings of the First International Conference on Modern Chinese Grammar in the 21st Century*],169 - 186. Hangzhou: Zhejiang Jiaoyu Chubanshe 杭州: 浙江教育出版社[Hangzhou: Zhejiang Education Publishing House].

Guo, Rui(郭锐). 2007. Jufa cengmian de lunyuan jiegou bianhua 句法层面的论元结构变化[Changes of argument structure at the syntactic level]. *Liang'an Sandi Xiandai Hanyu Jufa Yuyi Xueshu Luntan Lunwen* 两岸三地现代汉语句法语义学术论坛论文[*Paper presented at the academicf orum of the Chinese Mainland, Taiwan and Hongkong on modern Chinese syntax and semantics*]. City University of HongKong, China.

Guo, Rui(郭锐), & Jingyi Yao(姚静仪). 2004. Hanyu zhong jufa cengmian de lunyuan jiegou bianhua 汉语中句法层面的论元结构变化[Changes of argument structure at the syntactic level in Chinese]. *Beijingshi Yuyan Xuehui Yingyong Yuyanxue Yanjiuhui 2004 Niandu Xueshu Baogaohui Lunwen* 北京市语言学会应用语言学研究会2004年度学术报告会论文[*Essays of the 2004 Annual Beijing Language Association Applied Linguistics Seminar*]. University of International Business and Economics, China.

Gu, Yang(顾阳). 2001. Yinxing shiyi dongci jiqi jufa jiegou 隐性使役动词及其句法结构[The null causative verb and its syntactic structure]. *Shengcheng Yufa Lilun Yu Hanyu Yufa Yanjiu* 生成语法理论与汉语语法研究[*Generative Grammar Theory and Chinese Syntax Studies*], *ed. by Yang Shen*, 112 - 134. Haerbin: Heilongjiang Jiaoyu Chubanshe 哈尔滨: 黑龙江教育出版社[Haerbin: Heilongjiang Education Publishing House].

Huang, James,C.- T.(黄正德). 2007. Hanyu dongci de tiyuan jiegou yu qi jufa biaoxian 汉语动词的题元结构与其句法表现[Thematic structures of verbs in Chinese and their syntactic projections]. *Yuyan Kexue* 语言科学[*Linguistic Sciences*]2007.4: 3 - 21.

Lu, Jianming(陆俭明). 1988. Xiandai hanyu zhong shuliangci de zuoyong 现代汉语中数量词的作用[The function of number expressions in modern Chinese]. *Yufa Yanjiu he Tansuo*(si)语法研究和探索(四)[*Grammar Research and Exploration*(4)],172 - 186. Beijing: Beijing Daxue Chubanshe 北京: 北京大学出版社[Beijing: Peking University Press].

Lu, Jianming(陆俭明). 2002. Zai tan "chi le ta sange pingguo" yi lei jiegou de xingzhi 再谈"吃了他三个苹果"一类结构的性质[A double-object analysis of the Mandarin pattern of "chi le ta sange pingguo"]. *Zhongguo Yuwen* 中国语文[*Studies of the Chinese Language*] 2002.4: 317 - 325.

Lu, Chuan et al. (鲁川等). 1994. *Dongci Dacidian* 动词大词典[*The Comprehensive Dictionary of Chinese Verbs*].Beijing: Zhongguo Wuzi Chubanshe 北京: 中国物资出版社[Beijing: Chinese Material Press].

Meng, Zong et al. (孟琮等). 2005. *Hanyu Dongci Yongfa Cidian* 汉语动词用法词典[*A Dictionary of Chinese verb usage*]. Beijing: Shangwu Yinshuguan 北京: 商务印书馆[Beijing: The Commercial Press].

Shen, Jiaxuan (沈家煊). 1995. "Youjie" yu "wujie" "有界"与"无界"[Boundedness and unboundedness]. *Zhongguo Yuwen* 中国语文[*Studies of the Chinese Language*] 1995.5: 367 - 380.

Sun, Tianqi (孙天琦). 2010. *Xiandai hanyu feihexin lunyuan yunzhun moshi ji jizhi yanjiu* 现代汉语非核心论元允准模式及机制研究[*A study on the license pattern and mechanism of non-core arguments in Mandarin Chinese*]. Beijing Daxue Boshi Xuewei Lunwen 北京大学博士学位论文[Ph. D. dissertation, Peking University].

Sun, Tianqi (孙天琦). 2011. Xiandai hanyu binyu xuanze wenti yanjiu shuping 现代汉语宾语选择问题研究述评[A review of research on object selection in Mandarin Chinese]. *Hanyu Xuexi* 汉语学习[*Chinese Language Learning*] 2011.3: 71 - 81.

Tan, Jingchun(谭景春).1997. "Dong + jieguo binyu" jiqi xiangguan jushi "动+结果宾语"及其相关句式[Structure of verb + object of result and its relevant sentence patterns]. *Yuyan Jiaoxue yu Yanjiu* 语言教学与研究[*Language Teaching and Linguistic Studies*] 1997.1: 85 - 97.

Tang, Sze-wing (邓思颖). 2003. *Hanyu Fangyan Yufa de Canshu Lilun* 汉语方言语法的参数理论[*A Parametric Theory of Chinese Dialectal Grammar*]. Beijing: Beijing Daxue Chubanshe 北京：北京大学出版社[Beijing: Peking University Press].

Wang, Hongqi (王红旗). 1995. Dongjieshi shubu jiegou peijia yanjiu 动结式述补结构配价研究[Valency of the resultative verb compounds]. *Xiandai Hanyu Peijia Yufa Yanjiu* 现代汉语配价语法研究[*Studies on Valent Grammar in Modern Chinese*], 144-167. Beijing: Beijing Daxue Chubanshe 北京：北京大学出版社[Beijing: Peking University Press].

Xu, Jie (徐杰). 2004. Yuyi shang de tongzhi guanxi yu jufa shang de shuangbin jushi 语义上的同指关系与句法上的双宾语句式[The semantic relationship of co-reference and the syntactic construction of double objects]. *Zhongguo Yuwen* 中国语文[*Studies of the Chinese Language*] 2004.4: 302-313.

Yao, Jingyi (姚静仪). 2004. *Jufa cengmian de lunyuan jiegou bianhua* 句法层面的论元结构变化[*Changes of argument structure at the syntactic level*]. Beijing Daxue Shuoshi Xuewei Lunwen 北京大学硕士学位论文[Master's thesis, Peking University].

Ying, Chenjin (应晨锦). 2006. *Xiandai hanyu qingdongci jiegou yanjiu* 现代汉语轻动词结构研究[*A study of light verb constructions in Mandarin Chinese*]. Beijing Daxue Boshi Xuewei Lunwen 北京大学博士学位论文[Ph. D. dissertation, Peking University].

Zhang, Guoxian (张国宪). 2001. Zhiyue duoshi chengfen juwei shixian de yuyi yinsu 制约夺事成分句位实现的语义因素[The semantic constraints on the syntactic mapping of the "deprived" constituent]. *Zhongguo Yuwen* 中国语文[*Studies of the Chinese Language*] 2001.6: 508-518.

Zhang, Ning (张宁). 2000. Hanyu shuangbin yuju jiegou fenxi 汉语双宾语句结构分析[Structural analysis of double-object sentences in Chinese]. *Mianlin Xinshiji Tiaozhan de Hanyu Yufa Yanjiu* 面临新世纪挑战的汉语语法研究[*Modern Chinese Grammar Studies Meeting Challenge of the New Century*], 212-223. Ji'nan: Shandong Jiaoyu Chubanshe 济南：山东教育出版社[Ji'nan: Shandong Education Press].

孙天琦，中国人民大学文学院

郭锐，北京大学中文系 guoruipku@163.com

（原载《语文科学》2015年第5期）

复制、型变及语言区域

吴福祥

提 要 本文讨论“复制”“型变”和“语言区域”这三个接触语言学术语的概念内涵及其相互关系，作者认为“语法复制”是“型变”发生和“语言区域”形成的重要机制。

关键词 复制 型变 语言区域 语言接触

“复制”（replication）、“型变”（metatypy）和“语言区域”（linguistic area）是接触语言学和历史语言学的三个重要概念，尤其是“复制”和“型变”，与之相关的探究和讨论是近年来接触语言学和历史语言学的重要进展。本文在前修时贤的基础上讨论这三个术语的内涵及其内在关系，着重说明“语法复制”作为接触引发的语言演变的重要机制，是形成“型变”和“语言区域”的重要过程。

一 语言接触与接触引发的语法演变

语言接触（language contact）是指特定的语言个体或语言社团同时熟悉并使用一种以上的语言的情况。（参看 Weinreich 1953；Thomason 2001a）换言之，语言接触指的是一种社会语言学状况（sociolinguistic situation）而非语言演变的过程。语言接触常常（但并非必然）导致语言发生演变，语言学家把这种演变称作“接触引发的语言演变”（contact-induced language change）。这种演变的典型情形是语言特征在不同语言之间的迁移（transfer），即某个语言特征由源语（source language）迁移到受语（recipient language）之中。一般说来，发生迁移的特征主要有下面几种：（参看 Heine & Kuteva 2003，2005，2006，2007，2008）

（1）a. 形式，即语音形式或语音形式的组合；

b. 意义（包括语法意义或语法功能）或意义的组合；

c. 音-义单位（即语素）或音-义单位的组合；

d. 句法关系，即意义成分的语序。

Heine & Kuteva（2003，2005，2006，2007）参照 Weinreich（1953：30－31）的术语和分类，把为 b、d 两类成分的迁移提供模式（model）的语言称为“模式语”（model language），利用这种模式进行复制的语言称为“复制语”（replica language），把 b、d 两类成分的迁移过程称作“复制”（replicating）。Heine & Kuteva（2005，2007，2008）对“复制”的界定是：“复制指的是复制语的使用者利用自己语言里可得到的语言材料，仿照模式语的特定模式，在其语言里产生出一种新的意义或结构。”至于音-义单位（即上举 c 类成分）的迁移，则跟语音成分（即上举 a 类成分）的迁移一样，属于“借用”（borrowing）。

按照 Heine 和 Kuteva（Heine 2007；Heine & Kuteva 2003，2005，2006，2007）的主张，接触引发的语法演变可以分为“语法借用”（grammatical borrowing）和“语法复制”（grammatical replication）两类：语法借用是指一个语言（源语）的语法语素迁移到另一个语言（受语）之中；语法复制则是指一种语言（复制语）仿照另一语言（模式语）的某种语法模式，产生出一种新的语法结构或语法概念。语法复制包括“接触引发的语法化”（contact-induced grammaticalization）和“结构重组”（restructuring）两个方面，前者是指一个语言（复制语）对另一个语言（模式语）的语法概念或语法概念演变过程的复制，后者是一个语言（复制语）对另一个语言（模式语）语法结构的复制。

Heine & Kuteva (2005,2006,2007,2008)的分析框架如图 1 所示。

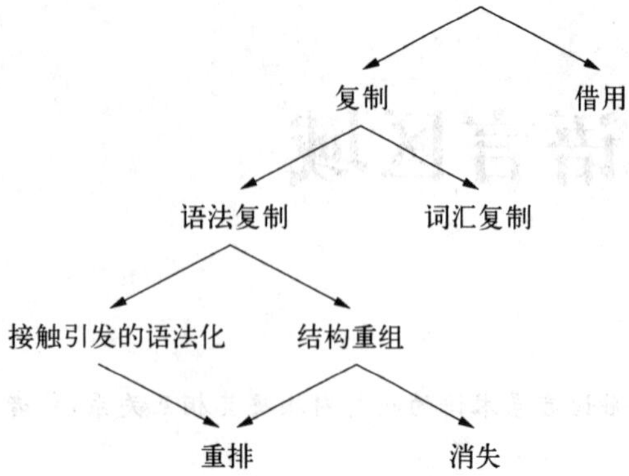

图 1　接触引发的语言迁移(Heine & Kuteva 2008: 59)

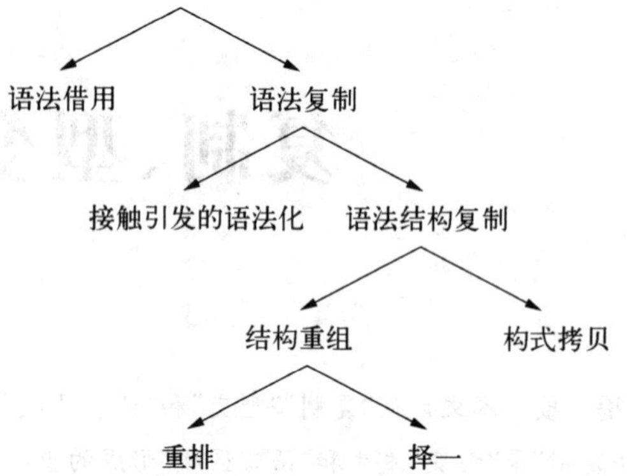

图 2　接触引发的语法演变的机制(吴福祥 2014)

吴福祥(2008a,2008b,2009a,2009b,2014)利用东南亚语言的资料对 Heine & Kuteva 上述"语法复制"的理论模型做了修正,修订后的模型如图 2 所示。

二　语 法 复 制

按照我们的分析框架,语法复制包括"语法意义复制"和"语法结构复制"两个方面。前者是指一个语言(复制语)对另一个语言(模式语)的语法概念或语法概念演变过程的复制,后者是一个语言(复制语)对另一个语言(模式语)语法结构的复制。(吴福祥 2014)

2.1　语法意义复制

如前所述,"语法意义复制"是指复制语复制了模式语的语义概念、语义组织模式(pattern of semantic organization)或语义演变过程,典型的情形是接触引发的语法化,即一个语言受另一个语言影响而发生的语法化过程。(Heine & Kuteva 2003: 533;吴福祥 2009c: 193)例如现代汉语"了"除用作完整体(perfective)助词(即了$_1$)和完成体(perfect)助词(即了$_2$)之外还有其他一些用法,其多功能模式大体可概括如下:

(2) a. "完毕"义动词:　这事儿已了(liao^{3})啦。

b. 结果补语或动相补语:这些菜我吃不了(liao^{3})啦。

c. 能性傀儡补语:明天的活动我参加不了(liao^{3})。

d. 完整体助词(即"了$_1$"):吃了(le^{0})饭再去吧。

e. 完成体助词(即"了$_2$"):他同意我去了(le^{0})。

无独有偶,汉语"了"的这种多功能模式也见于回辉话(郑贻青 1997)的"完毕"义语素 phi^{55}:

(3) a. "完毕"义动词:phi^{55}:完(做完了)(附录一:"词汇材料",199 页)

b. 结果补语/动相补语:

nau^{33} ŋau^{24} phi^{55}.　　他做完了。(96)

他　做　完了

nau^{33} sa^{33} sien^{11} lu^{33} hu^{33} zao^{24} pu^{33} phi^{55}.　　他的钱多得数不完。(97)

他　的　钱　多　得　数　不　完了

c. 能性傀儡补语:

ʔa^{11}kai^{33} haːi^{33} hu^{33} pha^{43} pu^{33} phi^{55}.　　老人累得走不动。(86)

老人　累　得　走　不　了

d. 完整体助词:

pia^{33} phi^{55} ta^{11} mau^{11} ko^{55} saŋ^{33}.　　种了一亩花生。(88)

种　了　一　亩　花生

kau^{33} kia^{43} huai^{32} phi^{55} kia^{55} zai^{33} lo^{33}.　　我白等了半天了。(83)

我　等　白　了　半　天　了

e. 完成体助词：

ʔa^{11} pa^{33} kau^{33} naːn^{32} piu^{55} ma^{33} thun^{33} phi^{55}.　　我父亲六十五岁了。(99)

父亲　我　六　十　五　岁　了

na^{24} saːn^{32} thaŋ^{11} ŋu^{24} zaːi^{32} phi^{55}.　　小孩站起来了。(74)

小孩　站　起来　了

回辉话 phi^{55}和汉语“了”共时多功能模式的一致性无疑源自这两个语素历时演变路径的相似性。吴福祥(2009c)根据共时模式和历时文献等方面的证据，将回辉话 phi^{55} 和汉语“了”的“多向语法化”(polygrammaticalization)路径构拟如下：

(4) 汉语“了”和回辉话 phi^{55}的多向语法化路径：

“完毕”义动词 → 结果补语 / 动相补语 → 能性傀儡补语
　　　　　　　　　　　　　　　　　 → 完整体助词
　　　　　　　　　　　　　　　　　 → 完成体助词

吴福祥(2009c)证明，回辉话 phi^{55}的语法化路径之所以同于汉语“了”，是因为前者(phi^{55})复制了后者(“了”)的语法化路径(语义演变模式)。

2.2　语法结构复制

语法结构复制主要有两种模式：结构重组和构式拷贝。前者是指一个语言(复制语)的使用者依照另一个语言(模式语)的句法和形态模式来重排或选择自己语言里意义单位的语序。构式拷贝则指一个语言仿照另一个语言的模式，用自身的语言材料构建出与模式语对等的(形态/句法)结构式。

2.2.1　结构重组

2.2.1.1　重排　所谓“重排”(rearranging)，典型的情形是：模式语 M 中有一种语序为 A－B－C 的结构式，复制语 R 也有对应的结构式，但语序却为 A－C－B(或其他语序模式)。于是，语言 R 的使用者依照模式语 M 的模式将其语言的 A－C－B 语序重排为 A－B－C，以取得与语言 M 模式的一致(即 A－C－B → A－B－C)。这种语序重组的方式在国内南方民族语言中比较常见，例如关系小句和核心名词的语序在人类语言中有“名词-关系小句(NRel)”和“关系小句-名词(RelN)”两种类型，比如英语采用的是前一种模式，日语和汉语则使用后一种语序：

(5) 英语：the book [that the student bought]

N　　　Rel

‘[学生买的]书’

日语：[gakusei　ga　katta　] hon

学生　主格　买.过去时　书

‘[学生买的]书’

在中国南方的民族语言(侗台、苗瑶、南亚和南岛)中，关系小句和核心名词的语序有 NRel、RelN 和 NRel/RelN 三种类型。拙作(吴福祥 2009b)证明，这些民族语言关系小句和核心名词固有的语序模式同于英语而异于汉语和日语，RelN 和 NRel/RelN 则是受汉语影响而发生演变或变异的结果。例如下面(6)中，傣语的关系小句结构式保留了固有的 NRel 语序；标话则在汉语影响下重排为 RelN；而毛难语关系小句结构式 NRel/RelN 的交替模式和变异类型，显示该语言正处在“N－Rel>Rel－N”演变之中。

(6) 傣语：(喻翠荣、罗美珍 1980)

NRel：kun^{2} au^{1} pa^{1}　　捕鱼的人(81)

人　捕　鱼

kam^{2} an^{2} su^{1}tsau^{3} va^{6} nan^{4} di^{1} tɛ^{4}. 你说的话很好。(73)

话 的 你 说（助词）好 很

标话：（梁敏、张均如 2002）

RelN：jɔ^{2} tsuŋ^{5} kɛ^{6} tau^{6} 咱们种的豆(114)

咱们 种 的 豆

tsau^{2} maːi^{6} kɛ^{6} lan^{2} 捕鱼的人(117)

捉 鱼 的 人

毛难语：（梁敏 1980）

NRel：ai^{1} zən^{1} kwai^{1} ʔja^{5} ka^{5} 犁田的那个人(37)

个 人 犁 田 那

RelN：laː k^{8}ce^{3} na^{4} ti^{0} ɦu^{4} 孩子吃的粮食(68)

孩子 吃 的 粮食

2.2.1.2 择一 “择一”(narrowing)作为语序重组的一种方式，通常是指这样的情形：复制语 R 具有两种或两种以上的结构模式（比如 A、B）来表达同一种语法功能，而模式语 M 表达同样语法功能的结构模式只有一种（比如 A 或 B）；于是，复制语的使用者从 A、B 等两种或两种以上的结构模式中选择了语序模式 A 或 B，以与模式语 M 建立起一对一的等同关系。（参看 Heine & Kutava 2005：114）不过这种语序重组的类型，我们目前在东南亚语言里尚未发现特别清楚的实例，但别的语言并不罕见。比如巴西境内一种叫 Kadiwéu 的南美洲语言，跟葡萄牙语有密切的接触关系，这种南美洲语言属于无基本语序的语言，也就是说，这种语言的小句语序可以有 OVS、VOS、SOV、OSV、VSO 和 SVO 六种模式。值得注意的是，Kadiwéu 使用者中 Kadiwéu－葡萄牙语双语人群则通常采用 SVO 语序，而这种语序正好跟葡萄牙语的基本语序 SVO 匹配。这个事实表明，复制语 Kadiwéu 语的双语人群，从他们可选的六种语序模式中选择在模式语葡萄牙语中普遍流行的基本语序 SVO，从而与葡萄牙语建立起一对一的等同关系。（参看 Thomason 2001b：1642；Heine & Kutava 2005：61）如图 3 所示：

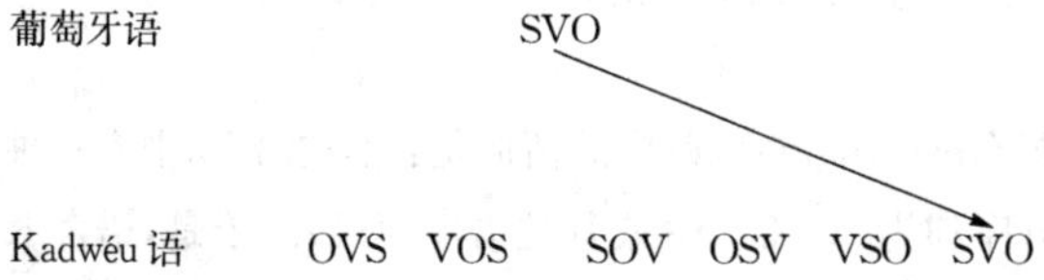

图 3 Kadiwéu 语和葡萄牙语接触中的语序（参见 Thomason 2001b：1642）

2.2.2 构式拷贝

如前所述，构式拷贝跟结构重组最大的差别是，前者没有相关的结构作为基础或依凭，完全是“无中生有”，而后者一定有个相关的结构存在。据我们初步观察，南方民族语言中某些跟汉语一致的结构式，实则源于这些语言对汉语相关结构式的拷贝。例如中国南方很多民族语言（藏缅、侗台、苗瑶、南亚及南岛）跟汉语一样也拥有“A-not-A”型极性问句。我们（吴福祥 2008a）曾证明，这些民族语言的“A-not-A”疑问构式是在汉语影响下产生的，具体说，是对汉语“VP 不 VP”模式的“复制”(replication)。例如：

(7) 毛难语：（梁敏 1980：54）

nam^{3} lɔːt^{7} kam^{3} lɔːt^{7}? 水热不热？

水 热 不 热

优诺语：（毛宗武、李云兵 2007：81）

naŋ^{22}nɔ^{13} ne^{22}nɔ^{33} tɔ^{35} mɔ^{31} tɔ^{35} mai^{35}? 他们今天杀不杀猪？

他们 今天 杀 不 杀 猪

克蔑语：（陈国庆 2005：139）

ɤn^{35} in^{33} ma^{31} in^{33}? 他来不来？

他 来 不 来

阿昌语：（戴庆厦、崔志超 1985：78）

nuaŋ[55] lɔ[35] ma[31] lɔ[35]? 你去不去?

你 去 不 去

回辉话:(郑贻青 1997: 105)

nau[33] zaːi[32] pu[33] zaːi[32]? 他来不来?

他 来 不 来

三 型 变

"型变"(metatypy),即结构类型的改变,是指一个语言的语法(主要是句法)受另一个语言的影响而发生整体性重组,以致结构类型发生改变。(Ross 1996,1997,1999,2001,2006,2007,2008)这个术语是澳洲国立大学 Malcolm Ross 教授(Ross 1996: 182)创造的。下面是他几个重要的定义:

(8) a. 型变指的是一种历时过程,在这个过程中某个双语社团所使用的两种语言中,一种语言的句法基于另一种语言的句法模式发生了重组。因此,型变是一种语言接触现象。(Ross 2006: 95)

b. 型变指的是一种历时过程,在这个过程中某个双语社团使用的两种语言中,一种语言的形态句法结构基于另一种语言的形态句法结构模式发生了重组。我使用魏因赖希(Weinreich 1963: 31)的术语"复制语"(replica language)和"模式语"(model language)来指称这两种语言。复制语的结构通过型变而发生改变,以便在意义和形态句法上与模式语的对应结构相匹配。(Ross 2007: 116)

c. 型变指的是一种语言由于其使用者同时熟悉并使用另外一种语言而发生形态句法类型的改变。一般说来,遭受型变的语言(被改变的语言)是其使用者身份的象征,而提供型变模式的语言则是族群间的通用语 (inter-community language)。被改变语言的使用者组成一种高度紧密结合的族群,他们充分意识到自己独特的身份,也清楚地明白其语言是其身份的一种标记;但这个族群中,至少有一些双语人广泛使用族群间的通用语,甚至对这种族群间通用语的精通程度超过其族群的象征语。(Ross 1999: 1)

由上面的定义我们可以看出型变的若干特征:

(9) a. 型变主要是指一个语言的形态句法因重组而发生类型改变。

b. 遭受型变的语言是特定双语族群的象征语(emblematic language,通常也是该族群的母语或第一语言),而提供型变模式的是该双语族群熟练使用的群际语(inter-community language)。

c. 型变过程是单向的:双语族群的象征语在形态句法上发生改变以匹配群际语的模式,但群际语的形态句法则未发生改变。

d. 导致型变发生的社会语言学动因是语言接触和双语制。①

Ross(2002,2003,2008)认为,型变本身是个复杂的过程,可以区分为三个不同的阶段:

第一阶段:句子或小句模式的型变(小句或句子内部成分的语序重排)

第二阶段:短语模式的型变(短语内部成分的语序重排)

第三阶段:词汇模式的型变(词内成分语序的重排)

也就是说,在一个可离析为上述三个阶段的型变过程中,小句的重组首先发生,然后是短语的重组,最后是词内部结构的重组。Ross(2002,2003,2008)的考察表明,这种型变顺序是不可逆的:因为没有发现这样的语言,其短语结构发生重组而小句结构未曾重组。

① Heine(2010: 18)认为,型变其实是以往接触语言学讨论的"趋同"(convergence)现象的一种极端情形。他主张型变可以定义为:"一个语言(复制语)的语义和句法结构,由于语言接触而发生整体性重组,从而导致该复制语出现新的类型面貌(typological profile)以及复制语和模式语之间具有很大程度上的直接可互译性(direct intertranslatability)。"Heine(2010: 18)认为,一个理想的型变情形应该如下所述:a. 语言 A 和语言 B 具有相同的语义结构组织模式;b. 在这两个语言中,语素系连成词、短语和句子的模式相同;c. A、B 这两个语言的差别仅在于:每个语言具有一套不同的音-义单位,不过因为(a)和(b),语言 A 的每个音-义单位跟语言 B 对应的音义单位在结构上完全相同,反之亦然;d. 因此,语言 A 和语言 B 之间完全具有可互译性,翻译者和语言学习者的任务仅限于在这两种语言之间转换合适的词汇和语法形式。

Ross(2002)发现,型变也常常涉及语义模式和说事方式(ways of saying thing)的重组,但这种语义重组通常会发生在句法重组之前,即:

(10) 语义>句子/小句>短语>词

Ross 在多篇文章(Ross 1999,2001,2003,2006,2007,2008)中提及的一个典型的型变实例是塔几亚语(Takia,属于南岛语系西部大洋语)由于受邻近的瓦斯吉亚语(Waskia,属于巴布亚语系马当语族)影响而发生的巴布亚语化。下面略作介绍。

塔几亚语是使用于巴布亚新几内亚北部沿海卡卡岛(Karkar)上的一种西部大洋语(Western Oceanic language),属于南岛语系。在这个岛上同时还使用另一种名叫瓦斯吉亚的巴布亚语(属于跨新几内亚(Trans-New Guinea)语系)。在这个岛内,瓦斯吉亚语是一种跨族群通用的群际语(inter-community language),所有塔几亚语的母语使用者都能熟练地使用瓦斯吉亚语。这两种语言的密切接触导致塔几亚语业已"巴布亚语化":"塔几亚语使用者日益变得以与瓦斯吉亚语使用者相同的方式来识解其周围世界。"(Ross 2001: 144)反映在语言上,塔几亚语在话语表达方式、语义组织模式以及句法结构等方面跟瓦斯吉亚语高度同构,以致这两种语言之间具有逐词的(word-for-word)可互译性(intertranslatability)。(Ross 1999)例如:

(11) 塔几亚语: tamol an ŋai i-fun-ag =da 'The man is hitting me.'
man DET me he-hit-me =IMPF

瓦斯吉亚语: kadi mu aga umo-so
man DET me hit-PRESENT.he

但是,与瓦斯吉亚语的接触并没有导致塔几亚语的音系和词汇系统受到影响,塔几亚语仍保留着自己的词汇系统,其语素(词汇语素和语法语素)在语音上跟其他西部大洋语具有规律性对应,而跟瓦斯吉亚语完全不同。同时,除了少量话语标记外塔几亚语很少直接借用瓦斯吉亚语的语法成分。

值得注意的是,这种接触引发的特征迁移是单向的:塔几亚语深受瓦斯吉亚语影响,但瓦斯吉亚语似乎并没有受到塔几亚语的影响。根据 Ross(1996,1999,2001),塔几亚语受瓦斯吉亚语影响而发生型变的结构主要有:

(A) 小句语序:从 SVO 到 SOV

原始西部大洋语和当代西部大洋语的小句语序都是 SVO,但塔几亚语则为 SOV。例如:

(12) a. Arop-Lokep 语(西部大洋语):

au a-kan-a pur ata-leu
I s:1s-eat-O:3s banana one-only

b. 塔几亚语(西部大洋语):

ŋai fud ŋ-ani=wa
I banana s:ls-eat=IRR
'I ate just one banana.'

很明显,塔几亚语的语序是基于瓦斯吉亚语模式发生重塑(reshaping)的结果。试比较:

(13) a. 塔几亚语: tamol an ŋai i-fun-ag =da
man DET me s:3s-hit-o:1s =IMPERF
'The man is hitting me.'

b. 瓦斯吉亚语: kadi mu aga umo-so
man DET me hit-PR.3S
'The man is hitting me.'

(B) 限定词结构式语序:从"限定词+名词"到"名词+限定词"

原始西部大洋语里限定词(冠词)位于名词之前(如(14a)),而在塔几亚语和瓦斯吉亚语里,限定词(冠词)则出现在名词之后(如(14b)和(14c))。

(14) a. 原始西部大洋语：*a tam^{w}ata 'the man'

DET man

b. 塔几亚语(西部大洋语)：tamol **an** 'the man'

man DET

c. 瓦斯吉亚语(巴布亚语)：kadi **mu** 'the man'

man DET

(C) 领属结构式的语序：从"领属物＋领有者"到"领有者＋领属物"

西部大洋语的领属结构式是典型的"领属物＋领有者"(如(15)中 Arop-Lokep 语的例子)，而塔几亚语则采用相反的语序，跟瓦斯吉亚语模式一致：

(15) a. Arop-Lokep 语：rumu ke tool in

house ABL man that

'that man's house'

b. 塔几亚语：Kai sa- n ab

Kai CLASS- his house

'Kai's house'

c. 瓦斯吉亚语：Kai ko kawam

Kai ABL house

'Kai's house'

(D) 附置词语序："从前置词＋名词性补足语"到"名词性补足语＋后置词"

原始西部大洋语和现代西部大洋语通常具有前置词，但塔几亚语像瓦斯吉亚语一样使用的是后置词。例如：

(16) a. 原始西部大洋语：***i** lalo-ña a Rumaq

PREP inside-its ART house

'inside the house'

b. 塔几亚语：ab **lo**

house in

'in the house'

c. 瓦斯吉亚语：Kai ko kawam **te**

Kai ABL house in

'in Kai's house'

(E) 名词性并列词组的语序：从"NP_1 'and' NP_2"到"NP_2- NP_1 'with'. NP_1"

在西部大洋语里，两个名词性成分组成并列短语时，话题性的 NP_1 位于非话题性 NP_2 前，其间用并列连词连接(如(17a)中 Arop-Lokep 语的例子)；而在塔几亚语里，话题性的 NP_1 则位于非话题性 NP_2 之后，并使用后置词标记，情形跟瓦斯吉亚语一样。例如：

(17) a. Arop-Lokep 语：tool tamoto **ma** rima- na [NP_1 'and' NP_2]

man male and wife- his

'a man and his wife'

b. 塔几亚语：ŋai tamol an **ida** [NP_2 NP_1 'with'. NP_1]

I man DET with.him

'the man and I'

c. 瓦斯吉亚语：ane kadi mu ***ili*** [NP_2 NP_1 'with'. NP_1]

I man DET with.him

'the man and I'

以上介绍的塔几亚语发生型变的句法结构见于表1。

表1 塔几亚语发生型变的结构(据 Ross 1999, 2001)

型变性演变 (Metatypic Change)	早期西部大洋语 (Early Western Oceanic)	巴布亚语化的塔几亚语 (Papuanised Takia)	瓦斯吉亚语 (Waskia)
小句语序	SVO	SOV	SOV
限定词(冠词)位置	位于核心名词前	位于核心名词后	位于核心名词后
领属名词位置	位于核心名词前	位于核心名词后	位于核心名词后
并列性名词短语	名词短语+连词+名词短语	名词短语+名词短语+后置词	名词短语+名词短语+后置词
附置词	前置词	后置词	后置词

现在的问题是,上述塔几亚语的型变是如何形成的?首先需要肯定的是,造成型变的机制是语法复制而非语法借用,因为在所有发生型变的实例中,句子或结构式所包含的语素都是塔几亚语自身的。前面提到,语法复制包括接触引发的语法化和语法结构复制。那么上面这些型变实例属于哪种语法复制呢?考察发现,除了(A)小句语序的变化外,其他四种型变实例都是接触引发的语法化的产物(参看 Heine & Kuteva 2005; Heine 2008)。下面试以(D)(附置词语序)的重组为例来加以说明。

据 Ross(2001: 142-143),原始西部大洋语里,具有不可让渡核心语的领属性名词短语采用的是"领属物-领有者"这样的语序,这个格式中核心语带一个跟领有者在人称和数上具有共指关系的后缀,如(18):

(18) * mata-ña a boRok
eye-its DET pig
'the eye of a/the pig'

在原始大洋语里,处所关系通常是由介词短语表达的,其中被支配的名词短语通常是类似(19)这种以一个关系名词作为其核心语的结构式。例如:

(19) * i **lalo- ña** a Rumaq
PREP inside- its ART house
'inside the house'

* lalo- ña a Rumaq '(the) inside of the house' 的核心语是 * lalo- ña ' its inside',而领有者是 a Rumaq 'the house'。(19)这种形式最终演变为(20)所示的塔几亚语结构:

(20) ab **lo**
house in
'in the house'

但由(19)到(20)的演变并非一蹴而就,其间经历若干过程:(a) 前置冠词 * a 的消失,领有者的前置,从而产生 * i Rumaq lalo- ña 这种形式,或者更有可能的是 * Rumaq i lalo- ña;(b) 前置词 * i 功能消失,变成音段成分;最后,(c) 关系名词 * i lalo-ña 语法化为后置词 lo。

塔几亚语从前置词短语到后置词的演变似乎涉及下面这种连续的去范畴化和语音弱化(销蚀):

(21) 塔几亚语(Ross 1996: 189-190)
从前置词短语到后置词
* i lalo-ña > i-lo-n > lo

请注意,这两个语法化阶段仍保留在塔几亚语里,而且能在同一个短语里出现:当塔几亚语使用者想精确地表达方所关系(location)时,他们就可以使用下面的表达式:

(22) 塔几亚语(西部大洋语;Ross 1996: 190)
ab ilo n lo
house inside- its in
'in the house's inside'

需要指出的是，塔儿亚语上述语法化模式导源于瓦斯吉亚语“名词性补足语＋后置词”模式的触发，是一种接触引发的语法化(语法复制)，其结果导致塔儿亚语附置词结构式的语序发生由“前置词＋名词性补足语”到“名词性补足语＋后置词”的类型改变，从而跟瓦斯吉亚语的语序类型取得一致。

由此可见，型变作为一种接触引发的语法演变，导源于语法复制：或是接触引发的语法化，或是语法结构复制，而跟语法借用关系不大。

除了前述塔儿亚语，Ross(1999,2003) 认为，形态句系统发生整体性型变的还有表 2 所列的一些语言。

表 2　发生型变的其他语言(据 Ross 1999：7－8，2003：188)

发生型变的语言	提供型变模式的语言	资料来源①
Maisin 语(大洋语族)	Korafe 语(巴布亚语系)	Ross 1996a
Anêm 语(巴布亚语系)	Lusi 语(大洋语族)	Thurston 1987
占语(南岛语系)	越南语	Thurgood 1996
库普瓦坎那达语(达罗毗荼语系)	马拉地语(印度-雅利安语族)	Gumperz & Wilson 1971
塔里阿那语(Tariana)	图卡诺安语系	Aikhenvald 1996
Ilwana 语(班图语族)	奥玛语(库希特语族)	Nurse 1994
北部塔吉克语(伊朗语族)	乌兹别克语(突厥语族)	Soper 1996
Qahqay 语(突厥语族)	波斯语	Soper 1996
Arvanitic 语(阿尔巴尼亚语族)	希腊语	Sasse 1985
小亚细亚希腊语	土耳其语	Thomason & Kaufman 1988
西部亚美尼亚语	土耳其语	Sasse 1992
马其顿土耳其语	马其顿语(斯拉夫语族)	Friedman 1996
科索沃土耳其语	阿尔巴利亚语	Friedman 1996
Kormatiki 阿拉伯语	塞浦路斯希腊语	Newton 1964
利托-罗曼语	德语或意大利语	Haiman 1988
绍里斯德语(Sauris German)	利托-罗曼语，意大利语	Denison 1968,1977,1988
混合巴斯克语(Mixe Basque)	加斯科尼语	Haase 1992

按照 Ross(1999,2006)的看法，表 2 所列的语言虽都经历了型变过程，但所处的型变阶段有所不同：有些语言的型变只见于小句成分的重组，尚未波及短语和词层面，如 Anêm 语；另一些语言的型变则已完全波及短语层面，甚至涉及词内语素的重组，如印度库普瓦镇的坎那达语；还有一些语言的型变仅限于小句和短语内成分的重组，尚未涉及词内成分，如上文介绍的塔儿亚语。但所有发生型变的语言，似乎都没有将型变过程的完整序列完成到底。情形如表 3 所示。

表 3　型变过程的序列(据 Ross 2006：97)

	小句成分的重组	短语构成成分的重组	词内部语素的重组
Anêm 语：	————		
塔儿亚语：	————	————	
库普瓦镇的语言：	————	————	————

中国境内的语言中有没有发生型变的实例？Thurgood(2006)认为，型变语言的清单里应该加上中国境内的

① 篇幅所限，相关参考文献本文不再列出，请参看 Ross(1999)。

回辉话和阿侬语。此外，Heine(2010)提到青海民和县的汉语方言甘沟话也属型变语言之列。我们认为，国内西北地区的一些“混合语”，如倒话、五屯话、唐旺话等，属于典型的型变语言。此外，侗台语族的标话和五色话，苗瑶语族的畲语和勉语也发生了比较典型的型变。

四 语言区域

语言区域(linguistic area)，也称“语言联盟”(sprachbund)、“扩散区域”(diffusion area)、“中位层关系”(adstratum relationship)以及“趋同区域”(convergence area)等，其重要特征是一个地理区域的不同语言之间具有结构相似性，在这类区域里，通常的情形是有些语言之间没有亲缘关系，至少亲缘关系不是很近；而导致这些语言之间具有共同特性的原因是语言接触引发的语言演变(即这些特性被某些语言借用或复制)。

英语“linguistic area”这个名称源于 Velten (1943) 对 Sprachbund (字面意义是“language union”) 的翻译。关于“语言区域”，最经典的定义见于 Emeneau(1980：124)：

(23)“语言区域”这个术语可被定义为指称这样的区域：它包含若干语言，这些语言属于一种以上的语系但显示出若干共同的特征，而这些特征不见于(至少)一个语系的其他成员。

此外，Thomason(2001)和 Haspelmath(2001)的定义也非常重要：

(24) 语言区域指的是这样的地理区域：包含三种或更多的一组语言，这些语言由于接触而不是因为偶然因素或承自共同祖语而具有某些共同的结构特征。(Thomason 2001：99)

(25) 当地理毗邻的若干语言共享某些结构特征，而这些结构特征不能归因于共同原始语特征的保留，并且使得这些语言在类型面貌上异于周围的其他语言；那么我们就应承认这是一个语言区域。(Haspelmath 2001：1492)

Heine & Kuteva (2005：174－175)认为，只要具备(26)所述情形，就可以认为存在一个语言区域。

(26) a. 在一个地理区域内有一些语言被使用；

b. 这些语言共有一组语言特征；而这些特征的出现或存在不能从发生学关系、沿流(drift)、语言结构和语言演变的普遍制约以及偶然巧合等角度来解释；

c. 这组特征不见于该区域之外的语言；

d. 因为 b 的存在，这些特征的出现一定是语言接触的结果。

迄今为止，已被普遍承认的语言区域有：巴尔干、南亚(印度次大陆)、中美洲、北美洲西北海岸、波罗的以及埃塞俄比亚等语言区域。下面介绍近年来已被确认的两个重要的语言区域，即均值欧洲语和大陆东南亚语言区域。

4.1 欧洲语言区域：均值欧洲语

20 世纪 90 年代以来，随着“欧洲语言类型”研究计划(EUROTYP)的启动，欧洲语言区域特征和区域关系的研究取得重要进展。研究表明，欧洲的语言在形态句法结构上具有高度的相似性，有足够的理由被视为一个语言区域。(参看 Bechert et al 1990；Lazard 1990；Bernini & Ramat 1996；Haspelmath 1988，2001；Dahl 1990，2000；Auwera 1998a，1998b，1998c；Kortmann 1998a，1998b；Haspelmath & Buchholz 1998；Kuteva 1998；Stolz 2006；Heine & Kutave 2006)这个语言区域现在通常被称做“均值欧洲语”(Standard Average European，以下简做 SAE)。① 这方面最深入的研究是 Haspelmath(2001)和 Heine & Kutave(2006)。

Haspelmath(2001)认为，均值欧洲语具有 12 个显著的区域特征，涉及的语言有罗曼语、日耳曼语、波罗的-斯拉夫语、巴尔干语及最西部芬兰-乌戈尔语等。为准确地界定和表征均值欧洲语的范围和结构，Haspelmath (2001)从 12 个均值欧洲语的区域特征(以下简做“SAE 特征”)中选出 9 个来对与均值欧洲语相关的语言进行测试，以计算不同语言作为均值欧洲语的典型程度。这 9 个特征是：

① 或译作“标准欧洲通语”。

表 4　均值欧洲语的 9 个重要区域特征

(1)	定冠词和不定冠词
(2)	含有关系代词的关系小句(Relative clauses with relative pronouns)
(3)	"Have" 型完成体(Have-perfect)
(4)	分词型被动式(Participial passive)
(5)	与格外置领有者(Dative external possessors)
(6)	否定代词与动词否定的缺乏
(7)	基于关系小句的同级结构式 (Relative-based equative constructions)
(8)	主语人称词缀是严格的一致标记
(9)	强调词-反身代词的区分 (Intensifier-reflexive differentiation)

Haspelmath(2001)测试的结果表明,至少具有 5 个 SAE 特征的语言才能参与构成 SAE 区域,换言之,一个欧洲语言只有具备 5 个(或 5 个以上)SAE 特征才被视为均值欧洲语的成员。最典型的均值欧洲语是德语和法语,最不典型的是斯拉夫语和波罗的语言。整个均值欧洲语的范围和层级如表 4 和图 4 所示。①

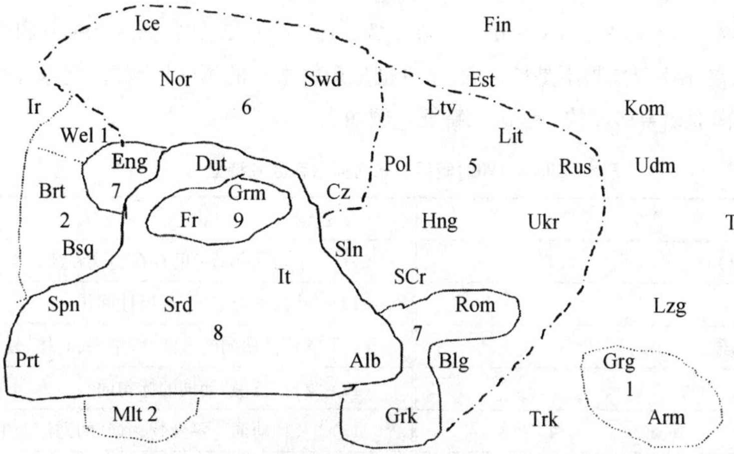

图 4　合并 9 个特征的丛聚图(据 Haspelmath 2001)

上述均值欧洲语区域特征是如何形成的？Heine & Kuteva(2006)认为,Haspelmath(1998,2001)所概括的"均值欧洲语"区域特征中,相当一部分其实是"接触引发的语法化"的一种共时结果。他们重点讨论的四个接触引发的语法化过程是：

(a) 数词"一"或远指代词"那"语法化为不定冠词或定冠词；

(b) 包含动词"有"的述谓性领有结构式语法化为包含助动词"有"的完成时结构式；

(c) 伴随介词语法化为工具介词；

(d) 疑问代词语法化为关系代词。

Heine & Kuteva(2006)的研究表明,上述语法化过程最先在罗曼语(或其前身拉丁语)中发生,然后被日耳曼语复制,最后该语法化过程逐渐扩散到整个"均值欧洲语"区域,其结果导致"均值欧洲语"相关特征(区域特征)的出现。由此可见,"均值欧洲语"区域特征中相当一部分也是语法复制(接触引发的语法化)的产物。

---

① Heine & Kuteva(2006)对均值欧洲语成员的认定与 Haspelmath(2001)略有不同,他们主张,均值欧洲语语言区域(欧洲语言区域)包括的语言有：(1) 所有罗曼语,(2) 所有日耳曼语,(3) 所有斯拉夫语,(4) 属于波罗的语的拉脱维亚语和立陶宛语,(5) 阿尔巴尼亚语,(6) 希腊语,(7) 匈牙利语。

表 5　均值欧洲语的范围和层级(据 Haspelmath 2001)

层　级	所　辖　语　言	SAE 特征数量
核　心	德语和法语	具备全部 9 个特征
第二层(中心)	荷兰语、其他罗曼语(即西班牙语、葡萄牙语、意大利语、撒丁语)以及阿尔巴尼亚语等 6 个语言	具备 8 个特征
第三层(中心)	英语、希腊语和罗马尼亚语等 3 种语言	具备 7 个特征
第四层(中心)	冰岛语、挪威语、瑞典语和捷克语等 4 种语言	具有 6 个特征
第五层(外围)	所有斯拉夫语和波罗的语言(如拉脱维亚语、立陶宛语、波兰语、俄语、匈牙利语、乌克兰语、斯洛文尼亚语、塞尔维亚-克罗地亚语和保加利亚语)等 9 种语言	具有 5 个特征

4.2　大陆东南亚语言区域

大陆东南亚作为一个语言区域,地理上包括越南、老挝、柬埔寨、泰国、缅甸、马来半岛以及汉语南部和西南部,(Bisang 2006)包含的语言涉及台-加岱语系、苗瑶语系、南岛语系、南亚语系孟高棉语族以及汉藏语系的藏缅语族和汉语。

大陆东南亚地区语言结构的相似性,半个世纪以来特别是近二十年引起广泛关注。(参看 Huffman 1973; Clark 1978; Capell 1979; Clark 1989; Matisoff 1991; Bisang 1991, 1992, 1996, 1998, 2004, 2006, 2008; Enfield 2002, 2003, 2005; Heine & Kuteva 2005; Goddard 2005; Comrie 2007, 2008; Dahl 2008)Dahl(2008)和 Comrie(2007, 2008)甚至强调“大陆东南亚如果不是最好的、至少也是最好之一的语言区域”。迄今为止,已有很多学者从不同角度提出和讨论东南亚语言区域的一些区域特征。例如表 6—8。[①]

表 6　Clark(1989)概括的东南亚语言区域特征

(1) 声调	(8) 连动式
(2) 形态的分析性(孤立语)	(9) 基于动词“have”的存在构式和领有构式
(3) SVO 的语序类型	(10)“动词+否定词”型极性问句
(4) 形容词的状态动词性质	(11)“得”义动词的多能性(情态、时体、领有)
(5) 量词	(12) 源自“言说”动词的标句词
(6) 句尾小词	(13)“及物动词>不及物动词”的词汇派生
(7) 句法性使成式	(14) 名词短语的零形回指(论元的自由隐现)

表 7　Goddard(2005)提出的东南亚语言区域特征

(1) 缺乏屈折形态	(5) 量词结构式
(2) SVO	(6) 连动式盛行
(3) 前置词	(7) 多重人称代词和其他称呼系统
(4) 词汇声调	(8) 其他共有特征(如句尾小词;普遍删略;话题突显等)

表 8　Bisang 概括的东南亚语言区域特征(据 Bisang 2006: 587－595)

1. 一般特性: 语用的重要性	2. 具体结构特征	3. 语法化特点
语法不确定性与语用重要性 (动词论元和语法范畴的非强制性)	语序: SVO 量词	形式与意义的非共变性

① 最近 Comrie(2007)利用《世界语言结构地图集》(*World Atlas of Language Structures*)的相关数据和成果对大陆东南亚语言区域的特点、范围和层级进行了更为系统、深入的研究。篇幅所限,此处不赘。

（续表）

1. 一般特性：语用的重要性	2. 具体结构特征	3. 语法化特点
音节性形态(Syllabic Morphology) (音节是最小的意义成分)	源自词汇动词的方向标记、附置词和时-体-情态标记	形式与意义的非共变性
	“得”义动词的多功能性	
词汇成分的多功能性 (句法位置与语法功能的多样性)	关系名词(方位词)	
	源自“做/使”“给/让”的使成标记	
	不幸被动式	
	源自“说”“给”“完”等动词的标补词和从属连词	
	“过”型差比式	

东南亚语言区域是怎么形成的？Heine & Kuteva(2005：203)认为：东南亚语言在某种程度上构成一个语言联盟(语言区域)，这应是个不争的事实，而语法化可为定义这个语言区域提供一个主要参数：东南亚语言最有特色之处是存在大量的语法化区域，每一个语法化区域都以特别的语法化过程为特色。这些语法化过程如表 9 所示。

表 9　东南亚语言的若干语法化区域(据 Heine & Kuteva 2005)

(a)	处所动词演变为进行体标记
(b)	“获得”义动词演变为道义情态助动词(‘have to’，‘be able to’)
(c)	“给与”义动词演变为致使助动词、与格/受惠格助动词
(d)	“替代/代表”义动词语法化为替代格标记(replacive case marker)(‘instead’)
(e)	“事/物(‘thing/object’)”义名词语法化为所有格标记(possessive marker)(POSS)

而更早的时候，Matisoff(1991)就已明确提及东南亚语言区域和区域语法化过程之间的内在关联，他认为东南亚地区很多语言发生了表 10 所示的区域语法化过程。很显然，Heine & Kuteva(2005：203)的语法化区域以及 Matisoff(1991)的“区域语法化”，本质上就是本文前述的“接触引发的语法化”。

表 10　东南亚语言的区域语法化过程(Matisoff 1991)

(a)	情态动词＞意愿标记(desiderative markers)、“可能”(‘be likely to’)
(b)	“居住/存在”义动词＞进行体标记
(c)	“完毕”义动词＞完整体标记(perfective aspect markers)
(d)	“获得”义动词＞实现/达成、必须/应该、能够
(e)	给与动词＞致使(causative)标记和受益(benefactive)标记
(f)	言说动词＞标补词、话题标记和条件标记
(g)	连动式＞结果复合动词和趋向复合动词
(h)	“来”义动词＞目的标记(purpose marker)

综上所述，语言区域的某些区域特征(限于语法和语义特征)的形成是接触导致的语法复制的产物；换言之，语法复制至少是语言区域形成的部分动因。

五　结　语

本文讨论与接触引发的语言演变相关的三个概念，即“复制”“型变”和“语言区域”。语法复制是指一种语言(复制语)仿照另一语言(模式语)的某种语法模式，产生出一种新的语法结构或语法概念；它是接触引发的语法和语义演变的重要机制。型变是指一个语言的语法系统受另一语言的影响而发生整体性重组，以致在结构类型上发生根本性改变；它是语法复制的后果或产物。语言区域的重要特征是一个地理区域的不同语言之间具有显著的结构相似性；而其原因和动力是包括语法复制在内的接触引发的语言演变。

本文的主要观点是，“语法复制”作为接触引发的语言演变的重要机制，是形成“型变”和“语言区域”的重要过程。另一方面，以往报道的倒话、五屯话和唐汪话这类双语人的混合语，既然是典型的型变过程的产物，那么其最终的演变机制也可能是语法复制。

参考文献

陈国庆：《克蔑语研究》，民族出版社，2005 年。

戴庆厦、崔志超：《阿昌语简志》，民族出版社，1985 年。

梁　敏：《毛难语简志》，民族出版社，1980 年。

梁　敏、张均如：《标话研究》，中央民族大学出版社，2002 年。

毛宗武、李云兵：《优诺语研究》，民族出版社，2007 年。

喻翠荣、罗美珍：《傣语简志》，民族出版社，1980 年。

吴福祥(2008a)：《南方语言正反复问句的来源》，《民族语文》2008 年第 1 期。

吴福祥(2008b)：《南方民族语言处所介词短语位置的演变和变异》，《民族语文》2008 年第 6 期。

吴福祥(2009a)：《南方民族语言领属结构式语序的演变和变异》，《东方语言学》(第六辑)，上海教育出版社，2009 年。

吴福祥(2009b)：《南方民族语言关系小句结构式语序的演变和变异》，《语言研究》2009 年第 3 期。

吴福祥(2009c)：《南方民族语言里若干接触引发的语法化过程》，《语法化与语法研究》(四)，商务印书馆，2009 年。

吴福祥：《结构重组与构式拷贝——语法结构复制的两种机制》，《中国语文》2014 年第 2 期。

郑贻青：《回辉语研究》，上海远东出版社，1997 年。

Bechert, Johannes, Giuliano Bernini, and Claude Buridant. 1990. (eds.) *Toward a Typology of European Languages*. Berlin: Mouton De Gruyter.

Bernini, Giuliano and Paolo Ramat. 1996. *Negative Sentences in the Languages of Europe: A Typological Approach*. Berlin: Mouton De Gruyter.

Bisang, Walter. 1991. Verb serialization, grammaticalization and attractor positions in Chinese, Hmong, Vietnamese, Thai and Khmer. In: Seiler, H. and W. Premper (eds.) *Partizipation*. Tübingen: Gunter Narr. 509－562.

Bisang, Walter. 1992. Das Verb im Chinesischen, Hmong, Vietnamesischen, Thai und Khmer. Tübingen: Gunter Narr.

Bisang, Walter. 1996. Areal typology and grammaticalization: processes of grammaticalization based on nouns and verbs in East and mainland South East Asian languages. *Studies in Language* 20 (3), 519－597.

Bisang, Walter. 1998. The view from the far East. Comments on seven thematic areas. In: Van der Auwera, Johan with Dónall P. Ó Baoill (eds) *Adverbial constructions in the languages of Europe*. Berlin: Mouton de Gruyter. 641－812.

Bisang, Walter. 2004. Grammaticalization without coevolution of form and meaning: The case of tense-aspect-modality in East and mainland Southeast Asia. In: Bisang, Walter, Nikolaus Himmelmann & Wiemer Björn (eds.) *What Makes Grammaticalization? A Look from Its Fringes and Its Components*. Berlin: Mouton de Gruyter. 109－138.

Bisang, Walter. 2006. Southeast Asia as a Linguistic Area. In: Keith Brown (ed.) *Encyclopedia of Language & Linguistics* (2nd edition). Oxford: Elsevier. Volume 11, 587－595.

Bisang, Walter. 2007. *On the evolution of complexity — sometimes less is more in East and mainland southeast Asia*. Workshop on Language Complexity as an Evolving Variable, Max Planck Institute for Evolutionary Anthropology, Leipzig, 12 April 2007.

Bisang, Walter. 2008. Grammaticalization and the areal factor: The perspective of East and Mainland South East Asian languages. In Lopez-Couso Mario Jose & Seoane Elena (eds.) *Rethinking Grammaticalization*. Amsterdam/Philadelphia: John Benjamins. 15－35.

Capell, A. 1979. Further typological studies in Southeast Asian languages. In: Nguyen D L (ed.) *Southeast Asian Linguistic Studies*. Canberra: Australian National University. Vol. 3: 1－42.

Clark, Marybeth. 1978. *Converbs and case in Vietnamese*. Canberra: Australian National University.

Clark, Marybeth. 1989. Hmong and Areal South-East Asian. In: David Bradley (ed.) *Papers in South-East Asian Linguistics* No. 11: *South-East Asian Syntax*, 175 - 230.

Comrie, Bernard. 2007. Areal typology of mainland Southeast Asia: what we learn from the WALS maps. In Pranee Kullavanijaya (ed.), *Trends in Thai Linguistics* (=*Manusya*, Special Issue 13). Bangkok: Chulalongkorn University. 18 - 47.

Comrie, Bernard. 2008. The areal typology of Chinese: between North and Southeast Asia. In Redouane Djamouri, Barbara Meisterernst, and Rint Sybesma (eds.): *Chinese Linguistics in Leipzig*. (Collection des Cahiers de Linguistique Asie Orientale, 12.) Paris: École des Hautes Études en Sciences Sociales, Centre de Recherches Linguistiques sur l'Asie Orientale. 1 - 21.

Dahl, Östen. 1990. Standard Average European as an exotic language. In: Bechert et al. (eds.), 3 - 8.

Dahl, Östen (ed.). 2000. *Tense and aspect in the languages of Europe*. Berlin: Mouton de Gruyter.

Dahl, Östen. 2008. An exercise in *a posteriori* language sampling. *Sprachtypologie und Universalienforschung* 61 (3), 208 - 220.

Emeneau, Murray B. 1980. *Language and Linguistic Area*, *Essays by Murray B. Emeneau*, selected and introduced by Anwar S. Dil. Stanford: Stanford University Press.

Enfield, Nick J. 2002. Parallel Innovation and 'Coincidence' in Linguistic Areas: On a Biclausal Extent/Result Construction of Mainland Southeast Aisa. In: *Proceedings of the 28th Annual Meeting of the Berkeley Linguistics Society*. 121 - 128.

Enfield, Nick J. 2003. *Linguistic Epidemiology: Semantics and Grammar of Language Contact in Mainland Southeast Asia*. London & New York: Routledge Curzon.

Enfield, Nick J. 2005. Areal linguistics and mainland Southeast Asia. *Annual Review of Anthropology* Vol. 34: 181 - 206.

Goddard, Cliff. 2005. *The Languages of East and Southeast Asia: an Introduction*. Oxford & New York: Oxford University Press.

Haspelmath, Martin. 1998. How young is Standard Average European? *Language Sciences*. 20: 271 - 87.

Haspelmath, Martin. 2001. The European linguistic area: Standard Average European. In: Martin Haspelmath, Ekkehard König, Wulf Oesterreicher and Wolfgang Raible (eds.) *Language Typology and Language Universals: An International Handbook*, Vol. 2. Berlin: de Gruyter. 1492 - 1510.

Haspelmath, Martin & Oda Buchholz. 1998. Equative and similative constructions in the languages of Europe. In: van der Auwera 1998c, 277 - 334.

Heine, Bernd. 2007. Typology and language contact: word order. Ms. , Tallinn, 21 - 24 March 2007.

Heine, Bernd. 2008. Contact-induced word order change without word order change. In Peter Siemund and Noemi Kintana (eds.) *Language Contact and Contact Languages*. Amsterdam & Philadelphia: John Benjamins Publishing Company. 33 - 60.

Heine, Bernd. 2010. On metatypy: what is possible in language contact? *Estudos Linguísticos/Linguistic Studies*, 5, Edições Colibri/CLUNL, Lisboa, 17 - 34.

Heine, Bernd and Tania Kuteva. 2003. On contact-induced grammaticalization. *Studies in Language*. 27: 3, 529 - 572.

Heine, Bernd and Tania Kutava. 2005. *Language Contact and Grammatical Change*. Cambridge: Cambridge University Press.

Heine, Bernd and Tania Kuteva. 2006. *The Changing Languages of Europe*. Oxford: Oxford University Press.

Heine, Bernd and Tania Kuteva. 2007. Identifying instances of contact-induced grammatical replication, paper presented at the Symposium on Language Contact and the Dynamics of Language: Theory and Implications. Max Planck Institute for Evolutionary Anthropology, Leipzig, 10 - 13 May 2007.

Heine, Bernd and Tania Kuteva. 2008. Constraints on contact-induced linguistic change. *Journal of language contact* — THEMA 2 (2008): 57 - 90.

Huffman, Franklin E. 1973. Thai and Cambodian: a case of syntactic borrowing? *Journal of the American Oriental Society*. 93(4): 488 - 509.

Kortmann, Bernd. 1998a. The evolution of adverbial subordinators in Europe. In: Monika S. Schmid, Jennifer R. Austin, and Dieter Stein (eds.) *Historical Linguistics 1997: Selected Papers from the 13th International Conference on Historical Linguistics, Düsseldorf, 10 - 17 August 1997*. Amsterdam/Philadelphia: Benjamins. 213 - 227.

Kortmann, Bernd 1998b. Adverbial subordinators in the languages of Europe. In: van der Auwera 1998c, 457 - 561.

Kuteva, Tania. 1998. Large linguistic areas in grammaticalization: auxiliation in Europe. *Language Sciences*. 20(3): 289 - 311.

Lazard, Gilbert. 1990. Caracteristique actancielles de l'europeen moyen type'. In: Bechert et al. (eds.), 241 - 253.

Matisoff, James A. 1991. Areal and universal dimensions of grammaticization in Lahu. In: Elizabeth Closs Traugott and Bernd Heine (eds.). *Approaches to Grammaticalization*. Amsterdam: John Benjamins. 383 - 453.

Ross, Malcolm. 1996. Contact-induced change and the comparative method: Cases from Papua New Guinea. In: Mark Durie and Malcolm Ross (eds.). *The Comparative Method Reviewed: Regularity and Irregularity in Language Change*. New York: Oxford University Press. 180 - 217.

Ross, Malcolm. 1997. Social networks and kinds of speech-community event. In: Roger Blench and Matthew Spriggs (eds.). *Archaeology and Language 1: Theoretical and Methodological Orientations*. London: Routledge. 209 - 261.

Ross, Malcolm. 1999. *Exploring metatypy: How does contact-induced typological change come about?* (Keynote talk, Australian Linguistic Society's annual meeting, Perth). (Online: rspas. anu. edu. au/linguistics/mdr/Metatypy. pdf)

Ross, Malcolm. 2001. Contact-induced change in Oceanic languages in North-West Melanesia. In: Alexandra Aikhenvald & R. M. W. Dixon (eds.). *Areal Diffusion and Genetic Inheritance: Problems in Comparative Linguistics*. Oxford: Oxford University Press. 134 - 166.

Ross, Malcolm. 2002. Constructions: Continuity and contact. (Manuscript). (Online: rspas.anu.edu.au/linguistics/mdr/Kobe2.ps).

Ross, Malcolm. 2003. Diagnosing prehistoric language contact. In: Raymond Hickey (ed.). *Motives for Language Change*. Cambridge: Cambridge University Press. 174 - 198.

Ross, Malcolm. 2006. Metatypy. In: Keith Brown (ed.) *Encyclopedia of Language and Linguistics* (Second edition). Oxford: Elsevier. Volume 8: 95 - 99.

Ross, Malcolm. 2007. Calquing and metatypy. *Journal of Language Contact - Thema 1*. 116 - 143.

Ross, Malcolm. 2008. A history of metatypy in the Bel languages. *Journal of Language Contact — THEMA 2*. 149 - 16.

Stolz, Thomas. 2006. Europe as a linguistic area. In: Keith Brown (ed.). *Encyclopedia of Language and Linguistics*. Second edition. Oxford: Elsevier. Volume 4: 278 - 295.

Thomason, Sarah. 2001a. *Language Contact: An Introduction*. Edinburgh: Edinburgh University Press.

Thomason, Sarah. 2001b. Contact-induced typological change. In: Martin Haspelmath, Ekkehard König, Wulf Oesterreicher, and Wolfgang Raible (eds.). *Language Typology and Language Universals: An International Handbook*. New York: Walter de Gruyter. Volume 2: 1640 - 1648.

Thurgood, Graham. 2006. Sociolinguistics and contact-induced language change: Hainan Cham, Anong, and Phan Rang Cham, presented at Tenth International Conference on Austronesian Linguistics, 17 - 20 January 2006, Puerto Princesa City, Palawan, Philippines.

van der Auwera, Johan. 1998a. Conclusion. In: van der Auwera 1998c, 813 - 836.

van der Auwera, Johan. 1998b. Phasal adverbials in the languages of Europe. In: van der Auwera 1998c, 25 - 145.

van der Auwera, Johan (ed.). 1998c. *Adverbial Constructions in the Languages of Europe*. Berlin: Mouton de Gruyter.

Velten, H. V. 1943. The Nez Perce verb. *Pacific Northwest Quarterly* 34: 271 - 292.

Weinreich, Uriel 1963 [1953]. *Languages in Contact: Findings and Problems*. The Hague: Mouton.

吴福祥，中国社会科学院语言研究所 wufuxiang100@126.com

（原载《民族语文》2016 年第 2 期）

试论上古汉语语法的综合性

姚振武

提　要　上古汉语语法的特点在于其综合性强。综合性的主要表现是"一种形式多种功能"和"多种形式一种功能",前者常常导致语法形式的多样化发展,而后者常常导致语法形式的同一化发展。上古汉语语法综合性强的原因可能是它比较接近人类语言的初期状态。

关键词　古汉语语法　综合性　多样化　同一化　指称　陈述　语言起源

一　语法的综合性的概念

本文所谓语法的综合性,是就语法形式表达语法功能的方式而言的。理论上,一个语法形式往往可表达多种语法功能(包括句法功能和语义功能,二者既相互区别,又相互联系)。大致而言,印欧语倾向于随着功能的不同一种形式分析(或者说分化、离析)成多种形式(形态丰富),[①]于是倾向于形成形式和功能一一对应的关系(当然不可能完全做到)。而汉语,尤其是古代汉语,由于缺乏形态,其语法形式表达语法功能时自身往往并不改变,所以倾向于形成一种形式对应多种功能的局面(当然也不可能完全做到),这就是我们所说的语法形式的综合性(或者说"模糊性""兼容性")。似乎不妨说,人类语言,形态的综合意味着功能的孤立(单一),而形态的孤立意味着功能的综合(模糊,兼容)。

西方传统语言学主要建立在形态丰富的印欧语语言事实基础上,所以其理论和方法的特点在于"分析",大的方面,从音位的区分,到词类的划分,再到句子的切分;小的方面,每一种词类内部的进一步细分,乃至解决具体问题的更为"细分"的办法,总之,无不体现一个"分"字。索绪尔(1980:167-168)说:"语言中只有差别。""人们通常所称的'语法事实'最后分析起来,实与单位的定义相符,因为它总是表示要素的对立。"孙良明(2005:152)引述高名凯《语法理论》的话说:"印度人称语法为 vyākaraṇa,意思说是'分离,分析',即对语言的各种语法形式加以分离或分析。"赵元任(1979:1)也说:"语法描写的很大一部分是语言形式的分类。"似乎可以说,重分析,重对立,重差别,这是西方语言学的特点。在那里,我们多看到对立,很少看到统一。汉语缺乏形态。那么,如果主要以汉语,尤其是古代汉语事实为根据,来建立一种语言学理论和方法,它应该是什么特点呢?同样一言以蔽之,那就是"综合"(或者说"模糊""兼容")。萨丕尔(1985:32)说:"有的语言能只用两个词,一个主语词和一个谓语词,来传递 The-mayor is-going-to-deliver-a-speech 所传递的,但是英语不是这样高度综合的语言。"显然,汉语,尤其是古代汉语正是"这样高度综合的语言"。[②]

过去的汉语研究,由于受西方语言学思想影响,主要沿着"分析"的思路,调动各种手段,力图找出综合性的事实背后隐藏着的形式依据(所谓"广义的形态")。这固然取得了很大成绩,但由于对自身语言的综合性认识不足,理论和事实之间又常常显得格格不入,甚至陷入泥淖而不能自拔。吕叔湘(1979:11)说:"由于汉语缺少发达的形态,许多语法现象就是渐变而不是顿变,在语法分析上就容易遇到各种中间状态。词和非词(比词小的,比词大

---

① 这里所说的"分析(分化,离析)",与传统类型学所说的"分析语(孤立语)"是两个不同的概念。

② 萨丕尔这里所说的"高度综合的语言",与我们关于汉语的综合性的概念相合,而与传统类型学所说的"综合语"是两个不同的概念。关于后者,请参考 Bernard Comrie《语言类型学》,廖秋忠译,《国外语言学》1990 年第 4 期。

的)的界限，词类的界限，各种句子成分的界限，划分起来都难于处处‘一刀切’。这是客观事实，无法排除，也不必掩盖。”吕叔湘所说的“中间状态”，在上古汉语里表现尤甚，它很大程度上是汉语语法形式的综合性带来的结果。这种状态并不是缺乏价值的“无奈的事实”，而是一笔宝贵的财富，是与由所谓“形态”所标示的事实一样，具有普遍性意义和理论价值的。

本文探讨上古汉语语法形式的综合性及其对上古汉语语法发展的影响，并从人类语言的起源说明这种综合性的理论依据。进而证明，一种主要建立在汉语，尤其是古代汉语事实基础上的以“综合性”为特色的语言学思想，与以“分析性”为特色的西方语言学思想一样，具有客观的正当性和合理的逻辑基础。“分析性”与“综合性”应该是一部普通语法的既互相区别，又互相联系的两翼，不可或缺。

二　上古汉语语法的综合性

据我们考察，上古汉语综合性的主要表现是“一种形式多种功能”和“多种形式一种功能”现象。这是上古汉语的主要特点，同时也深刻地影响了上古汉语语法发展的过程。

2.1　一种形式多种功能

一种形式多种功能是一种非常普遍的语法现象，下面举例说明。

2.1.1　语法结构的多功能性

以“动词＋名词”结构为例。这是人类语言最基本的结构，在汉语里几乎可以表达无穷的语义关系。萨丕尔(1985：106－107)说：“没有一种语言完全忽略名词和动词的区别，虽然在某些特殊情况下，这种区别的性质不容易捉摸。别的词类就不同了，没有一类是语言非有它就活不了的。”吕叔湘(1980：60)则指出：“动词和宾语的关系确实是说不完的。”可以说，“动词＋名词”结构也许是最能体现语法形式综合性的结构。

孙良明(2008)根据汉魏晋人的笺注总结上古汉语“动词”和“名词”的组合，总共包含24种语义关系，其中“名＋动”9种，“动＋名”12种(包括时间、方位)，“形＋名”3种。这是不同动词的情况。如果是同一个动词，情形又如何呢？我们且以“饮＋名”为例。如：(破折号后面是“名”的语义类型)

(1) 终日饮酒而不得醉焉。(《史记・乐书》)——受事

(2) 请诸大夫曰：“常之母有鱼菽之祭，幸而来会饮。”会饮田氏。(《史记・田敬仲完世家》)——与事

(3) 饮玉爵者弗挥。(《礼记・曲礼上》)——工具

(4) 项王则夜起，饮帐中。(《史记・项羽本纪》)——处所

(5) 孝文时，吴太子入见，得侍皇太子饮博。(《史记・吴王濞列传》)——方式

(6) 滕公留朱家饮数日。(《史记・季布栾布列传》)——时间

(7) 对曰：“臣饮一斗亦醉，一石亦醉。”(《史记・滑稽列传》)——数量

(8) 先生能饮几何而醉？(《史记・滑稽列传》)——疑问

(9) 季孙曰：“请饮彘也！”(《左传・哀公二十五年》)——使动对象

如果有多个“名”，这些“名”也可以直接排列在动词后面，体现复杂的语义关系，没有任何形式标记：

(10) 王绩缴兰台，饮马西河，定魏大梁，此一发之乐也。(《史记・楚世家》)——使动对象和处所

(11) 九月，晋灵公饮赵盾酒，伏甲将攻盾。(《史记・晋世家》)——使动对象和受事

古汉语的这种性质在现代汉语中也有明显的体现。例如，我们除了可以说“吃饭”“吃菜”外，还可以说“吃父母”“吃食堂”“吃筷子”“吃大桌子”以及“靠山吃山，靠海吃海”等等。似乎可以说，凡是与“吃”有关的语义关系，都可以用“吃＋宾语”这种极为简单的语法形式来表现。

2.1.2　词类的多功能性

先讲虚词。以介词“于”为例。谁都知道，古汉语的“于”功能十分宽泛，许多种类的宾语与它们的动词之间能够插入“于”字，例如受事、施事、处所、时间、原因等等，从而呈现出典型的“一种形式多种功能”现象。下面仅就西周时期“于”字用作介绍动作行为涉及的对象时所显示的语义关系的情况作一简单的示例，以见一斑。

有的引进受事或当事(非动作的直接接受者)。例如：

(12) 王乘于舟，为大礼。(《麦方尊》)西周早期

(13) 敢追明公赏于父丁。(《作册令方彝》)西周早期

有的是引进取予的对象。例如：

(14) 格伯取良马乘于朋生。(《格伯簋》)西周中期

(15) 史兽献工于尹。(《史兽鼎》)西周早期

有的是引进告语的对象。例如：

(16) 告追于王。(《多友鼎》)西周晚期

(17) 公告厥事于上。(《班簋》)西周中期

有的是引进动作的施事。例如：

(18) 作册麦易金于辟侯。(《麦方尊》)西周早期

(19) 中乎归生凤于王。(《中方鼎》)西周早期

"一种形式多种功能"还体现在上古汉语的疑问代词的功能上。王力(1990：102－108)从语音上把疑问代词分为ʑ系ɣ系和O系。ʑ系指人，包括"谁"和"孰"等，ɣ系指物，包括"何""曷""胡""奚""遐"等，O系指处所，包括"恶""安""焉"等。王力认为，"疑问代词ʑ系、ɣ系、O系之间的分别，在先秦是相当清楚的"。但由于综合性的作用，些许的例外依然不可避免，例如：

"谁""孰"问事物：

(20) 夫谁不可喜，谁不可惧？螨蚁蜂虿皆能害人，况君相乎？(《国语·晋语》)

(21) 子墨子曰："吾将上太行，驾骥与羊，子将谁驱？"耕柱子曰："将驱骥也。"(《墨子·耕柱》)

(22) 能以国让，仁孰大焉？(《左传·僖公八年》)

(23) 孰城？城卫也。(《公羊传·僖公元年》)

"何""曷""胡""奚"问人：

(24) 宗庙会同，非诸侯而何？(《论语·先进》)

(25) 婚礼不称主人。然则曷称？称诸父兄师友。(《公羊传·隐公二年》)

(26) 叔孙氏之车士曰子鉏商，采薪于大野，获麟焉，折其前左足，载以归，叔孙以为不祥，弃之于郭外，使人告孔子曰："有麐而角者，何也？"孔子往观之，曰："麟也，胡为来哉？胡为来哉？"(《孔子家语·辩物》)

"胡为来哉"犹言"谁干的"。

(27)(景公)问于晏子曰："寡人夜者闻西方有男子哭者，声甚哀，气甚悲，是奚为者也？寡人哀之。"晏子对曰："西郭徒居布衣之士，盆成适也。"(《晏子春秋·外篇第七第十一》)

"恶""焉"问事物：

(28)"敢问夫子恶乎长？"曰："我知言，我善养吾浩然之气。"(《孟子·公孙丑上》)

(29) 择可劳而劳之，又谁怨？欲仁而得仁，又焉贪？(《论语·尧曰》)

实词也是如此。例如，及物动词和不及物动词是最基本的动词分类，但不及物动词可以具有及物动词的功能，最明显的就是"使动用法"。及物动词也并不是任何时候都带宾语的，它也可以不带宾语，从而体现不及物动词的功能。这一点过去注意不多，宜略加说明。吕叔湘(1984)说："一个具体的行为必须系属于事物，或是只系属于一个事物，或是同时系属于两个或三个事物。系属于两个或三个事物的时候，通常有施和受的分别；只系属于一个事物的时候，我们只觉得这么一个动作和这么一件事物有关系，施和受的分别根本就不大清楚。"略举几例：

(30) 君伐，焉归？(《左传·昭公十年》)

(31) 胡、貉数侵掠，独占辰星，辰星出入躁疾，常主夷狄。(《史记·天官书》)

(32) 六国回辟，贪戾无厌，虐杀不已。(《史记·秦始皇本纪》)

"伐""侵掠""虐杀"是不折不扣的及物动词，但在以上句子中它们只系属于主语这一个事物，"我们只觉得这么一个动作和这么一件事物有关系"，从另一角度也未尝不可以看作"表状态"，类似形容词。吕叔湘(1987)还说："汉

语的及物动词绝大多数都能进入第一格局的两成分句。”(姚按：指“中国队胜”这种及物动词不带宾语的句子。)

汉语动结式的产生与动词的综合性(模糊性，兼容性)是直接相关的。过去主流的研究不仅忽略了及物动词的不及物性，而且把能带宾语的不及物动词一律当作及物动词看待，忽视了它的不及物性，这就导致对动结式产生于上古这一事实长期认识不清。说到底，其原因就是拘泥于及物动词与不及物动词截然两分的西方观念，而忽视了汉语动词(及物动词和不及物动词)的综合性特点。(姚振武 2013)

2.2 多种形式一种功能

“多种形式一种功能”是与“一种形式多种功能”相对的、在语言事实中切实存在的普遍现象，只是过去缺乏应有的认识。下面讨论之。

2.2.1 语法结构的“多种形式一种功能”

例如，语序问题广泛存在“多种形式一种功能”的情况。过去我们的概念是，汉语由于缺乏形态，所以语序就显得特别重要。这句话一般说并没有错，但问题是“重要”到何种程度，如果把它视为一种堪与西方语言的形态相比的“说一不二”的语法手段，那就有夸大的嫌疑了。实际情况是，在语义关系基本相同的条件下，建立在不同语序基础上的不同语法范畴，只有倾向性，甚或强烈的倾向性，但没有规定性。这是一个非常普遍的事实。(姚振武 2015：396－462)例如，殷商时期，多宾语句的宾语，位置就不很固定。再扩大看，动词所支配的各类成分的位置，也难于做到定于一。施事成分绝大多数处在动词之前，少数也可以处在动词后；时间成分多数处于动词前，少数也可以处在动词后；受事成分，为动成分，方式、工具成分，处所成分等多数处于动词后，少数也可以处在动词前。相应介词结构的分布，与上述成分位置的分布也大体是一致的。因此如果抱着“语序崇拜”观念来看待上古汉语，就会遇到难以解决的烦恼。例如说主语位于谓语前面，就立刻会有“后置主语”(管燮初 1953；陈梦家 1988；沈培 1992)出来“捣乱”；说宾语位于动词的后面，就立刻会就有“前置宾语”出来“捣乱”；说定语在中心语前面，立刻就会有“后置定语”出来“捣乱”。凡此种种，不一而足。似乎可以说，凡是建立在语序基础上的语法范畴，很少没有“例外”的。既然例外普遍存在，这个事实本身就不能只当作例外来看待了。一段时间的多数，后来可能变为少数；相应，一段时间的少数，后来可能变为多数。例如，孙良明(1989)曾指出，否定句中人称代词宾语的位置，殷商西周时前置是通例，后置是例外；但到两汉时期，则后置是通例，前置变成例外了。

下面以上古汉语的数量结构为例作一具体说明。学界普遍认为，“数＋量”如果在名词后，实际计量的意味较重；在名词前，则描写的意味较重。(吴福祥、冯胜利、黄正德 2006；贝罗贝 1998)这在大部分情况下是事实。但是还应看到，这种不同含意仅仅是倾向性的，不具有强制性。有时这两种不同的语序，在语义相同的条件下，甚至可以混用不别。例如：

(33) 大(太)子鄂三䡅(乘)逄(路)车。(《曾侯乙墓竹简》)

(34) 遊(旅)𨐖(阳)公之逄(路)车三䡅(乘)，屯丽。(《曾侯乙墓竹简》)

(35) 一輮正车　一輮羊车　甬车一輮(《包山楚简・遣策》)

(36) 十斗粲，毁(毇)米六斗大半斗。麦十斗，为䴬三斗。(《睡虎地秦墓竹简・秦律十八种・仓律》)

(37) 右方四牒竹器。(《马王堆汉墓遣策考释・简二八二》)

(38) 右方七牒瓦器钖(锡)(涂)。(《马王堆汉墓遣策考释・简二二一》)

(39) 右方𣵻(漆)画木器八牒。(《马王堆汉墓遣策考释・简二一八》)

(40) 右方苴(菹)五牒、资(瓷)五。(《马王堆汉墓遣策考释・简一五五》)

(41) 右方土金钱马牛羊鸟廿牒。(《马王堆汉墓遣策考释・简三一一》)

(42) 今佐丁盗粟一斗，直(值)三钱，柳下季为鲁君治之，论完丁为倡，奏鲁君。君曰：盗一钱到廿钱罚金一两，今佐丁盗一斗粟，直(值)三钱，完为倡，不已重虖(乎)？(《张家山汉墓竹简[二四七号墓]・奏谳书》)

(43) □□马日匹二斗粟、一斗尗(?)。传马、使马、都厩马日匹尗(?)一斗半斗。(《张家山汉墓竹简[二四七号墓]・金布律》)①

① 原注：“尗”字不清，疑从“叔”，即菽、豆。

(44) 入粟縻黍十八斛，其二十黍斛粟，五十一斛縻。（《敦煌汉简·311》）

以上各例出自遣策、账单或法律文书，是纯粹的计数计量，但语序的使用却相当随意。例(33)—(35)显示，曾侯乙墓竹简中既有"三簟(乘)逄(路)车"这样的"数＋量＋名"，又有"逄(路)车三簟(乘)"这样的"名＋数＋量"；《包山楚简》中也有相类情况。例(36)，同一句话，前面说"十斗粲"(数＋量＋名)，后面说"麦十斗"(名＋数＋量)；例(37)—(41)中，同一个量词"牒"，或采用"数＋量＋名"的形式(例(37)(38))，或采用"名＋数＋量"的形式(例(39)—(41))；例(42)，同一件事，前面说"今佐丁盗粟一斗"(名＋数＋量)，后面说"今佐丁盗一斗粟"(数＋量＋名)；例(43)，前面说"马日匹二斗粟、一斗尌"(数＋量＋名)，后面说"马日匹尌一斗半斗"(名＋数＋量)；例(44)，同一段话，前面是"粟縻黍十八斛"(名＋数＋量)，后面则是"二十黍斛粟""五十一斛縻"(数＋量＋名)。再看下例：

(45) 夕毋食，旦取豐(蜂)卵一，渍美醯一栝(杯)，以饮之。(《马王堆汉墓帛书(肆)·五十二病方》)

(46) 取黄蜂骀廿，置一栝(杯)醴中，□□日中饮之。(《马王堆汉墓帛书(肆)·养生方》)

(47) 炙蚕卵，令篓篓黄，冶之，三指最(撮)至节，入半音(杯)酒中饮之。(《马王堆汉墓帛书(肆)·五十二病方》)

以上例(45)—(47)出自马王堆汉墓帛书，同为计数计量要求十分精确的药方，或用"名＋数＋量"(例(45))，或用"数＋量＋名"(例(46)、(47))，不存在任何"计量性""描写性"的区别。原因在于，"名＋数＋量"也就意味着"数＋量＋名"，同样，"数＋量＋名"也就意味着"名＋数＋量"。(姚振武 2008a)

所以，语序问题，既要看到它的倾向性，又要看到它的不确定性(综合性、模糊性)，说到底，还是要坚持分析性与综合性的统一。洪堡特(2001a：148)认为："没有屈折形式或相应的辅助手段，在运用词序规则时往往会缺乏一个稳固的立足点。""没有其他辅助手段，词序本身难以成为理解汉语文句的可靠依据。"①

再例如，现代标准的"几分之几"的分数表示法，其实起源颇早，春秋战国时就有，至西汉时依然存在。不过，这种分数表示法在当时不过是诸多分数表示法之一种，远未取得一统的地位。当时的分数表示法，也是"多种形式一种功能"，这从以下例句便可以看出端倪：

(48) 是故卷甲而趋，日夜不处，倍道兼行，百里而争利，则擒三将军，劲者先，疲者后，其法十一而至；五十里而争利，则蹶上将军，其法半至；卅里而争利，则三分之二至。(《孙子兵法·军争篇》)

(49) 关中之地，于天下三分之一，而人众不过什三；然量其富，什居其六。(《史记·货殖列传》)

例(48)，"其法十一""其法半""(其法)三分之二"三种分数称法同时并用。例(49)"三分之一""什三""什居其六"也是同时并用。这种并用，除了"变文避复"的效果外，形式的区别并没有什么"微言大义"(姚振武 2015：111－121)。

2.2.2 词类的"多种形式一种功能"

大家知道，上古汉语第一人称代词系统有着大致的"格位"区别，这是可以证明的。(王力 1990：56－57)但事情还有"模糊"的一面。我们可以把这种"格位"现象比喻为一群小朋友做辨认角色的游戏。这群小朋友各自担负的角色有同有异，当环境同时有各种不同的位置可资对比时，他们一般都能各就各位，体现"格位"的区别，不大容易发生混淆。但当环境只有一种位置，无论是一种一个，还是一种多个，就容易发生辨识模糊，产生一定程度的混淆。兹就"一种多个"位置举几例：

(50) 昔朕来自奄，予大降尔四国民命，我乃明致天罚。(《尚书·多士》)——朕、予、我同作主语

(51) 我得天，楚伏其罪，吾且柔之矣。(《左传·僖公二十八年》)——我、吾同作主语

(52) 我不欲人之加诸我也，吾亦欲无加诸人。(《论语·公冶长》)——我、吾同作主语

(53) 余虽腼然而人面哉，吾犹禽兽也，又安知是諓諓者乎？(《国语·越语下》)——余、吾同作主语

(54) 叔孙曰："诸侯之会，卫社稷也。我以货免，鲁必受师，是祸之也，何卫之为？人之有墙，以蔽恶也；墙之隙坏，谁之咎也？卫而恶之，吾又甚焉。虽怨季孙，鲁国何罪？叔出季处，有自来矣，吾又谁怨？然鲋也

① 洪堡特所研究的汉语，主要是古代汉语。

贿，弗与，不已。”（《左传·昭公元年》）——我、吾同作主语

(55) 子之丰兮，俟我乎巷兮。悔予不送兮！（《诗经·郑风·丰》）我、予——同作宾语

再例如，姚振武(2001)曾指出，上古汉语“彼”“是”“此”“其”“之”等古指称词（一般称为指示代词），当它们处于承指位置，体现第三身代词功能时，往往无分别地混用，不存在任何“彼此不同”“远近不同”等指别的因素。例如：（黑体者为被承指成分，加着重号者为承指成分）

(56) 所谓桑雍者，**便辟左右之近者**，及**夫人**优爱孺子也。此皆能乘王之醉昏，而求所欲于王者也。是能得之乎内，则大臣为之枉法於外矣。（《战国策·赵策四》）

(57) 夫**管仲**，天下之大圣也。今彼反齐，天下皆向之，岂独鲁乎？今若杀之，此鲍叔之友也，鲍叔因此以作难，君必不能待也，不如与之。（《管子·大匡》）

(58) 齐大旱之时，景公召群臣问曰：“天不雨久矣，民且有饥色，吾使人卜之，祟在高山广水，寡人欲少赋敛以祠**灵山**可乎？”群臣莫对。晏子进曰：“不可，祠此无益也。夫**灵山**固以石为身，以草木为发；天久不雨，发将焦，身将热，彼独不欲雨乎？祠之无益。”景公曰：“不然，吾欲祠**河伯**可乎？”晏子曰：“不可，祠此无益也。夫河伯以水为国，以鱼鳖为民；天久不雨，水泉将下，百川竭，国将亡，民将灭矣，彼独不用雨乎？祠之何益？”（《说苑·辨物》）

(59) 昔**楚人**蛟革犀兕以为甲，坚如金石，宛钜铁鈍，惨若蜂虿，轻利剽疾，卒如飘风。然兵殆於垂沙，唐子死，庄蹻起，**楚**分为三四者，此岂无坚甲利兵也哉？其所以统之者非其道故也。汝淮以为险，江汉以为池，缘之以方城，限之以邓林，然秦师至於鄢郢，举若振槁然。是岂无固塞限险也哉？其所以统之者非其道故也。（《韩诗外传·卷四》）

(60) **朱公长男**竟持其弟丧归。至，其母及邑人尽哀之，唯朱公独笑，曰：“吾固知必杀其弟也！彼非不爱其弟，顾有所不能忍者也。是少与我俱，见苦，为生难，故重弃财。”（《史记·越王勾践世家》）

(61) 景公有爱女，请嫁于晏子。公乃往燕晏子之家。饮酒，酣，公见其妻曰：“此**子之内子**邪。”晏子对曰：“然。是也。”公曰：“嘻。亦老且恶矣。寡人有女少且姣。请以满夫子之宫。”晏子违席而对曰：“乃此则老且恶，婴与之居故矣，故及其少且姣也。且人固以壮托乎老。姣托乎恶。彼尝托而婴受之矣。君虽有赐，可以使婴倍其托乎？”再拜而辞。（《晏子春秋·内篇杂下第二十四》）

例(56)承指便辟左右之近者及夫人，或用“此”或用“是”；例(57)承指管仲，或用彼，或用此；例(58)承指拟人化了的灵山、河伯，同样宾语位置，或用“此”或用“之”；例(59)承指楚人，或用“此”或用“是”“其”。例(60)朱公承指自己的长子，同在主语位置，既用“彼”又用“是”；例(61)晏子承指自己的妻子，同在主语位置，既用“此”又用“彼”。亲属之间，尤其是直系亲属之间，处于那种场合，更是只能称代，不可能有指别之意，否则就笑话了。这些事实说明，承指者仅仅是从单纯第三身称代的角度来使用这些称代成分的，所以在同样条件下用哪一个本无足轻重。如果其间还有指别的意思（如“彼此比较”等等），则上述混用现象就不好解释了，尤其是同一个人在同时、同地、对同一对象混用称代成分，就更是不可思议的了。吕叔湘(1982：165)曾说过：“我们要注意的是在这一类用法（按，指承指）里，远指和近指的区别不很显著，白话的‘这’和‘那’有时竟可通用。”

三　语法形式的综合性与语法形式的转化：多样化和同一化

“一种形式多种功能”和“多种形式一种功能”现象作用于汉语史的发展，就容易导致语法形式的两个看似相反的发展过程：前者常常导致多样化，而后者常常导致同一化。

3.1　“一种形式多种功能”与语法形式的多样化发展

既然是“一种形式多种功能”，那么其中的每一种功能都可能发展出一种独立的样式，从而形成多样化。例如，指称与陈述互相转化就是“一种形式多种功能”的重要体现。这种转化，其影响是深层次的，全局性的，或隐或现地支配着语法发展的方方面面。最明显的是，动词可以不经任何形式改变而兼有名词的功能，如果再进一步，这种名词功能便可固化为名词，从而分化为两个独立的词，实现多样化发展。名词也可以不经任何形式改变而兼

有动词的功能，如果再进一步，这种动词功能便可固化为动词，从而分化为两个独立的词，实现多样化发展。（姚振武 1994；姚振武 1999；姚振武 2008b）例如“祝”本是一个祭祀义动词，如：“兄（祝）于母庚。”（《合集》40386 正）发生转指以后则指称从事祭祀的人（施事），例如，《晏子春秋·外篇第七第六》：“齐有彗星。景公使祝禳之。”相类的例子还有：

(62) a. 无几何而梁丘据御六马而来。（《晏子春秋·内篇谏上第十八》）

b. 晏子怪而问之，御以实对。（《晏子春秋·内篇杂上第二十五》）

(63) a. 辅拂无一人，谄谀我者甚众。（《晏子春秋·内篇杂上第二十》）

b. 故明王之任人，谄谀不迩乎左右，阿党不治乎本朝。（《晏子春秋·内篇问上第二十四》）

以上的“御”和“谄谀”，在“a”类句子里是动词，体现了本义。在“b”类句子里则转指从事该行为动作的人（施事），为名词，从而实现了多样化发展。“使”本是一个使令义动词，例如《左传·隐公元年》：“天王使宰咺来归惠公、仲子之赗。”发生转指以后，则指称被使令的人（受事），例如，《左传·隐公九年》：“公怒，绝宋使。”相类的例子还有：

(64) a. 公召晏子，且赐之。（《晏子春秋·内篇杂下第六》）

b. 是则隐君之赐也。（《晏子春秋·内篇杂下第十二》）

(65) a. 交游朋友从，无以说于人，又不能说人者穷。（《晏子春秋·内篇问上第十五》）

b. 以君之赐，泽覆三族，延及交游。（《晏子春秋·内篇杂下第十八》）

(66) a. 臣请挽尸车，而寄之于国门外宇溜之下，身不敢饮食。（《晏子春秋·外篇第七第十一》）

b. 臣节其衣服饮食之养，以先国之民。（《晏子春秋·内篇杂下第二十五》）

以上的“赐”“交游”“饮食”，在 a 类句中是动词，体现了本义，在 b 类句中则转指该动作的受事，为名词，从而实现了多样化发展。名词也可以不经任何形式改变而兼有动词的功能，或转化为动词，从而形成多样化发展。例如：

(67) 王鱼？（《合集》667 反）

(68) 惠小臣令众黍？（《合集》12）

(69) 贞：乎目𢀛方？（《合集》6194）

(70) 采菽采菽，筐之筥之。（《诗经·小雅·采菽》）

当然我们并不否认名词与动词的区别，没有这种区别，根本不能形成语言。名词与动词的关系，是分析与综合的统一，区别与兼容的统一，这就是我们的观点。

介词的发展也经历了多样化的途径。殷商时期介词非常少，功能十分宽泛，综合性极强，是典型的“一种形式多种功能”。至西周，介词略有增加，东周时期则蔚为大观，增至二十余个，与此相应，语法范畴的表达形式大为丰富。过去由少数介词承担的范畴表达形式，东周以后则由多个介词分别承担。例如，介引与动作行为相关的时间，殷商时期只有“于”“自”，西周时期也只有“于”“自”和“在”，东周以后则有“于”“自”“在”“为”“方”“当”“即”“应”“迨”“逮”“比”“竟”“从”“乎”“向”“及”等等。介引与动作行为相关的各类对象，殷商时期有“于”“自”，西周时期有“于”“自”“以”“在”，到了东周以后则有“于（於）”“自”“以”“及”“用”“在”“为”“与”“比”“从”“道”“乎”等等。引介动作行为的工具、方式、条件、依据等，殷商时期只有“于”，西周时期有“于”“用”“由”“以”等。到了东周以后，则有“于（於）”“用”“由”“以”“将”“因”“与”“从”等。引介动作行为的方位处所，殷商时期有“于”“自”“在”“从”，西周时期有“于”“自”“在”“以”“由”，东周以后则有“于（於）”“在”“自”“从”“由”“即”“沿”等。引介动作行为的原因或目的，西周时期有“以”“用”“为”等。东周以后则有“用”“以”“因”“为”“由”等。显然，介词增加的过程，就是相关的语法范畴的表达形式从“一种形式多种功能”向多样化发展的过程。（姚振武 2015：338－351）

句法结构也是一样。例如，上面说过，“动词＋名词”是高度综合的结构，可以容纳多种语义关系。但西周以降，尤其是东周以后，汉语介词大发展，各种各样的介词加入“动”“名”之间，形成多种“动＋介＋名”结构，分别表达原来只由“动＋名”表达的各种各样的语义关系。这就是“动＋名”结构的多样化发展。（姚振武 2015：第十五章）

再例如,上古汉语真正的被动式"(N)为N所V"的产生,也是多样化的结果。最初是指称式"(N)为NV"兼有陈述的功能(一种形式多种功能),然后加上一个形式标记"所"造成"(N)为N所V",从而形成多样化("(N)为NV"和"(N)为N所V"并存)。让我们先看这样两句话:

(71) a. 张三是个胖子。

b. 张三很胖。

这两句话语义相同。区别在于,a的"胖子"是对主语的指称,b的"很胖"则是对主语的陈述。可是,实际上这两句话往往可以不加分别地彼此通用。因为a也就意味着b;b也就意味着a。我们发现,指称与陈述的这种综合性(或者说"兼容性""模糊性"),使得语言使用者(发话人和受话人)必要时可以把一个指称式认作陈述式,并当作陈述式来用,从而导致从该指称式另外引申出陈述式。请看下例:

(72) 唯女子与小人为难养也。(《论语·阳货》)

(73) 初,伊公佗学射于庾公差,庾公差学射于公孙丁。二子追公,公孙丁御公。子鱼曰:"射为背师,不射为戮,射为礼乎?"(《左传·襄公十四年》)。

(74) 管、蔡为戮,周公右王。(《左传·襄公二十一年》)

(75) 今伐其师,楚必救之,战而不克,为诸侯笑。(《左传·襄公十年》)

(76) 无使臣为箕子、接舆所笑。(《史记·鲁仲连邹阳列传》)

比较例(72)(73),知例(73)的"为戮",其性质应与并列的"为背师""为礼"以及例(72)的"为难养"一致,其"戮"是对主语(子鱼,也就是庾公差)的指称,意为"是被杀戮的对象"。这代表了"为V"式的本来面目。但这种指称与相应的陈述又是相通的,即,一个人"成为被杀戮的对象"(指称)也就意味着他"被杀戮"(陈述),就像"张三是个胖子"也就意味着"张三很胖"一样。于是指称式"为V"就经常用来表达陈述的意思,像例(74)(75)那样。在形式(指称式)与内容(陈述)矛盾的作用下,形式被迫作出调整(加一个"所"),以适应内容,于是像例(76)那样的真正的被动式(陈述式)"(N)为N所V"便产生了。(姚振武1999;姚振武2000)①

汉语"数+量+名"格式的产生,也是多样化的结果。"名+数"(鬯百牛百)和"数+名"(百鬯百牛)代表个体量词产生以前汉语两种相对待的、基本的计数方式,二者常常可以混用不别。这种彼此的认同当然使相互之间有了巨大的制约力。然而这个认同系统是不平衡的。"名+数"有自己的变体"名+数+名(量)":"车二丙""鬯六卣"等等,而"数+名"却没有与之相应的格式,于是形成以下不平衡的局面:(箭头所示为可以混用不别的双方)

数+名(百鬯)←→名+数(鬯百)

↑↓　　　　↑↓

?　　　←→名+数+量(鬯六卣)

例如:

(77) 癸卯卜,贞:弹鬯百牛百□。(《合集》13523正)

(78) □亥,贞:王又百鬯百牛。(《合集》32044)

(79) 丁酉卜,贞:王宾文武丁伐三十人,卯六牢,鬯六卣,亡尤?(《合集》35355)

这就必然要求"数+名"也作出相应的反应,于是,在"名+数+名(量)"格式中产生并逐步成熟的量词,比照它在"数"后的位置,逐步由类推而进入"数+名"格式中的"数"之后的位置,形成"数+量+名"格式。(姚振武2009)

3.2 "多种形式一种功能"与语法形式的同一化发展

同一化是指几个相类成分统一为一个成分。

① 马清华认为姚振武《指称与陈述的兼容性与引申问题》一文,"用汉语语法学自产理论解释语法化问题","借助国产理论对语法化问题进行独到的研究,是新时期语法化研究的一种方向性突破"的代表作之一,"为重新分析方式添加了一种新的起因"。见马清华《汉语语法化问题的研究》,《语言研究》2003年第2期。孙良明说:"姚先生指出'(N)为N所V'是'真正的被动式',此认识非常正确。除已为语法学界公认外,本文说'为-N-所-V'是完整的被动式,也可以充分证成此说。"见孙良明《谈高诱"注"解说受事主语句的表达功能、解释能力和先秦汉语受事主语句系统及古代汉语被动式的形成》,《汉语史学报》第九辑,上海教育出版社,2010年8月。

第一种情况是，在同一语法范畴表达系统的多个成分中，某一个成分具有相对的普适性，表现强势，于是逐步取代其他相同(类似)成分，最终“一统天下”。上文已指出，上古汉语第一人称代词系统(我、余(予)、朕、吾等等)具有综合性(多种形式一种功能)，其中“我”的功能具有相对的普适性：既表多数，也可表单数(这就有了余、朕的功能)；既可作主语，也可作宾语(这就有了“余”的功能)和定语(这就有了朕的功能)，在以后长期发展过程中“我”的普适性特点一直保持着，所以最终取代了其他第一人称代词。(姚振武 2015：171－178)上古否定副词“不”“弗”的关系，也是这种情况。“不”具有相对的普适性，表现强势，“弗”的功能“不”基本上都具备，而“不”的功能“弗”却不能涵盖，所以“不”最终取代了“弗”。(姚振武 2015：256－265)

语法结构也有相类的表现。例如，汉语“几分之几”的表示法，就是在与“其法十一”“其法半”“什三”“什居其六”等不同形式同时并用中(见上文)脱颖而出，最终在六朝以后取代了其他分数表示法，成了表分数的定型结构。(郭锡良 2005)

以上是取代者的功能比被取代者广，具有功能优势。有时二者功能相同，只是取代者比被取代者使用率高，也可完成同一化。例如古指称词“其”和“厥”，功能相同，只是后起的“其”使用率越来越高，西周中晚期开始，“厥”逐渐为“其”所取代，至战国时期“厥”几乎绝迹了。(唐钰明 1990)助动词“得”和“获”也是如此。二者功能几乎完全相同，但“得”的使用率远高于“获”，所以最终取代了“获”。(刘利 2000)

还有一种情况是，相类的多个成分虽然具有综合性，但最终的发展并不是其中的一个取代了其他，而是该多个成分被另外一个成分所取代。例如古指称词“彼”“是”“此”“其”“之”等，当用于第三身称代时，具有很强的综合性，但最终的发展却是另外的“他”成为专职的第三身代词。不过可以认为，正是古指称词用于第三身称代时所具有的强综合性，为日后第三身代词“他”的产生和发展奠定了功能基础。

“一种形式多种功能”和“多种形式一种功能”其实是有着深刻内在联系的，可以互相转化。仍以“谄谀”为例：

(80) 吾君贿，左右谄谀，作大事不以信，未尝可也。(《左传·昭公六年》)

(81) 故明王之任人，谄谀不迩乎左右，阿党不治乎本朝。(《晏子春秋·内篇问上第二十四》)

(82) 法严政峻，谄谀者众。(《史记·平津侯主父列传》)

同一个“谄谀”，例(80)与例(81)的关系是“一种形式多种(两种)功能”的关系，例(80)为动词，例(81)为名词。而例(81)与例(82)的关系则是“多种(两种)形式一种功能”的关系(同为名词)。可以看出，例(82)如果省去“者”(这是很常见的)，则与例(81)转化为“一种形式多种(两种)功能”的关系了。所以，从理论上说，同一化和多样化是可以相互转化的。不过这方面有待更为广泛细致的考察和研究。

四　人类语言的起源与上古汉语的综合性

讨论人类语言的起源，有助于认识语言的综合性的由来及性质，进而解释上古汉语综合性特别强的原因。正如黑格尔(1966：55/56)所言，科学研究，“前进就是回溯到根据，回溯到原始的和真正的东西”，“开端的东西仍然是一切后继者的基础，并不因后继者而消灭”。

4.1　指称、陈述的分化与人类语言的起源及语言的综合性

根据人类起源的分子生物学研究最新进展，古人类学界现在普遍认为，所有现代人类的祖先原来只是大约10万年前生活在非洲东部的一小群人。(韦尔斯 2006；梅朝荣 2006；周忠和 2007)这就证明了历史上一些著名语言学家关于人类语言单一起源的天才推断。德国语言学家洪堡特早就指出：“语言实际上只有一种，也只有这种语言才是人类语言，它在世界上无数具体语言中得到了不同的显示(sich of fenbart)。”(姚小平 1995：96)美国语言学家萨丕尔(1985：137－138)推测说：“语言的起源是一元的还是多元的呢，事情满可能是这样：作为人类的一种制度(也不妨说作为人类的一种‘才能’)，语言在人类历史上只发展过一次，整部复杂的语言史只是单独的一桩文化事业。”前苏联学者 В.И.Абаев(1980)也认为，语言的产生“这个奇迹在我们这个星球的历史上只能出现一次，也许在宇宙史上也是唯一的一次”。事实上，从“普遍唯理语法”到“转换生成语法”，都是以人类语言的内在统一性为其理论基础的。所有这些，都可以作为人类单一起源的语言学证据。

有些学者甚至认为人类语言是在一瞬间产生的。例如洪堡特就认为语言“它是以完整的形式突然出现的”。(姚小平 1999：48)桂诗春(1993)也介绍了 Curtis，Smith 的“语言的突然的发明”的观点；王士元(2006)通过计算机建模的方式仿真语言的产生，结果显示这是“突变的一刻”，是“灵光一现”。乔姆斯基(2010)甚至推测人类语言产生于人类“某个个体”的“基因突变”。

大约三至六万年前人类有了语言，①这从进化的尺度来衡量，仿佛就是“昨天”。(韦尔斯 2006：74－75)从那以后，人类人口首次激增、艺术大爆炸、工具的爆炸性发展以及穿越横亘于亚洲与澳大利亚之间的激流深海等飞跃性事件便集中出现，古人类学家称为“大跃进”。原因何在？以色列学者赫拉利(2014：19)说：“究竟智人胜出的秘诀为何？为什么我们能如此迅速抵达各个遥远而生态各异的栖地，而且落地生根？我们是怎么将其他人类物种赶出世界舞台？为什么就连强壮、脑部发达、不怕寒冷的尼安德特人，也无法挡住智人的屠杀？相关的争辩必然会继续。而目前最可能的解答，正是让人得以辩论的原因：智人之所以能征服世界，是因为有独特的语言。”这其实是古人类学界的普遍观点。而这种“独特的语言”具体是什么样的，则是语言学家应该回答的问题。

那么，在这“独特的语言”产生的“突现”的一刻发生了什么？这个语言是怎样的？其特点又如何？既然就语言而研究语言难以构建语言的原始面貌，那么我们不妨先想想，从思维产生的角度看，人类语言“突现”的一刻可能甚至必然是个什么样子？

洪堡特(2001b：2)指出：“语言与第一个反思行为直接相关，并与之一同发生。”萨丕尔(1985：19/200)也说：“再说一次，语言，作为一种结构来看，它的内面是思维的模式。”“思维只不过是脱去了外衣的语言。”正是语言与思维的这种内在统一性，使我们有可能通过对最初思维形式的考察来推断最初的语言形式。为此，我们不得不回到古希腊。

洪堡特(2001c：227)指出：语言学“这门科学最必要、最牢固的基础，早已由希腊人奠定了下来。要知道，一切语言学都必须从普遍哲学语法开始，而现代人关于普遍哲学语法的本质和构造的所有观念都应归功于希腊人”。

古希腊亚里士多德从一开始就是站在人类同一性的立场，联系语法形式来研究哲学范畴的。而“哲学范畴是人们的思维反映客观世界的最普遍、最本质的概念”。(杨寿堪 1982：34)亚氏把客观世界分为十个范畴，其中本体范畴(即现实世界中不依赖任何其他东西而独立存在的各种物体及其所代表的类)占有特殊的、首要的位置，其他九个范畴(行为、状态、数量等等)都是附属于本体的，是本体的属性(也称为偶有性)。人类对客观世界的这种理解方式(本体-属性)反映到语言上，就是本体为指称(主语、名词等等)，其他九个范畴为陈述(谓语、动词等等)，从而构成一个短句(语言)，同时也就是一个判断(逻辑)。(姚振武 2010)正如汪子嵩(1982：17)所言，亚里士多德，“在人类认识史上，他是第一个研究思维和语言的形式，找出其规律(‘逻各斯’，由此得出‘逻辑’)的人”。古希腊高尔吉亚也说过：“语言是从刺激我们的外在事物，即从可感事物中产生的。”(苗力田 1989：195)

人类对世界的这种理解(本体-属性)、表达(指称-陈述)模式，在自然界是绝无仅有，非常奇特的一件事。它在瞬间、几乎偶然的状态下发生。爱因斯坦有一句名言：“这个世界最让人难以理解的事情是，它竟然是可以理解的。”②很难设想，这种“最让人难以理解的事情”最初会在世界各地不约而同普遍发生。因此这个模式可以视为人类单一起源的证据。

“本体-属性”的概念可以由罗素的一段话来说明。罗素(1963：260)说：“事实上，‘实体’(姚按：即我们所说的‘本体’)仅仅是把事件聚集成堆的方便的方式而已。我们关于史密斯先生能知道什么呢？当我们看他的时候，我们就看到一套颜色；当我们听他说话时，我们就听到一串声音。我们也相信他也象我们一样地具有思想感情。但是离开了这些事件而外，史密斯先生又是什么呢？”显然，离开了这些表现为“谓语”的“事件”，史密斯先生也就不存在了。正是在这个意义上，我们说本体与属性是统一的。这个观念，后来被归结为“谓语包含在主语中”这样

---

① 王士元说：“令人鼓舞的是，分子基因学开始指出，哪些基因学上的事件与语言的产生有高度相关。最近《科学》杂志上的两篇文章，就把两件这样的事追溯到距今 37 000 与 58 000 年前。”见王士元《演化语言学中的计算机建模》，《北京大学学报》(哲学社会科学版)2006 年第 2 期。

② 转引自唐三歌《暧昧的科学，微笑的神佛》，见《书摘》2015 年第 7 期。

一个在西方哲学史上不断被讨论、产生了重大影响，但却并未在现代语言学中引起足够重视的命题。（罗素 1982：118－120）

世界上所有的动物，甚至植物，同类之间都有信息的交流手段，这也常常被称之为“语言”。但只有人类能够把同一客观对象分成“本体”和“属性”两部分来理解，同时用指称和陈述两分的形式表达出来。这就是人类“独特的语言”“突现”时的状态。可以说，指称与陈述的瞬间分化产生了语言。这也就意味着，名词和动词及相应的语法关系在分化的瞬间同时诞生。这就是人类语言最本质的功能就是指称和陈述，最核心的成分就是名词和动词的根本原因所在。（姚振武 2010）正如萨丕尔（1985：106－107）所言：“说话的主题是名词。最普通的说话主题不是人就是东西，所以名词聚集在这一类具体概念周围。对主题的陈述一般是某种动作（就‘动作’的最广泛的意义来说），是从一种存在状态到另一种存在状态的过渡，所以，专门用来做陈述的形式，即动词，聚集在动作概念的周围。没有一种语言完全忽略名词和动词的区别，虽然在某些特殊情况下，这种区别的性质不容易捉摸。别的词类就不同了，没有一类是语言非有它就活不了的。”（姚按：着重号是笔者加的）

儿童语言的发展也证明了人类语言的初期状态。先是“独词句”，这相当于“动物的喊叫”阶段。然后是双词句，即名词与动词，形成“电报式的语言”，这相当于人类语言的初始状态。（Breyne Arlene Moskowitz 1981）

此外，人造语言，即所谓“克里奥耳语（creole）”（其前身为“洋泾浜语”，主要是名词、动词与形容词，至于冠词、助动词、连接词或介词，不是很少就是没有）的产生过程也是很好的证明。

近现代以来，随着资本的扩张，大农场、市集、贸易站大批出现，在那些地方，操不同语言的人会聚一堂，沟通的问题急需解决，于是一种人造语言“克里奥耳语”应运而生。美国学者戴蒙德（2012：161－167）指出：“这个形成‘克里奥耳语’的过程，是语言演化的自然实验，在现代世界中开展过几十次，各不相干。……时间范围至少从 17 世纪起，直到 20 世纪。引人注目的是，所有这些实验的语言产品，无论有与不足的面相，都有那么多相似之处。”而在夏威夷，“创造新语言的人，是当年正在牙牙学语的儿童。……夏威夷儿童听见的语法不多，他们听见的，既不一致，又很原始。所以，他们创造了自己的语法。他们成功地为自己创造了语法，而不是以听来的语料拼凑出来。”戴蒙德问：“每一个‘克里奥耳语’的儿童创作者，怎么能那么迅速地就语法达成共识？为什么不同‘克里奥耳语’的儿童创作者，会一再地发明相同的语法特征？”戴蒙德根据乔姆斯基的思想回答说：“‘克里奥耳语’的语法特征，就是天生的‘普遍语法’的预置设定。”

我们认为，这个“预置设定”其实就是人类把同一个客观对象分解为“本体-属性”两部分来理解，并用“指称-陈述”两分的方式表达出来的能力。这种能力是主观与客观相互作用的产物，是人类独有的。由此可以看出，人类语言一开始就是分析与综合的统一体。分析是指，指称与陈述从本体分化开来；综合是指，指称与陈述又统一于本体。由于这种关系，指称与陈述既对立，又统一；既互相区别，又可以互相转化。（姚振武 1996）①

由于只有名词和动词，这种语言又必然是一种综合性（或者说兼容性、模糊性）极高的语言。这可以从两方面来理解，一是从外部关系来看，这种语言以名词和动词的组合这样“简单”的形式，承载几乎无限的语法范畴，从而具有了“以有限的规则造出无限的句子”的能力。正如吕叔湘（1980：60）所说：“动词和宾语的关系确实是说不完的。”二是从内部关系来看，名词和动词来源于“本体”这同一个客观对象，是同一客观对象的不同表现形式（指称与陈述），互相包涵，所以可以互相转化。这就是语法的综合性的种种现象的根源所在。这种性质导致语言发展史中“同一化⟷多样化”不断交互出现的发展模式。

4.2　上古汉语与人类初期语言的关系

一种语言只有（或非常接近于只有）名词和动词，这可能吗？我们的回答是，不仅可能，而且我们在上古汉语，尤其是殷商时期甲骨文里，非常接近于看到这种事实。在甲骨文里，虚词非常少，而且往往可用可不用，以介词为例，据杨逢彬（2003：278－337）研究，甲骨文实际只有两个介词：“于”和“自”，其中“于”来自动词（这是公认的），在很多句子里与动词纠缠不清。“‘自’也很可能由动词虚化而来。”因此可以认为，至少有一段时间，汉语很可能没

① 王珏认为：“姚振武先生独辟蹊径，从亚里士多德对现实世界分为十个范畴的哲学观点出发，对动名兼类词的现象作出了理论上的解释，……这就进一步从哲学和语义的高度对动词和名词的兼类问题作出了令人信服的阐释，为我们划分名词和动词的实践提供了理论根据。”（王珏 2001：11－12）

有任何介词。介词所表达的范畴,隐含在由实词组成的句子中。请看甲骨文例句:

(83) 辛卯卜,甲午祷禾上甲三牛?(《合集》33309)

例(83)与动词"祷"相关的有四个名词:甲午、禾、上甲、三牛,简单、直接排列于动词前后,其意略谓:在甲午这一天为了年成用三头牛向上甲祷祭吗?如此复杂的语义关系,却没有借助任何"形态"或介词。这样的句子,其语序甚至还可以变动,例如:

(84) 甲申卜,御妇鼠妣己三牝牡?(《合集》19987)

(85) 一牛一羊御妇鼠妣己?(《合集》19987)

我们看到,表示牺牲的名词既可以后置(例(83)(84)),也可以前置(例(85))。

甲骨文的这种状态与我们所推定的人类语言初期状态以及儿童语言、"克里奥耳语"的状态这四者极为接近。这难道是偶然的巧合吗?

古人类学界普遍认为,差不多在五、六万年前,人类的一支与他们在非洲的和同时进入欧洲大陆的同类分手,来到东亚地区并取代了当地的"土著",成为东亚地区人类共同的,且唯一的祖先(中国有部分学者对此有所保留)(韦尔斯 2006;金力 2005;吴新智 2008)。

此后,也许因为特殊地理条件的阻隔,进入东亚的这一支与世界其他地区的同类从此绝少交流,走上了完全不同的发展道路。他们的文化幸运地得以一脉相承,他们的语言也幸运地较多地保持了原始特点。这就是今天的中国人和他们的汉语(也可扩大为汉藏语系诸语言)。历史语言学认为,从同一语言分化出来的各个语言,其中离开原始母语的语源中心越远的,它受语源中心的变化的影响就越小,因而可以在这种语言中找到同源语言中最古老的语言特征。上古汉语正是如此。这也就是上古汉语在世界语言中显得非常另类的原因。正如洪堡特(2001d: 105)所言:"汉语的语法结构是极为独特的,从所有语言的语法差异来看,汉语可以说自成一类,而不是某一具体语言的亚种。"

从目前所掌握的所有古文献证据和新石器时代以来的考古发掘证据看汉语的一脉相承性,情况也是可以印证的。李学勤明确指出:"中原地区从仰韶文化到商文化,已经排成了继承衔接的链条,没有明显的缺环。"(李学勤 2003: 83)"三代统出一源。"(李学勤 1997: 44)张光直(1983,1990)比较了中国文明与西方苏美尔文明(它后来通过巴比伦、希腊、罗马而演进到现代的西方文明)的起源和发展,基本结论是,中国文明是"连续性文明",而西方文明则是"破裂性文明"(或者说突破性文明)。

西方文明,大体沿着两河流域及地中海沿岸发生,它是多中心的,历史上不断互相征服和取代,遂导致文明的中断。而东亚地区文明发展的模式完全不同。最初虽也有多种文化发生,但却逐渐形成了一个中心,这就是以中原龙山文化及其后的二里头文化为代表的中华文明。这个文明虽也曾受周边文化的影响,但其核心部分逐渐成为权威而被周边文化景仰着,崇拜着,并不断吸附、融化着周边的文化,从而一脉相承,不曾中断。(李伯谦 1995)在中国历史上,改朝换代从来只是人的更替,而不是意识形态(思想、文化、礼制等)的更替。

文明崇拜往往包括语言崇拜。语言被当作所崇拜的意识形态的某种象征,这在人类历史上是普遍现象。吕叔湘(1988: 1)说:"语言和文字是人类自己创造的,可是在语言文字的神奇作用面前,人们又把它当作神物崇拜起来。"裴特生(1958: 16)说:"印度人经常细心地保持他们神圣字句的正确性,这一事实也许能够解释这个问题:他们在极细微的发音差别上都是一丝不苟的,因为他们相信如果不这样做,则宗教的祭祀就不能产生善果,甚至反会惹祸。"这种语言崇拜在中国也是一样的。它导致文明中心的官方语言在中国一脉相承地传之久远(当然随着时间的推移会有所变化)。《论语·述而》:"子所雅言:诗、书、执礼,皆雅言也。"《孟子·滕文公上》:"学则三代共之。"这个"雅言"或"学"(包括所使用的语言)具有权威性和严肃性,是不可随意改变的。

汉语语法的保守性,还可以从目前可考的三千多年的历史得到证实。在这三千多年中,汉语基本的语法格局始终保持不变。乔姆斯基(2010)最近指出,五万年前"我们的祖先从非洲出发,长途跋涉,分散到世界各地。就目前所知,语言官能本质上自此一直保持没变,这在这么短暂的时期内并不奇怪"。

旁观者清。关于汉语与人类初期语言的关系,西方人早就有所思考和认识。据 Robins(1983)介绍:"J.Webb(1611—1672)争论说:汉语是亚当的语言。他在对《圣经》的历史重新做适当的解释时认为:说汉语的人在巴别塔的建造和毁掉之前，就已跟人类的其余部分分开了。Webb从结构方面论证说，因为汉语是单音节语言，其结构又最简单（比希伯来语简单得多），所以显然必定是最原始的语言。这正是汉语及其据说是独一无二的、明显地简单的结构的发现对十七世纪的欧洲语言学界所产生的深刻影响的一个方面。”语言谱系学说的鼻祖施莱哈尔（August Schleicher）曾设想，人类语言的发展最初发源于类似汉语那样的简单状态，然后通过粘着期，最后进入最高形式的屈折状态。（徐通锵1996：18）萨丕尔（1985：128）说：“我们发现汉语比我们可能找到的任何其他例子都更接近完全的孤立语。”洪堡特（2001a：165）则把汉语与儿童语言以及人类原始语言联系起来思考：“语法形式的缺乏令人想起儿童的语言。儿童在说话时通常只把词语一个个排列起来，而不太去管它们之间的联系。我们可以假定，犹如在个人身上那样，在各个民族中间也有过一个童年时期。这样看来，很自然的结论便是：汉语正是停留在人类语言发展的这样一个阶段上。”他（洪堡特2001a：168）还发问：“是什么奇怪的偶然事件，使得惟独只有汉民族保存起了一种所谓纯粹的原始语言状态？”

洪堡特（1999：299/195/351）进一步指出了汉语语法形式与人类思维形式、逻辑形式的关系：“拿汉语来说，我们得承认它的形式或许比任一其他语言的形式都更好地突出了纯思维的力量，正是由于汉语摒弃了所有细小的、会起干扰作用的联系音，才使得心灵能够更全面、更有力地把握纯粹的思想。”“古典语体的汉语具有独到的长处，那就是把重要的概念相互直接系接起来；这种语言在简朴之中包含着伟大，因为它仿佛摈弃了所有多余的次要关系，力图直接反映纯粹的思想。”“渗透到汉语之中的语法观念是合乎逻辑的观念，这一观念给汉语带来了适当的语序。”Robins（1983）也指出，洪堡特“赞扬汉语句子跟思想的简单明确的顺序是密切对应的”。

洪堡特（2001d：121）还分析说：“汉语的语法之所以可能，完全是靠句子的短小和简单。不过，虽说句子简单，仅仅区分主语、系词、谓语是不够的；这些纯逻辑的概念还必须由出自语言独特本性的语法概念来进一步加以限定。我觉得，汉语似乎就处在这样一条狭小的分界线上。毫无疑问，汉语跨过了这条分界线，这也正是它的语法艺术性之所在。然而，汉语里复合长句的规模和构造方式毕竟受制于有限的手段。也就是说，汉语在此处停下了脚步，而其他语言则沿着自己的道路继续走了下去。”这说明，汉语的语法形式与逻辑形式是非常接近的，只有“一条狭小的分界线”。这同时又说明，汉语语法形式毕竟与逻辑形式分道扬镳，获得了自己独立的品格，开始了独立的演化过程。

其他西方学者也常有关于汉语的类似看法。例如，莱布尼兹曾说：“如果上帝曾经教导过人类某种语言的话，那种语言就一定会类似汉语。”李约瑟说：“汉语中从来不用像其他自然语言那样寻找令人厌烦的词根或者派生词。她的词根就是单词，单词也就是词根——他们也从来不用考虑人称的变格、动词变化、数、性、语气、时态以及其他语法上的细节。除了大自然带给她的光线以外，她没有任何规则，也完全不需要担心会发生任何混淆和困惑。因此，他们的语言朴实、简单和容易，就像大自然在说话时应该的那样。”①

为什么汉语语法形式与人类思维形式、逻辑形式密切对应？原因就在于，人类之初，其认知方式（本体-属性），逻辑形式（主词-谓词），语言形式（指称-陈述）本是三位一体的，而汉语，尤其是上古汉语，只不过较多地保持了人类语言初期的形式特点而已。（姚振武2010）这就是上古汉语综合性非常强的原因。

然而，长期以来，人们根据世界各地均有古人类化石发现这一事实，认为人类是由多地区起源、进化而来的。这种学说认为人类共同的祖先，是二三百万年前的非洲猿人。面对这种情况，以现有的历史语言学研究方法，无论是谱系分类法，还是类型比较法，抑或语言的内部构拟法，要想重建人类的原始语言，几乎是不可能的。1866年，巴黎语言学会甚至发表通告，禁止在学术会议上讨论语言起源问题，有关期刊也不再发表此类论文。就是在今天，主流的看法依然认为：“某些学者在谱系分类的基础上，企图重建‘人类共同的语言形式’（有的学者称作‘化石语言’），以此来证明世界诸语言同出一源的假说。这种构拟建立在层层假设之上，多半是无法验证的。”（黄长著1988：360）是分子生物学的最新进展印证了早前西方学者关于人类语言单一起源及其与汉语关系的天才思考，这种思考，体现了科学思想穿越时空的洞察力，是非常了不起的。古代汉语，尤其是殷商时期汉语的存在，是

① （英）李约瑟《中国的科技与文明》卷七，14页，13页。姚振武按：以上这两句话转引自互联网文章《李约瑟〈中国的科技与文明〉论汉语》，2014年9月3日发布在“凯迪社区·猫眼看人”。尚未找到原著核查。

对这种天才思考的有力的事实支持。

在印欧文化中心主义心态的影响下,语言学中历来有关于“先进”语言和“落后”语言的偏见,就连洪堡特这样伟大的思想家在对汉语保持敬意的同时,有时也难免含糊。中外学者对此均有深刻的批评。其实,古代汉语以极其简单的语言形式承载了一个极其伟大的人类文明,这件事本身就是对这种偏见的最好回答。(参见姚振武2010)

从上面的论述可以看出,语言的单一起源性(本体)是指称-陈述分化的基础(如果语言起源是多元的,就无法解释人类语言所共有的指称-陈述(名词-动词)的基本模式)。而“指称-陈述的分化”又是语法形式的分析性与综合性的基础。分化(或者说分析)的双方其实是互相包涵的。关于这一点,中国古人早有深刻的思想。清代《虚字说》作者袁仁林(1989: 131)就说过:“凡实皆可虚,凡死皆可活,但有用不用之时耳。从其体之静者随分写之,则为实为死,从其用之动者以意遣之,则为虚为活。”袁氏所谓“实字”“死字”,大致相当于今之名词;“虚字”“活字”大致相当于今之动词。袁氏还举例说:“‘耳’‘目’,体也,死实字也;‘视’‘听’,用也,半虚半实字也。‘耳而目之’句,配以‘而’字‘之’字,则死者活,实者虚矣。口中‘耳目’,而意已‘视听’矣。”袁氏进一步指出:“虚用活用,亦非修辞者勉强杜撰如此。盖天地间虚实恒相倚,体用不相离,至静之中而有至动之理,凡物皆然。”(姚按:着重号为笔者所加。依据此理,我们也完全可以说:“至动之中而有至静之理。”)早在几百年前袁氏就有了这种思想,为什么会如此?原因很简单,汉语的事实更易于抽象出这种动、名互相包涵的“综合”思想。这样深刻的论述,西方学者大概不大容易说出来。中国历来有“体用”之说,与西方的“范畴说”相通。这是具有普遍意义的思想。语法形式的任何分化(分析)都是统一体的分化,因此任何语法形式都包含着“分化和统一”(分析和综合)这两个方面,这两个方面都对语法形式的发展变化发生着作用。现代语言学理论主要建立在印欧语事实基础上,偏重于语法形式的分析的属性,于综合性这一属性发掘不够,这是可以理解的。这正是汉语学者可以大有作为的地方。

“综合”的语法是一种从语法形式的对立中体现其统一性的语法。达尔文的进化论看到了不同物种之间的统一性,从而更深刻地把握了物种的本质;同样,“综合”的语法看到不同语言之间,或同一语言内部不同成分、不同结构间的内在的统一性,从而也能够更深刻地把握相关语言现象的本质。而体现人类语言这种统一性的最好标本也许就是汉语,尤其是古代汉语。同样可以说,重综合,重统一,重兼容,这应该是建立在汉语,尤其是古代汉语这样缺乏形态的语言事实之上的语言学观念。这种观念对于西方语言学也是具有意义的。例如,虽然过去的语法书经常强调西方语言的形态与功能的关系是“说一不二”,但鉴于人类语言初期的“综合性”特质,我们可以推断,西方语言,即便是最严格的形态系统,也会有“例外”,即用相应没有形态外衣的“孤立”状态来表达与有形态外衣时相同的功能。这种情况昭示着人类语言语法形式的综合性的实质,它可以很少,但决不会没有。正如洪堡特(2001c: 367)所言:“无论我们怎样去分解、追踪和描述语言中的一切,总是会余下一些不为我们所知的东西,而正是这一未知之物,蕴含着语言的统一性和生命力。”萨丕尔(1985: 54/101 - 102/34)也说:“最简单的,至少是最经济的,表达某种语法观念的方法,是把两个或更多个词排成一定的次序,联结起来,而绝不改变这些词本身。”“我们假定所有造句关系的表达最后都能追溯到顺序和音势这两种语言的不可避免的动力因素。如果这实在是言之成理的,那么我们就能得出一个有趣的论题:说话的现实内容,它的元音和辅音所结成的各音组,原先只限于是具体的;关系原先不用外表形式表达,只是暗含在顺序和节奏里说出来。换句话说,关系是直觉地感到的,是从本身也在直觉平面上活动的动力因素里‘泄漏出来’的。”“把词序和音势看做原始的、表达一切造句关系的方法,而把某些词和成分的现有关系价值看做由价值转移引起的后起情况,这样的看法有点冒险,但不是完全没有道理的空想。”萨氏还说:“没有一种语言是这样霸道地强求内部一致的。所有的语法都有漏洞。”萨氏的话主要是针对印欧语说的,说得很深刻。不过我们认为,其实不必“追溯”,更不必“冒险”,印欧语的“原先”,很大程度上呈现在古代汉语之中。还是马克思(2004: 923)说得有哲理:“如果事物的表现形式和事物的本质会直接合而为一,一切科学就都成为多余的了。”

应该说,分析性与综合性是人类语言语法形式既对立又紧密联系的两种基本属性。从原则上说,任何语言的研究,都应该从分析性和综合性这两方面来思考。西方语言的研究应该偏重于分析性,因为它形态丰富;汉语研究则应该偏重于综合性,因为它缺乏形态。

五 余 论

语法形式的综合性问题是一篇大文章。一些综合现象，过去也有所注意，但给出的解释多不能令人满意。好一点的是用"语用平面"来解释，但所谓"语用"，其概念究竟是什么？仍难以完全说清楚。问题较多的是某些"认知语言学"解释，仅凭一点心理感觉，就漫说开去。(姚振武 2007)现在我们找到了语言的综合性的逻辑基础，这就是基于本体范畴的指称与陈述的分化。于是语言的综合性与语言的分析性一样，具有了可证伪性。分化之初，人类语言表达语法功能的方式是高度综合的。此后的发展大体依循两种类型，一是相对保留"综合"的性质(但也有一定程度的"分析"，包括个别语法范畴的"形态"化和语法形式的多样化)，如汉语(或汉藏语系)；一是相对往分析的方向发展(但也有一定程度的"综合")，以至形成复杂的形态系统。人类语言类型的发展，就其表达语法功能的方式而言，其实就是在"分析"与"综合"这两个极端中间来回摆动，并产生出形形色色的中间现象。再"分析"的语言都会有一定能程度的综合；再"综合"的语言都会产生一定程度的分析。区别在于"分析"与"综合"比重的大小和具体表现形式的差异。正如萨丕尔(1985：110)所言："临到实际进行分类的时候，我们发现没有容易的路子可走。曾经提出过好多种分类法，每种都有可取之处，但是没有一种叫人满意。它们与其说是把所知的各种语言都包罗进去了，不如说是强迫各种语言坐在窄小的直背椅上。困难是多种多样的。首先是难于选择一个观点。在什么基础上分类呢？一种语言有多种面貌，我们很可能就被难住了。……无论如何，很难把我们所知的一切语言都分别归入这些类，尤其是因为这些类别并不是互相排除的。下文就会看到，一种语言可能是粘着的，又是屈折的；或者是屈折的，又是多重综合的；甚或是多重综合的和孤立的。"从一个语言的内部看，无论何种语法形式，它语法功能的表达方式，都可从"分析与综合的统一"的角度来思考。印欧语的语言事实有利于提出以"分析"为特色的语言理论，人家这么做了，做得非常出色。汉语及汉藏语的语言事实有利于提出以"综合"为特色的语言理论，但是一百余年来我们基本是追寻西方的语言理论，所谓"跟着转"。这种"跟着转"固然是有意义的，因为任何"个别"中都蕴含着一般，所谓"他山之石可以攻玉"。但是我们却疏忽了基于自身"综合"特点的语言事实的理论思考，以致我们的汉语研究在某种程度上陷入泥淖而不能自拔。这种思考不仅是汉语研究所必需，也应有利于西方语言研究(就像西方理论可用于汉语研究一样)，从而补充和丰富普通语言学理论。正如朱德熙(1991)所说："现代语言学的许多重要观点是以印欧语系的语言事实为根据逐渐形成的。采用这种观点来分析汉语，总有一些格格不入的地方。这是因为汉语和印欧语在某些方面(最明显是语法)有根本性的不同。由此可见，如果我们不囿于成见，用独立的眼光去研究汉藏语系语言，就有可能对目前公认的一些语言学观念加以补充、修正甚至变革。从这方面看，汉藏语研究有十分重要的意义。"

遗憾的是，"不囿于成见，用独立的眼光去研究汉藏语系语言"这样的工作，历来做得非常浅，非常少。从这个意义上说，汉语，尤其是古代汉语这块语言学的沃土，又是一块待开发的处女地。

本文所引出土文献目录及简称：

①《甲骨文合集释文》，胡厚宣主编，中国社会科学出版社，1999 年。简称《合集》。

②《金文资料库》(电子版)，王文耀、刘志基、张再兴、潘玉坤、臧克和编，广西教育出版社，2003 年。

③《包山二号楚墓简牍释文》，刘彬徽、彭浩、胡雅丽、刘祖信著，见湖北省荆沙铁路考古队《包山楚简》，文物出版社，1991 年。简称《包山楚简》。

④《长沙马王堆汉轪侯辛追墓出土随葬遣策考释》，唐兰著，《文史》第十辑，中华书局，1980 年。简称《马王堆汉墓遣策考释》。

⑤《敦煌汉简》(上)(下)，甘肃省文物考古研究所编，中华书局，1991 年。

⑥《马王堆汉墓帛书(肆)》，马王堆汉墓帛书整理小组编，文物出版社，1985 年。

⑦《睡虎地秦墓竹简》，睡虎地秦墓竹简整理小组编，文物出版社，1990 年。

⑧《张家山汉墓竹简[二四七号墓]》，文物出版社，2001 年。简称《张家山汉墓竹简》。

⑨《曾侯乙墓竹简释文与考释》，裘锡圭、李家浩著，见湖北省博物馆编《曾侯乙墓》，文物出版社，1989 年。简称《曾侯乙墓竹简》。

参考文献：

贝罗贝　1998　《上古、中古汉语量词的历史发展》，《语言学论丛》第21辑，北京：商务印书馆。

陈梦家　1988　《殷虚卜辞综述》，北京：中华书局。

管燮初　1953　《殷虚甲骨刻辞的语法研究》，北京：中国科学院出版。

桂诗春　1993　《语言起源问题新探——〈祖先的声音〉评介》，《国外语言学》第1期。

郭锡良　2005　《先秦称数法的发展》，郭锡良著《汉语史论集》（增补本），北京：商务印书馆。

黄长著　1988　《世界诸语言》，《中国大百科全书·语言文字卷》，北京：中国大百科全书出版社。

金　力　2005　《东亚人群的源流与遗传结构》（网络版），世纪大讲堂，2月26日。

李伯谦　1995　《中国文明的起源与形成》，《华夏考古》第4期。

李学勤　1997　《走出疑古时代》，沈阳：辽宁大学出版社。

李学勤　2003　《中国古代文明十讲》，上海：复旦大学出版社。

刘　利　2000　《先秦汉语助动词研究》，北京：北京师范大学出版社。

吕叔湘　1979　《汉语语法分析问题》，北京：商务印书馆。

吕叔湘　1980　《语文常谈》，北京：生活、读书、新知三联书店。

吕叔湘　1982　《中国文法要略》，北京：商务印书馆。

吕叔湘　1984　《从主语、宾语的分别谈国语句子的分析》，吕叔湘著《汉语语法论文集》（增订本），北京：商务印书馆。

吕叔湘　1987　《说"胜"和"败"》，《中国语文》第1期。

吕叔湘　1988　《语言与语言研究》，《中国大百科全书·语言文字卷》，北京：中国大百科全书出版社。

梅朝荣　2006　《人类简史·大辩论：现代人究竟起源于何时何地》，武汉：武汉大学出版社。

苗力田　1989　《古希腊哲学》，北京：中国人民大学出版社。

沈　培　1992　《殷墟甲骨卜辞语序研究》，台湾：文津出版社。

孙良明　1989　《从〈诗经〉毛传、郑笺谈宾语前置句式的变化》，《中国语文》第3期。

孙良明　2005　《中国古代语法学探究》，北京：商务印书馆。

孙良明　2008　《汉魏晋人对谓词结构中名动语义关系的分析》，《古汉语研究》第2期。

唐钰明　1990　《其、厥考辨》，《中国语文》第4期。

汪子嵩　1982　《亚里士多德关于本体的学说》，北京：生活、读书、新知三联书店。

王　珏　2001　《现代汉语名词研究》，上海：华东师范大学出版社。

王　力　1990　《汉语语法史》，《王力文集》第11卷，济南：山东教育出版社。

王士元　2006　《演化语言学中的计算机建模》，《北京大学学报》（哲学社会科学版）第2期。

吴福祥、冯胜利、黄正德　2006　《汉语"数＋量＋名"格式的来源》，《中国语文》第5期。

吴新智　2008　《古人类学研究的新进展》，（北京）国家图书馆分馆的讲演（网络版），3月7日。

徐通锵　1996　《历史语言学》，北京：商务印书馆。

杨逢彬　2003　《殷墟甲骨刻词词类研究》，广州：花城出版社。

杨寿堪　1982　《亚里斯多德范畴学说简介》，福州：福建人民出版社。

姚小平　1995　《洪堡特——人文研究和语言研究》，北京：外语教学与研究出版社。

姚小平　1999　《论人类语言结构的差异及其对人类精神发展的影响》译序，洪堡特著《论人类语言结构的差异及其对人类精神发展的影响》，北京：商务印书馆。

姚振武　1994　《关于自指和转指》，《古汉语研究》第2期。

姚振武　1996　《汉语谓词性成分名词化的原因及规律》，《中国语文》第1期。

姚振武　1999　《先秦汉语受事主语句系统》，《中国语文》第1期。

姚振武　2000　《指称与陈述的兼容性与引申问题》，《中国语文》第6期。

姚振武　2001　《上古汉语第三身范畴的表达及相关问题》，《古汉语研究》第4期。

姚振武　2007　《认知语言学思考》，《语文研究》第2期；又见人大复印资料《语言文字学》2007年第8期；郭锡良、鲁国尧主编《中国语言学》第一辑，济南：山东教育出版社，2008年。

姚振武　2008a　《〈汉语"数＋量＋名"格式的来源〉读后》，《中国语文》第3期。

姚振武　2008b 《动词转指的理论模型》,《历史语言学研究》第一辑,北京：商务印书馆。

姚振武　2009 《上古汉语个体量词和"数＋量＋名"结构的发展以及相关问题》,《中国语言学》第二辑,济南：山东教育出版社。

姚振武　2010 《人类语言的起源与古代汉语的语言学意义》,《语文研究》第1期。

姚振武　2013 《上古汉语动结式的发展及相关研究方法的检讨》,《古汉语研究》第1期。

姚振武　2015 《上古汉语语法史》,上海：上海古籍出版社。

袁仁林　1989 《虚字说》,北京：中华书局。

张光直　1983 《中国青铜时代》,北京：生活、读书、新知三联书店。

张光直　1990 《中国青铜时代》二集,北京：生活、读书、新知三联书店。

赵元任　1979 《汉语口语语法》,北京：商务印书馆。

周忠和　2007 《DNA解读人类起源》,《华夏地理》第1期。

朱德熙　1991 《汉藏语概论·序》,马学良主编《汉藏语概论》,北京：北京大学出版社。

(苏) В·И·Абаев　1980 《论意识和语言的起源》,蔡富有译,《国外语言学》第1期。

(美) 戴蒙德(Jared Diamond)著,王道还译　2012 《第三种黑猩猩：人类的身世与未来》,上海：上海译文出版社。

(以) 赫拉利(Yuval Noah Harari)著,林俊宏译　2014 《人类简史：从动物到上帝》,北京：中信出版社。

(德) 黑格尔(Georg Wilhelm Friedrich Hegel)著,杨一之译　1966 《逻辑学》(上),北京：商务印书馆。

(德) 洪堡特(Wilhelm von Humboldt)著,姚小平译　1999 《论人类语言结构的差异及其对人类精神发展的影响》,北京：商务印书馆。

(德) 洪堡特(Wilhelm von Humboldt)　姚小平编译　2001a 《论语法形式的通性以及汉语的特性》,洪堡特著《洪堡特语言哲学文集》,长沙：湖南教育出版社。

(德) 洪堡特(Wilhelm von Humboldt)　姚小平编译　2001b 《论思维和说话》,洪堡特著《洪堡特语言哲学文集》,长沙：湖南教育出版社。

(德) 洪堡特(Wilhelm von Humboldt)　姚小平编译　2001c 《论人类语言结构的差异》,洪堡特著《洪堡特语言哲学文集》,长沙：湖南教育出版社,2001年。

(德) 洪堡特(Wilhelm von Humboldt)　姚小平编译　2001d 《论汉语的语法结构》,洪堡特著《洪堡特语言哲学文集》,长沙：湖南教育出版社,2001年。

(美) Breyne Arlene Moskowitz　李平节译　1981 《语言的掌握》,《国外语言学》第2、3期。

(美) 乔姆斯基　司富珍译　2010 《如何看待今天的生物语言学方案》,《语言科学》第2期。

(英) R. H. Robins　林书武译　1983 《语言分类史》(上),《国外语言学》第1期。

(英) 罗素(Bertrand Russell)著,何兆武、李约瑟译　1963 《西方哲学史》(上卷),北京：商务印书馆。

(英) 罗素(Bertrand Russell)著,马元德译　1982 《西方哲学史》(下卷),北京：商务印书馆。

(美) 萨丕尔(Edward Sapir)著,陆卓元译　1985 《语言论》,商务印书馆。

(瑞士) 索绪尔(F.de Saussure)著,高名凯译　1980 《普通语言学教程》,北京：商务印书馆。

(美) 韦尔斯(Spencer Wells)著,杜红译　2006 《出非洲记——人类前史》,北京：东方出版社。

(德) 马克思　2004 《资本论》第3卷,北京：人民出版社。

姚振武,中国社会科学院语言研究所　yaozhwu@sina.com

(原载《古汉语研究》2016年第1期)

汉语意合语法的认知机制和描写体系*

袁毓林

提　要　本文旨在厘清意合语法的不同含意，揭示汉语意合语法的认知机制和运作过程，建立足以刻画汉语语法的意合机制的描写体系。首先说明低级版本的意合法侧重于语法形式的不充分性，而高级版本的意合法侧重于语言形式的不完整性；说明主体间性和体验性认知对于意合语法的支撑作用。在此基础上，尝试建立一种基于概念结构的"词库-构式"等多层次结构(论元结构、物性结构、骨架结构、时体结构和认识结构等)互动的汉语语法的描写体系。最后，说明意合语法的神经—心智动力源于大脑心智的运作采用了一种分层次的模式识别方式，人类语言是一种"编码—解码"和"示意—推理"两头管用的机会主义系统。

关键词　汉语意合语法　主体间性　体验性认知　"词库-构式"互动　分层次的模式识别　机会主义系统

1. 引言：汉语语法的特点是以意合法为主

从18世纪来华传教士开始，学者们从语言学习和语言比较的角度，通过跟印欧语等多种语系的语言的比较，广泛地讨论了汉语的结构面貌和语法特点，也比较准确地揭示出了汉语语法的一些关键性的特点。比如，德国语言学家、汉学家甲柏连孜(Hans George von der Gabelentz，1840—1893)在1881年出版的《汉文经纬》(Chinesische Grammatik)中，已经认识到汉语的特点是：词语入句后没有形态变化，主要依靠语序和虚词来表示语法关系①。中国语言学家则把单纯通过词语或小句的直接组合来表情达意的结构方式叫做"意合法"(parataxis)。比如，王力(1946)指出：复合句里既有两个以上的句子形式，它们之间的连系有时候是可以意会的，叫做"意合法"，例如"你死了，我做和尚"(1982：144)。但是，学者们对于意合法的界定是不太明确的；尤其是缺乏对意合法的认知机制(cognitive mechanism)的系统讨论，更谈不上对于汉语意合语法的描写体系的构建。

本文旨在厘清意合法的不同含意，说明低级版本的意合法侧重于语法形式的不充分性，而高级版本的意合法则侧重于语言形式的不完整性；努力揭示意合语法的认知机制，说明主体间性和体验性认知对于意合语法的支撑作用。在此基础上，尝试建立足以刻画汉语意合语法的描写体系，即基于概念结构的"词库-构式"等多层次互动的语法描写体系。其中，词库知识以谓词的论元结构和体词的物性结构为主，构式知识以句子的骨架结构、时体结构和认识结构为主，从而形成一种分层描写的体系；同时，辅之于不同层次之间的互动机制，希望藉此可以比较全面地揭示汉语语法的意合机制和运作过程。最后，说明意合语法的神经—心智动力源于：(i) 大脑心智的运作采用了一种分层次的模式识别方式，语言的多层次结构正好为此提供了不同层次的模式；(ii) 语言是一个机会主义的系统，使得人类语言进化为一种"编码—解码"和"示意—推理"两头管用的符号系统。这些特点综合起来，使得意合语法的运作具有现实的可能性。

---

* 本课题的研究得到国家社科基金重大招标项目《汉语国际教育背景下的汉语意合特征研究与大型知识库和语料库建设》(12&ZD175)和国家重点基础研究计划(973计划)项目课题《语言认知的神经机制》(2014CB340502)的资助，谨此致以诚挚的谢意。

① 详见姚小平(1999)。

2. 什么是意合法?

根据我们的初步考察,意合法有不同的含意,至少可以区分为低级版本的意合法和高级版本的意合法两种。下面就这两种版本的意合法,分别略作讨论。

2.1 低级版本的意合法

低级版本的意合法着眼于语法形式的不充分性,具体指词语直接组合、不借助形态和虚词等语法形式手段来表示语法结构关系和有关的语法意义。例如:

(1) a. 断竹,续竹。飞土,逐肉。(《弹竹》)

b. 雨中山果落,灯下草虫鸣。(王维《秋夜独坐》)

c. 孤莺啼永昼,细雨湿高城。(陈与义《春雨》)

d. 清明时节雨纷纷,路上行人欲断魂。

借问酒家何处有,牧童遥指杏花村。(杜牧《清明》)

e. 大饼夹油条～油条夹大饼

f. 棉裤套皮裤,必定有缘故;

不是棉裤絮得薄,就是皮裤没有毛。(西北谚语)

真正严格的意合法过于经济和简约,只有像(1a—d)之类允许跳跃式话语的场合(诗歌等)才能奏效。像(1e)中的两种说法,意思是一样的(大饼夹住油条,油条夹在大饼中),全靠生活知识(只有摊开的大饼能够夹住细长的油条)来排除歧义(什么夹住什么? 什么夹在什么之中?)。而像(1f)中的"棉裤套皮裤"(谜面)就有歧义(什么套在什么的外面? 什么被套在什么的里面?),好在这个谚语意在说明"必定有缘故"这个主旨(谜底),所以听说双方对"棉裤套皮裤"的两种意义(棉裤套在皮裤的外面,皮裤被套在棉裤的里面;或者,皮裤套在棉裤的外面,棉裤被套在皮裤的里面)都能够容忍,或者说不在乎。

可见,完全不用形态或虚词来组织语句是十分困难的。因此,我们可以把意合法理解为较少地利用语法形式手段来组织语句,充分利用句子中词语之间的概念或情境关系来提示性地表情达意。根据一般的理解,表示语法结构关系和有关的语法意义的形式手段,主要有语序(word order)、形态屈折(inflection)、语音变化(phonetic modulation)①和虚词(function words)等等。这样,意合法就是基本不用形态屈折和语音变化、少用虚词、主要用语序来表示语法结构关系和有关的语法意义,突出地表现为语法形式手段的不充分性。

下面,我们以词类、性、数、格、时、体、一致关系的形态表达为例,进行比较:②

(2) a. He moved with astonishing rapidity.

(他以惊人的速度运动。)

b. His movements were astonishingly fast.

(他的运动惊人地快速。)

c. His rapid movements astonished us.

(他的快速运动使我们吃惊。)

d. He astonished us by moving rapidly.

(他通过快速地运动使我们吃惊。)

在上面的英语例子中,"move ～ movement"、"astonish ～ astonishing ～ astonishingly"、"rapid ～ rapidly ～ rapidity"体现了相关的词汇概念通过构词形态的变化,来标志它们属于动词、名词、形容词、副词等语法功能不同的词类范畴。在相应的汉语例子中,动词和名词的"运动"是同形的,形容词"惊人"作定语和状语时形式基本不

① 详见 Bloomfield(1935),中译本第 198 - 9 页。

② 例(2)各例引自 Jespersen(1924),中译本第 106 - 7 页。

变，使动用法采取分析性的结构“使……吃惊”。再如：

(3) a. The boy likes ice cream.①

(那个男孩喜欢冰激凌。)

b. The boys like ice cream.

(那些男孩喜欢冰激凌。)

c. The property was left to her child or children.②

(财产留给了她的孩子[或孩子们]。)

d. It cannot be denied that Newton was a genius.③

(不可否认牛顿是个天才。)

(4) a. I shall soon see her, and then everything will be all right.④

(我马上就要见到她了，到时候一切都会好起来的。)

b. I saw her the other day.

(我日前见到过她。)

c. I have not yet seen her.

(我还没有见到她。)

在(3a,b)中，主语的单复数跟谓语动词的时体有一致关系，在汉语中没有这种标记。正因为汉语没有数的形态范畴，所以(3c)的英语句子可以笼统地翻译为“财产留给了她的孩子”；反过来说，汉语的这个句子翻译成英语，必须用(3c)这种穷尽式表达。英语的句子要求必须有主语，哪怕是(2d)所示的形式主语；在汉语中，则没有这种形式上的限制。(4)中英语句子的谓语动词随着时体而有形态变化，在汉语中则都是相同形式的动词“见到”。

由于意合法基本不用形态屈折和语音变化等语法手段，因而就必定要倚重于语序这种自然的语法手段。例如：⑤

(5) a. Caesar vidit Marcum.

b. Marcum vidit Caesar.

(凯撒看见了马库斯。)

(6) a. Marcus vidit Caesarem.

b. Caesarem vidit Marcus.

(马库斯看见了凯撒。)

例(5、6)中的拉丁语句子，因为有主格(Caesar，Marcus)和宾格(Marcum，Caesarem)的形态区别，所以即使颠倒了语序也不影响“主语(施事)—谓语动词—宾语(受事)”之类句法语义关系的表达。而相应的汉语句子则完全仰仗于相关词语的语序位置。

因此，我们把意合法定义为最低限度地利用语法形式手段来组织语句。在汉语中，意合法表现为：主要利用语序和虚词来表示语法关系。其中，语序是语言的一种天然的禀赋，源于语言符号线条性铺排展开这种一维性的特点。因此，语序是一种最经济、最自然的语法手段；你不用就是白不用，用了也是白用。至于虚词，大多数是从实词虚化来的，语法化的程度比实词高，但是比形态屈折形式要实在得多。正是这种注重词汇项目线性铺排的语句组织特点，决定了汉语语法适合于采用项目和配列(Item and Arrangement，简称 IA)模型⑥。

2.2 高级版本的意合法

在语言中，经常有整体大于部分的情况，表现为：整个句子的意思超出组成句子的词语及其语法关系。在这种情况

---

① 例(3a,b)引自 Palmer(1971)，中译本第 106 页。

② 例(3c)引自 Jespersen(1924)，中译本第 270 页。

③ 例(3d)引自 Jespersen(1924)，中译本第 197 页。

④ 例(4)各例引自 Jespersen(1924)，中译本第 419 页。

⑤ 例(5,6)引自 Palmer(1971)，中译本第 15 页。但是，我们略作改动。

⑥ 关于 IA 模型，详见 Hockett(1954)。关于 IA 模型对于汉语语法的合适性的讨论，详见袁毓林、詹卫东、施春宏(2014)。

下，仅仅根据句子中词语及其语法关系，就无法得出语句的真实意义。这给还原主义的语法分析带来了困扰。例如：

(7) a. 我们正在赶[写/ * 交]毕业论文呢。①

b. 老师又来催[交/? 写]毕业论文了。

(8) a. John enjoyed [drinking/ * buying] the beer.②

b. John enjoyed [reading/writing] the novel.

(9) a. [The books by] Plato is on the top shelf.③

b. The [customer who ordered] mushroom omelet left without paying the bill.

(10) a. In *Chariots of Fire*, Peter runs faster than he runs in *African Queen*.④

b. In *Chariots of Fire*, Peter runs faster than he does in *African Queen*.

c. In *Chariots of Fire*, Peter runs faster than in *African Queen*.

例(7、8)方括号中的动词形式通常是不出现的，但是听说双方能够心照不宣地意会。例(9)涉及修辞性的转喻(metonymy)用法，即以作者借代其作品、以行为特征借代行为者，因此脱离了语境可能不太容易理解。但是，脱离了具体的语境，例(10c)还是可以理解的；只是从理论上说，仅凭其中的词语组合，是无法得出其整体性的类似(10a)那样的语句意义。换句话说，像例(7、8)和(10c)之类的语句，虽然听读者能够明确地理解其意思，但是，这种意思无法直接根据其中词语的意义以及词语之间的语法关系推导出来。显然，这违反了弗雷格的语义组合性原理(Frege's principle of semantic composition)：整个结构体的意义是其结构成分和结构方式的函数。

为了方便，我们称这种超出了语义组合性原理的语句组合方式为高级版本的意合法。其突出的特点是语言形式的不完整性，表现为词语或小句直接组合、缺省某些结构成分来跳跃性地表情达意。大家可以想见，像汉语这种擅长采用低级版本的意合法的语言，自然地会更加青睐高级版本的意合法这种默会式的(tacit)表达。比如，下面几个关于"吃"的例子：

(11) a. 吃食堂最省事儿。

b. 我们吃包伙。

(12) 靠山吃山，靠水吃水。

(13) a. 十个人吃一锅饭。

b. 一锅饭吃十个人。

上面的例(11a)是20世纪50年代王理嘉老师做研究生时，跟苏联语法专家说的一句拉家常的话。不料，受到这位语言学家连珠炮似的严厉批评：⑤

> 怎么能够这么说话？"吃食堂"的主语是谁？"食堂"怎么能够被"吃"呢？动宾词组"吃食堂"跟形容词性词组"最省事儿"是什么语法关系？动宾词组"吃食堂"怎么能够作主语？形容词性词组"最省事儿"怎么能够不用联系动词"是"就直接作谓语？

半个世纪以后，王理嘉老师讲起此事，依然愤愤不平、满肚子委屈。但是，也不能全怪那位比较教条主义的苏联语法专家。因为，当动词"吃"等跟非严格受事成分组成动宾结构时(如上面的例11、12、13b)，多少超出了语义组合性原理所能解释的范围。

接着，我们来看汉语的"比"字句，领略一下汉语句子表达形式的多样性和成分省略的随意性：⑥

(14) a. 我今天买的鱼比我昨天买的鱼新鲜。

---

① 例(7)这两个例子，受到973课题中期讨论会(2014年9月27日·徐州)上，穗志芳教授的报告和孙茂松教授的点评的启发，谨此谢忱。

② 例(8)是Pustejovsky(1995)等著作广泛讨论过的经典例子。

③ 例(9a,b)分别见Fauconnier(1994)p.4,6。但是，我们都作了一定的改动。

④ 例(10)引自Fauconnier(1994)p.131。

⑤ 引自2013年8月4日，由北京大学和商务印书馆联合主办的"现代汉语教学研讨会暨《现代汉语》出版五十周年纪念会"上，王理嘉老师的发言。

⑥ 改编自李临定(2013)第1-2页；原书用的动词是"钓"，b,d,e,g四种格式是我补充的。

b. 我今天买的鱼比[我]昨天买的鱼新鲜。

c. [我]今天买的鱼比[我]昨天买的鱼新鲜。

d. [我]今天买的[鱼]比[我]昨天买的[鱼]新鲜。

e. [我]今天买的[鱼]比[我]昨天[买]的[鱼]新鲜。

f. [我]今天买的[鱼]比[我]昨天[买的][鱼]新鲜。

g. [我]今天[买]的[鱼]比[我]昨天[买]的[鱼]新鲜。

h. [我]今天[买]的[鱼]比[我]昨天[买的鱼]新鲜。

i. [我]今天[买的鱼]比[我]昨天[买的鱼]新鲜。

例(14a)中规中矩,基本上可以根据语义组合性原理来得出整个句子的意义:比较主体"我今天买的鱼"跟比较对象"我昨天买的鱼"进行比较,比较的结果是前者更加"新鲜";(14b—i)则逐步省略比较主体和比较对象中的限定性成分、同位性中心语、限定性成分中的核心动词,乃至限定性名词化标记,形成(14i)这种用时间转喻(借代)实体的简略式比较句。

最后,我们来看汉语的"是"字句,领略一下汉语句子表达的非逻辑性和意义识解的跳跃性:①

(15) a. 一份客饭是十五元。

b. 敌人是飞机加大炮,我们是小米加步枪。

c. 店里顾客多是长袍大衫。

d. 人家是丰年,我们是歉年。

李临定(2013:15)指出,"分析这些句子时,往往只是笼统地说,它们分别表示价钱、装备、衣着、年景,等等。这会使人觉得,好像'是'可以有多种词义。如果我们从省略中心语这条线索来理解",这些句子"似乎也可以分析为是以下句子省去中心语的简略形式":

(16) a. 一份客饭[的价钱]是十五元。

b. 敌人[的装备]是飞机加大炮,

我们[的装备]是小米加步枪。

c. 店里顾客[的衣着]多是长袍大衫。

d. 人家[的年景]是丰年,我们[的年景]是歉年。

如果不借用成分省略来分析这种句子的语义组合过程,那么我们更加愿意从汉语话题结构的角度来看待这种句式。在汉语中,言谈论域性话题(domain topic)往往可以省略;在说明部分,把次话题(sub-topic)跟次说明(sub-comment)用"是"连结起来。例如:

(17) a. [说起价钱,]一份客饭是十五元。

b. [论装备,]敌人是飞机加大炮,我们是小米加步枪。

c. [说起衣着,]店里顾客多是长袍大衫。

d. [论年景,]人家是丰年,我们是歉年。

当然,如果只用刚性的主谓句形式来看待所有的句子;那么,被省略的话题便是话题主语的中心语,如例(16)的分析所示。

其实,上面我们关于"比"字句的逐步省略的说法、李临定(2013)等关于"是"字句的省略学说等,都是匍匐在语义组合性原理的阴影下苦心孤诣构造出来的,都是屈从于"句子的意义必须从其构成成分及其结构关系推导出来"这个教条而采取的无奈之举。

3. 意合语法的认知机制

上文说低级版本的意合法基本不用形态屈折手段。其实,即使是有形态屈折的帮助,句子本身也不一定能够

① 引自李临定(2013),第15页。

准确地表情达意，或者指引听读者明确地理解说写者的意思。例如：

(18) a. Jack was very respectful to Tom, and always took off his hat when he met him.①

（杰克对汤姆非常尊敬，当他遇见他时，总是摘下他[＝杰克]的帽子。）

b. Jack was very rude to Tom, and always knocked off his hat when he met him.

（杰克对汤姆非常粗鲁，当他遇见他时，总是打掉他[＝汤姆]的帽子。）

其中，属格代词 his 的先行语既可以是前面小句的主语 Jack，也可以是前面小句的旁格宾语 Tom。需要调用文化知识（施事摘下自己的帽子是表示对与事的尊敬，施事打掉与事的帽子是一种粗鲁的行为）才能消解歧义，明确所指。

问题是：听读者是怎样理解那些不用形态屈折手段、并且又可能是缺省了某些结构成分的语句的呢？下面，我们从主体间性和体验性认知等方面进行讨论。

3.1 主体间性和意合语法

主体间性（intersubjectivity，也译作："交互主体性"），最早是由法国心理学家拉康（Jacaueo Lacan，1901—1981）提出来的。他认为，主体是由其自身存在结构中的"他性"来界定的，这种主体中的他性就是主体间性。德国哲学家和社会学家哈贝马斯（Jürgen Habermas，1929— ）认为，在现实社会中人际关系分为工具行为和交往行为，工具行为是主客体关系，而交往行为是主体间性行为。他提倡交往行为，以建立互相理解、沟通的交往理性，并达到社会的和谐。在现代哲学的发展中，特别是从德国哲学家海德格尔（Martin Heidegger，1889—1976）开始，主体间性具有了哲学本体论的意义。主体间性的根据在于生存本身。生存不是在主客二分的基础上进行的主体构造和客体征服，而是主体间的共在，是自我主体与对象主体之间的交往、对话。一方面，在现实存在中，主体与客体间的关系不是直接的，而是间接的；它要以主体间的关系为中介，包括文化、语言、社会关系的中介。因此，主体间性比主体性更根本。主体间性的另一含义涉及自我与他人、个体与社会的关系。主体间性不是把自我看作原子式的个体，而是看作与其他主体的共在。主体既是以主体间的方式存在，其本质又是个体性的；因此，主体间性就是个性间的共在。

以德国哲学家伽达默尔（Hans-Georg Gadamer，1900—2002）为代表的当代哲学解释学以独有的方式考察了主体间性。他认为德国哲学家胡塞尔（E. Edmund Husserl，1859—1938）等人之所以困扰于先验主体，是由于他们持有一种本体论方面的偏见，即把"他人首先理解为知觉对象"，而没有揭示生活概念的潜在根源。在伽达默尔看来，世界是我们通过语言和交流的合作而生存于其中的构架，实践则是一种"参与和分享"，一种与他人有关并依据活动共同决定着共同利益的过程。这些"对话"、"原初性理解"、"谈话集体中沟通彼此的主体间性"等方式支持着我们的生存，也支撑和构造着人类行为的实践理性。显然，在伽达默尔那里，胡塞尔基于先验主体所猜测的那种交互主体性，被还原到了历史过程的实践行为之中。当代解释学旨在阐明"适于表达作为一种交往过程的理解"的最本质的内容，而理解只能在语言中完成。因此，掌握一种语言、参与一种交谈，本质上就是接受一种生活方式。通过富有成效的对话，人们得以形成普遍的尺度和共同的视野。当代解释学对理解的重新解释，揭示了这样一种实在：在互动行为中，主体彼此服从于维持和扩展主体间的相互理解和可能行动的一般性规则，以及它们所内含的意义和价值。在这一过程中，意义理解的方向是根据来自传统的自我理解的框架，去实现行动者之间的可能的一致。

可见，当代哲学转向对语言、对话、交流、理解，以及人类活动的关注，并由此导致认识论哲学在理性观、真理观等方面的共同探求。正是由于当代社会生活中出现的各种新问题令主体性哲学尴尬，而主体间性的出场则是哲学对现实挑战的一种有力的回应。它反映了当代哲学发展的一般倾向：即回到生活，回到实践，回到现实，回到人的真实生存本身。② 这对语言研究有着深刻的启发性，语句意义的理解，尤其是意合法造成的各种句子，对其意义的识解，端赖听说双方之间的主体间性。比如，上面例(18)中两个句子的指称差异，对于有着相同文化背

---

① 例(18)引自 Jespersen(1924)，中译本第 307 页。

② 以上内容，参考百度百科的"主体间性"条目，http://baike.baidu.com/view/900418.htm? fr=aladdin。

景的人们来说，理解起来是轻而易举的事情。中国有句老话："人同此心，心同此理"。谁也不会把他人对自己的摘帽致礼看作是一种粗鲁的行为，同样也不会把他人打掉自己的帽子看作是一种礼貌的行为。在这种文化默契和礼仪规制之下，后续句中的代词的回指歧义自然也迎刃而解。

主体间性的具体内涵，在哲学(认识论、本体论)和社会学、心理学、文艺学上，因为不同学科的侧重点和方法论不同而有所差异。对于语言学来说，可以这样来理解主体间性的大意：我们对特定情境中事物的感觉、经验、认知、理解等，并不是专属于我们个人的，而是为我们的社团群体所共享的。这构成了我们可以互相交际、互相理解的基础。其中，心理语言学家基于儿童语言习得和认知发展对主体间性的研究和阐释尤其值得我们珍视。比如，Trevrthen & Hubley(1978)和Trevrthen(1979)把主体间性分为原生性和后生性两种层次。Gallagher(2012：181)把原生主体间性(primary intersubjectivity)定义为"我们借助某种天生的或原初发育的能力，在感知经验层级，捕获他人或他物的存在"。我们通过不同的方式感知不同事物或事件范畴，进而识别或感知其中的不同和相似。这种体验感知模式，不仅涉及"我们"，而且涉及"他人"；显然，这种模式不是"我们"作为明确个体的独有特征，而是"我们"作为明确集体的共有属性。除了原生主体间性，Trevrthen & Hubley(1978)还确认：后生主体间性(secondary intersubjectivity)"赋予我们社会语境化的和语用语境化的理解潜能，能够在语境中理解他人的更加成熟的理解力"(Gallagher 2012：183)；通过这种后生能力，"我们"(作为个体)能够发现"他们"(包括"我们"，作为集体)的意义世界，这是"我们"和"他们"共享的世界。正是在这种共享空间中实现我们的互动。承认这种情形就等于承认，"主体间性既是社会现象，也是认知现象，还是情感现象"：无视主体间性的三维特征，意义的充分描写是不可能的(Fultner 2012：216)。比如，在人类的社会心理上，有一种普遍的乐观主义倾向；这种乐观主义甚至模塑了人们对于有关否定性语句的意义识解。例如：①

(19) a. 他差点儿摔断大腿。[＝没摔断大腿]

b. 他差点儿没摔断大腿。[＝没摔断大腿]

(20) a. 危うく死ぬところだった。(险些丧了命→没有丧了命)

b. …は容赦なくバットでお仕置きしてきたんだけど、今の人は手紙をぎりぎりにだしたから、危うく命拾いしたわね。(险些拣了条命→拣了条命)

(21) a. You are right he is lucky to get the property but *he is not lucky to have to pay for it* when he hasn't got a tenancy agreement, keys, or even seen the property.

b. Only a week before Urbina was due in court to face charges for his alleged rape of a waitress, police believe that he claimed another victim. This time, *the girl was not lucky to get away alive*.

Boucher & Osgood(1969)通过心理实验证明了"乐观假设"(The Pollyanna Hypothesis)：人总是乐于看到和谈论生活中光明的一面(好的事情、好的品质)，摒弃坏的一面；因此，造成一种普遍的人类倾向：积极评价的词语比消极评价的词语用得更加频繁、多样和随意。其实，岂止是词语的使用，句式的使用和意义识解，也往往要求助于乐观原则。袁毓林(2013)用乐观原则来解释为什么(19b)是一个冗余否定句。现在，我们可以把日语中(20)这种"危うく＋VP"格式看作是汉语冗余否定格式"差点儿(没有)"的镜像式表达方式。比如，例(20a)的"危うく死ぬ"是"险些/差点儿丧了命"，即没有丧了命；而例(20b)的"危うく命拾い"是"险些/差点儿(没有)拣了条命"，即拣了条命。汉语是碰到不好的事情(丧了命)可以硬加进冗余否定词"没有"(如："差点儿(没有)丧了命")，日语是碰到好的事情(捡了条命)可以硬省去否定词(如："危うく命拾いした")。表达方式虽然不同，但是背后共同的语用动机都是乐观主义精神：热衷于考虑和谈论积极、正面的事情，摒弃不好的事情。同样，可以用乐观原则来观察和解释英语例句(21)：基于主体间性，显然地，'为房地产付出代价'是不幸的事情，"is not lucky"的宾语作叙实性解读(factive reading)，宾语所表示的命题是形容词性谓语的一种语用预设；而'活着离开'是幸运的事情，"was not lucky"的宾语作蕴涵性解读(implicative reading)，宾语所表示的命题是形容词性谓语的一种会话蕴涵：如果

① 例(20)由研究生藤井美娜从语料库《現代日本語書き言葉均衡コーパス 少納言》(http://www.kotonoha.gr.jp/shonagon/search_result)中检索到的，例(21)引自Karttunen(2014)。

能够‘活着离开’，那么是幸运的；但是，实际情况是没能‘活着离开’；因此，句子的断言意义是：这没能‘活着离开’是不幸的。这些表达及其语义解读背后的语用动机就是具有主体间性的乐观假设：在通常情况下，‘活着离开’绝不会是不幸的。

3.2 体验性认知和意合语法

上文说明主体间性这种人类最基本的生存属性，为意合语法及其语义识解提供了社会、心理和情感方面的基础。现在，我们想进一步说明：主体间性及建基于其上的意合语法具有坚实的认知和神经基础，那就是孕于身体的认知和镜子神经系统。

孕于身体的认知(embodied cognition)，可以简称为：具身认知。其基本观点是：人的身体在认知过程中起着关键的作用，认知是通过身体的体验及其活动方式而形成的。最初的心智和认知是基于身体和涉及身体的，心智始终是具体身体的心智，认知始终跟具体的身体结构及其活动图式相关联。换句话说，认知是包括大脑在内的身体的认知，身体的解剖学结构、身体的活动方式、身体感觉和运动体验决定了我们怎么认识和看待世界。这样，我们的认知是被身体塑造出来的，它不是一个运行在“身体硬件”之上、并可以指挥身体的“心理程序软件”。——一种反对“心智的计算机隐喻”的认知理论。

这正好跟传统的符号主义认知理论唱反调。第一代认知科学的基础是符号主义(symbolism)，认为语言理解是建立在抽象规则和表征的基础上的。但是，这种观点无法回答符号落实问题(symbol grounding problem)：如何使一个形式符号系统的语义解释具有系统的内在性，而不仅仅是寄生于我们头脑中的意义？显然，抽象的符号及其组合规则不能完全解释现实世界；因此，这种符号主义的语言认知观在解释语言理解的机制上有重大缺陷。

最新的一些研究表明，语言跟在人类及其他灵长类动物(如恒河猴)大脑中所发现的“镜子神经系统”(mirror neuron system)有关。这种神经元集群像镜子一样，可以在大脑中映射出别人的行为。因为它们不是存储了特定的记忆，而是存储了特定的行为模式。所以，不论是自己做出某种特定的动作，还是看到别人做出同样的动作，镜子神经都会被激活。这样，观察者与被观察者经历了同样的神经生理反应，从而启动了一种直接的体验式理解方式，奠定了我们可以理解他人的行为、意图和情绪等的基础。因此，有学者提出了孕于身体的认知语言学(embodied cognitive linguistics)。这种理论的生理基础是：[身体]行为的神经区域跟语言的神经区域高度重叠，镜子神经提供了对手势[及一般符号]的意义的理解的生物基础。比如，实验表明，被试听到 pick(摘)、kick(踢)、lick(舔)这些词以后，大脑的激活区域和运动神经机理，分别跟人真的用手摘东西、用脚踢、用舌头舔是一样的①。——这一点，对于了解人类怎样理解符号的意义和怎样在大脑中表征和记忆意义，都是至关重要的。

有鉴于此，一些研究者从具身认知的视角，提出了语言的具身认知观。语言的具身认知观认为：人的语言理解是植根于动作和知觉系统中的。它注重语言加工的感知运动基础，并强调经验的作用。比如，“地瓜”这一物品，人们根据对它的不同的感知属性赋予不同的名称。“地瓜”——长在地下，“山芋”——长在山地，“番薯”——来自域外；从外表颜色，分别叫做“红薯、白薯、红苕[sháo]”；从味觉和触觉，分别叫做“甘薯(味甜)、凉薯(触觉)”；从外表形状，叫做“豆薯”。这说明，人类对于事物概念的理解并非来自抽象的命题表征(propositional representation)，而是来自具体的身体感知系统，来自我们认知周围事物和世界的各个角度。② 比如，对于“红薯”，我们大脑中大概不会用下面这种类似词典释义(glosses)的命题来表征的：③

(22) “红薯”是一种蔓细长、匍匐于地面的草本植物，其块根可以食用，还可以制作淀粉、糖和酒精。

这可以帮助我们理解语义表征和处理的神经生理基础问题。乔姆斯基学派(Chomskyan school)固然可以说：语义处理能力是人类天生的，是人类大脑固有的一种能力。但是，我们还是想知道，我们的大脑究竟是怎么做的，怎样运作才能把语义表征出来。现在，根据这种孕于身体的认知理论，我们脑子里形成的概念系统跟我们的身体经验是有关系的，身体行为的神经区域跟语言神经区域是高度重合的。比如说，当你说 pick 这个词的时候，它所激活的神经区域和做 pick 这个动作时激活的神经部位是相似的；这样，我们的脑子里表征 pick 这个词的

① 参考 Glenberg(2009)，pp.362 - 3；详见 Rizzolatti and Craighero(2009)，pp.777 - 9。

② 参考杨玉芳(2013)。

③ 参考《现代汉语词典》(第 6 版)对“甘薯”的释义。

意思，就是依赖于脑子里对 pick 这一动作的神经激活和相应的肌肉协同模式。这样，抽象的概念就有了具身的(embodied)心理表征。在此基础上，通过自举(bootstrapping)可以派生出更为抽象的概念。形成满足人类生存和发展所需要的概念系统。比如，中国人寿保险公司有一个广告：广告词是"中国人寿，幸福人生；要投就投，中国人寿"，下面配了一个姚明投篮的图片。我看了以后，觉得非常贴切。其实，从投掷篮球到投资保险的概念隐喻，其背后的认知和神经模式可能也具有一定的相似性。反过来想，如果换成刘翔跨栏的图片，可能会令人莫名其妙，哭笑不得。

更妙的是，人的身体构造和神经生理系统是相似的。在相似的社会文化环境中，他们的具身认知必然具有相似性。比如，孟子曾经说过："口之于味也，有同嗜焉；耳之于声也，有同听焉；目之于色也，有同美焉"(《告子章句上》)。大家吃新鲜的鱼，都会感觉到其美味；对于特定的鱼，大家都能够感觉到它到底是新鲜还是不新鲜；但是，对于"今天、昨天"之类的时间，大家都知道无法用"新鲜"与否来感觉和评价。因此，大家自然能够判断：上文例(14i)"今天比昨天新鲜"一定涉及语法转喻，一定用时间借代跟时间相关的可以用"新鲜"来感觉和评价的事物。同样，上文例(15)系词"是"前后两个事项(客饭—十五元、敌人—飞机加大炮、顾客—长袍大衫、人家—丰年)在感知上的差异和非同质性，会驱动听话人在语义解释时调用语法转喻。可见，意合语法的意合机制，自有其认知和神经基础。

根据 Feldman & Narayanan(2004)的语言神经理论(the neural theory of language)，人们对语言的理解是通过下意识的想象或模仿被描述的情景而实现的。支持某一动作的复杂的神经或肌肉协同是这一动作的核心语义。也就是说，动作的神经肌肉协同是这一动作语义的生理基础。比如，抓握动作包含了一个动作成分(如何抓握)和不同的感知成分(人抓住物体时的样子)，同时也涉及到其他的神经通路，比如抓握时的体觉成分(抓住物体的感觉)。动作动词的意义和定义它的动作都是情景依存性的，即单词的意义会因不同的受事以及不同的目的而不同。比如，在"hit a ball"和"hit ground"中，hit 的意义是有一些细微差别的。同样，人们对"吃"这种行为及其不同的对象、方式、处所、凭借等相关因素，一定有着极其敏锐的感觉和刻骨铭心的体会。因此，上文例(11—13)中的"吃"跟"一锅饭、山水、食堂、包伙"及其配列方式，自然会引导人们采取最自然、最符合自己的感觉和知识的语义识解。

其实，镜子神经及相关的具身认知并不神秘，在我们的日常生活中比比皆是。比如，我们看到运动员跳高，会下意识地抬起自己的腿脚。听到某些乐曲会情不自禁地手舞足蹈。看到别人打哈欠，自己也会被感染。听到别人的哈哈大笑，自己也会不由自主地发出笑声。球迷们往往有下意识的从众行为：自己的球队赢了就集体狂欢，输了就集体哭泣。再比如，中国航母的舰载机驾驶员介绍经验说："要把每一个着舰动作和要领化为自己身体的一个部分"。这恰恰是"动作—身体—神经—概念"的配对和融合。有一个报道说：以前经常体育锻炼的人，即使以后不再锻炼，只要脑子里想着实际锻炼的动作和情形，也能保持肌肉的强健。这听起来多少有一点唯意识论的味道，但是却有一定的神经学基础。

所以，语义也是一种对身体经验的抽象处理的结果，依赖于我们跟外界事物打交道的身体经验。幸赖于此，意合语法才可以大展身手。

4. 意合语法的描写体系

通过跟印欧系语言等多种类型的语言的比较，我们把汉语语法的特点提炼为主要采用意合法，表现为词语或小句直接组合、缺省某些结构成分来表情达意。正是从这样一种角度，我们尝试建立一种基于概念结构的"词库-构式"互动的汉语意合语法的描写体系。其中，词库知识以谓词的论元结构和体词的物性结构为主，句式知识以句子的骨架结构、时体结构和认识结构为主，从而形成一种分层描写的体系；同时，辅之于不同层次之间的互动机制，希望能够比较全面地揭示汉语语法的意合机制和运作过程。下面略作说明。

4.1 汉语意合语法的分层结构

意合语法不用或少用形式手段，侧重于词语之间的直接连结(concatenate)。于是，下列问题就直接摆在我们面前：(1) 什么样的词语可以跟什么样的词语连结？怎样连结？(2) 连结起来以后形成什么样的句法结构？表示什么样的意义？

我们认为，要想回答这些问题，在词库平面上必须仔细研究和描写谓词的论元结构和体词的物性结构。谓词(包括动词、形容词和有价名词)的论元结构(argument structure)，其实是跟谓词相关的概念结构和句法结构互相作用所形成的一种词汇性的句法—语义接口：一定的事件结构(行为发出者—行为—行为接受者)通过一定的句法结构(主语—动词—宾语)的表达和模塑，最终形成相对定型的论元之间的论旨角色关系(施事—动词—受事)和句法配位方式(主语[施事]—动词—宾语[受事]、大主语[受事]—小主语[施事]—动词、……)。经过将近 30 年的探索，我们对汉语谓词的论元结构已经形成了一种比较稳定的描写体系①。例如：

吃　chī〈体宾动词，中性〉进食；把食物等放到嘴里咀嚼并吞咽下去。

〔1〕**语义角色**：

施事 A：吃东西的人或动物；

受事 P：施事所吃的东西；

与事 D：施事吃他东西的人；

工具 I：吃东西所用的器具，如"碗、筷子"等；

方式 M：吃东西的方式或某种伙食标准，如"包伙、小灶"等；

处所 L：吃东西的地点；

终点 GO：受事被吃后所到的地方，一般是"肚子(中)、嘴(里)"等身体部位。

〔2〕**句法格式**：

S1：A+__+P

如：弟弟～了一个苹果。｜咱们～烤鸭吧。

S2：P+A+__了

如：苹果我～了。｜蛋糕大家都～了。

S3：A+__+D+P

如：他～了小李一个苹果。｜弟弟～了我一包巧克力。

S4：A+用 I+__+P

如：长工们都用大碗～饭。｜他正用刀叉～牛排呢。

S5：I +(A +)__+P

如：这副刀叉～牛排。｜这个碗我～面条。

S6：A+__+I/M

如：男人们～大碗，孩子们～小碗。｜他一直～小灶。｜工人们都～包伙。

S7：A+在 L+__+P

如：学生们都在食堂～午饭。｜他们在全聚德～晚饭。

S8：P+A+在 L+__

如：午饭他在食堂～。｜早饭孩子们都在家里～。

S9：(P +)A+__+L

如：他经常～食堂。｜晚饭咱们～馆子吧。

S10：A+把 P+__了

如：你快把面条～了。｜弟弟把整块蛋糕都～了。

S11：A+把 P+__ +(到/在)GO

如：犯人把纸团～到肚子里了。｜小猴子已经把果仁～到嘴里了。

① 详见袁毓林(1998)和(2010)。

S12：P＋被 A＋__了

如：面条被他～了。｜生日蛋糕被邻居的孩子～了。

S13：P＋被 A＋__ ＋(到)GO

如：孙悟空被铁扇公主～肚子里了。｜果仁已经被小猴子～到嘴里了。

这样，通过揭示谓词的从属成分的论旨角色以及它们之间的句法配位方式，可以说明词语怎样排列组合成语义关系相同的句子、同义句子之间为什么有这样、那样的推演关系(entailment)；我们希望通过对谓词的配位方式的描写来部分地揭示汉语语法的意合机制。

但是，只在中观层次上用论元结构理论和配价语法是不足以揭示和描写汉语语法的意合机制的。还应该在更底层的词库平面上建构和描述词语的物性结构(qualia structure)等基本的概念结构，揭示有关名词的功用角色(telic roles)和施成角色(agentive roles)。比如，“生日”的功用角色是“过、纪念、庆祝”等动词，“蛋糕”的功用角色是“吃”等动词，施成角色是“做、烤、制作”等动词。从而说明词语之间的搭配限制和语义解释。比如，“生日蛋糕”的意思是‘过/庆祝生日吃的蛋糕’，而“网球拍子”的意思是‘打网球用的拍子’。① 经过将近 10 年的探索，我们根据汉语名词在文本中基本的组合方式、搭配习惯和语义解释，对汉语体词的物性结构已经形成了一种比较稳定的描写体系②。例如：

食品 shípǐn〈名词，积极〉商店出售的经过加工制作的食物。

〔1〕**物性角色**：

形式 FOR：有形物质、商品、可摄入物、食物；

构成 CON：食品有营养、热量等构成因素；可以根据来源、功能、加工或包装方式、期限等属性进行分类：鱼类、肉类、禽类、鸡肉、奶(类)、植物性、动物性、副、糖类、舶来、保健、营养、药用、方便、快餐、应急、生、熟、生鲜、腌制、熏制、强化、膨化、冷冻、速冻、罐头、罐装、听装、袋装、酸性、绿色、环保、有机、转基因、风味、清真、婴儿、老人、动物、军队、野战、节日、过期、隔夜、污染，等等；

单位 UNI：集合：批、包、种、部分，等等；度量：吨、公斤，等等；不定：点儿、些，等等；容器：箱、口袋、桌子、屋子、篮子，等等；

评价 EVA：新鲜、变质、腐败、美味、珍贵、廉价、传统、新颖、特殊、精细、高级、优质、变质、短缺、丰富(多样)、充足、匮乏，等等；

施成 AGE：加工、制作，等等；

功用 TEL：吃、吞食、享用、品尝、消费，等等；

处置 HAN：出售、购买、存放、冷藏、包装、运输、分发、给…消毒，等等。

〔2〕**句法格式**：

S1：__＋有/的＋CON

如：～有营养｜～有热量｜～的营养｜～的热量

S2：Num＋UNI＋__

如：一批～｜一包～｜一种～｜一部分～｜一吨～｜一点儿～｜一些～｜一箱～｜一口袋～｜一桌子～｜一屋子～｜一篮子～

S3：EVA ＋(的＋)__

如：新鲜(的)～｜变质(的)～｜腐败(的)～｜美味(的)～｜珍贵(的)～｜廉价(的)～｜传统～｜新颖(的)～｜特殊～｜精细～｜高级～｜优质～

S4：__＋EVA

---

① 详见魏雪、袁毓林(2014)，袁毓林、李强(2014)。

② 详见袁毓林(2014a)§2-3。

如：～(严重)短缺|～丰富(多样)|～充足|～匮乏

S5：AGE+__

如：加工～|制作～|做～

S6：TEL+__

如：吃～|吞食～|下咽～|享用～|品味～|尝～|品尝～

S7：HAN+__

如：出售～|卖～|销售～|买～|购买～|存放～|冷藏～|包装～|运输～

可见，名词的物性结构是一种关于名词的句法-语义特点的理论模型；即以名词为事实观察和理论建构的基点，根据名词在文本中基本的组合方式、搭配习惯和语义解释，来搭建一种关于名词的语法特点的理论性的、生成性(而非描写性)的概念化模型(conceptualization)。利用这种名词的物性结构及其描写框架，可以为解释汉语中一些复杂的句法、语义现象(比如，隐含谓词、有价名词、中动句、话题结构、准定语句)提供理论支持①。名词的物性结构知识是对动词、形容词等谓词的论元结构知识的一种有力的补充，把这两种知识结合起来，就基本可以说明句子中词语之间最根本性的组合方式及其语义解释。特别是对于谓词隐含、词项缺省等动词与形容词的句法-语义知识够不着的场合，名词的物性结构知识更是起到枢纽和支点的作用，可以帮助说明句子中词语之间的意合方式和运作机制(paratactic mechanism)。

语句是一种独立自主的语法单位和交际单位，光靠论元结构和物性结构之类的词库知识是远远不能反映句子的结构方式和语义解释的。还应该在高层的构式(construction)平面上，描述构式的形式-意义配对关系，说明构式的有关论元位置及其语义角色，刻画填入相关位置的动词的句法、语义特征；揭示动词的论元结构与构式的论元结构之间的互动和模塑关系。此外，除了这种句式的骨架结构(skeletal structure)知识，还有句式的精神结构(spiritual structure)知识；至少涉及时体结构(tense-aspect structure)和认识结构(epistemic structure)。前者通过附着在基本的句法结构上的时体标记(副词、助词、语缀，等等)，来表示事件在语境中的时间定位(在说话之前还是之后发生、有没有完成，等等)；后者包括说话人的推论(reasoning)、情感(emotion)和情态(modal and modality)等，通过附着在基本的句法结构上的逻辑、情感和情态标记(副词、助词、助动词、语气词、语缀，等等)，来表示说话人对事件的因果(必然性)、值得、恰当性、好恶、频率、概率(可能性)、道义(必要性)、确信等的主观评价②。由于我们对构式的形式和意义的研究还不够，因而只能点到为止。

4.2 基于概念结构的词库和构式的多层面互动

上述词库平面上的论元结构与物性结构跟构式平面上的骨架结构、时体结构与认识结构并不是各自为政、互相独立的，而是互相关联、互相影响的。拿例(13)来说，“(十个)人”的行为类(action)物性角色是“吃”、可以充当动词“吃”的施事，两者之间的常规组合方式是主谓结构((十个)人+吃)；“(一锅)饭”的功用类(telic)物性角色是“吃”、可以充当动词“吃”的受事，两者之间的常规组合方式是述宾结构(吃+(一锅)饭)。所以，(13a)“十个人吃一锅饭”是一种无标记的构式“主语[施事]+动词[行为]+宾语[受事]”，语义解释也比较单纯：谁(十个人)做什么活动(吃一锅饭)。而(13b)“一锅饭吃十个人”是一种有标记的构式“主语[受事]+动词[功用]+宾语[施事]”，语义解释也就相对复杂：什么(一锅饭)供谁(十个人)怎样使用(吃)。可见，词项的论元结构、物性结构跟句法结构、构式的骨架结构互相作用，产生了特定语句的语义解释。

我们通过多年的考察和研究发现，跟人类语言的生成和理解相关的概念结构，是隐藏在词库中的词语和由词语组合固化出的构式之中的；正是这些词汇化和语法化的概念结构，成为我们生成和理解意合性词语组合和小句序列的认知基础。因此，基于概念结构的词库-构式及其互动足以解释汉语语法的意合机制。在这里，概念结构既涉及有关词项的概念和词汇意义，还涉及有关词汇概念和构式意义所倚靠的社会心理原则(比如，乐观主义以及与之对冲的怀疑精神③)。

① 详见袁毓林(2014a)§4。
② 我们这里的认识结构，大致相当于Sweetser(1990)的epistemic level和Traugott(1982)的expressive meanings。
③ 详见袁毓林(2013)和(2014c)。

正因为意合语法是基于概念结构的，所以能够也应该吸收和改造生成词库论的类型选择（type selection）和类型强迫（type coercion）等动态的语义生成机制，以便更好地连接词库与构式平面上的不同结构，为语境中的各种复杂词语组合提供组合性解释。比如，从生成词库论的角度看，事件量词"场"跟有关名词的组合及其语义解释主要涉及以下三种机制①：

（一）纯粹的类型选择。即受量词"场"修饰的词语本身具有时间性和事件性的特征，跟"场"的事件属性相匹配，能够直接满足"场"的语义要求。例如：

（23）a. 痛哭一场、大吵一场、白干一场、大病一场

b. 一场考验、一场流感、一场地震、一场比赛

其中的名词或动词都具有内在的时间性和事件性特征，可以跟"开始、正在、结束、持续、进行"等时间动词和"长时间、几天、2个小时"等时量成分组成述宾结构。

（二）强迫利用（coercion by exploitation）。即事件量词"场"利用名词的一个义面（semantic facet）来满足组合的要求。例如：

（24）一场音乐会、一场电影、一场话剧、一场考试、一场演出、一场雨、一场火、一场篮球、一场雪、一场冰雹

其中的名词都是合成类名词（complex nouns），或者是"事件·信息"类，如"音乐会、演讲、话剧、考试、演出"等，它们都表示某个事件和通过该事件进行了某种信息的展示等复合性意义；或者为"事件·物质"类，如"雨、火、篮球、雪、冰雹"等，它们都表示某个事件和该事件依赖或造成的某种物质等复合性意义。因为这些合成类名词可以提供两个义面供"场"进行选择，"场"自然会利用名词的事件性义面去实现组合。换言之，整个结构的语义生成正是通过"场"对名词的强迫利用机制来实现的。

（三）强迫引入（coercion by introduction）。即事件量词"场"通过赋予它所陈述的名词或形容词原本并不具有的义面，从而强迫它们产生额外的语义，来适应跟量词之间的语义协调性和适配性。例如：

（25）a. 朋友一场、父子一场、亲戚一场

b. 痛苦一场、欢喜一场、高兴一场

（25a）中的名词原本可以受个体或集合量词修饰表示量的概念，如"一群朋友、一对父子、一个亲戚"；但与"场"组合之后，就不再表示量的概念，转而表示一种关系的过程。作为一种关系的过程，它的形成、发展和持续具有动态性和事件性的特征。（25b）中的形容词原本只能表示人的心理状态，但与"场"组合后，便使得该心理状态有了时间上的起点和终点，成为一种状态的过程。这样，原本并不具有动态性、时间性和事件性的名词和形容词，跟"场"结合后都浮现出（emerge）内部的时间过程性，而这正是通过"场"的事件量化功能来实现的。具体来说，就是"场"将事件及其过程性语义引入到相关搭配成分之上，使得整个结构生成动态过程的语义。

语句的构式意义的表达和理解，有时会以语句中某种构式关键词为支点（pivot）。因此，对这种构式的建筑要件（builder）的语义描写，应该成为意合语法研究的一个重要的方面。比如，袁毓林（2014b）指出，"白、白白（地）"等副词有两个义面：（i）"白得"（"获得效益、报酬…"却没有"付出代价、劳动…"），（ii）"白搭"（"付出代价、劳动…"却没有"获得效益、报酬…"）；并且，这两种意义的概念结构基础是"劳酬均衡原理"，不管是"白得"还是"白搭"，它们都是对"劳酬均衡原理"的偏离。在特定的句子中，这两种意义呈现出一种跷跷板效应：肯定了一端（白得 vs.白搭）就否定了另一端（非白搭 vs.非白得）。因此，在具体的语句中，必须首先确定"白、白白（地）"的陈述意义是"白得"还是"白搭"。此外，由于"劳酬均衡原理"的概念结构背景是交易行为（transaction），典型的情境是甲方跟乙方之间的代价、劳动…与效益、报酬…之间的交换关系。因而在有的使用"白、白白（地）"的语句中，还要确定"白得"或"白搭"的主体是谁。在这种语义解释的过程中，涉及多层次的概念结构和词汇-句法结构的互动，表现为：跟句子中某些词项相关的概念结构提供各种语义解释的可能性，而句法结构则起到锚定（anchor）和咬合（mesh）语义关系的作用。例如：

（26）a. 我的扭捏，不是装出来的，我是真正为她心疼，为自己白吃白喝感到羞愧。（张贤亮《绿化树》）

---

① 详见李强、袁毓林（2013）。

b. 什么减肥药、减肥茶$_i$，她$_j$吃了不少，可一年多下来，腰围还是那么粗，看来[e_i][e_j]都白吃了。(何金《减肥的烦恼》)

在(26a)中，“吃、喝”激活了消费、享受的概念结构，副词“白”通过“劳酬均衡原理”的偏离这种抽象的意义，来陈述这种消费、享受是“白得”(“获得效益、报酬…”却没有“付出代价、劳动…”)；并且，通过主谓结构“自己白吃白喝”来确定“白得”这种行为的受益主体是“自己”，再通过反身代词跟先行语的同指约束关系，来确定这个受益主体是说话人“我”。同时，“劳酬均衡原理”激活交易这种概念结构；既然交易双方中有一方已经“白得”了，那么可以推导出另一方必然“白搭”(“付出代价、劳动…”却没有“获得效益、报酬…”)。先行句子中的“她”就是那个受损客体。在(26b)中，“吃—减肥药/茶”激活了治疗、劳动的概念结构，副词“白”通过“劳酬均衡原理”的偏离这种抽象的意义，来陈述这种治疗、劳动是“白搭”(“付出代价、劳动…”却没有“获得效益、报酬…”)。

5. 意合语法的神经-心智动力

按照上文的讨论，意合语法的运作依赖于语言中多层面的结构及其互动关系。这是有神经和心智方面的根据的。因为语言在物性结构、论元结构、句法结构和语句构式等多个层面上，都具有比较良好的结构型式，这可以为人脑基于模式识别的信息加工方式提供结构基础。根据Kurzweil(2012)的观点：神经科学的最近进展显示，产生我们人类高级思维的新皮层(neocortex)是按照一种虽然相对直接、但是复杂微妙的模式识别的方式(pattern recognition scheme)来运作的。这种模式识别的方式在本质上是层级性的(hierarchical)，这样许多表征输入的离散的物体(来自周围环境)的低级模式联合起来，触发表征在本质上更加抽象的一般范畴的高级模式。这种层级结构是天生的(innate)，但是特定的范畴和元范畴是通过学习而填进去的。另外，信息流动的方向并不只是自底向上(from the bottom up)，而且还可以自顶向下(from the top down)；这样，激活高阶的模式可以触发低阶的模式，在不同层级之间就有反馈。这种看待大脑的运作方式的理论叫做心智的模式识别理论(the Pattern Recognition Theory of the Mind or PRTM)(pp.5 - 6, 8, 34 - 74, 172)[①]。我们认为，对于语言产生和理解来说，可以这样来设想：物性结构、论元结构、句法结构和语句构式等多层面的结构型式，相当于各种不同层次的模式；在特定的语境中，人们借助于这些模式来进行预期和规划，以较小的认知代价来生成和理解话语。

心智的模式识别理论在一定程度上可以解释下面这个神经科学难题：尽管人类神经细胞(860亿个)及其连接(150万亿个)的数量是极其庞大的，但是神经细胞的结构和连接方式却是十分简单和雷同的；那么，它们是怎样工作来产生思维、意义和联想、美感的？比如，大脑神经元之间的电化活动交互作用，是如何变成我们脑海中的乐曲的？正如洛克菲勒大学神经科学家、美国国家卫生研究院顾问委员会联席主席科里·巴格曼(Cori Bargmann)所说的：[②]

> 人类的大脑简直是个奇迹。它能产生无数的想法、情绪、记忆和活动。这样一个生物器官，一些细胞的组合，究竟是怎样做到这些的？无论你成为神经学家有多久，你仍会为这个平淡无奇的生物器官所具备的繁复机能而惊叹不已。

我们可以这样设想：在体验性认知的驱动下，不同脑区的有关神经元集群的激活与连接模式相对于不同层次的模式；这些不同层次上的模式匹配及其互动与反馈，使得人脑可以表征和识别不同抽象程度的范畴与图式，最终使逻辑思维、语义解释和诗意联想、音乐美感等成为可能。

根据心理语言学家的理论，人类进化的压力，使得语言成为一个机会主义的系统(opportunistic system)，表现为：(1) 用词语标引或映射(index or map)世界上的事物及其感觉符号，因此在理解语句时，人们会把句中词汇和短语索引到现实环境中的所指物上，通过现实事物来表征句中词汇和短语；(2) 提取功能承受性(affordance)，即从所指物上推导出各种可资利用的因素；具体地说，在把句中词汇和短语索引到现实环境中的所指物上以后，

① 这里主要根据Thibeault(2012：3)进行译述。如需引用，务请核对原文，特别是第3章。
② 详见Keim(2013)。

将现实事物跟句子中的有关词汇和短语进行功能上的联系，也可以理解为联觉(synaesthesia)。比如，我们听到香蕉就知道：它是黄色的，剥皮之后可以放进嘴里吃的香甜的东西，而不是用来穿戴的东西，由此激活关于香蕉的视觉、味觉、嗅觉等诸多体验和感觉。于是，当我们听到"小猴子拿香蕉"以后，就自然地想到：小猴子拿起香蕉，剥开皮，然后美滋滋地吃起来。(3) 当提取了事物的功能承受性之后，在句法的限定下组合(咬合)各种可资利用的因素，并且受内在限制和句法提供的限制的引导①。例如：

(27) After wading barefoot in the lake, Erik used his shirt to dry his feet.

(28) ♯After wading barefoot in the lake, Erik used his glasses to dry his feet.

例(28)出现提取功能承受性的错误，因为擦干脚不符合眼镜的功能。ERP 脑电实验时会出现反映语义错误的 N400 效应。这种机会主义的系统的运作，依赖于人类精细的行为规划系统(这又来源于我们的祖先在向动物投掷石块的活动中锻炼得到的技能)。比如，我们说一句话，就需要准确地把一个个音素镶嵌到一个语调曲拱的特定位置。这对于人以外的绝大多数动物，还做不到。

语言系统的机会主义特点，使得人类语言进化为一种在传意功能上两头管用的符号系统：一方面，语言可以是一种按部就班式的编码—解码系统(coding-decoding system)，说话人可以用语言符号比较充分地对各种交际意义进行一一对应的编码，听话人可以根据语言符号及其组合规则来中规中矩地解码；这就是传统的语言信息理论的基础，也是弗雷格的语义组合性原理成立的根本依据。另一方面，语言还可以是一种点到为止的默会式的示意—推理系统(ostensive-inferential system)，说话人可以用语言符号比较简略地对各种交际意义进行大概的提示，听话人可以根据语言形式和交际环境、调用各种相关的知识和认知手段来心领神会地推导；这就是现代认知语法、格式语法、框架语义学理论和基于关联(relevance)的语用学理论的基础②，也是心理语言学关于语言是一个机会主义系统的理论成立的根本依据。

正如 Fauconnier(1994) § 0.4.4 所说的：语法信息是很少的，又是高度抽象的，它[帮助听话人]发现认知映射和缺失的成分；其余则全靠语言使用者的认知能力(D65)。具体地说，语法在意义的建构中起着非常重要的作用，因为它是我们神秘的后台认知(backstage cognition)和由人的思维器官支配的表层外显行为之间的可见的连接。为了进行思维和交际，人们必须利用自己的概念能力、高度结构化的背景与语境知识、图式归纳和空间映射能力，来进行精细的意义建构。语言表达自身并不表征或编码这种意义建构，因为意义建构过于复杂，即使可以编码也将耗费大量的时间，并且其效力是十分低下的。相反，语言看起来是被非常精致地设计成推动我们用最少的语法结构来进行适合特定语境的意义建构。语言自身并不进行认知建构，它只给我们很少但是足够的线索，去发现合适的、在特定语境中用于意义建构的认知域和认知原则。当语言所提供的诸如此类的线索跟现存的结构、可用的认知原则和背景框架结合起来时，合适的意义建构就发生了；并且，其结果超过任何由显性的语言形式所明确表达的信息(D40)。由此可见，意合语法稀疏的表层形式依赖于人类丰富的后台认知资源。这些特点综合起来，使得意合语法的运作具有现实的可能性。

参考文献

李临定 (2013)《汉语语法要略——走进字形词语法》，北京：商务印书馆。

李强、袁毓林 (2013)《量词"场"的事件量化功能分析》，递交中国社会科学院语言研究所主办的"汉语中的量化：语言理论和语言获得"国际学术会议，2013 年 11 月 13—15 日。

王 力 (1982/1946)《汉语语法纲要》，上海教育出版社。

魏雪、袁毓林 (2014)《基于规则的汉语名名组合的自动释义研究》，《中文信息学报》第 3 期，第 1 - 10 页。

---

① 详见 Glenberg(2009)，pp.365 - 6.

② Langacker, Talmy, Fillmore, Lakoff, Brugman, Goldberg 等学者认为：句法格式是一种导向普遍的认知框架的手段，通过词汇限定，这种普遍的认知框架映射到比较特定的认知框架；通过语境、局部性心智空间的连接和相关的文化与背景知识的作用，这种比较特定的认知框架再映射到更加特定的认知框架。详见 Fauconnier(1994)，§ 0.4.1.3，D60.关于基于关联的语用学理论，详见 Sperber and Wilson(1995)。

姚小平 (1999)《〈汉文经纬〉与〈马氏文通〉——〈马氏文通〉的历史功绩重议》,《当代语言学》第2期。
袁毓林 (1994)《一价名词的认知研究》,《中国语文》第4期。
袁毓林 (2010)《汉语配价语法研究》,北京:商务印书馆。
袁毓林 (2013)《"差点儿"中的隐性否定及其语法效应》,《语言研究》第2期,第54-64页。
袁毓林 (2014a)《汉语名词物性结构的描写体系和运用案例》,《当代语言学》2014年第1期,第31-48页。
袁毓林 (2014b)《概念驱动和句法制导的语句构成和意义识解——以"白、白白(地)"句的语义解释为例》,《中国语文》2014年第5期,第402-417页。
袁毓林 (2014c)《"怀疑"的意义引申机制和语义识解策略》,《语言研究》2014年第3期,第1-12页。
袁毓林、李强 (2014)《怎样用物性结构知识解决"网球问题"?》,将刊《中文信息学报》2014年第5期。
袁毓林、詹卫东、施春宏 (2014)《汉语"词库—构式"互动的语法描写体系及其教学应用》,《语言教学与研究》第2期,第17-25页。

Bloomfield, L. (1935) *Language*. Allen & Unwin.《语言论》,袁家骅等译,北京:商务印书馆,1980年。
Boucher, J. & C. E. Osgood(1969) The Pollyanna Hypothesis, *Journal of Verbal Behavior* 8: 1-8.
Bullowa, M. (ed.) (1979) *Before Speech: the Beginning of Human Communication*. Cambridge: Cambridge University Press.
Fauconnier, Gilles (1994) *Mental Spaces: Aspects of Meaning Construction in Natural Language*. New York: Cambridge University Press.北京:世界图书出版公司,2008年。
Fauconnier, Gilles and M. Turner (2002) *The Way We Think: Conceptual Blending and the Mind's Hidden Complexities*. New York: Basic Books.
Foolen, A., U. M. Luedtke, T. P. Racine and J. Zlatev eds. (2012) *Moving Ourselves, Moving Others: Motion and Emotion in Intersubjectivity, Consciousness and Language*. Amsterdam: John Benjamins
Fultner, B. (2012) Intersubjectivity in the lifeworld: Meaning, cognition, and affect, in Foolen, et al. eds. (2012), pp.197-220.
Gallagher, S. (2012) Neurons, neonates and narrative: From emphatic resonance to emphatic understanding, in Foolen, et al. eds. (2012), pp.165-196.
Gaskell, M. Gareth (ed.)(2009) *The Oxford Handbook of Psycholinguistics*. Oxford: Oxford University Press.
Glenberg, M. Arthur (2009) Language and action: creating sensible combinations of ideas, in Gaskell (ed.)(2009), pp.361-370.
Goldberg, E. Adele (1995) *Constructions: A Construction Grammar Approach to Argument Structure*. Chicago and London: The University of Chicago Press.
Goldberg, E. Adele (2003) Constructions: A new theoretical approach to language.《外国语》第3期。
Goldberg, E. Adele (2006) *Constructions at Work*. New York: Oxford University Press.
Grimshaw, J. (1990) *Argument Structure*. MIT Press.
Hockett, F. Charles (1954) Two Models of Grammatical Description. *Word* 10, pp.210-230; in Joos(1958)(ed), pp.386-399.《语法分析的两种模型》,范继淹译,收入《范继淹语言学论文集》,第309-347页,北京:语文出版社,1986年。
Jespersen, Otto (1924) *The Philosophy of Grammar*. London: George Allen & Unwin Ltd.《语法哲学》,何勇、夏宁生、司辉、张兆星译,王静甦、韩有毅校,廖序东审订,北京:语文出版社,1988年。
Joos, M. (1958)(ed.) *Readings in Linguistics: the Development of Descriptive Linguistics in America since 1925*. Baltimore: American Council of Learned Societies.
Karttunen, Lauri(2014) Three Ways of not being Lucky. *SALT 24* at New York University.
Koenig, A. Melissa and Amanda Woodward (2009) Word learning, in Gaskell (ed.)(2009), pp.617-626.
Keim, Brandon (2013) The U.S. BRAIN Initiative Boldly Begins: Big science takes on the human brain, *IEEE Spectrum*, Posted 31 Dec 2013|17: 01 GMT
Kurzweil, Ray (2012) *How to Create a Mind: The Secret of Human Thought Revealed*. New York: Viking Adult.
Lakoff, G. & Mark Johnson (1980) *Metaphors We Live by*. Chicago: University of Chicago Press.
Lakoff, George & Mark Johnson (1999) *Philosophy in the Flesh: The Embodied Mind and its Challenge to Western Thought*. New York: Basic Books.
Lock, A. (ed.)(1986) *Action, Gesture and symbol: the Emergence of Language*. London: Academic Press.
Palmer, Frank (1971) *Grammar*, Harmondsworth: Penguin Books.《语法》赵世开译,上海:上海译文出版社,1982年。

Pustejovsky, James (1995) *The Generative Lexicon*. Cambridge, Mass.: MIT Press.

Rizzolatti, Giacomo and Laila Craighero (2009) Language and mirror neurons, in Gaskell (ed.)(2009), pp.772－785.

Sperber, Dan and Deirdre Wilson (1995) *Relevance: Communication and Cognition* (2nd ed.). Oxford: Blackwell.

Thibeault, Aaron (2012) A Summary of '*How to Create a Mind: The Secret of Human Thought Revealed*' by Ray Kurzweil. Posted on November 27, 2012 by the Book Reporter. Online at: http://newbooksinbrief.com/2012/11/27/25-a-summary-of-how-to-create-a-mind-the-secret-of-human-thought-revealed-by-ray-kurzweil/#25p2.

Trevarthen, C. B. (1979) Communication and cooperation in early infancy: a description of primary intersubjectivity. In M. Bullowa. (ed.)(1979), pp.321－347.

Trevarthen, C. and P. Hubley (1978) Secondary intersubjectivity: confidence, condiding, and acts of meaning in the first year. In Lock (ed.)(1986), pp.183－229.

袁毓林，北京大学中文系　yuanyl@pku.edu.cn

（原载《中国语学》（日本）2015 年第 262 号）

从互动交际的视角看让步类同语式评价立场的表达*

乐　耀

提　要　文章考察了让步类同语式(如“这双鞋好是好,可就是太贵了”)在不同的会话序列结构中是如何表达主观评价立场的。厘清了在交际互动中,会话行为和表达该会话行为的语言形式之间的相应关系。通过分析让步类同语式在会话中表达评价立场的各种形式,总结了该结构在互动中表达评价立场时所遵循的总体原则,即先扬后抑;揭示了同语结构与会话结构之间的关联,即让步类同语式通常出现在表达相反话语立场的接话话轮中;阐明了同语结构立场表达的互动属性。

关键词　同语式　让步　会话结构　评价立场表达　交互主观性　互动语言学

1. 引　　言

1.1　互动语言学视角

互动语言学(interactional linguistics)近些年来发展迅速,它的兴起极大地丰富和开阔了功能语言学的研究内容和视野。互动语言学的核心理念是:从社会交际互动(social interaction)这一语言最原本的自然栖息地(natural habitat)之中来了解语言的结构和使用。因此,它的研究主要包括两方面:一是要从语言的各个方面(音韵、形态、句法、词汇、语义,包括语用)来研究其结构和使用方式是如何通过互动交际来塑造的;二是在社会交际中,互动双方需要完成的交际功能和承担的会话行为(conversational actions)是如何通过语言来实现的。由此可见,语言语法结构的塑造和社会交际互动的运作之间是一种天然的互育(cross-fertilization)关系(Ochs et al.,1996;Selting & Couper-Kuhlen,2001;Kern & Selting,2013;Fox et al.,2013)。

评价立场的表达是言者在交际中所承担的一种会话行为。本文将要在互动语言学视野的关照下来研究让步类同语式在日常言谈互动(talk-in-interaction)中如何表达主观性评价立场。还将详细地讨论和总结让步类同语式表达评价立场的各种形式、基本原则、语用动因和互动属性等。从而进一步揭示语言结构和会话互动之间的关系。

1.2　汉语同语式的已有研究

汉语同语式的语义类型很多,根据景士俊(1994)①的研究,可以分为判断式、描述式、紧缩式和让步式。依次举例如下:

(1) 父亲一个人在家,饭菜不是饭菜,一屋脏乱。(判断式)(引自景士俊,1994)

(2) 苦是真苦,而且钱袋里的英国钱渐渐花光。(描述式)(引自景士俊,1994)

---

* 本文得到2014年国家社会科学基金重点项目“汉语语用标记形成机制的多视角研究”(项目批准号:14AYY015)的资助。初稿在“主观化理论与汉语语法研究”学术研讨会(2014年11月22日—25日,山东大学威海校区)上宣读,张谊生、方梅、张伯江、董秀芳等先生给予了宝贵意见和鼓励。文章在修改过程中得到了陶红印先生的悉心指导,谨此致谢。同时感谢匿名审稿专家的意见和建议。文中错误概由作者负责。

① 景士俊(1994)中提及的“紧缩式”同语式的例子是:在家里要是挨打也是挨得最多的。我们不认为这是从语义角度的分类,因此没有在正文中举例。这不是本文的研究对象,故不对此分类做详细评价。

(3) 张山不解地问："怎么啦，那房子的租金不是很合算吗？"李驷哭丧着脸说："便宜是便宜，可厨房是共用的，偏偏邻居两口子都在一家小屠宰厂上班，让人受不了。……两口子经常带些猪下水回来，把个厨房弄得又腥又臭，饭都吃不下。"(让步式)(CCL)

本文的研究对象是像上述例(3)这样的让步类同语式，因此下文只对该类结构的已有研究做扼要地梳理和回顾。

最早从语法角度关注让步类同语式的应该要数吕叔湘先生20世纪40年代的《中国文法要略》。吕叔湘(1944/1982：433)[①]在谈到"容认"这一语义范畴的表达时，认为白话中"是"有表达该范畴的作用。具体说是把动词或形容词在"是"字一先一后重复说两遍，有"要论什么，确然是什么，可是……"的口气。并指出"是"字本来只是肯定，因为有下文的一转(比如"就是"、"不过"、"只是"等)，"是"字才有"虽然"之意。赵元任(Chao，1968(吕叔湘译本，1979：319))在论述动词"是"的用法时，说到由它形成的一种让步结构：把一个谓语先用作主语，然后在谓语里"是"字之后重复一下。并指出这种让步形式的语法结构特点。朱德熙(1982：105－106)在讨论由动词"是"组成的谓语时，提及了如果"是"前后的主语和宾语同形，则表示让步，有"虽然"或"尽管"的意思。Liu(2004)和徐烈炯、刘丹青(2007)在研究同一性(拷贝式)话题结构(identical/copying topic)时就谈到了本文讨论的让步类同语式[②]，明确指出了同一性话题结构的强调作用和让步表达功能。另外，许多学者(邵敬敏，1986；赵晓伟，2007等)对同语式都有不同角度的研究，比如该结构的修辞特点、解释、申辩的作用，以及详细地描写了不同变式。

上述各位学者多是从句法语义的角度或详或略地讨论了让步类同语式的语法结构特点，尤其是都很准确地抓住了该结构的"让步"意味。"让步"既是语义概念的归纳，也是交际行为的概括。那么，该语义概念在交际中是如何表达的？它的表达在交际互动中是否与特定的会话结构相关联？言谈双方这种"让步"的交际行为体现了怎样的交际原则和特性？这些问题在以往的研究中并未得到充分地讨论，因为从静态的句层面角度观察到的可能只是该结构本身的句法特点和结构意义。但是它在使用中对交际的贡献，还得从真实的言谈会话中去观察和寻找。因此，基于上文对互动语言学研究理念的认识，本文将采取互动语言学的研究视角来检视该结构在言谈交际中的功能以及所承担的会话行为。

1.3 本文使用的语料

本文使用的语料[③]主要包括三部分：(1) 北京某高校两位北京籍的女大学生在学生寝室的日常谈话，我们叫做"寝室谈话"语料(Dormitory Talk)[④]；(2) 美国语料共建会(LDC)汉语电话谈话语料库(Call Friend)的部分语料，说话人来自中国大陆的汉语母语使用者[⑤]；(3) 北京大学中国语言学研究中心的现代汉语语料。对上述语料的三个来源我们在行文中会简略标明DT、CALL和CCL。对于引用已有文献的语料，也会明确标明出处。

2. 从同语式所在的会话序列结构看其立场的表达

2.1 何谓话语立场

语言学研究中的"话语立场(stance in discourse)"是一个主观性范畴。话语立场的研究是要看立场的表达是如何通过语言的词汇、语法形式来编码反映不同的立场范畴，这是一个主观化的过程。"立场"包括三方面内容：评价、情感和道义。(参看Du Bois，2007；Englebretson，2007；Du Bois & Kärkkäinen，2012)

"评价(assessment)"是话语立场表达的内容之一。从互动语言学角度来看，人们在日常言谈中，参与社会交际事件的同时也在对相关事件进行评价。"评价"作为一种会话行为，它以怎样的语言形式在怎样的会话结构中

---

① 吕叔湘先生是在《中国文法要略》的下卷最后一章(第二十三章)讨论让步类同语式的，该卷初版是1944年，本文参考的是1982年重印版本。所以，在引文年代上写作"吕叔湘(1944/1982)"，故作此说明。

② 本文的让步类同语式是Liu(2004)和徐烈炯、刘丹青(2007)讨论的同一性(拷贝式)话题结构的一类。

③ 本文汉语口语自然言谈语料的转写规则(见文后附录)参考了Du Bois等(1993)、Du Bois(2004)、陶红印(2004)以及陆萍等(2014)。

④ 这一自然言谈语料的影音文件来自陶红印教授，在此表示深深的谢意，语料转写由笔者完成。

⑤ 有关Call Friend语料库的详细情况，请参看Canavan and Zipperlen(1996)。

运作，一直是互动语言学家关心的话题（参看 Pomeranz，1984；Goodwin & Goodwin，1987、1992）。汉语从互动角度研究该课题的成果相对较少，除了 Tao（未刊）①，宋作艳、陶红印（2008）以及 Song 和 Tao（2009）的相关研究。所以，本文以汉语的让步类同语式为研究对象，来讨论该结构形式和它所承担的会话行为之间是如何相互塑造用于互动交际的，这是本文研究的意义之所在。

2.2 同语式所在的会话序列结构及立场表达

日常会话互动是说话人话轮的依次交替构成的（Sacks et al.，1974）。“评价”作为一种会话行为，它由交际双方合作完成。在这个会话行为的实施过程中，可以是一方邀请另一方对当前交际事件做出评价；也可以是一方率先做出评价，另一方对该评价做出回应。这样，就形成了由不同的相邻语对构成的会话结构。下面依此将从单方评价和双方评价两个角度来观察同语式在不同的会话序列结构（sequence organization in interaction）中是如何表达主观立场的。

2.2.1 单方评价：“邀请评价-回应评价”相邻语对

单方评价，是受话在发话人的邀请下单方面做出相关评价。作为受话，在表达评价立场前，通常会使用同语式结构来引出首次评价（initial assessment）的内容。同语式会对发话人邀请问话中的语言形式做部分重复。从会话结构来看，一般会构成问-答相邻语对：“问”是发话人发出邀请，通过问话请受话人对某个话题所涉及的事件进行评价；“答”是受话人接受发话人的邀请，先用同语式做出回应，然后再表达自己的评价立场。例如：

(4) R：你还不**染发**？ →（邀请对“染发”这一话题的进行评价；疑问句）

→L：我，我想，**染是想染**， →（回应对方的邀请和提问；与提问“染”同语的让步同语式）
可是我怕，
我怕染出来不好看，
怎么办啊？ →（做出反面的首次评价；“可是”转折句）

上面例(4)中，交际双方就“染发”一事发表评论。R 先向受话提出相关问题，L 首先用与上一话轮问题中的谓语动词“染”同语的让步同语式来回应发话人，然后再用“可是”转折句表达出与同语式立场相反的首次评价。

2.2.2 双方评价：“发起评价-回应评价”相邻语对

双方评价与单方评价的区别在于：前者在完成评价这一会话行为的时候，至少进行了两次评价。一次是交际的一方对话题所涉及的事件做出首次评价，另一次是交际的另一方回应上述评价，并做出与首次评价相反的二次评价（second assessment），也即交际双方都对同一事物做出了评价，且立场相反。例如：

(5) R：啊哈，
我还觉得，
房屋特别——
房屋建筑**特悬**， →（对“房屋建筑”这门课考试的首次评价；陈述句）

→L：**悬是悬**， →（回应首次评价；与首次评价“悬”同语的让步同语式）
但是，
他们说，
四个班就一个不过的。 →（做出与首次评价相反的二次评价；“但是”转折句）

R：真的啊，
判完了？

这一例中，交际一方 R 用陈述句对“房屋建筑”这门课的考试情况做了首次评价，认为考试结果“特悬”，从“我觉得”这类第一人称和认识类动词组合而成的表达认识立场的结构可以看出。接着，交际的另一方 L 抓住了 R 评价

① 该文献是陶红印先生提供给笔者的未刊发的论文，题目是：Agreement and Disagreement Sequences and Grammar：The Case of Mandarin Chinese.

的核心词“悬”构成了同语式，对首次评价做出回应，进而通过“但是”转折句表达相反的立场，做出二次评价。从会话序列结构的角度看，会话中的首次评价和由让步类同语式引导的二次评价构成了相邻的评价语对（assessment pairs），前后相邻的两个话轮在立场表达上是相反的。

在双方评价中，“发起评价”和“回应评价”也可以不构成相邻的评价语对，而是跨话轮的，有时甚至是跨多个话轮。如下例(6)：

(6) R：学校四级**挺容易的**是吧？ →（对学校四级英语考试的首次评价；陈述句＋附加疑问句）

L：嗯，我觉得那——
虽然(…)
R：我倒[没有]——
→（发起首次评价和作为回应的二次评价间相隔两个话轮）

L：[每]次考学校那个又那个，
就几级三级二级，
我都觉得挺容易的，
→ **容易是容易，** →（回应首次评价；与首次评价“容易”同语的让步同语式）
但是做完之后，
每次都都，
我都觉得我应该，
能得七八十来分儿，
结果我每次都得六十五，
最最高六十六，
最低六十四。
→（做出与首次评价相反的二次评价；“但是”转折句）

例(6)的第一个话轮，说话人R用“陈述句＋附加疑问句”对学校四级英语考试做了首次评价。但是受话人L并未在紧接着的话轮中对此做出正式回应，而是间隔两个话轮后抓住发话人首次评价的核心词“容易”构成让步类同语式对发话人的评价做出回应，然后用“但是”转折句引出与首次评价相反的二次评价。受话人之所以没有马上而是隔了若干话轮后才对发话人的首次评价做出反应，这其中暗含了一定的交际策略。关于此后文会举例说明。

这里需要说明一下二次评价形成的原因。当交际一方提出首次评价以后，虽然“评价”本身就是一种行为，但是根据具体的互动场景，交际者做出评价往往是为了完成一个或多个更加具体的会话行为，比如赞扬、抱怨、解释等等。而交际的另一方对此做出的最自然、最常规的回应行为应该是表达自己“赞同/不赞同（agreement/disagreement）”的立场，然后再来对立场表达做出解释，于是就会形成二次评价（参看 Schegloff，2007）。

综上所述，无论是从单方还是双方评价的角度来观察同语式所在的会话序列结构，我们都会发现该结构只出现在接话的话轮中，即单方“邀请评价-回应评价”和双方“发起评价-回应评价”相邻语对中表达“回应评价”的这后一话轮。这一观察以往研究有所忽视，该语言结构（“让步同语式”＋转折句）和会话结构之间的这种关联有其语用交际动因，后文会详细讨论。

至此，让步类同语式在不同的会话序列结构中如何表达主观评价立场，可以总结为下表。表1较清楚地反映了在交际互动中会话行为和表达该会话行为的语言形式之间的相应关系。

表1　同语式在不同会话序列结构中表达评价立场的总结

（Ⅰ）单方评价：“邀请评价-回应评价”相邻语对	
会　话　行　为	语　言　形　式
A：邀请对话题X进行评价	疑问句
B：对话题X进行首次评价	让步同语式＋转折句

（续表）

（Ⅱ）双方评价："发起评价-回应评价"相邻语对	
会 话 行 为	语 言 形 式
A：发起对话题X首次评价	陈述句或疑问句等
B：对话题X进行二次评价	与首次评价同语的让步同语式＋转折句

2.3　小结

本文讨论的让步类同语式属于邢福义(2001)提出的容认性让步。对"容认"的解释，吕叔湘(1982：430)这样说到："容认句指应用'虽然'等关系词连系的句子。这是擒纵句法的一种，先承认甲事之为事实(一放)，接下去说乙事不因甲事而不成立(一收)。……容认句上句即已作势，预为下句转折之地"。吕先生(1982：433)进一步将该类同语式在话语中的意义言简意赅地表述为："要论什么，确然是什么，可是……"。(对"让步"含义的详细讨论可以参看韩启振，2015)

结合上文讨论的让步类同语式所在的会话序列结构的特点以及吕先生对其话语意义的概括，我们可以将这两者总结为下表2：

表2　同语式所在的会话结构及相应的会话意义

会话结构		会话意义
A：邀请或发起对话题X的评价。	——	要论X，
B：用让步同语式正面回应评价，	——	确然这样[＋评价]，
再用转折句表达相反的评价立场。	——	可是并非这样，而是那样[—评价]

另外，在汉语中说话人在表达二次评价时，会使用同语式回应首次评价，即构成"同语式＋转折词＋从反面对同语式进行申辩说明"格式。在英语中也有类似的表达，只不过英语没有和汉语类似的同语式，而是重复首次评价中的核心词来回应，然后再使用转折词引出相反的表达评价立场的话语。例如(7)和(8)：

(7) R：Butchu admit he is having fun and you think it's ***funny***.

→K：I think it's ***funny***, yeah. ***But*** it's a ridiculous funny.　　(引自 Pomerantz(1984：73)，例(43))

(8) L：I know but I, I-I still say thet the sewing machine's ***quicker***.

→W：Oh it c'n be ***quicker but*** it doesn' do the jo：b,　　(引自 Pomerantz(1984：73)，例(41))

上面两例都是上一话轮的言者做出首次评价，然后邻近的后续话轮的言者先是用带有重复首次评价核心词("funny；quicker")的话语来回应，然后通过转折词("but")引出与首次评价立场相反的二次评价。可见，用于实施"评价"这一会话行为的语言形式在不同的语言中编码方式有其共通之处①。

3. 让步类同语式表达评价立场的各种形式

让步类同语式表达评价立场的形式，主要是看同语式所在话轮的语言形式。虽然上文已经总结了该话语的格式为："同语式＋转折词＋从反面对同语式进行申辩说明"。但观察发现，处于同语式之前的形式或成分并不相同，主要有如下四类：沉默(pause/gap)、修复(repair)、前言成分(preliminary)和寻求确认(request confirmation)。下面分别举例说明。

3.1　沉默＋同语式＋转折句

下面例(9)中在同语式之前有大约1秒钟的长停顿②。然后言者才通过"同语式＋转折句"来表达二次评价

① 从汉语让步类同语式所在话轮表达的立场意义来看，前后两部分正好相反，这一正一反之间一般会用转折词连接。虽然在表达趋同意见时，汉语常用让步类同语式，而英语没有用像汉语这样的结构，只是重复之前的立场话语(如例(7)和(8))。但就这种交际策略而言，汉语和英语是一致的，即先扬后抑。这是文章引用英语例子的目的之所在。这种具有语言共性的语用策略也存在于其他的语言之中(参看 Pomerantz，1984)。感谢匿名审稿专家提请笔者对这一问题加以说明。

② 从会话分析领域的研究来看，学界认为长停顿一般是长于或等于0.7秒；中停顿标是在0.3—0.6秒间，包括0.3和0.6秒；短停顿是小于等于0.2秒。可参看本文附录(3)。

立场。

(9) L：嗯，一份儿多少钱？

R：就是，你填这么一行五毛钱。

L：填一行就五毛钱啊，

R：这一行就一个人的资料。

→ L：哇，巨值啊。

→ R：哎呀！**呃**＝

→ …(1.0)

→ 值是值，

但是特累啊，

我得这工作

L：对，那倒是。 (DT)

这一例中交际双方是在谈论“帮助录入信息”做兼职的话题，对兼职收入做评价。R告诉L录入一行信息五角钱，L对此发出首次评价“哇，巨值啊”；然后R对L的首次评价进行反馈，用了一个感叹词“哎呀”，表示其实没那么值。但是R并未马上进行申辩说明，而是用了一个拖长的语音词“呃”来占据话轮。因为后面要表述的是与对方相反的评价，出于礼貌原则，言者在此处沉默了近1秒钟来思考用怎样的话语形式来兼顾礼貌原则，于是用同语式先做了让步，然后才通过转折词引出自己想要真正表达的立场评价内容。

3.2 修复＋同语式＋转折句

修复，在言语交际过程中是一个常见的现象。有时确实是因为在言谈中有口误，说话人立刻意识到然后予以修正；而有的是出于某种交际策略而有意地进行修复。如例(10)：

(10) L：而且好(多)＝

好多人说我头发像染了的，

要在阳光下边儿都有点儿＝

R：对，[发红]，

L： [发黄]，

对，发红，

然后说有点儿像染了的。

R：呃我觉得，

它这个这些那个特好看，

特别[像]

→ L： [好]＝看吗？

→ R：真好看！

→ L：**就有点儿**＝

→ **不是，**

→ 好看是好看，

就是**有点儿像老玉米**<@@>。 (DT)

例(10)是交际双方在对“染发”一事发表评论。L先通过问句形式邀请R对自己染的头发做评价；R从正面表达了自己认为“好看”的立场；但是L觉得不然，本来是想直接表达与R想法相反的观点，即“有点儿像老玉米”，但是当她说到“就有点儿”时，后面有语音延长，且没有把“像老玉米”的反面评价直接说出来。而是先用了否定词“不是”自我否认，进而修复话语，用同语式表达与R相同的立场，然后再把做修复之前未说完的反面评价通过转折句引出来。言者L在这里使用修复手段，其语用策略是在兼顾礼貌原则的基础上，先对对方评价立场用同语式做趋同的回应，再来表达相反的意见。这样既照顾了对方的面子，又不使自己违背礼貌原则，从而使交际互动顺利进行。

3.3 前言成分＋同语式＋转折句

说话人在表达与另一方相反评价之前，往往会使用一些具有话语-互动性功能的前言成分来迂回委婉地引出表达反面立场的评价内容。如下例(11)：

(11) B：为什么？
　　A：＜@那多好啊@＞，
　　　有孩子多好啊，
→ B：特别受罪，
→ A：我，我知道啊，
→ 　**嗯＝**
→ 　**其实虽然＝**
→ 　受罪是受罪，
　　　但是＜XXX＞，
　　　我有的时候就想——，
　　　我觉得可能因为父母为咱们受的罪就，
　　　……(CALL)

上例交际双方在讨论"养孩子"的好处。A认为养孩子的好处很多，B认为养孩子很受罪。当B表达了她认为"养孩子特别受罪"的评价立场后，A没有立马反驳，而是先正面回应，然后接着使用了语音上拖长的回应标记"嗯"和一些连接性成分"其实虽然"。A借这类前言成分来占据话轮，延长引出反面评价的时间。因此，在反面评价表述之前，言者还是先使用了同语式来从表面上表达自己的立场与对方趋同。

3.4 寻求确认＋同语式＋转折句

一般来说，在没听清对方话语的时候，或对方的话语令人吃惊时，言者常常需要再次询问用以确认。在同语式所在的话语中，言者也会在表达相反评价立场之前寻求确认。例如：

(12) R：……
　　　就说提分儿提得特严重，
　　　因为那科就根本就没什么人会。
　　L：mmm
→ R：特别难，
　　　像计算机编程什么的。
→ L：**像编程？**
→ 　**是不是啊？**
→ 　**…**
→ 　难是难，
　　　那可是他要不会的话，
　　　他将来怎么办啊？
　　　我觉得跟咱们不一样，
　　　((因篇幅原因，该话轮此处省去6个语调单位))　　(DT)

这例中交际双方在讨论某门课程的难度问题。R认为那门课特别难，像计算机编程一样难，没什么人会，考试分数很低以至于老师要提分儿；L认为，即便难也不至于学不会，何况将来工作会用到该门课程的知识。当R首次评价说这门课"特别难，像计算机编程"时，L并未马上回应，而是用了两个问句用来向对方确认，接着是一个中停顿，然后才使用同语式来暂且表达相同立场，最后才引出实际的反面评价立场内容。这里既用了寻求确认的手段，又用了沉默停顿的手段，都是为了将反面的评价推迟引出，从而缓和双方意见的对立程度。

上文举例介绍了让步类同语式表达评价立场时最主要、最常见的四种形式。虽然每一类表达形式中，同语式之前的形式或成分都各不相同，但它们在会话互动中的交际功能是相同的。文章接下来会详细论述。

4. 让步类同语式表达评价立场的原则、动因和属性

4.1 同语结构立场表达的语用原则

上文通过真实的会话语料着重讨论了让步类同语式在会话中表达评价立场的各种形式：(1) 沉默＋同语式＋转折句；(2) 修复＋同语式＋转折句；(3) 前言成分＋同语式＋转折句；(4) 寻求确认＋同语式＋转折句。这些分类都是从话轮的开启角度进行的。其中，沉默、修复、前言成分、寻求确认等话轮起始方式都表明了评价立场表达者在将要表达与上一说话人相反评价立场时所采取的各种会话策略。这些策略都是表达分歧的弱化形式(weak forms of disagreement)，是为了从形式上弱化与对方的分歧，从而维护互动交际的有序运作。

弱化分歧还表现在，在表达相反或不赞同评价立场的转折句中，言者常常会使用疑问形式(如例(13)和(14))，而且还会使用带有传疑的语言成分(如例(15)和(16))："估计、怀疑、是否、就怕、恐怕"等。例如：

(13) 这双皮鞋**便宜是便宜**，你不怕便宜没好货吗？(CCL)

(14) 这是你能决定的事吗？你这个人，**聪明是聪明**，可你有些过分了吧？(CCL)

(15) 这时有几个厂干部反映：工人说包干的办法**行是行**，**就怕**变，怕水涨船高不兑现。(CCL)

(16) **好是好**，**估计**没多少人看得进去。(CCL)

同语式的"同"就是与上一说话人评价立场的"同"；此外，言者会利用上述各种延迟表达相反立场的话轮起始方式，如沉默、修复、前言成分、寻求确认等；而且在真正表达相反立场的转折句中有时还使用疑问形式或传疑成分等。上述这三方面都反映了让步类同语式在互动中表达评价立场的总体原则：即先扬后抑，而且是推迟"抑"。当交际一方邀请或发起首次评价时，心理预期是希望对方的评价和自己趋同。但是，当对方的评价与其存异，而异见又需要表达出来时，就要在言语交际上遵循礼貌原则，让分歧得到弱化与缓和。于是，在表达策略上会采取"先扬后抑"的原则，并且"先扬"是为"后抑"做铺垫，也就是说，同语式在语言形式上的"求同"，是为了推迟引出后续的"存异"的立场。

4.2 同语结构与会话结构之关联的交际动因

文章第2部分研究发现，从会话序列结构的角度看，本文讨论的让步类同语式只出现在接话的话轮之中。这节将着重讨论该语法结构和会话结构之间产生这种关联的交际动因。在言语交际中，互动双方一般都会默守合作原则，尽量在对所讨论对象发表意见、看法和评价时达成共识，形成一种优先的交际结构(preference organization)；否则，当产生分歧时，就会对互动交际产生消极影响，更有甚者使得交际无法顺利进行，这就形成了一种非优先的交际结构(dispreference organization，参看 Pomeranz，1984；Schegloff，2007 等)。

同样，从上文分析的让步类同语式在不同的会话序列结构中表达主观立场的情况来看，当交际一方邀请或发起首次评价时，心理预期是希望对方的评价和自己趋同；但当对方的评价与其存异时，这与心理预期相反，此时就形成了非优先的交际结构。从会话结构形式的角度来看，正如文章第3部分所观察到的，同语式所在话轮的开头部分通常会使用如沉默、修复、前言成分、寻求确认等话语手段，这是让步式同语式偏爱出现的话语环境。因此，这些话语手段就是这种非优先结构最典型的表现形式。进一步分析，由于上一说话人的立场评价与自己心理预期相反，而自己的立场内容又要表达出来，因此势必违反合作原则(参看 Leech，1983)。但是，违反合作原则的同时又是为了遵守合作原则中的真实准则，即要表达自己真实的评价看法，而自己真实的评价又与与他者的立场相反。这样分歧就会随之产生，进而有可能导致交际无法进行。鉴于此，正如文章4.1所概括的，说话人会采用"先扬后抑"的语用策略，让分歧得到弱化与缓和。于是在表达方式上会选择语言形式与上一说话人立场趋同的同语式，并且在使用同语式之前往往会伴随使用沉默、修复、前言成分、寻求确认等话语手段。这种"先扬后抑"的会话原则是遵守言谈交际中礼貌原则的具体体现。

另外，从同语结构与会话结构关联的角度看，同语式与其他类的让步句在表达评价立场上的作用是有区别

的。比如：这双皮鞋便宜是便宜，你不怕便宜没好货吗？上一话轮的说话人对这双鞋做出了"便宜"的评价。当前话轮以"这双皮鞋便宜"为话题来引发受话人的相反评价。此处的同语式"这双皮鞋便宜是便宜"中的话题跟谓语有部分重复（表评价的形容词"便宜"），这种拷贝式（即本文的"同语式"）话题结构是要引出表达评价立场的述题：要说这皮鞋便宜，确实是便宜，但是可能质量有问题，其中的述题就是对话题的一个反面评价。正如徐烈炯、刘丹青（2007：126）说到："让步复句总是由让步小句加转折小句构成。所谓让步就是先肯定对自己观点不利的事实，所以在让步小句中通常会用一些表示肯定或强调的成分。所以拷贝式话题结构的强调作用和让步作用本质上是相通的①。"此外，让步类同语式的话题总是承接和回指上一话轮的言谈对象，相邻话轮之间具有话题相关性和会话的连贯性。因此，从会话结构的角度看，让步类同语式相较于其他类的让步句在表达评价立场上有着明显差异。

由此，同语结构与会话结构之间的关联可以进一步概括为：让步类同语式通常出现在表达相反话语立场的接话话轮中，并且该话轮的开头，也即在同语式之前，往往会伴随着使用沉默、修复、前言成分、寻求确认等话语手段。处在这样会话结构中的同语式多是用作一种拷贝话题结构，其后一般总是引出表达反面评价立场的话语。从会话结构的角度来分析语法结构的交际互动特点是以往关注不多的研究视角。在以往的研究中，话语功能学派和会话分析学派的学者（参看 Ford，1993；Ford & Mori，1994；宋作艳、陶红印，2008；Song & Tao，2009）在研究原因从句时，都发现了英语、日语和汉语的原因从句后置都是优势语序，这与交际中的互动结构（interaction structure）密切相关。这些研究对我们都颇有启发。

4.3　同语结构立场表达的互动属性

上文总结的让步类同语式在互动中表达评价立场的总体原则是先扬后抑。并从优先的交际结构角度讨论了，让步类同语式这一语法结构通常出现在表达相反话语立场的接话话轮这一会话结构模式中的交际动因。这些都很好地体现了语言交际互动本身具有交互主观性（intersubjectivity）的特质。

本文讨论的是话语立场的表达这一会话行为，该行为所具有的互动性本质是语言交互主观性产生的起点。话语评价立场的表达是交际双方合作完成的一项对话性活动（dialogic activity）。而对话性的本质，就是言谈双方在社交场合中的互动。汉语的同语式在话语评价立场表达中的一个重要作用就是：为言者表达出不同的观点和社会立场提供语言手段，从而使其与持有相反立场的社会主体相关联（参看 White，2003；Verhagen，2005）。

互动语言学关注的是自然言谈，而交互主观性在言谈中是普遍存在的，比如话轮交替的整个机制，它的接替和回应的设计，包括本文谈到的评价立场这一行为的表达等都具有交互主观性的特征。换句话说，交互主观性充盈着整个互动交际活动。因此，交互主观性是理解会话言谈不可缺少的一部分，也是会话所言、所行的一部分。

5. 结语和研究启示

本研究讨论的让步类同语式，或者叫"同语式＋转折句"这一格式②，在真实的言谈交际中用于表达言者的主观评价立场。单独的同语式在交际中具有投射（projection）作用，预示着后面有一个反向评价，其后通常情况下都会有一个与同语式自身表达立场相反的话语评价，语言形式上多为转折句③。

文章主要考察了让步类同语式在不同的会话序列结构中如何表达主观评价立场。较为清楚地厘清了在交际互动中，会话行为和表达该会话行为的语言形式之间的相应关系。通过分析让步类同语式在会话中表达评价立

① 根据徐烈炯、刘丹青（2007：137）的附注[5]："汉语的让步连词大都兼作或来自表示肯定强调语气的词，……显示了让步和肯定的密切关系"。感谢匿名审稿专家提请笔者从拷贝式话题结构角度来思考让步类同语式在表达评价立场上的作用。

② 这里所谓的"格式"，在不同的语言理论背景或者研究范式下，所使用的名称不尽相同，认知语言学、构式语法、会话分析等学科都有其不同的术语，比如：pre-patterned gestalts；constructional schemata；grammatical formats；constructions；social action formats。我们不纠结于术语问题，本文统一叫做"格式"。

③ "同语式＋转折句"这一格式是一个转折复句，只是这个转折复句的前一分句是一个具有让步意义的同语式。我们可以说，若一个同语式后面有转折句来表达相反的话语立场，那么该同语式通常是让步类的。所以，从本文的分析可以看出，是评价立场表达的互动模式赋予了出现在此会话环境中的同语式具有让步意义。感谢匿名审稿专家提出的意见。

场的各种形式，总结了它在互动中表达评价立场时所遵循的总体原则：即先扬后抑；揭示了同语结构与会话结构之间的关联：即让步类同语式通常出现在表达相反话语立场的接话话轮中；阐明了同语结构在表达立场时所具有的互动属性。

互动语言学认为语言结构的塑造和社会交际互动的运作之间是一种天然的互育关系。本文以汉语的让步类同语式作为研究对象，探究该结构形式和它所承担的会话行为之间是如何相互塑造的。同语式及其后续的转折表达是一种用于社会交际的话语格式，它植根于交际双方的互动需要，用于完成日常言谈中的立场评价这一社会行为(social actions)，通过在交际中反复地使用，使其逐渐积淀(sediment)成一种较为固定的语言格式。由此可见，通过考察语言的真实交际，可以更加有利于我们来洞察语言结构的形成和其会话功能的塑造。(参看Günthner，2011)

附录：

本文例句口语转写体例(参看 Du Bois et al.，1993；Du Bois，2004；陶红印，2004；陆萍等，2014)：

(1) 按语调单位分行转写，一个语调单位一行。

(2) 当前说话人话语的结束：IU 后用"。"标注；话语未完：IU 后用"，"标注；IU 若是疑问语调，其后用"?"标注。

(3) 长停顿标记成"…"，一般是长于或等于 0.7 秒，这类停顿需要在"…"添加圆括号标明时长；中停顿标记成"…"，是在 0.3—0.6 秒间，包括 0.3 和 0.6，这类停顿不用标明时长；短停顿标成"..."，是小于等于 0.2 秒，不注明时长。

(4) 将话语重叠部分置于"[ ]"内。

(5) 用"——"表示在完成一个完整的语调单位曲拱之前，该语调单位被截断。

(6) 听不太清楚的部分放在"<X X>"中，完全听不出来的直接标注"<XXX>"。

(7) 笑声用"<@@>"表示。

(8) 延长用等号标明"＝"。

(9) 标注者或研究者的主观评论置于"(())"中。

(10) 将背景噪音很大，听不很清楚，但可以识别出的话语内容放入"()"中。

参考文献：

韩启振　2015　《现代汉语让步条件句认知研究》，中国社会科学出版社。

景士俊　1994　"X 是 X"句的类型，《语文学刊》第 4 期。

陆　萍　李知沅　陶红印　2014　现代汉语口语中特殊话语语音成分的转写研究，《语言科学》第 2 期。

吕叔湘　1942/1982　《中国文法要略》，商务印书馆。

邵敬敏　1986　"同语"式探讨，《语文研究》第 1 期。

宋作艳　陶红印　2008　汉英因果复句顺序的话语分析与比较研究，《汉语学报》第 4 期。

陶红印　2004　口语研究的若干理论与实践问题，《语言科学》第 1 期。

邢福义　2001　《汉语复句研究》，商务印书馆。

徐烈炯　刘丹青　2007　《话题的结构与功能》(增订本)，上海教育出版社。

赵晓伟　2007　"X 是 X"结构的多维考察，南昌大学硕士研究生学位论文。

朱德熙　1982　《语法讲义》，商务印书馆。

Canavan, Alexandra and George Zipperlen 1996 CALL FRIEND Mandarin Chinese-Mainland dialect. *Linguistic Data Consortium*. Philadelphia.

Chao, Yuen Ren 1968 *A Grammar of Spoken Chinese*. Berkeley and Los Angeles: University of California Press.(吕叔湘节译本《汉语口语语法》，1979，商务印书馆。)

Du Bois, John W., Stephan Schuetze-Coburn, Susanna Cumming and Danae Paolino 1993 Outline of discourse transcription. In Edwards, Jane A. and Martin D. Lampert (eds.) *Talking Data: Transcription and Coding Methods for Language Research*, 45-89. Hillsdale, NJ: Lawrence Erlbaum.

Du Bois, John W. 2004 *Representing Discourse*. MS, University of California, Santa Barbara.

Du Bois, John W. 2007 The Stance Triangle. In Englebretson, Robert (ed.) *Stancetaking in Discourse: Subjectivity, Evaluation, Interaction*, 139－182. Amsterdam: Benjamins.

Du Bois, John W. and Elise Kärkkäinen 2012 Taking a stance on emotion: affect, sequence, and intersubjectivity in dialogic interaction. *Text and Talk* 32(4): 433－451.

Englebretson, Robert 2007 *Stancetaking in Discourse: Subjectivity, Evaluation, Interaction*. Amsterdam: Benjamins.

Ford, Cecilia E. 1993 *Grammar in Interaction: Adverbial Clauses in American English Conversation*. Cambridge: Cambridge University Press.

Ford, Cecilia E. and Junko Mori 1994 Causal markers in Japanese and English conversations: A cross-linguistic study of interactional grammar. *Pragmatics* 4(1): 31－62.

Fox, Barbara A., Sandra A. Thompson, Cecilia E. Ford and Elizabeth Couper-Kuhlen 2013 Conversation Analysis and Linguistics. In Sidnell, Jack and Tanya Stivers (eds.) *The Handbook of Conversation Analysis*, 726－740. Blackwell Publishing Ltd.

Goodwin, Charles and Marjorie H. Goodwin 1987 Concurrent Operations on Talk: Notes on the Interactive Organization of Assessments. *IPrA Papers in Pragmatics* 1(1): 1－54.

Goodwin, Charles and Marjorie H. Goodwin 1992 Assessments and the construction of context. In Goodwin, Charles and Alessandro Duranti (eds.) *Rethinking Context: Language as an Interactive Phenomenon*, 147－190. Cambridge: Cambridge University Press.

Günthner, Susanne 2011 Between emergence and sedimentation: Projecting constructions in German interactions. In Auer, Peter and Stefan Pfänder (eds.) *Constructions: Emerging and Emergent*, 156－185. Berlin/Boston: Mouton de Gruyter.

Kern, Friederike and Margret Selting 2013 Conversation Analysis and Interactional Linguistics. In Chapelle, Carol A. (ed.) *The Encyclopedia of Applied Linguistics*, 1－5. Blackwell Publishing Ltd.

Leech, Geoffrey N. 1983 *Principles of Pragmatics*. London: Longman.

Liu, Danqing 2004 Identical Topics: a More Characteristic Property of Topic Prominent Languages. *Journal of Chinese Linguistics* 32(1): 20－64.

Ochs, Elinor, Emanuel A. Schegloff and Sandra A. Thompson (eds.) 1996 *Interaction and Grammar*. Cambridge: Cambridge University Press.

Pomerantz, Anita M. 1984 Agreeing and disagreeing with assessments: Some features of preferred/dispreferred turn shapes. In Atkinson, Maxwell and John Heritage (eds.) *Structures of Social Interaction: Studies in Conversation Analysis*, 57－101. Cambridge: Cambridge University Press.

Sacks, Harvey, Emanuel A. Schegloff and Gail Jefferson 1974 A simplest systematics for the organization of turn-taking for conversation. *Language* 50(4): 696－735.

Schegloff, Emanuel A. 2007 *Sequence Organization in Interaction: A Primer in Conversation Analysis, Vol. 1*. Cambridge: Cambridge University Press.

Selting, Margret and Elizabeth Couper-Kuhlen (eds.) 2001 *Studies in Interactional Linguistics*. Amsterdam: Benjamins.

Song, Zuoyan and Hongyin Tao 2009 A unified account of causal clause sequences in Mandarin Chinese and its implications. *Studies in Language* 33(1): 69－102.

Verhagen, Arie 2005 *Constructions of Intersubjectivity: Discourse, Syntax, and Cognition*. New York: Oxford University Press.

White, Peter R. R. 2003 Beyond modality and hedging: A dialogic view of the language of intersubjective stance. Text 23(2): 259－284.

乐耀，厦门大学人文学院中文系　yueyao82@163.com

（原载《中国语文》2016 年第 1 期）

言者与听者的错位

张伯江

提　要　本文分十种情况讨论了语言解码者在言语理解时对编码者主观意图不准确解读的现象。误解的因素有的涉及指称意义的不同，有的涉及句子结构的不同，有的涉及认知域的不同，有的涉及关注点的不同，等等。文章结合实例讨论了这些因素影响理解的方式，并讨论了误解的倾向问题。

关键词　主观意图　理解错位　话题结构　认知域

言语交流以互相理解为目的，但是也常有说话人与听话人理解错位的情况。交流是否成功，根本的决定因素还是在于听话人是否准确理解了说话人的意思。不准确，就形成了错位，就不是一次成功的言语交流。一般说，说话人总是充分考虑听话人能否准确理解自己而选择他的说话方式的（张伯江 2012），这是普通的交际原则；与此同时，语言的主观性无处不在，说话人在说出一段话的同时表明自己对这段话的立场、态度和感情，从而在话语中留下自我的印记（沈家煊 2001）。说话人这种主观立场、态度和感情又往往不能被听话人及时准确地把握住。本文讨论的是理解错位的一些情况。

一　指称意义的错位

这是一个发生在情人节那天的小笑话：

(1) 刚才我去楼下买东西，老板问我："先生买花么？"

"买花干什么啊？"

"买花送女朋友啊！"

"哦，买多少花能送个女朋友啊？"

然后老板默默地把花收回去了。

这个故事里售货者与叙述者的理解错位发生在名词短语"女朋友"的"实指"与"虚指"对立上。陈平（1987）在讨论"老杨想娶一位北京姑娘"的时候说："这个句子可以理解为老杨已经有了意中人，此人是一位北京姑娘。也可以理解为老杨正在找对象，条件是女方得是北京人。"他指出前者是名词的实指（specific，所指对象是某个在语境中实际存在的人物）用法，后者是虚指（nonspecific，所指对象只是一个虚泛的概念，其实体在语境中也许存在，也许并不存在）用法。例（1）叙述者的现状是没有女朋友$_{虚指}$，而他最大的心事是找个女朋友$_{虚指}$。此时，实指的"女朋友"在他的世界里并不存在，对他来说，最容易激活的概念不是"对自己的女朋友$_{实指}$做什么"而是"为自己找一个女朋友$_{虚指}$"；售货者首要的目的是让他的顾客买花，而在他的理解中，有女朋友$_{实指}$的定会买花送给女朋友$_{实指}$。

相声《败家子》里有这样的对话：

(2) 甲：我哪能光棍呢？我得娶个媳妇啊。

乙：对对。

甲：你说我娶谁媳妇？

乙：什么叫娶谁媳妇啊？你得找一没结婚的娶啊。

甲说"我得娶个媳妇"的时候，乙的理解是"媳妇$_{虚指}$"，而甲再一次说出"娶媳妇"时候明确指向了"媳妇$_{实指}$"，造成了乙和听众意外的逗笑效果。

再看一个例子：

(3) 一个小女孩站在铁匠铺旁边，看铁匠打铁。

铁匠有些讨厌她，便拿出烧红的铁，凑到小孩面前吓唬她。

小孩眨了眨眼说："你给我一块钱，我就敢舔一舔它！"

铁匠听后，马上拿出一块钱给了小女孩。

小孩接过钱用舌头舔了一下，放进兜里走了……

这个例子里的理解错位产生在"它"的指示问题：小女孩使用的是"它"的话语回指功能（指向自己前面话语里的"一块钱"），而铁匠的理解用的是"它"的现场指示功能（自己现场所持的那块烧红的铁）。这个错位的根本原因还是在实指和虚指的对立上：小女孩说的"你给我一块钱"其实是没有歧义的，"一块钱"是虚指的。小女孩用"它"回指"一块钱"自然无可厚非，但是铁匠很难做到，因为他会首先寻找语境中实指的事物，于是他的理解指向了实指的铁块。

二 论元关系与话题关系的错位

论元关系与话题关系不一致时常常导致理解的错位，张伯江(2013)举了一些与此有关的例子。汉语的"话题—说明"结构允许多种语义关系，说话人可以用这种结构把句子简单组织起来，但是有些话题—说明结构的句子常常被听话人当作论元结构句来理解，造成错位。我们先看传统相声《扒马褂》里的两个例子。

(4) 我们家那骡子啊，掉茶碗里烫死了！

这是甲、乙、丙三个人对话中乙的一句，丙听了以后觉得很荒唐，便向甲求证，甲解释说，是乙用自己家的骡子换了一只名贵的蝈蝈，那蝈蝈被热茶烫死了，致使乙非常伤心。

丙对这句话的误解使用的是论元结构，认为"掉茶碗里烫死"的角色必然是"我们家那骡子"，但乙说话时使用的是话题—说明结构，"我们家那骡子"只是他谈话的话题，并不用来指称那头骡子本身，而是想讨论它的价值。换句话说，这句话的话题部分（我们家那骡子）与说明部分（掉茶碗里烫死了）都不是客观描述，而是两种主观评价之间的联系：骡子（价值）—烫死（丧失），句意就是"价值的丧失"。

另一个例子：

(5) 是啊！您就知道那风多大了，一宿的工夫，把井给刮到墙外边去了。

这也是甲、乙、丙三个人对话中乙的一句，丙听了以后觉得很荒唐，向甲求证，甲解释说："因为他家那篱笆墙年头儿太多了，风吹日晒的，底下糟了，离着这井也就二尺来远。那天忽然来了一阵大风，篱笆底下折了，把墙鼓进一块来，他早起来这么一瞧，困眼蒙眬的：'哟！怎么把我这井给刮到墙外边去了？'就这样给刮出去的。"

丙对这句话的误解在于把"风"当作了"刮"的直接施事，是一种典型的论元结构思维。看了甲的解释以后我们明白，乙并不是把"风"当作动作的施事来表达的，而是当作"致事(causer)"。致事的话题属性远远强于做句法主语的属性。

论元关系与话题关系的理解错位时有发生，这里再看一个例子。吕叔湘(1984)曾经讨论过这样的一句话：

(6) 在家里，我对儿媳像闺女一样，儿媳对我也像亲妈一样。

这是他在《人民日报》上读到的实例。吕先生作为这句话的受话人，尽管理解了说话人的意思，仍然对这句话的自然度提出了少许的质疑，他发现，"把这里边的'闺女'和'亲妈'掉个过儿，意思丝毫不变"：

(7) 在家里，我对儿媳像亲妈一样，儿媳对我也像闺女一样。

这个现象可以从不同角度讨论(乐耀 2014)。我们觉得，从论元结构与话题结构的理解错位角度解释，也许更简单些。"我对儿媳像亲妈一样"＝"[我]$_{\text{Subj.}}$[(对儿媳)像亲妈]$_{\text{Pred.}}$"，这是论元结构的理解；而说话人的表达法则不是"我对儿媳像闺女一样"＝"[我]$_{\text{Subj.}}$[(对儿媳)像闺女]$_{\text{Pred.}}$"，即，不是用的论元结构来构句。说话人用的是话题结构：

(8) [我对儿媳]Topic[像闺女]Comment

这种方式来组织句子无可厚非，听话人一般也能准确理解，但是也无法避免用论元结构思维去测试之。这就是吕先生提出变换可能性的原因。

两种说法都可以像(8)这样做结构切分，作为“话题—说明”结构都是成立的，而如果按照论元结构理解，一个相当于“我像闺女”，一个相当于“我像亲妈”，总有一个是不对的。由此可见汉语话题结构可以容许多种说明关系。

三 条件与叙实的错位

我们在另一篇文章(张伯江 2013)中曾经讨论了“三天打鱼两天晒网”这个俗语里，“三天打鱼”与“两天晒网”并不是并列关系，而是前者为条件式的话题，后者为说明。把二者误读为并列关系，就是把条件句“三天打鱼”误会为叙实的了。

汉语里的假设条件关系句经常是没有显性标志的，“东风不与周郎便，铜雀春深锁二乔”这两句诗，如果不是知道相关的历史故事，就很难读出前一句是假设条件句来。我们也确实看到当代报刊上有单独拿这一句当作现实否定的一句引语了，如：“‘东风不与周郎便’，虽然东部球队的整体水平不如西部，但有了凯尔特人，有了活塞，西部要想拿到总冠军并不容易。”(《扬州晚报》2008 年 10 月 28 日)而《东莞时报》2011 年 11 月 23 日有一则新闻的标题便是：“东风不与周郎便，广州车展也带不旺低迷车市”。

再如成语“海枯石烂”“地老天荒”和“肝脑涂地”在近代汉语里也都是当作假设条件句用的，常伴有“虽、纵使”等连词(如《三国演义》：“云奔走四方，择主而事，未有如使君者。今得相随，大称平生。虽肝脑涂地，无恨矣。”)。现代汉语里有时被当作现实状态来描绘，如：“我相信，到那时，他会早早地回到家里，至亲至爱地温暖着你，端详着你，慰藉着你，守护着你，地老天荒。”(《北京晚报》2001 年 9 月 4 日)再如：“法捷耶夫年轻时就‘爱上了党’，把斯大林视为党的化身，对他赤胆忠心，肝脑涂地。”(蓝英年《作家村里的枪声——法捷耶夫之死》)

吕叔湘(1985a：218 - 219)引了《儿女英雄传》里的一个例子。第四回，写安公子落店，两个卖唱的女子不由分说就进屋给他唱起来。公子发急道：“我不听这个。”女子说：“你不听这个，偺唱个好的。”

吕先生说，安公子的意思是不要听唱，是“直接称代”，卖唱的却说他是不要听这个曲子，要听另外的，“这个”实际上是省略了其后的“曲子”，这叫“转成称代”。

“直接称代”和“转成称代”是两个很有用的概念。不过，这个例子我们也可以用条件与叙实的错位来解释：安公子的“我不听这个”是个明确结了句的句子，属于我们说的叙实的情况，而卖唱的把这句话理解成了条件句：既然不听这个，那么我唱个别的。

再看一个例子：

(9) 甲和乙两个小伙子。甲对自己的女朋友说：“我想有个女儿。”女朋友回答说：“我们结婚吧！”于是，甲求婚成功。

乙也想学着甲的方式求婚。当他对自己女友说“我想有个女儿”的时候，女友马上叫了他一声：“爸爸！”

乙女友的回答出乎乙的意外，其实是很直接的思路。甲的做法是以结果求条件，即，先让“我们结婚”这个条件成为现实，才有可能实现“有个女儿”的愿望。但“我想有个女儿”这句话字面上并不直接含有寻求条件的意思，乙女友没有绕弯想到条件，也是很自然的。

四 行域与知域的错位

俗语“大河有水小河满”的理解错位问题我们在另一篇文章(张伯江 2013)中讨论过了，这里复述一下，以期说明，问题的实质，在行域与知域的理解错位。

有的工具书对这个俗语的释读是：“比喻全局好了，局部也会受益。反面是‘大河没水小河干’。”(周一民

2009：49)举例取自刘绍棠的小说《鱼菱风景》："而且，大河涨水小河满，鱼菱村生产大队这两年的工值，也是直线上升；年关分红，杨家的几个劳力更分到一大笔现款，鼓囊囊的装满了腰包回家来。"

常见有人从常识角度质疑这个俗语所阐释道理的合理性：如果"小河"指的是大河的支流的话，是小河里的水流到大河里，大河才满的，而不是大河水满了分给小河的。这种解读是以"大河有水"为普通条件式话题，"小河满"为相应的结果式说明。事实上这句话还可以有另外的解读方式，即，"大河有水"为现实性条件式话题，"小河满"为推断性结果式说明。说话时的情境是：看见大河里有水，可以推断出上游小河里水是满的；看见大河里没水，可以推断出上游小河里水是干的。这后一种理解是在"知域"里说的，前一种解读是"行域"里的。从话题到说明的顺向语序，都是因果关系，行域的理解是物理世界的前因后果，知域的理解是心理世界的回溯推理，也是基于现实条件得出的推论性结果。两种理解各自遵从不同认知域的因果关系，只不过后一种知域的理解更合乎常识而已。

与此相类似的是另一个俗语"墙倒众人推"的理解。很多人依物理世界的前因后果关系，把这话的意思理解成"落井下石"的意思，"比喻人一旦失势倒霉，大家就都来欺负、攻击他。"(周一民 2009：183)从事理上讲，墙既倒了以后就没法推了。更合理的解释是：看见墙倒掉了的事实，推断一定此前是许多人推墙导致的结果，仍然是一种回溯推理。这句话说全了是"墙倒众人推，鼓破万人捶"，道理很显著：墙倒了就没法再推，鼓破了也不会有人再捶了；一定是面对倒了的墙和破了的鼓，推断这个事实的背后是多人施加影响所致。毕淑敏《冻顶百合》："'墙倒众人推'一直是贬义词，但一堵很厚重的墙要倒下，是一定要借众人之手的。"

五　行域与言域的错位

2013 年 6 月 8 日新华每日电讯刊登了一篇署名"戴立言"的文章，题为《政党制度与反腐败》。文章刊出以后，其中"多党轮流执政照样腐败"一句话，引起了网上纷纷议论。有一些人把这话解读为承认了一党执政腐败的现实，"照样"照的就是这个"样"。

这显然是个误读。首先误读者有断章取义之嫌，那个句子所在的片段是这样的：

(10) 多党轮流执政照样腐败，一党长期执政也可达到清廉，腐败与否并不取决于政党的多少。不管是多党还是一党，对腐败都没有天然的免疫力。一些实行多党制的国家，政党之间对立严重，政党轮流上台、轮流腐败的现象并不少见；而一党长期执政的国家，只要措施得力，照样能保持清廉。

不过，录全了这段话也无法解决"照"的是什么"样"的问题。误读者在行域里理解这段话，那么"样"就是现实的腐败状况和清廉状况，文中的两处"照样"他都可以解读为一党执政的腐败现实和多党轮流执政的清廉现实。这个误读的根源在于把原作者言域里的"照样"错误地解读成行域里的意义了。原作者在文章的开头说得很清楚：

(11) 有人在社会上、在互联网上散布一种观点："中国腐败问题的根本原因是共产党一党执政"，"只有实行多党制才可能达到廉洁"。

由此可见，"多党轮流执政照样腐败，一党长期执政的国家照样能保持清廉"这两处"照样"照的都是引语中的话。这两句话的意思其实是：多党轮流执政照样会出现你说的(一党执政国家会出现的)腐败，一党长期执政的国家照样能保持你说的(多党轮流执政的)清廉。

再看一个例子。2014 年 11 月，多家媒体刊登了一篇对篮球运动员巴特尔的专访。在专访中巴特尔说："其实，在新疆的这六年，新疆队对我问心无愧，我对新疆队也问心无愧，只能说，缘分尽了吧。"一般来讲，"问心无愧"这个谓语，要求主语是第一人称的。这个句子里，第一个"问心无愧"的主语是第三人称的"新疆队"，因此我们可以判定，整个一句话完整地说应该是："新疆队说他们对我问心无愧，我对新疆队也问心无愧"。也就是说，原文"新疆队对我问心无愧"这半句其实是言域的。

六　句法与修辞的错位

《父亲的草原母亲的河》是一首歌的名字，最初我只知道其名，没有用心听过歌词，那时我以为，这是一句修辞性的说法：父亲般的草原，母亲般的河。属于吕叔湘(1976/2002：441)说的“同位性偏正短语”：作为父亲的草原，作为母亲的河。

后来仔细听了歌，歌词一开头便是：“父亲曾经形容草原的清香，母亲总爱描摹那大河浩荡”，于是我知道，以前的理解错了，原来是“父亲说的草原”和“母亲说的河”。

这是个非修辞性说法被错误理解成修辞性表达法的例子。更多的情况是，修辞性的说法被误解为普通说法。反问就是一个典型的修辞性问句，由于其形式大致跟普通是非问句相同，听话人常常听不出其中的修辞性色彩，造成误会。例如，吕叔湘(1985b)举的例子，师父责问徒弟：“你怎么吃掉了这么多？”徒弟把两个饼塞到嘴里：“这么吃就吃掉了。”吕先生解释说：“师父问‘怎么’是‘为什么(why)’的意思，徒弟故意把‘怎么’理解为‘怎么样’(how)的意思。”“怎么样”是有疑而问，是常规的句法语义，“怎么”的“为什么”义是反问，属于修辞用法。

普通的是非问句也有这两种效果。电影《妈妈咪呀》里，多娜问哈里：“Harry，what are you doing here？(哈里，你来这儿干什么？)”哈里手里拿着一张支票回答说：“I wanted to give you this.(我要给你这张支票。)”多娜说：“I don't mean here here，I mean here on this island.(我不是说这儿，我是说，你到我们岛上干什么来了！)”多娜的解释说明，她的问话不是个一般疑问句，而是个反问。这个现象早已引起了语言学者的注意，构式语法学者甚至认为这个格式已经构式化了，Kay & Fillmore(1999)称之为“WXDY？”构式(其中W代表疑问词，D代表do类动词，X和Y是可替换的其他词)，如：

(12) Diner：Waiter，what's this fly doing in my soup？(服务员，这苍蝇在汤里干嘛呢？)

Waiter：Why，Madam，I believe that's the backstroke.(夫人，我想它是仰泳呢。)

反问句凝固为构式化的表达法在汉语里也很常见，如“干什么？”“怎么着？”等等。

七 注意焦点的错位

语言学研究中，不仅要研究说话人表达的焦点，还应研究听说双方注意的焦点(focus of attention)。看这个笑话：

(13) 地铁站看到一男孩，拼命吃巧克力。

过了一会儿，我就跟男孩说：“小朋友，巧克力吃多对身体可不好。”

男孩轻蔑看我一眼，说：“我太爷爷今年103岁了，你知道为什么吗？”

我好奇地问：“为什么？因为吃这个？”

男孩回答说：“他从不管闲事。”

叙述者注意焦点在男孩，于是以为男孩谈论长寿话题一定是谈论男孩自己，但是男孩却把注意焦点引向了对方。或者说，说话者关注与现场有关的话语命题内容，关注自己的话题和观点：巧克力吃多的后果；而听话者关注言语行为(speech act)本身的性质——管闲事。

另一个例子：

(14) 最近加班比较多，没时间陪女友。女友一脸委屈地说：“你不爱我了，一点都不关心我，只在乎你的工作。”

我很无奈地说：“我怎么就不关心你了，最近是真忙啊！”

她说：“我明天不吃饭了，晚上去打你们老板一顿！”

我问：“你打我老板干嘛？”

她愤怒地咆哮道：“你都不问我为什么不吃饭！你果然不爱我了！”

女子希望男子的注意焦点在她身上以及她不吃饭这样的事情上，而男子的注意焦点却不知不觉跑到了老板以及老板挨打一事上。

两个例子为什么都发生了误会？第一个，成年人是顺着自己的话题连续方向延伸思路，没有想到转移；第二个则不然，男子没有沿着既定话题“感情”延伸，被“打老板”这一不寻常信息转移了思路。

再看一个：

(15) 在一棵树上看到有人张贴了一张寻狗启事："这是一张我们走丢了的狗狗的照片，假如您看见它，请给我们来电！"于是我打电话过去说："我看见你们走丢了的狗狗的照片了！"

事实上这可能是路人故意跟狗主人捣乱。但从语言上说，也是注意焦点的不同提供了误读的可能。狗主人认为狗的生命度高于照片，因此优先获得被回指的资格；而那路人不认同这一原则，他认同的是"定中结构的中心语优先被回指"这条句法原则。

八　主观大量和主观小量的错位

语言的主观性表现在量范畴上，常会出现话语参与者超出实际量度的"主观大量"和"主观小量"现象。（李善熙 2003）以下是两者理解错位的现象。

(16) 餐厅里，一位单身汉对我说："好羡慕，我什么时候也能有机会吃情侣套餐呢？"

我安慰他说："别灰心，只要有钱，像我这样，一个人也能买情侣套餐。"

"吃情侣套餐"是一种方式，这方式意味着什么？在那个单身汉看来，能吃上情侣套餐的前提是"有情侣"，实现这个条件远比一份套餐本身的价值大；而听者则认为情侣套餐不过是比普通套餐多一点钱而已。单身汉对情侣套餐价值的理解是基于他的主观大量，而听者则是基于主观小量。这种错位可以用副词"才"和"就"的对立显示出来：

有了情侣才能吃上情侣套餐 ‖ 有了钱就能吃上情侣套餐

(17) 爸爸刚到家看到儿子的成绩，十分生气，上来就是一个耳光。

儿子自知理亏，不敢说什么，心想，赶紧让爸爸去吃饭吧，就说："爸爸，你没吃饭呢吧？"

爸爸一听更生气了，啪啪又是两个耳光："你小子，嫌我没吃饭打得轻了是吧?!"

"没吃饭"在儿子的理解中是一件大事，儿子企图用他主观认为更大意义的事转移爸爸的注意力，爸爸却错会了儿子的意思，他以为儿子用"没吃饭"指打人的轻重，因没吃饭而打人没力气，这是一种主观小量。

(18) 一个小伙子坐公交车，上来个老奶奶，小伙子起身让座。"小伙子，谢谢，今年多大了？""26。""我孙女也是 26，人长得可漂亮了！"小伙子心想："莫非老奶奶看我让座想介绍孙女给我？"刚想开口，老奶奶却说："26 了还坐公交。我孙女都买车了！"

小伙子主观上觉得"坐公交让座"是个有价值的行为，他对此事可能引发的老奶奶的回应有主观大量的期待，而老人对"坐公交"的主观评价是偏低的，两人期待值形成巨大反差。

九　话题和焦点的错位

话题是谈话的起点，总是已知信息，说明部分往往是新信息，也是焦点所在的地方。但是汉语话题和说明都是体词性的，同样一个体词性片段，在话语中可能是话题，也可能是说明甚至是焦点。（沈家煊 2012）以下是话题和焦点错位的一些例子：

(19) 一男子被判刑 12 年，狱中闲来无事训练蚂蚁玩。几年后蚂蚁已可以倒立、翻跟头等。男子出狱后去酒吧炫耀他的蚂蚁。进入酒吧后男人点了一杯啤酒，然后掏出蚂蚁放在桌子上对服务员说：看，这只蚂蚁。服务员转身一掌拍死了蚂蚁，然后道歉说：对不起先生，我马上给您换一杯。

说话人是以"蚂蚁"为话题，试图让听话人注意他要表达的焦点"它将做出惊人之举"，而听话人却不是这样解读，他是以情境（"酒吧—啤酒"）做了话题，他解读的焦点是"（其中）有一只蚂蚁"。

(20) "从前有两个人，一个叫'我爱你'，另一个叫'我不爱你'。突然有一天'我不爱你'死了，那剩下的一个叫什么？"

"幸存者啊，笨蛋！"

说话人是以“甲死了，乙剩下”作为一个“话题—说明”对，把“乙”的名字空出来，等待答话人回答；而答话人则是以“甲死了，乙剩下”这一事实整体作为话题，然后做出说明：“这就叫幸存者。”换句话说，发话人期待的答案是个对比焦点，而答话人的回答是个自然焦点。

再看一个稍微复杂些的例子。严格地说，这个故事不像本文其他例子那样完全是误解，但也有一点超出原本预期的解读。

(21) 一个女子自述：跟闺蜜聊天，她抱怨我每次逛街都不化妆，我就问她：“知道为什么我不爱化妆不？”闺蜜说：“不知道。”我就回答说：“我不化妆，别人说我丑，我可以说我是没化妆；可万一我化了妆还有人说我丑，我就没有借口了。”

闺蜜拿出“她不化妆”作为话题来讨论，希望女子给予说明。女子给出了说明：“（不化妆）是为怕别人说丑找的借口。”这本已是个完满的语法上的回答了。但出乎意料的是，女子进一步拿出了“不化妆”的对比性话题“化了妆”来讨论，并给出了这个对比性新话题的说明“没有借口了”。我们知道，对比性话题从另一个角度看也可以说是对比性焦点，“不化妆”与“化了妆”同时拿来说明，语义上更完满，语法上，却是超出了问话人的结构预期的。

十　评论和报道的错位

语言的基本功能是什么？传统上人们常说语言的主要作用是报道事件，当代功能主义语言学者则更强调语言表情达意的作用。尤其是从大量现实口语材料的调查统计来看，绝大多数的句子是用来描述状态和表达态度的，也就是说，评论性强于报道性(Thompson & Hopper 2001)。无论如何，评论和报道是语言的主要功能，两种功能在常用的词语身上已经留下了各自的痕迹。看一个小笑话：

(22) 老公又开始埋怨我太胖了，吧啦吧啦没完没了地说我，我一生气打了他一巴掌，他也火了，说我太过分了，我说：“谁过分了，是你先说我胖的。”他说：“明明是你先胖我才说的！”

男子的无理狡辩，利用的是“说”的两个不同的意思：报道义和评论义。后者在《现代汉语词典》里已经确认为一个义项“责备；批评”。女子“你先说我胖”用的是评论义，她认为男人是在讥讽她的胖，男人的话含有态度意义；男子“你先胖我才说”偷换作了报道义，意思是“我看见你胖，我忠实地用语言报道，有什么错？”这显然是狡辩，因为在我们的社会生活中说人胖，多数就是表达态度，几乎不会用报道意义的。

下面这个例子是真实发生的。2013 年 11 月底大连广播电视台“城市直通车”记者在街边采访一位老人，当时街上一个大型企业开业正在大放鞭炮，有扰民的嫌疑。以下是记者与老人的对话：

(23) 记者：“今天早晨，开业第一天放那么多鞭炮，这事儿你怎么看呢？”

老人：“我就是趴窗户看。”

记者说“你怎么看”用的是“看”的“观察并加以判断”义(《现代汉语词典》)，即评论义；而老人没有理解出评论义，只是用报道的方式回答了记者的问题，讲述自己“怎么看”的行为事实。

这两个例子，并不仅仅是“说”和“看”各自的不同义项问题，实质是折射出了语言客观报道侧面和主观评论侧面，只不过在这两个动词身上评论义的痕迹已经固定下了。没有固定下来的例子更多，两种功能其实是时时处处存在着的。

结　语

以上举例讨论了理解错位的一些因素。有几件事需要说一下：

一，我们题目说的是“言者与听者”，这里所谓言者和听者，不限于狭义现场对话的听说双方，也包括跨时空的语言编码与语言解码。如书面形式与它的读者，也是语言发出者和接受者的关系。一些流传多年的成语、俗语，最初的说话人有他一时一地的说话意图，后人解读时未必准确还原当初说话人的具体意图，也就造成了理解错位。归根到底都是解码者对编码者或多或少的误读，所以，本文讨论的现象，不管是不是现场对话，在这个意义上说，都是一样的。

二，许多举例都是笑话，可以代表正常的语言吗？理解错位本来就是交际过程的"故障"，有些错位的理解在交谈现场很快就消除了，谈话双方为了交谈的正常进行会主动忽略掉；有的错位理解显得好笑，就有人留意记录下来，作为笑话流传。其实交谈中的理解错位几乎每天都在发生，只是语言材料很少记录，而各种笑话体裁的文字恰好为我们研究理解错位保留了一份难得的素材。有些笑话（尤其是相声等文艺作品）可能是刻意编的，编造的基础也恰恰是因为存在错位的可能，仍然可以说是一种语言现实。

三，本文从十个侧面谈导致理解错位的因素，这十个因素既不是同一个平面上的，而且每个例子也不是仅限于惟一角度的解释，每个语言事实都可能涉及不同的因素。如例(1)就可以从多种角度观察。以动词"送"的论元结构说，它应该涉及三个论元，卖花人和叙述人的理解分别是："送女朋友一束花"和"送你一个女朋友"。双及物式里与事总是已知信息，必须是实指；受事往往是新信息，可以是实指的不定指，也可以是虚指。这就把指称性质跟论元结构结合起来解释了。同时这也可以说是关注焦点的不同：卖花人关注在你买不买他的花，所以他首先用的是"买花"做焦点，"送女朋友"只是被追问时的答句；叙述人关注的焦点则在"得到女朋友"。因此同样是"送女朋友"四个字，却代表着不同的关注焦点。再如例(17)，也可以看做父子二人推理方式的不同：儿子是以现实情况"没吃饭"作为条件，引导父亲去做"吃饭"这个结果；父亲则以现实情况"打孩子"为条件，回溯推导出"没吃饭"这个原因。

四，理解错位有没有倾向性规律？有，但不是绝对的。吕叔湘先生(1979：103)曾经这样描述语言解码过程："听人说话，听了一个词，根据他的语法和词汇知识预期底下可能是一个(或哪几个里边的一个)什么词，也许猜对了，也许猜错了，一个个词顺次猜下去，猜测的范围逐步缩小，猜对的机会逐步加多，最后全对了，就叫做听懂了。听完了还不完全懂，这种情况也常见，多半由于说话的人说得不周到。"吕先生这段表述仅说到了语法和词汇因素，没有谈及语用因素。不同的语用倾向会导致不同的句法—语义选择，如：选用"话题—说明"结构还是"施事—受事"结构，选用实指指称还是虚指指称，等等。一般来说，发话人对自己想说的内容了然于胸，难免就说话当时的情境发挥主观性，采用更适于表达他主观意义的形式；而听话人一般是以捕捉信息为首要目的，他会优先选用偏于客观表述的事件结构来理解，这就是为什么我们常会看到，说话人采用的是主观性强的"话题—说明"结构来构句，而听话人用的是客观事件结构常用的"施—动—受"结构去理解。再如说话人在知域和言域里推理，而听话人按行域的情况去理解。有的时候谈不上有什么倾向，仅仅是听说双方关注点的差异造成理解错位，这可以说是每个例子里都或多或少存在的。

参考文献

陈　平　1987　释汉语中与名词性成分相关的四组概念，《中国语文》第2期。

李善熙　2003　汉语"主观量"的表达研究，中国社会科学院研究生院博士学位论文。

吕叔湘　1976　现代汉语语法(提纲)，载《吕叔湘全集》第十三卷，辽宁教育出版社，2002年。

吕叔湘　1979　《汉语语法分析问题》，商务印书馆。

吕叔湘　1984　掉个过儿还是一样，载《语文杂记》，上海教育出版社。

吕叔湘　1985a　《近代汉语指代词》，学林出版社。

吕叔湘　1985b　笑话里的语言学，《读书》第8期。

沈家煊　2001　语言的"主观性"和"主观化"，《外语教学与研究》第4期。

沈家煊　2012　"零句"和"流水句"——为赵元任先生诞辰120周年而作，《中国语文》第5期。

乐　耀　2014　论现代汉语的比拟型对待句，《中国语文》第1期。

张伯江　2012　以语法解释为目的的语体研究，《当代修辞学》第6期。

张伯江　2013　汉语话题结构的根本性，载《木村英树教授还历记念，中国语文法论丛》，日本白帝社出版。

周一民　2009　《北京俏皮话词典》(增订本)，商务印书馆。

Kay, Paul & Charles J. Fillmore 1999　Grammatical construction and linguistic generalizations: *The What's X doing Y?* construction.

Language 75(1)：1－33.

Thompson，Sandra A. & Paul J. Hopper 2001　Transitivity，clause structure，and argument structure：Evidence from conversation. In Joan L. Bybee and Paul J.Hopper (eds.) *Frequency and the Emergence of Linguistic Structure*. John Benjamins.

张伯江，中国社会科学院语言研究所　zhangbj@cass.org.cn

（原载《语言教学与研究》2016 年第 1 期）

30年来汉语虚词研究的发展趋势与当前课题*

张谊生

提 要 汉语虚词具有不同于印欧语虚词的特点,要想全面深刻地揭示汉语语法规律,科学合理地阐释语法形式与语法意义之间对应或不对应的关系,就必须花大力气对各类虚词进行尽可能详尽透彻的研究。30年来,汉语虚词研究最为重要与富有前景的领域涉及语法化、主观化、词汇化、构式化、标记化、元语言、语义地图、附缀化八个方面。当然,当前虚词研究也存在着一系列不足与需要进一步突破之处。

关键词 虚词特征 发展趋势 研究现状 当前课题

零 前 言

众所周知,汉语具有严格意义上的语法学,迄今还不到120年;而成系统、有创见的成果迭现,主要还是在改革开放以后的这段时间。这30多年来,语法研究包括虚词研究突飞猛进,取得了一系列突破性的进展。然而,在取得成绩的同时也应该看到局限与不足,更应该明确未来应该前进的方向,尤其是需要认识存在的问题,知道当前应该亟需努力抓紧从事的研究课题。

笔者从20世纪80年代中期开始研究汉语副词及相关的虚词,在多个方面都作了努力与探索,取得了一点成绩,遇到了一些挫折,更积累了一系列的经验。所以,希望通过认真的调查与总结,对这30年汉语虚词研究的发展趋势、存在问题以及努力的方向,提出自己的看法。

一 汉语虚词的基本特征与研究现状

众所周知,汉语是一种形态特征很不发达的分析性语言,许多在印欧语言中分别由各类实词的屈折形式承担的语法任务,在汉语中往往要借助于助词、副词、语气词、标记词乃至方位词、趋向词等各种虚词和准虚词来完成。当然,汉语的介词、连词等虚词也承担了各种重要的语法任务,只是在其他语言中也有各具特色的介词、连词。就汉语虚词自身的特点来看,尽管绝对数量并不很多,但功能和用法纷繁多样,不但使用范围广、频率高,而且其内部各小类和成员之间个性突出、功能不一,用法多样、参差不齐,缺乏系统性和类推性。因此,要想全面深刻地揭示汉语语法规律,科学合理地阐释语法形式和语法意义之间对应或不对应的关系,就必须花大力气对各类虚词进行尽可能详尽透彻的研究。也正因为汉语虚词具有如此重要的地位,所以,自《马氏文通》以来,尤其是最近这30多年来,现代汉语虚词一直是汉语语法研究的热点和重点。人们从不同的角度和层面、运用不同的理论和方法,对汉语虚词的各个领域展开了多角度的研究,取得了多方面的创获。

* 本文曾在"语言教学与研究国际学术研讨会暨《语言学教学与研究》创刊35周年庆典"(2014.11.15—16)上宣读,根据与会专家意见,本稿作了全面的修改。本文是国家社科基金"程度副词的生成、演化及其当代功能扩展的新趋势研究"(15BYY131)、教育部规划基金项目"介词演化的规律、机制及其句法后果研究"(13YJA740079)和上海市哲学社会科学规划课题"当代汉语流行构式研究"(2012BYY002)的专题性成果之一,并获得上海高校高峰学科建设计划规划项目资助。对于各项帮助与资助,笔者表示由衷的谢意。

纵观整个汉语语法研究史，可以清楚地发现，自20世纪80年代初至今的30多年来，汉语虚词的研究已经进入了一个全盛的时期。学者们发表了大量各具特色的虚词研究论文与专著，其中相当一些成果不乏真知灼见。尤其是大多数研究已不再满足于对各类虚词用法进行词典式的一条一条义项的描写，而是开始注意到这些语法意义之间的沟通，以建立起语法意义的网络系统；不仅仅是对个别虚词做孤立的分析，而是开始注意到类聚虚词或相关虚词的综合与比较；不仅仅是单视角地就虚词研究虚词，而是多视角地把虚词跟句法结构、语用功能乃至认知背景等紧密地联系起来进行研究；也不仅仅是共时地、静态地对虚词进行描写与分析，而是历时地、动态地进行纵横互证的研究与探讨。20世纪80年代以来，汉语虚词研究最重要的发展就是打破了传统观念的束缚，在理论上兼收并蓄，方法上博采众长，可以说已经取得了突破性的进展，汉语虚词研究更出现了欣欣向荣的繁荣景象。

就虚词研究的具体成果而言，除了吕叔湘主编的《现代汉语八百词》之外，侯学超、张斌、朱景松分别主编了《现代汉语虚词词典》①；21世纪初还出版了《现代汉语虚词研究丛书》②。至于陆续出版的各种虚词研究著作，数量更是十分可观，比如，现代汉语介词研究著作就有③：金昌吉《汉语介词和介词短语》(1996)、傅雨贤《现代汉语介词研究》(1997)、陈昌来《介词与介引功能》(2002)、刘丹青《语序类型学与介词理论》(2003)、周文华《现代汉语介词习得研究》(2011)、李德鹏《现代汉语双音节介词成词研究》(2011)、万莹《相似介词"X"与"X着/了"比较研究》(2013)等。现代汉语副词研究著作则有：张谊生《现代汉语副词研究》(2000、2014修订)、周小兵、赵新《对外汉语教学中的副词研究》(2002)、张亚军《副词与限定描状功能》(2002)、张谊生《现代汉语副词探索》(2004)、齐春红《现代汉语语气副词研究》(2008)、杨德峰《面向对外汉语教学的副词定量研究》(2008)、张谊生《现代汉语副词分析》(2010)、史金生《现代汉语副词连用顺序和共现研究》(2011)、邹海清《现代汉语时间副词的功能研究》(2011)、季薇《现代汉语程度副词研究》(2011)、尹洪波《否定词与副词共现句法语义研究》(2011)、高顺全《多义副词的语法化顺序和习得顺序研究》(2012)、张则顺《现代汉语确信副词研究》(2015)等。至于发表在各种专业杂志、学术期刊与论文集刊中的虚词研究学术论文，以及硕、博士论文，更是多到难以计数。

从另一个角度看，语言是一种动态的过程，而不是一种静态的定式，作为汉语表达的基本语法手段之一的虚词，必然处于不断的变化之中，只是不同历史时期变化的方式、速度和作用、结果有所不同。30多年来，随着社会生活和科学技术的迅速发展，当代汉语在词汇、语法、语用乃至语音等各个层面都发生了深刻的变化。与新词新语的不断产生不同，语法变化尤其是虚词变化，相对隐蔽、缓慢而不易察觉，因而很容易被忽视。所以，这些年来，研究新词新语的论著很多，研究当代虚词变异的论著就很少。其实，语言传播的方式已发生了重大改变，特别是网络交际的大众化和普及化，使得大量特殊的甚至临时的语法手法能够迅速在语言交际中被模仿类推而广为接受，从而导致汉语表达方式，包括不少虚词的用法发生了较大的改变，经过一段时间积累，一些细微的变化就会从量变转向质变。如果仔细比较一下30年前后的虚词用法，就可以清楚看到，当代汉语虚词在性质与范围、功能和特征、作用与功效、发展和趋势等各方面，都已发生了十分深刻的变化。尤其是进入新世纪以来的最近15年来，当代汉语虚词的发展呈现出一系列与以往不同的特点。这些年来，语法学者在研究虚词用法和探索虚词演化时，尽管也曾不同程度地涉及到当代汉语虚词的发展与变化，其中有些个案分析还十分深入，但是，有意识地对当代虚词的发展趋势和演化规律进行成系统、多角度的考察与研究的，迄今还相当少见。

经过深入调查与多方比较，我们认为，这30年来当代汉语虚词至少在以下四个方面发生了显著的变化：(1) 语法功能的扩展化和中和化；(2) 表达作用的细化、转化和主观化；(3) 常用虚词的构式化与标记化；(4) 新兴虚词产生与流行的快捷化与简易化。然而，目前出版的虚词词典、撰写的语法论著，乃至各种通行的对内、对外汉

---

① 这一时期还出版了一系列古代汉语、近代汉语的虚词词典。本文主要关注现代汉语虚词研究。

② 《现代汉语虚词研究丛书》，由张斌主编，2002年在安徽教育出版社出版。包括《副词与限定描状功能》(张亚军)、《介词与介引功能》(陈昌来)、《连词与相关问题》(周刚)、《语气词与语气系统》(齐沪扬)、《助词与相关格式》(张谊生)、《现代汉语虚词研究综述》(齐沪扬、张谊生、陈昌来合编)六本。

③ 研究古代汉语、近代汉语介词与副词的专著，这些年来主要有：马贝加《近代汉语介词》(2002)、张赪《汉语介词词组词序的历史演变》(2002)、王鸿滨《〈春秋左传〉介词研究》(2005)、赵大明《〈左传〉介词研究》(2007)、史冬青《先秦至魏晋时期方所介词研究》(2009)、田春来《〈祖堂集〉介词研究》(2012)，以及唐贤清《〈朱子语类〉副词研究》(2004)、杨荣祥《近代汉语副词研究》(2005)、葛佳才《东汉副词系统研究》(2005)、陈群《近代汉语程度副词研究》(2006)、高育花《中古汉语副词研究》(2007)、许伟东《〈高僧传〉时间副词研究》(2008)等。

语教材，所涉及到的虚词部分大都是按照以往的观察编写的，还较少反映那些已经或正在变化的现象、用法和规律。这种状况对于当前汉语虚词的研究、教学和应用，都是不相适应的。有鉴于此，下面力求从多个角度切入，对当代汉语虚词的特征尤其是虚词研究的发展趋势进行探讨。主要根据不同虚词的特点从不同的侧面切入，分析当代汉语虚词变化的性质与特征、规律与作用、动因与机制，着重对那些变化比较显著的、具有一定典型意义的变异现象作一个宏观的概述；尽可能地揭示当代汉语副词、介词、连词、助词、标记词，以及准虚词——方位词、趋向词的发展趋势与当前课题，为广大的虚词研究工作者，尤其是广大的研究生探究汉语虚词提供参考。

二　汉语虚词研究的理论与方法阐释

下面着重介绍一下汉语副词研究发展过程中八个方面的研究理论及相关情况。

2.1　语法化理论与汉语虚词研究

Hopper & Traugott(1993)将语法化(grammaticalization)定义为：词汇条目和句法结构在一定的语言环境中所形成的表达语法功能的过程，同时也是这些语言成分一旦语法化之后继续发展出新的语法功能的过程。与印欧语系语言不同，汉语词汇条目和句法结构语法化成为语法词或附着词之后不是演变成屈折词缀，而是跟毗邻词项融合成一个新的词汇项。比如，导致状动短语“极尽”语法化进而副词化的动因就是随着“极尽＋VP”语义重心的后移，结构关系逐渐由述宾转化为状中(张谊生 2010a)，发展到例(4)，就彻底副词化了。例如：

(1) 亏你下得！直到这时节才归来！而今已定下日子了，我与你就是无夜不会，也只得两月多，有限的了。当与你极尽欢娱而死，无所遗恨。(凌蒙初《初刻拍案惊奇》卷二十九)

(2) 这时宾主极尽欢娱，忽然空中又飞下一双翡翠之盘，盘上盛着一个桃子，光明洞澈，仿佛水晶所做。(《上古秘史》第 137 回)

(3) 原来这天是哈萨克人的一个节日，青年男女聚在火堆之旁，跳舞唱歌，极尽欢乐。(金庸《白马啸西风》)

(4) 脸擦干净了，杨过又把头埋到小龙女的怀中，小龙女抚摸着杨过的头发，神情极尽温柔，极尽呵护，极尽幸福。(《电视剧〈神雕侠侣〉分集截图及评论》，三百六十度 2007.09.30)

汉语中的虚词比如介词、副词、连词和助词等大都是来自原实词或短语的虚化。如“从、在、到、向、由、把、被、叫”的介词化，“极、最、只、仅、也、还、再、又、已经、正在、马上”的副词化，“和、跟、与、同、因为、只要”的连词化，都与语法化密切相关。总之，通过运用语法化理论与方法，现代汉语虚词研究已取得了突飞猛进的发展。

2.2　主观化理论与汉语虚词研究

虚词语法功能中，必然会涉及主观化。主观性(subjectivity)是指语言表达的过程中或多或少总是含有说话人自我的表现成分，而主观化是为了表现这种主观性而呈现出来的相应结构形式或经历相应的演变过程。也就是说，说话人在说出一段话的同时，会有意无意地顺带表明自己对这段话的立场、态度和感情，从而留下自我的印记。比如“没”从动词虚化为副词，由于受到主观表达的制约逐渐转化成为主观减量标记(张谊生 2006)。例如：

(5) 及至上了楼，要了菜，喝上酒，口味倒也罢了，就只喝了没两盅酒，我就坐不住了。(《儿女英雄传》第 32 回)

(6) 家缘渐渐地长，铺里用一个主管，两个当直，两个养娘。没两年，一个家计甚是次第，依先做了胡员外。(《三遂平妖传》第 3 回)

(7) 舅舅就在这里，眼睛睁望着，不能接触，多么别扭呀！走了没两步，朱延年跳过前面人，走到徐守仁的背后，一边走着，一边小声的问：“你怎么也来了？”(周而复《上海的早晨》)

(8) 这个方言太郎自称是一半的一半，父本中国母本东洋。所以日本中国的猫匿全知道，满口的北京土话连我都听着不明白，没两下子就被他哨晕了。(王朔《玩儿的就是心跳》)

前两个“没”还具有一定的否定功能，后两个“没”基本上只有主观评注功能了，原来的语义真值否定功能，基本上就消失了。同样，副词中评注性副词的形成，既是语法化过程，也经历了主观化，所以，主观化理论对于评注性副词和语气词主观性功能获得的解释，具有不可替代的作用。总之，主观化研究现在已经发展为汉语虚词研究最为重要的领域之一。

2.3 词汇化理论与汉语虚词研究

词汇化(lexicalization)分共时与历时,这里主要指的是历时词汇化。而在词汇化中跨层结构的词汇化颇受关注,就是指词汇化过程开始之时,两个成分之间不具有直接成分关系,如"与否、的话、加以、罢了、因而、从而、及其、与其"等。跨层结构的词汇化,董秀芳(2011)、刘红妮(2009)都有过专门讨论。严格地讲,实词词汇化一般只是增加词库的成员,与语法化关系不大,而虚词词汇化,尤其是由实而虚的词汇化则与语法化重合、交叉。比如程度副词"极其"的形成,就是跨层词汇化进而副词化的结果(张谊生 2007)。例如:

(9) 臣窃惟太宗命忠献王及庄、武二太子之伐宋,初至汴京而回,忠献再往,极其智巧,胁之以威,诱之以术,夕虑朝行,谋终谨始。(张师颜《南迁录》)

(10) 今人于饮食动使之物,日极其精巧。(《朱子语类》卷八)

(11) 左右列二金甲神人,一持钟,一持铃,夜则神人按更自敲,极其灵巧,皆前朝所未有。(徐文长(托名)《英烈传》第1回)

(12) 其间服玩衣饰之类,都用众宝嵌成,极其精巧,疑为鬼工,非人力所能造作的。(褚人获《隋唐演义》第84回)

例(9)的"极其智巧"还是动宾关系,表示"竭尽他自己的智谋和机巧";例(10)的"极其精巧"也应该是动宾式的,"日"是状语,意谓"日益使之达到精巧";例(12)的"极其精巧"已经是偏正式的了,表示"非常精巧、极为精巧";例(11)则处于两可之间,既可以分析为动宾关系,深层含义是"尽力表现神人的灵巧",也可以分析为偏正关系,直接理解为"非常灵巧、极为灵巧",表明这个"极其"正处在由跨层连用向副词转化的过程中。总之,汉语虚词的双音化趋势,导致一些句法成分在词汇化的同时也逐渐虚化了。

2.4 构式化理论与汉语虚词研究

构式(construction)语法是由 Goldberg 在 20 世纪 90 年代提出来的语法理论,Goldberg(1995)对构式的定义为:C 是一个构式,当且仅当 C 作为一个形式和意义的匹配体〈F_i,S_i〉时,且 C 的形式(F_i)或意义(S_i)的某些方面不能从 C 的构成成分或其他先前已有的构式中得到完全预测。也就是说,构式(习语或句式等)有其自身独立于组成成分的整体意义,这个整体意义是无法从组成成分或先前已有句式推导出来的——"整体大于部分之和","1+1>2"。之后 Goldberg 对构式的概念作了一定的修订,突出了形式和功能的匹配。并且强调指出,所有层面的语法分析都涉及构式:构式就是形式与语义或话语功能的匹配体,包括词素、词、习语,部分词汇填充和完整概括的短语模式。运用构式语法来研究汉语虚词开始被学者所关注。彭睿(2007)通过对汉语"非结构性排列>双音节虚词"这一历时演变过程的考察探讨了构式语法化问题。构式语法化在该文中被定义为一种重新分析的过程,可能诱发其内部成员(包括核心动词)之间的融合、合并和语法化等。其实,汉语虚词作为句法构件所构成的构式,也都可以用构式语法来加以分析。所以,从构式化的角度探讨汉语结构与虚词的进一步发展与演化,具有得天独厚的优势。比如,由评注性副词"也、真是"构成的感叹句"也真是 X 了",近来已成为一个非常流行的构式。例如:

(13) 走在水边上简直就像是在梦中仙境一般,呼国庆醉了,他真是醉了!(李佩甫《羊的门》)

(14) 订到票的那一刻,也真是醉了!起了一大早,正在北京某家国企实习的雷雨橙终于买到了回家的火车票。(《北京日报》2014.12.08)

(15) 为了一个节目缝了二十二针也真是够了,还好你是男演员,我能说等你好了,咱们打一架吧!(河北新闻网 2014.11.22)

(16) 为不耽误学生学习时间,李老师举着手机电筒为同学讲古代汉语,此举引来各方点赞,同学赞誉他为"长师最敬业老师",网友惊呼这么任性坚持的老师也真是"蛮拼的"!(华龙网 2015.01.20)

例(13)"真是醉了"还不是构式,例(14)—(16)的"也真是 X 了/的"都已是典型的流行构式了。再比如,"被"在长期演化过程中先是依次降格,从名词转化为动词进而虚化为介词再悬空成为被动标记与构词语素,在新时期又进一步形成了新的"被"字构式(施春宏 2013)。

2.5　标记化理论与汉语虚词研究

所谓标记化，这里不是指语言分析中有标记与无标记对立关系的标记(marked)现象，而是指一些实词或虚词进一步虚化以及某些短语逐渐凝固转化，成为小品词(particle)、标记词。比如时态标记“着、了、过”与结构标记“的、地、得”；再比如，话题标记“的话、而言、则已”与话语标记“你看、你别说”。比如，“中”本来只是个名词，由于经常后附于其他名词，逐渐黏着和定位就成了类虚词方位词，再向前虚化就成了持续体标记；而“给”本来是动词，降格为介词再继续虚化成为特定的焦点标记。演化途径可以标示如下：

(17) 位置居中＞属于华中＞躺在家中＞留在心中＞在运行中＞正营业中

(18) 给我一本书＞交给我一本书＞交一本书给我＞给我交一本书＞那本书给他交了＞那本书他给交了＞他把那本书给交了/那本书被他给交了

标记化过程也经历了从量变到质变，比如例(19)“中”还是方位词，例(20)“中”就是体标记了：

(19) 至于起火原因，相关调查人员已对现场进行了勘察，并调取了周边的监控录像，目前正在调查中。(光明网 2015.03.23)

(20) 经报警后，民警、消防赶到，使用竹竿将女子拉至岸边，再用梯子将她拉上岸，由急救车送往医院，具体原因正调查中。(《姑苏晚报》2015.02.09)

2.6　元语言理论与汉语虚词研究

“元语言”(meta-language)这一概念来自现代逻辑学和语言哲学。塔斯基赋予其特定含义，“元X”就是“关于X的X”。客体层面是关于客观对象的表述，而元层面是关于语言表述的描述。表述客观事物或现象的语言是对象语言、基本语言(primary language)，而对这些表述客观事实的对象语言、基本语言进行称说、加工、调节的语言就是工具语言、元语言。基本语言是说明或表述命题的语言，元语言是指用于说明或评注基本语言的语言。元语言有四种基本的作用：标记话题结构；组织会话话论；评价命题论点；沟通交际渠道。沈家煊(2001)曾经对副词“还”的元语用法作过富有启发意义的阐释。而汉语中的一些插入语、关联词语具有相对丰富的元语用法，尤其是汉语评注性副词更具有各种元语用法，主要涉及标记作用、评价作用和关联作用等。比如“就”的评注功能的形成，就是元语化的结果。例如：

(21) 高鸟已散，良弓将藏；狡兔已尽，良犬就烹。(《吴越春秋·勾践》)

(22) 君径至市，入门数十步，当有一人卖新鞭者，便就买还，以悬此树。(干宝《搜神记》)

时间副词“就”形成以后，在表示时间的同时，又出现了限定范围的用法。例如：

(23) 若就自家杜撰，更不学，更不问，便已是凡下了。(《朱子语类》卷一百二十一)

(24) 真容既已描就了，就在这里烧些香纸，奠些酒饭，拜别了公婆出去。(高明《琵琶记》)

在此基础上，在主观化的作用下，表示范围的“就”又引申出表强调的评注性用法。例如：

(25) 我如今来到庄上，就在这芭棚下，放下这药箱。(纪君祥《赵氏孤儿》)

(26) 小生特来拜望母亲，就问这亲事。(郑光祖《倩女离魂》)

至此，动词“就”先虚化为副词“就”，再进一步虚化，由表时间、范围一直到转向了“不涉及话题内容的话语部分”——表示说话人对某种客观情况的主观态度；于是，副词“就”的强调主观情态的元语用法形成了(张谊生2000)。总之，副词的元语用法，几乎都是在语法化过程中，副词的人际功能或篇章功能进一步加强而形成的。

2.7　语义地图模型与汉语虚词研究

语义地图模型(semantic map model)是近年来语言类型学和认知语义学广泛使用的一种重要的语义分析方法，构建语义地图模型的主要目标是通过直观的图形揭示人类语言多功能模式的变异方式与相关特征，阐释不同的多功能模式背后的条理性与规律性。语义地图分析还可以有效地区分语素的多义性和同音性，可以直观地呈现不同功能之间的亲疏、远近关系，可以在一定程度上描写语言变化的相应途径。目前汉语中借助语义地图模型解决汉语虚词问题的代表论著，主要有：张敏《“语义地图模型”：原理、操作及在汉语多功能语法形式研究中的运用》(2010)、陈前瑞、王继红《南方方言“有”字句的多功能性分析》(2010)、王慧萍、潘秋平《从语义地图谈“然后”》(2010)、吴福祥《多功能语素与语义图模型》(2011)、吴福祥、张定《语义图模型：语言类型学的新视角》(2011)等。

比如，副词的语篇衔接功能包括客观性衔接与主观性衔接，前者涉及交际过程中的各种事理因素，包括顺序、追加、情状等；后者体现发话人在特定交际语境中的主观认识，涉及到推理、解注、条件、转折等（张谊生 1996）。如果用语义地图表示，就显得更加清楚直观：

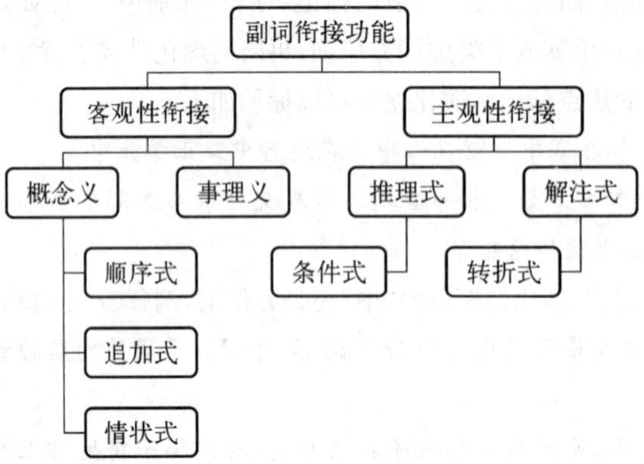

毋庸讳言，运用语义地图模型来研究汉语虚词的功能与用法，形成与演化说还处在起步阶段；不过，从已有成果所解决的问题、提供的研究思路来看，相信会有很大的前景。

2.8 附缀化理论与汉语虚词研究

附缀（clitic）指失去语音独立性，必须依附于一个独立的词，但句法上仍有词的地位（而非词内语素）的词，又被称为“语缀、附着词、词组尾”等。“附缀”这一概念现在还较少为国内语法学界所提及，实际上是一种广泛存在于人类语言中的语音-语法现象。附缀是附缀化操作的产物，附缀化（cliticization）不同于一般的句法操作，使一个句法上尚有词的地位的成分在语音上依附于宿主，经常造成句法与语音的错配。对于附缀的认定，基本原则是句法从严，语音从宽，句法上重点确认那些涉及语序改变、结构错配以及有明显语音脱落的现象为附缀。有关汉语附缀现象的研究，散见于刘丹青（2008：547－551）、白鸽、刘丹青等《北京话代词“人”的前附缀化——兼及“人”的附缀化在其他方言中的平行表现》（2012）、张斌、张谊生《非真值语义否定词“不”的附缀化倾向》（2012）、张斌（2013）、张谊生（2014）等论著。笔者认为，介词“于”的附缀化及其零形后果，对于一些非及物动词和形容词带宾语现象的解释，更具说服力（张谊生 2010b）。比如形容词“痛心”、不及物动词“感恩”的关涉对象，都可以由介词“于”引导，出于韵律节奏的协调性与语用表达经济性的需要，“于”逐渐成了一个经常脱落的后附缀。例如：

(27) 观夫武氏称制之年，英才接轸，靡不痛心于家索，扼腕于朝危，竟不能报先帝之恩，卫吾君之子。（《旧唐书》卷六·本纪第6）

(28) 龙川痛心（）北虏，亦屡见于辞，如水调歌头云：“尧之都，舜之壤，禹之封，于今应有，一个半个耻和戎。”（冯煦《蒿庵论词·论陈亮词》）

(29) 生活中要感恩于父母。生命乃父母所赐，成长皆父母之劳，这种养育之恩一生也报答不完。俗话说“滴水之恩，当涌泉相报。”（中国共产党新闻网 2008.07.14）

(30) 有些画家白天上班，夜晚加班，不下一线，只是为了“表达作为灾区艺术家感恩（）祖国，感恩（）世界的虔诚之心”。（《大公报》2008.11.20）

此外，一些跨层结构词汇化所形成的副词“极其”、连词“及其”中的“其”，其词汇化过程如从附缀的角度来看，其实也经历了从附缀化到词缀化的过程。总之，从附缀的角度来重新审视一些虚词的形成，会揭示更多的以往不为所知的现象和原因。

三 当前汉语虚词研究的不足与课题

无庸讳言，虚词研究还存在不少问题和不足。下面主要从宏观的角度，对当前虚词研究的不足，尤其是值得进一步拓展的方面，提出个人的一点看法。主要表现为八个方面：

1. 迄今为止，汉语虚词研究，微观的单个虚词的研究以及对比研究比较详尽，宏观的整个类别的探讨和理论总结相对简单。这是因为汉语虚词主要都是表示语法意义的功能词，个性强于共性。个体分析易，整体探讨难。但是，如果站在一定的理论高度，具有类型学的视野，对于汉语虚词的整体性特点，还是可以展开研究，取得有价值的成果的。

2. 对虚词本身的意义和用法的描写相当深入细致，而结合虚词的格式和构式的分析还略嫌零散薄弱。众所周知，虚词本身的用法相对灵活、多样，要想深刻、透彻地揭示汉语副词、连词、介词、助词的规律，在相当程度上，必须依托虚词及其运用的句式和格式，尤其是一系列带有明显标记特色的虚词，更是如此。当然，需要避免另一种倾向，那就是将句式、构式乃至特定语境中体现的语义甚至语用义，硬归到某个或某些虚词身上。

3. 表层现象和具体义项的归纳分析仍然居多，深层关系和内在联系的探索和解释稍显不足。虚词的形成与发展、使用与限制，有许多现象只是一种表面的情况，具体用法的说明当然很有必要，但是要想深刻揭示其内在演化的规律、使用的特点，就必须深入表层现象的背后，多角度地运用有效的语言理论与方法。

4. 运用结构主义的理论和方法比较普遍和纯熟，其他学说特别是类型学的理论和方法还不够熟练和普及。结构主义描写、分析的研究方法，当然至今还是汉语虚词研究的基础。但是，要想取得更多的突破，就必须采用多元论的观点，尽可能地借鉴各种行之有效的西方语言理论，对各种虚词现象的性质、特征、规律加以充分的揭示与解释。

5. 涉及多种理论接口的现象还有待进一步认识，例如在虚词演化的过程中，不仅仅只属于语法化，有时还会处于词汇化、主观化、标记化、构式化、附缀化等接口上，而这些问题的探讨还有待进一步的深入。总体上看，汉语虚词研究在这些领域还大有作为。

6. 汉语虚词的形成与演化与相关方言的比较研究，以及与相关方言接触的研究还未引起足够的重视。由于方言研究缺乏历时资料，而且，方言虚词用法的调查、归纳，目前做得还很不够，其实有些共同语表现不充分的虚词演化现象，在有些方言里面非常清楚。如果能够将方言中的特定用法与汉语史上的演化有效地结合起来，就有可能取得意外的突破。

7. 汉语虚词的研究与相关学科，如计算机科学、认知心理学、儿童语言习得、语言逻辑学乃至病理学等学科的交叉与互动的研究，想必会有更远的前景。可是，迄今为止，关注这方面课题的学者实在非常之少。当然，要想从事这方面的研究，必须要有相应的知识积累，甚至在两个方面都要具有一定的造诣和研究心得，才能取得突破性的进展和成果。

8. 有关虚词各种资料库、语料库的建设，包括历时演化、共时发展的资料库建设，现在还很薄弱。就以副词的历时演化为例，甲骨文、金文里面到底有哪些副词，具体的功能又是怎么样的。又比如，佛经语言中的副词与中原汉语原有副词的差异，北方阿尔泰语系副词对汉语副词的影响究竟是怎么样的状况。这方面的资料现在还太少，需要有人整理①。

参考文献

董秀芳　2011　《词汇化：汉语双音词的衍生和发展》（修订版），商务印书馆。

江蓝生　2004　跨层非短语结构的词汇化，《中国语文》第5期。

刘红妮　2009　汉语非句法结构的词汇化，上海师范大学博士学位论文。

刘丹青　2008　《汉语语法调查、研究手册》，上海教育出版社。

彭　睿　2007　构式语法化的机制和后果，《汉语学报》第3期。

沈家煊　2001　语言的"主观性"和"主观化"，《外语教学与研究》第4期。

施春宏　2013　新"被"字式的生成机制、语义理解及语用效应，《当代修辞学》第1期。

吴福祥　2011　多功能语素与语义图模型，《语言研究》第1期。

① 当然，虚词研究资料库的建设，即使是某一个方面的建设，也需要一个稳定的研究团队。

张　斌　2013　现代汉语附缀研究，上海师范大学博士学位论文。

张谊生　1996　副词的篇章连接功能，《语言研究》第1期。

张谊生　2000　论与汉语副词相关的虚化机制，《中国语文》第1期。

张谊生　2006　试论主观量标记"没"、"不"、"好"，《中国语文》第2期。

张谊生　2007　从间接的跨层连用到典型的程度副词——"极其"副词化的历程、诱因与机制探讨，《古汉语研究》第4期。

张谊生　2010a　"极尽"的构式化表达及其双重副词化的功能、演变与分化，《徐州师范大学学报(哲学社会科学版)》第1期。

张谊生　2010b　从错配到脱落：附缀"于"的零形化后果与形容词、动词的及物化，《中国语文》第2期。

张谊生　2014　从前加到后附："(有)所"的跨层后缀化研究，《汉语学报》第1期。

Goldberg，Adele E. 1995　*Constructions: A Construction Grammar Approach to Argument Structure*. Chicago：University Of Chicago Press.吴海波译《构式：论元结构的构式语法研究》，北京大学出版社，2007年。

Hopper，Paul J. & Elizabeth C.Traugott 1993　*Grammaticalization*. Cambridge：Cambridge University Press.《语法化学说》，外语教学与研究出版社、剑桥大学出版社，2001年。

张谊生，上海师范大学　yingshen@shnu.edu.cn

(原载《语言教学与研究》2016年第3期)

兼类说反思*

周 韧

提 要 朱德熙先生的词类观和他确立的汉语词类体系在汉语语法学界影响深远。本文认为,如果深入贯彻朱先生最主要的词类观,那么在汉语的词类划分体系当中,便不宜有兼类的概念。文章首先说明设立兼类词所依据的"数量原则"其实难以把握,进而从概括词和个体词关系、词类划分标准的确定和词性标注三个方面说明兼类概念带来的理论困境。我们认为,一旦确立"汉语词类和句法成分不是一一对应关系"这一重要原则,那么设置兼类便会多多少少和这一原则产生矛盾。

关键词 兼类 概括词和个体词 词类划分标准 词性标注

中图分类号 H042 **文献标识码** A **文章编号** 1671-9484(2015)05-0504-13

1 兼类说

"兼类"是词类划分中的重要概念,指"一词多类"现象,即一个词属于两个或多个类别的情况。

兼类的概念在汉语语法研究之初,就已经存在了。《马氏文通》中就有"字类通假"的说法。例如,在论述"名字"中的"通名"时,便认为"通名"也可假借"静字"、"动字"和"状字"。以"通名"假借"动字"为例,马建忠(1983:34)是这样论述的:

> 韩[①]上于相公书:"圣贤之能多,农马之知专故也。""能""知"动字也,而用如通名。韩上郑相公书:"窃自计较,受与报不宜在门下诸从事后。""受""报"动字也,而用如通名。韩答侯继书:"冀足下知吾之退未始不为进,而众人之进未始不为退也。""进""退"动字也,而用如通名。其见于他书者,不可枚举。

表面上,"字类通假"好像是不用兼类这种说法。可实际上,"字类通假"认为同一个词在甲位置上和乙位置上有不同的词性,它其实就是汉语语法中"兼类说"的最早版本。

在后来的汉语语法研究中,出现了种种不同的理论来处理"一词多类"现象。这其中有20世纪二三十年代提出的"转类说"和"词类活用说",其代表为黎锦熙(1992:17)和陈承泽(1982:18-20)。而20世纪50年代,又出现了"名物化"等理论。不过,这些观点在汉语语法研究的历程中不断受到质疑,其中有些观点早已被淘汰。

吕叔湘(1984)对这些说法都有详细而深刻的批评。吕先生指出了"通假说"、"转类说"和"活用说"的种种弊病。其中,以"依句辨品"为基础的"转类说"受到的批评最多,吕先生指出:在实用上,"依句辨品"不仅模糊了词类的特点,而且显得不必要的啰唆;在理论上,"依句辨品"实质上是"离句无品",并且是将词的意义和词的用法混为一谈。

吕先生在文章中着重指出的一点是:这几种说法的根本缺陷就在于将词类和句法成分看成是一种一一对应

* 本文的研究受到国家社科基金重大项目(12&ZD227)、北京高等学校青年英才计划项目(Beijing Higher Education Young Elite Teacher Project)和教育部新世纪优秀人才支持计划的资助。感谢郭锐、袁毓林和张伯江先生以及《语言科学》匿名审稿人对本文提出的宝贵意见。文章初稿曾在"第十七次现代汉语语法学术讨论会"(上海师范大学,2012年10月)上宣读,感谢与会学者的宝贵意见。

① 指"韩愈"。

的关系，因而在理论上终归站不住脚。

在20世纪八九十年代，关于汉语词类中兼类的讨论一度又成为热点，其中比较有代表性的有徐枢(1991)和胡明扬(1996)。但是，彼时讨论兼类问题的焦点集中在“确定词的同一性”，“确定判断兼类词的语法功能标准”以及“控制兼类词数量”等方面。而且，各位学者讨论问题的前提都是汉语中是存在着兼类词的。

而本文最主要的观点是：说明汉语词类划分中不应存在兼类的概念。兼类的概念和朱德熙先生的语法观点存在着一系列不可调和的冲突。

2 朱德熙先生的词类观

朱德熙先生的词类研究在汉语语法学界影响最为深远，词类研究是朱先生语法研究中最重要的组成部分。朱先生的词类观主要体现在朱德熙(1985)当中，而朱先生确立的汉语词类系统主要体现在朱德熙(1982)当中。

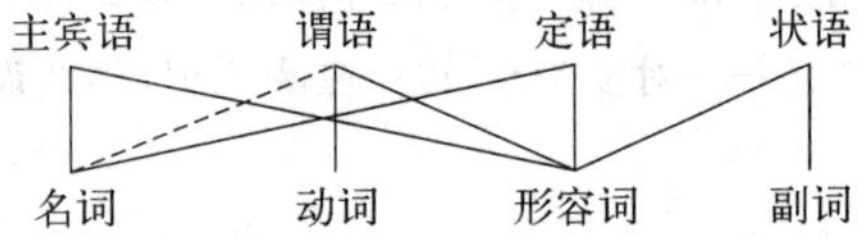

图1 汉语词类和句法成分对应关系示意图

朱德熙(1985：4－5)讨论了汉语语法与印欧语系语言相比较的特点，朱先生认为汉语语法的两条主要特点中的第一条便是“汉语词类跟句法成分(就是通常说的句子成分)之间不存在简单的一一对应关系”。朱德熙(1985：5)进一步解释说，汉语词类和句法成分的关系是错综复杂的，大致的情形可以从左边的图示里看出来。

朱先生提出这条原则，最最主要的目的就是要解决汉语中名词和动词的纠葛。我们注意到，在朱德熙(1983)中，第一句话便是“汉语和印欧语语法上的显著区别之一，是汉语的动词和形容词(两者合称谓词)可以直接作句子的主语或宾语而无需改变形式”。

可见，朱先生提出词类和句法成分不是一种一一对应关系，主要就是要说明动词和形容词做主宾语的问题，说明动词和形容词并非需要“假借”、“转类”、“活用”、“名物化”和“兼类”等处理方法，其本身就可直接充当主宾语。

认为动词形容词无需改变形式便可直接充当主宾语，正是朱先生“摆脱印欧语的干扰，用朴素的眼光看汉语”的一个重要实践例证。沈家煊先生曾在各种场合评论到：“这是汉语语法研究一百年来最重要的成就。”

朱先生的观点现今已经是汉语语法学界的主流观点。黄伯荣和廖旭东(2007)和胡裕树(1995)是现今国内通行的两大现汉教材，在论述现代汉语语法特点的时候，黄伯荣和廖旭东(2007：8)将词类和句法成分不是简单的对应关系这一条列入，而胡裕树(1995：18)也明确表示“动词、形容词可以充当主语或宾语”是汉语的重要特点。

本文的主旨是讨论兼类的问题。我们认为，如果坚持朱先生的词类观，坚持汉语词类和句法成分不是一一对应的关系这条原则，那么在汉语词类划分的系统当中，不仅可以取消动词和名词的兼类，而且可以取消所有的兼类，或者说，如果贯彻朱先生的词类观，那么在朱先生的词类划分系统中，是不能有兼类的。

首先要明确，本文所要讨论的兼类现象，根据陆俭明(1994)的研究，指的是严格具有形式和意义同一性的词的兼类现象，如“共同纲领”和“共同奋斗”中的“共同”。根本不具同一性的同音词，如“花钱”和“买花”中的“花”不是本文要讲的兼类词；不具备严格语义同一性的词，如“买把锁锁门”中的“锁”也不是本文要讲的兼类词；而一些修辞上的临时用法，如“这个连长太‘军阀’了”中的“军阀”也不是本文要讲的兼类词。

3 划分兼类的数量原则

在朱德熙先生建立的词类系统中，究竟什么样的情况才算是兼类？判断兼类的标准是什么？实际上，在考虑是否设置兼类的时候，最常用的标准应该就是数量上的标准，一般要求兼类必须在同类词中不能占多数，只能占少数，否则便是分类不精。我们姑且将这样的标准称为“数量原则”。

关于数量原则，赵元任(1979：229)、朱德熙(1982)和吕叔湘(1984)都曾提到过。朱德熙(1982：39)论述到：

当我们把A、B两类词分开的时候，可以允许有一部分词兼属A、B两类。但是兼类的词只能是少数，如果把A和B分为两类之后，大部分A类词同时兼属B类，或大部分B类词兼属A类，那只能说明我们当初把A和B划分两类词本身没有多大意义。

而吕叔湘(1984：256－258)讲得更为详细：

一个甲类词，在某一场合具有咱们规定为乙类词的特点的特点，应该算是乙类词；可并不是难得这样用，是经常这样用，而且同类的词大多数都能这样用。例如"天冷了"。一般都说"冷"是形容词，但是如果规定只有动词能做谓语，能加"了"，这里的"冷"是不是动词？换句话说，"冷"是不是兼属形容词和动词两类？这就要考虑了。假使咱们采取这样的看法，大多数形容词都要兼属动词，这两个词类就不大分得清，这个分类法就有毛病了。这个时候咱们就应该考虑一下，当初的标准是否定得恰当。为什么不可以把做谓语和加"了"字不作为动词的特点而作为动词和形容词的共同特点，另从别的方面去分辨这两个词类呢？只要把标准改订一下，这一词两属就不是一词两属了。

……总而言之，要建立一个词类，就不要让这一类里的词有全部或大部兼属另一类的可能；如果有这种情形，应该重新考虑划分词类的标准。

不过，我们发现，数量原则在词类划分的实践中却存在着诸多的问题：

首先，数量原则中的"数量"却是个模糊的概念，因为我们直到现在也没见到哪个语法学家提出一个具体的百分比数值，用来界定是否采用兼类的概念。甲类词中，具备乙类词性质的词到底低于百分之多少时候，才处理为兼类，是百分之十，还是百分之二十？这没有人谈过。

其次，这种百分比的数值是以某词类中的所有词来计算，还是以其中的常用词来计算？这种选择也可能造成两难的局面。例如，根据郭锐(2002：163)的统计，可以直接作状语的形容词在所有形容词中只占12%，但在常用形容词中却占37%。那么，到底是否应该设置形容词和副词的兼类就两难了。

最后，在是否设定兼类的评估中，数量原则也没有贯彻到底。比如说，在朱德熙(1982)及其他一些学者的词类体系中，一般有区别词和副词的兼类，有形容词和动词的兼类。但却没有名词和副词的兼类，也没有动词和副词的兼类。根据郭锐(2002：230，194)的统计，兼有区别词性质的副词占副词的7%，兼有动词性质的形容词同样占形容词的7%，但另外一方面，根据郭锐(2002：188，213)，兼有副词性质的动词占动词的1.3%，兼有副词性质(指充当状语)的名词占名词的0.2%。那么，按照数量原则，我们更应该设立名词和副词的兼类以及动词和副词的兼类，但事实并非如此。

顺便讲一下，要是把充当状语的名词看成是副词，那么很可能让我们错失一些深入挖掘语言规律的机会，陆丙甫(2004)所提出的"距离-标记对应律"正是从名词充当状语的角度看问题，要是将"电话联系、掌声通过"等结构看成是副词修饰动词，也就发现不了"距离-标记对应律"了。

4 概括词和个体词

按照朱德熙(1985：7)，现代汉语中"百分之八九十的动词和形容词可以做主宾语"，如果把这些动词形容词都处理成和名词的兼类，显然违背数量原则，不能让人满意。

不过，朱先生在坚持汉语词类和句法成分非一一对应关系的时候，还有更重要的理论考虑，朱先生在批评"依句辨品"和"名物化"理论的时候，并不是用数量的多少进行论证，而主要是从概括词和个体词的角度出发论证自己的观点。所谓概括词和个体词，即结构主义语言学中的词型(word-type)和词例(word-token)的概念。①

朱德熙等(1980)指出，个体词是在语言片段中占据一定位置的词，而概括词是对个体词的抽象和综合，是具体的语言片段以外的东西。个体词的语法性质只是这个个体词在一定的语言片段里所实现出来的语法性质，概括词的语法性质则是隶属于这个概括词的所有个体词的语法性质的总和。请看以下朱德熙等(1980)的一段论述：

① 在朱德熙(2010：83)中，概括词被称为"类象词"，个体词被称为"具象词"。

(a) 谁去$_1$？　　　　　　　　　谁看$_1$？

(b) 去$_2$是对的。　　　　　　　看$_2$是对的。

(c) 去$_3$是对的。　　　　　　　看$_3$的人很多。

"去$_1$、去$_2$、去$_3$"三个个体词的形式和意义相同，是同一个概括词；同样，"看$_1$、看$_2$、看$_3$"也是同一个概括词。当我们把"去$_1$、去$_2$、去$_3$"综合成一个概括词的时候，同时也把它们的语法性质综合起来作为概括词的语法性质。譬如个体词"去$_1$"在(a)里所实现的语法性质是做谓语，"去$_2$"在(b)里所实现的语法性质是做主语，在(c)里所实现的语法性质是做定语。这三者合在一起是概括词"去"的语法性质。

朱德熙等(1980)明确表示："词类是概括词的分类，不是个体词的直接分类。个体词与词类之间只有间接的关系，没有直接的关系"。在汉语中，概括词的不同个体词可能出现在不同的句法成分上，由此就造成了汉语词类和句法成分不是一一对应关系的格局。"依句辨品"正是对个体词的分类，因此被朱德熙(2010：85)批评：

因为黎氏受了印欧语语法的影响，认为动词只能在谓语的位置上出现，不能在主宾语和定语位置上出现，在主宾语位置上出现的只能是名词，在修饰语位置上出现的只能是形容词。这样就把名、形、动三类跟句子成分一一对应了起来。把"去$_1$"和"看$_1$"归为一类(都具有做谓语的功能)，把"去$_2$"和"看$_2$"归为一类(都具有做主语的功能)等等。说起来是词类，实际是句子成分的类。

这才是朱先生取消大多数动名兼类的最主要理由！顺着朱先生的这个思路，我们就知道，兼类本质上还是根据个体词分类的一种处理，人为地割裂了某一概括词的整体性质。在逻辑上，如果上述朱先生批评"依句辨品"和"名物化"的理由成立，那么，这种理由同样适用于批评兼类词的设置。

对此，陈小荷(1999)早就指出：如果接受朱先生关于概括词和个体词的观点，显然就不应该容许任何兼类词的存在。我们同意陈先生的这个观点，并进一步进行阐释。

例如，"自动"作为一个抽象的概括词，它本身所具有的语法功能是完整的，在"自动步枪"中充当定语的"自动"和在"自动提取"中充当状语的"自动"都是同一概括词"自动"所具备的语法功能。那么，把定语位置上的"自动"看成区别词，把状语位置上的"自动"看成副词，从而认为"自动"是区别词兼副词。这是否也只是句子成分的类？是否也只是根据个体词划分的类？

过去，对于兼类有着假借、活用和转类的不同阐释。现在，同意兼类的学者的说法是：某词既具有甲类词的语法性质，也具有乙类词的语法性质，因此可以被看成甲类词兼乙类词。比如说，"端正"可以受"很"修饰，是具有形容词的性质，而可以带宾语，是具有动词的性质。因此被看成是形容词兼动词。

按照上面这种逻辑，就没有什么理由阻挡我们设置名词和区别词的兼类，设置形容词和副词的兼类，动词和区别词的兼类，等等。比如，我们同样可以说，"木头"充当主宾语是具备名词的语法功能，而充当定语是具备区别词的语法功能，所以"木头"是名词和区别词的兼类。不过，现今的各家词类系统中，并没有哪家设置了名词和区别词的兼类。是的，这只不过是我们承认名词也可以充当定语，所以不用把充当定语的名词看成是有区别词的性质。那么，为什么我们就不承认动词"端正"本身也能受"很"修饰呢？

既然说词类和句法不是一一对应关系，既然说动词形容词也可以充当主宾语，形容词也可以充当状语，为什么不承认副词也可以充当定语，或者区别词也可以充当状语？

5　兼类与词类划分标准

兼类现象造成的另外一个大问题就是：它们往往使得词类划分标准失效，让词类的定义在逻辑上出现漏洞。

在朱德熙(1982：52,192)中，区别词被定义为"只能在名词或助词'的'前边出现的粘着词"，而副词被定义为"只能充任状语的虚词"。

陈小荷(1999)就指出，"高速"既能充当定语(如"高速列车")又能充当状语(高速前进)，却在朱先生的系统中被处理为区别词兼副词，这不能让人满意。陈小荷(1999)认为，这不仅和朱先生"概括词和个体词"的理念相冲突，也由于定义中含有"只"字，将会造成逻辑矛盾。

宋柔(2009)继续指出：这其中的定义都有一个"只"字，因此区别词和副词两个词类定义的内涵是完全排斥的，外延不可能有交集。严格按照这两个定义，"高速"因为可以充当状语，所以不可能是区别词，因为可以充当定语，也不可能是副词，当然更不可能是区别词和副词的兼类。所以，宋柔(2009)认为此处有严重的逻辑谬误。

朱德熙(1982：55－56)还设置了动词和形容词的兼类，也涉及了这个问题。依靠能否受"很"修饰和能够带宾语这两条标准，可得出四个类别，前3个类别被归为动词，第4个类别被归为形容词。朱德熙(1982：55)列出下表：

表1　现代汉语动词与形容词语法分布表

	加"很"	带宾语	例　　词
1	＋	＋	想 怕 爱 喜欢 关心 害怕 赞成 同意 相信 怀疑 羡慕
2	－	＋	唱 念 看 切 杀 买 说 有 讨论 发展 分析 具有
3	－	－	醒 瘫 歇 谢(花儿～了) 肿 锈 醉 咳嗽 游行 让步 地震 游泳 休息 病 化(冰～了) 死
4	＋	－	大 红 远 好 胖 累 困 乏 酸(手～了) 饱 痒 结实 干净 发达 漂亮 疲倦

所以，朱德熙(1982：55)为动词和形容词设置的定义分别是：

动词：凡不受"很"修饰或能带宾语的谓词是动词；

形容词：凡受"很"修饰而不能带宾语的谓词是形容词。

按理说，动词和形容词按照上述分类，两个标准正负值匹配可得四类，实际已穷尽了逻辑上的可能性，应不存在交叉兼类的可能，不过朱先生还是设置了动词和形容词的兼类，朱德熙(1982：56)讲到：

"委曲"可以受"很"修饰，又能带宾语(委曲你了)，看起来好像属于上边表里的1类。但是1类动词带宾语的时候，可以同时受"很"修饰(例如：很想你｜很怕生病)。"委曲"受"很"修饰的时候，后头不能带宾语；带宾语的时候，不受"很"修饰。我们说此类动词带宾语的时候是动词，不带宾语的时候是形容词。

"端正、宽大"本来是形容词，现在常常在后边加上宾语，使它转化成动词，例如：端正学习态度｜宽大了一个特务分子。情形与"委曲"类似。

仔细分析朱先生对动词和形容词兼类的设置，我们并不完全认同。

从逻辑上讲，既然"委曲"可以带宾语，它就完全符合朱先生关于动词的定义，完全不符合朱先生关于形容词的定义。如果认为"很委曲"和"委曲你了"中的"委曲"是具备同一性的概括词的"委曲"，①那么按照朱先生给动词下的定义，这个"委曲"就是动词，不是形容词。

说"委曲"受"很"修饰时就不能带宾语，带宾语时就不能受"很"修饰，两种语法性质不能共现，因此受"很"修饰时是实现形容词的语法性质，而带宾语时是实现动词的语法性质。这种说法并不能让人接受，因为这和朱先生另外一个重要的词类观点是冲突的。我们想起来，在另外一个结构中，原本能够带宾语的动词一般也不能带宾语，这就是汉语语法研究中著名的"N的V"结构。例如：

(1) 他的去——*他的去公司

顾客的挑选——*顾客的挑选产品

领导的考虑——*领导的考虑问题

坏人的欺骗——*坏人的欺骗儿童

在上述例子中，如果我们说"去、挑选、考虑、欺骗"因为不能带宾语，不能加体态标记(如不能说"顾客的挑选了")，不能重叠(如不能说"领导的考虑考虑")，因此不能被看成动词。朱先生一定不会同意这个观点，他一定会说：一个词入句后，在某一具体位置上并不一定能将这个词类的所有语法功能都实现出来。也就是说，个体词并不一定能把概括词具备的诸多语法功能在一个位置上同时实现。朱先生肯定会坚持说"去、挑选、考虑、欺骗"还是动词。这正是朱德熙等(1980)批评"名物化"论的一个重要原因。朱先生认为，在这种"N的V"结构中，无论是

---

① 郭锐先生、袁毓林先生和张伯江先生都向笔者指出："很委曲"和"委曲你了"中的两个"委曲"未必具有同一性，它们的意义是不同的。在袁毓林等(2009：628)的处理中，"委曲"(书中写作"委屈")被分成"委曲$_1$"和"委曲$_2$"。如果"委曲"可以被分成两个概括词，就更不是兼类了。

动词 V 已经实现的性质，还是其蕴含在内未能实现出来的性质，都是动词本来的性质。

现在，同样是在某个具体的位置上不能带宾语，为什么“很委曲”中的“委曲”就不是动词了？而“顾客的挑选”中的“挑选”就还是动词？我们是否也可以说，“委曲”本来就是动词，只不过受“很”修饰后不能实现其带宾语的性质而已。

在我们看来，朱先生对动词形容词兼类的设置和他其他论著的一些观点并不一致。特别是朱先生说“‘端正、宽大’本来是形容词，现在常常在后边加上宾语，使它转化成动词”的时候，不仅违背了按照概括词分类的原则，而且其中用了“转化”一词，耐人寻味。

6 兼类与词类标注

词类标准或许还可以再调整，例如宋柔和邢富坤(2011)提到，郭锐先生在与他们私人讨论中曾建议将区别词和副词的定义分别改成：

区别词：即能做定语不能做状语定语之外成分的概括词；

副词：即能做状语不能做状语定语之外成分的概括词。

尽管付出了失去简明性的代价，但上述定义在逻辑上至少是自洽的。并且宋柔和邢富坤(2011)指出，如果有区别词和副词的兼类，那么在计算机处理文本的词类标注中，如果在定语位置则标注为区别词，而在状语位置则标注为副词，宋柔和邢富坤(2011)认为这样的标注是可行的。

问题在于，区别词和副词只做定语和状语。但形容词和动词的兼类可能就会出现问题，比如说，对于“委曲”来说，在“很委曲”中自然可以标为形容词，在“委曲你了”这种带宾语的情况自然可以标为动词，但是宋柔和邢富坤(2011)指出，在充当谓语、定语、状语和主宾语等情况下，这些兼类词到底该标为动词，还是形容词呢？例如：(以下例子是我们添加的)

(2) a. 他委曲了好几天。　　b. 委曲的孩子　　c. 委曲地走开了。

d. 受到的委曲很多　　e. 她心里有委曲。

名词和处所词的兼类也有这个问题，朱德熙(1982：42－43)提到处所词包括三类：第一类为地名，如中国、亚洲、重庆、长安街、黄庄等等；第二类是可以看成是地方的机构，如学校、公园、邮局、图书馆、电影院等等。第三类是合成方位词，如：上头、下边、里头、前边、背后、当中等等。朱先生认为前两类词里的大部分应该看成是名词兼处所词，作为政治单位或机构，是名词；作为地方，是处所词。

这里，朱先生区分名词和处所词主要依靠语义，并不符合他重视语法功能的作风。而且，朱先生说前两类处所词都应该看成是名词和处所词的兼类，第三类是方位词，这几乎等于说处所词都是兼类词，明显不合理。

如果要说处所词和名词在语法功能上有区别的话，就是处所词在充当介词宾语的时候可以不用后附方位词，但是在不充当介词宾语的时候，在充当主语、宾语和定语的时候，这些词就难分清是处所词还是名词了：

(3) a. 亚洲国家众多。　　b. 飞去重庆　　c. 电影院门票　　d. 学校领导

朱德熙(1985：25－26)曾解释了他为什么将“研究、调查”看成是名动词，而不看成是动词和名词兼类的问题。朱先生说到：

> 一个词如果兼属甲乙两类，我们总能确定它在哪些语法位置上表现为甲类词，在哪些位置上表现为乙类词。可是单个儿的名动词和名形词处于主语或某些动词的宾语位置上的时候，我们没有办法确定它到底是动词、形容词，还是名词，例如下边两句里的“调查”和“困难”：
>
> 调查很重要。
>
> 我不怕困难。
>
> 要是采取名动词和名形词的说法，就无需回答这样的问题。

很显然，朱先生忽视了动词和形容词兼类，名词和处所词兼类也存在某些语法位置上难以标注词性的问题。即使是我们刚才讨论的区别词和副词的兼类，当这些词修饰名动词的时候，可能还是要碰到这个问题。例如：

(4) a. 长期研究有利于这个问题的解决。

b. 自动分析目前还很难达到很高的水平。

其中的“长期”和“自动”到底是区别词还是副词呢？

7　取消兼类的缺点是什么？

之所以要设置“兼类词”，是碰到了图2这样的情况：

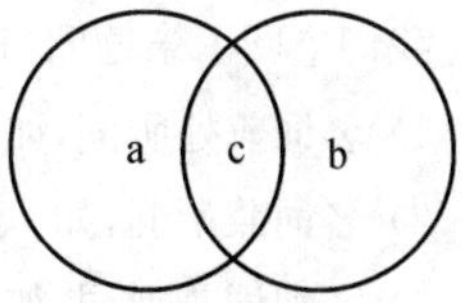

图2　兼类情况示意图

范围a的词属于甲类，范围b的词属于乙类，问题是怎么处理范围c的词。郭锐(2002：158－159)指出，对于c的处理，可有三种不同的策略：

第一种：同质策略，即将c处理为甲类和乙类的兼类词；

第二种：同型策略，即将c处理为丙类，即独立的一类；

第三种：优先同型策略，即将a和c处理为甲类，b为乙类，或者，将b和c处理为乙类，a为甲类。

本文反对兼类的处理，说明我们一般不采取同质策略的处理方法，而采用同型策略或优先同型策略，尤其是优先同型策略。

对于优先同型策略，郭锐(2002：159)给出的评价是：“优先同型策略的优点是无兼类，词类的数目不大，缺点是词类与词类性质不完全对应。”对于同型策略，郭锐(2002：159)给出的评价是：“同型策略的优点是无狭义兼类词，缺点是类的数目大，词类与词类性质不一一对应。”

对于其中提到的同型策略和优先同型策略的缺点，我们想讲的是：

第一，在汉语中，词类与词类性质不完全对应实在是一件很正常，并且是很普遍的事情，我们只要稍加思考，就可举出以下种种例子：

动词有能带宾语的，也有不能带宾语的，如“保护”和“休息”；

动词有能带体态助词的，也有不能带体态助词的，如“邀请”和“盘踞”；

形容词有能重叠的，也有不能重叠的，如“漂亮”和“美丽”；

形容词有能做状语的，也有不能做状语的，如“刻苦”和“脏”；

副词有能做补语的，也有不能做补语的，如“很”和“挺”；

名词有能受数量词修饰的，也有不能受数量词修饰的，如“桌子”和“政治”；

名词有不能做主语的，也有不能做宾语的，如“泡影”和“年事”；

区别词充当定语时候有必须要加“的”的，也有不必加“的”的，如“亲爱”和“野生”。

可见，即使在词类系统保留兼类词，词类和词类性质在太多方面也是不对应的。

第二，即使是采取同型策略，将c看成独立的丙类，表面上是在甲类和乙类之外新增加了一类，实际上也未必更复杂。

例如，有三类词，分别以“军用”、“忽然”和“自动”为代表，第一类只能充当定语，第二类只能充当状语，而第三类既能充当定语也能充当状语。事实上，我们就是需要在词类划分工作中，对这三类词进行区分，但可以有种种办法。例如：

	军用	忽然	自动	
第一种	区别词	副词	区别词和副词兼类	(同质策略)
第二种	区别词	副词	修饰词	(同型策略)
第三种	区别词	副词Ⅰ类	副词Ⅱ类	(优先同型策略)
第四种	区别词Ⅰ类	副词	区别词Ⅱ类	(优先同型策略)

其实，把“自动”看成是兼类，或者是独立的一类，或者是副词的小类或区别词的小类，都是要把“自动”与其他两类区分看来，将它看成与不同“忽然”和“军用”不同的第三个类别。说白了，认为“自动”是区别词和副词兼类，实质上也是在区别词和副词这两类词的基础上，增加了一个第三类。

取消兼类，绝不是漠视和忽略词与词之间的语法功能差异，完全可以用增加新的大类（即"同型策略"）或大类里头增加小类（即"优先同型策略"）两种方法来处理。至于究竟采取哪一种方法，是可以继续讨论的。

所以，在我们看来，取消兼类并不会造成严重的负面后果。

8 《语法讲义》中的兼类设置

我们查阅了朱德熙(1982)一书，朱先生提到的兼类的情况有：

1) 名词兼处所词，如：学校、邮局；(43 页)

2) 名词兼量词，如：县、站；(50 页)

3) 区别词兼副词，如：共同、自动；(53 页)

4) 动词兼形容词，如：委曲、端正；(56 页)

5) 动词兼介词，如：在、到；(174 页)

6) 介词兼连词，如：跟、和；(176 页)

而在此之后，朱德熙(1990)认为也可将"调查、研究"等名动词也看成是动词和名词的兼类词。

针对以上兼类词，再提出几点看法：

第一，传统上我们说句子有六大成分"主谓宾定状补"，把能否充当句子成分看成是区分实词和虚词的标准。但我们应该承认，虚词出现在句子中的各种位置，它们也应该被看成是某种句子成分，只不过，有的时候我们并没有给这些位置取名而已。举例来讲，量词所处的位置，如"一个人"中的"个"，我们也可以看成是某种句法成分，取名为"类语"，这样，我们只要承认某些名词也可充当"类语"，便没有名词和量词的兼类了。

第二，名词与处所词不是一种层级上并立的词类，处所词应该是名词的一个小类。朱德熙(1982：41)定义名词的时候，使用的标准是"可以受数量词修饰"和"不受副词修饰"这样宏观的标准，但是在朱德熙(1982：42)定义处所词时候，使用的标准却是具体到"能做'在、到、往(wàng)'的宾语"和"能用'哪儿'提问"等这种和具体某个词搭配的微观标准。尽管使用标准的等级不一样，但分出的词类却处在平级的地位，这个分类并不合理。说处所词和名词有后附方位词的差异，这个观察本身当然正确，但这只是名词内部不同小类的差异，名词和处所词兼类应该是不存在的。①

第三，把名动词看成是名词和动词的兼类是行不通的，关于这点，沈家煊(2012)已经有了充分的论证，沈先生一个重要的论点就是：如果将名动词的判定标准推广，那么无论单音动词还是双音动词，几乎所有的动词都可看成是名词和动词兼类。比如，沈先生指出，单音动词也可以受名词修饰，如"三级跳、本垒打、龙虎斗、窝里反、姐弟恋、鸳鸯配、姑嫂争、胡马会"。也可能在主宾语位置上造成歧义格式，例如：(例子摘自沈家煊 2012)

(5) a. 去 N 很重要(刘备的第三次去很重要)

b. 去 V 很重要(接二连三地去茅庐很重要)

沈先生认为设立"名动词"作为名动兼类不仅没有解决问题，反而会带来严重的理论危机。② 详情请参看沈家煊(2012)，本文不再详述。

第四，无论从历史来源，还是从句法语义角度来看，都有理由将介词看成动词的一个小类。我们知道，现代汉语的介词都是从古代汉语的动词虚化而来，而在形式语法的处理中，动词和介词常常具有相同的地位，比如说，动

---

① 郭锐(2002：217)大大缩小了处所词的范围，认为处所词的语法功能是：只能进入"在～"格式并且不能后附方位词。这样，就把"中国、亚洲、学校、公园"从处所词中排除出去了，因为这些词都可以后附方位词，如"中国以南"和"学校里"。郭锐(2002：212)认为真正的处所词是"当地、野外、民间、远处、一旁"，注意这些词进入"在～"格式后都不能后附方位词了，请比较：

在当地——*在当地里　　　　在野外——*在野外上

在民间——*在民间里　　　　在远处——*在远处上

不过，我们依然认为"当地、野外、民间、远处、一旁"这些词首先还是名词，其次才是处所词。

② 顺便说一句，假设不将"名动词"看成名动兼类，而维持《语法讲义》的观点，将其看成动词里的小类，也有很大问题。因为"数学研究"和"人口调查"整体是名词性的，而"研究"和"调查"是动词，这就会引起"向心结构难题"。

词和介词都具备给名词赋格的能力。在丁声树等(1961：95)中，介词就是被处理为动词的小类，被称为“次动词”。

本文主张：在朱先生倡导的词类系统中，应不设置兼类词。那么，也许有人会提出疑问：如果取消了兼类词，那么有没有一个新的可替代的词类系统呢?

这根本不是什么大问题。在上述朱德熙(1982)列出的兼类词中，名词兼处所词都处理成名词，名词兼量词都处理成名词，区别词兼副词都处理成区别词，动词兼形容词都处理成动词，动词兼介词都处理成动词，介词兼连词都处理成介词。也就是说，暂且先不论是否还有其他问题，在朱德熙(1982)的词类系统中，只稍加修改，并不影响大局。

沈家煊(2009)等论著主推的汉语词类的“包含模式”中，实际上也应该是取消兼类的。

9 结 语

既然朱先生明确提出“汉语词类和句法成分之间不是一种一一对应的关系”这条原则，那么在汉语词类划分中，设置兼类就多多少少会和这条原则发生冲突，因为设置兼类的本质还是想让词类和词的语法功能对应起来。

本文从多个角度回顾了朱德熙先生的一些重要的词类观，我们着重指出：在概括词和个体词关系、词类划分标准确定和词类标注这三方面上，设置兼类是违背朱先生的词类观的。我们要明白，朱先生的词类观是朱先生构造汉语词类系统的基石，不能因为需要容纳兼类的存在而轻易退让。但反过来说，在汉语词类划分系统中取消兼类基本上不会对朱先生的词类观造成伤害，相反，笔者坚信，这才是对朱先生词类观最彻底的贯彻。

确立词类和句法成分不是一一对应关系后，想用动词、名词、形容词等简单几个符号就完全抓住汉语的结构关系，基本是不可能的。① 既然这样，为什么我们不干脆取消兼类，还能求得整个词类系统的整体性和一致性。那么，对于那些愿意保留兼类的学者来说，对本文所提出的一些问题，是否也应该再仔细考虑一下?

参考文献

Chao, Yuen-ren (赵元任). 1979. *Hanyu Kouyu Yufa* 汉语口语语法(吕叔湘节译)[*A Grammar of Spoken Chinese* (abridged translated by Shuxiang Lü)]. Beijing: Shangwu Yinshuguan 北京：商务印书馆 [Beijing: The Commer cial Press].

Chen, Chengze (陈承泽). 1982. *Guowenfa Caochuang* (xin yi ban) 国文法草创(新 1 版)[*A Pioneering Study on Man darin Grammar*(new 1st edition)]. Beijing: Shangwu Yinshuguan 北京：商务印书馆[Beijing: The Commercial Press].

Chen, Xiaohe (陈小荷). 1999. Cong zidong jufa fenxi jiaodu kan Hanyu cilei wenti 从自动句法分析角度看汉语词类问题[A study of Chinese word classes from the perspective of automatic syntactic analysis]. *Yuyan Jiaoxue yu Yan jiu* 语言教学与研究[*Language Teaching and Linguistic Studies*]1999.3: 63-72.

Ding, Shengshu (丁声树), Shuxiang Lü (吕叔湘), Rong Li (李荣), Dexuan Sun (孙德宣), Xiechu Guan(管燮初), Jing Fu (傅婧), Shengzhang Huang (黄盛璋), & Zhiwen Chen (陈治文). 1961. *Xiandai Hanyu Yufa Jianghua* 现代汉语语法讲话[*Lectures on Mandarin Grammar*]. Beijing: Shangwu Yinshuguan 北京：商务印书馆[Beijing: The Commercial Press].

Guo Rui(郭锐). 2002. *Xiandai Hanyu Cilei Yanjiu* 现代汉语词类研究[*A Study on Mandarin Word Classes*]. Beijing: Shangwu Yinshuguan 北京：商务印书馆[Beijing: The Commercial Press].

Hu, Mingyang (胡明扬). 1996. Jianlei wenti 兼类问题[On multi-category]. *Cilei Wenti Kaocha* 词类问题考察[*Studies on Word Classes*], 215-257. Beijing: Beijing Yuyan Wenhua Daxue Chubanshe 北京：北京语言文化大学出版社[Beijing: Beijing Language & Culture University Press].

Hu, Yushu (胡裕树). 1995. *Xiandai Hanyu* (chongding ben)现代汉语(重订本)[*Mandarin: A Textbook* (revised)]. Shanghai: Shanghai Jiaoyu Chubanshe 上海：上海教育出版社[Shanghai: Shanghai Educational Publishing House].

Huang, Borong (黄伯荣), & Xudong Liao (廖序东). 2007. *Xiandai Hanyu* (zengding si ban)现代汉语(增订四版)[*Mandarin: A Textbook*(4th enlarged revision)]. Beijing: Gaodeng Jiaoyu Chubanshe 北京：高等教育出版社[Beijing: Higher Education Press].

① 注意，我们只是说“完全抓住”不可能，在很多情况下，抓住了词类，也就抓住了结构关系，例如，“副词+动词”只能是状中结构。

Li, Jinxi (黎锦熙). 1992. *Xinzhu Guoyu Wenfa* 新著国语文法[*New Work on Mandarin Grammar*]. Beijing: Shangwu Yinshuguan 北京：商务印书馆[Beijing: The Commercial Press].

Lu, Bingfu (陆丙甫). 2004. Zuowei yitiao yuyan gongxing de "juli-biaoji duiyinglü"作为一条语言共性的"距离-标记对应律"[Distance-marking correspondence as a language universal]. *Zhongguo Yuwen* 中国语文[*Studies of the Chinese Language*] 2004.1: 3-15.

Lu, Jianming (陆俭明). 1994. Guanyu ci de jianlei wenti 关于词的兼类问题[On multi-category words]. *Zhongguo Yuwen* 中国语文[*Studies of the Chinese Language*]1994.1: 28-34.

Lü, Shuxiang (吕叔湘). 1984. Guanyu Hanyu cilei de yixie yuanzexing wenti 关于汉语词类的一些原则性问题[Some principles on Chinese word classes]. *Hanyu Yufa Lunwen Ji* (zengding ben)汉语语法论文集(增订本)[*Collected Papers on Chinese Grammar* (enlarged revision)],230-276. Beijing: Shangwu Yinshuguan 北京：商务印书馆[Beijing: The Commercial Press].

Ma, Jianzhong (马建忠). 1983. *Mashi Wentong* (xin yi ban)马氏文通(新1版)[*Understanding Grammar of Ma Jianzhong* (new 1st edition)]. Beijing: Shangwu Yinshuguan 北京：商务印书馆[Beijing: The Commercial Press].

Shen, Jiaxuan (沈家煊). 2009. Wo kan Hanyu de cilei 我看汉语的词类[My view of word classes in Chinese]. *Yuyan Kexue* 语言科学[*Linguistic Sciences*]2009. 1: 1-12.

Shen, Jiaxuan (沈家煊). 2012. "Mingdongci" de fansi: wenti he duice "名动词"的反思：问题和对策[Reflections of nouny verbs: Problems and solutions]. *Shijie Hanyu Jiaoxue* 世界汉语教学[*Chinese Teaching in the World*]2012. 1: 3-17.

Song, Rou (宋柔). 2009. Cong yuyan gongcheng kan Hanyu cilei 从语言工程看汉语词类[A study on the Chinese word class from the perspective of language engineering]. *Yuyanxue Luncong* (Di sishi ji)语言学论丛(第40辑)[*Essays on Linguistics* (Vol.40)],23-38. Beijing: Shangwu Yinshuguan 北京：商务印书馆[Beijing: The Commercial Press].

Song Rou (宋柔), & Fukun Xing (邢富坤). 2011. Zai cong yuyan gongcheng kan Hanyu cilei 再从语言工程看汉语词类[A further study on the Chinese word class from the perspective of language engineering]. *Yuyanxue Luncong* (Di sishisi ji)语言学论丛(第44辑)[*Essays on Linguistics* (Vol.44)], 141-184. Beijing: Shangwu Yinshuguan 北京：商务印书馆[Beijing: The Commercial Press].

Xu, Shu (徐枢). 1991. Jianlei yu chuli jianlei shi yudao de yixie wenti 兼类与处理兼类时遇到的一些问题[Some problems on multi-category words and handling multi-category words]. *Yufa Yanjiu yu Tansuo* (Di wu ji)语法研究与探索(第5辑)[*Grammar Study and Exploration* (Vol.5)],42-53. Beijing: Yuwen Chubanshe 北京：语文出版社[Beijing: Language & Culture Press].

Yuan, Yulin (袁毓林), Hui Ma (马辉), Ren Zhou (周韧), & Hong Cao (曹宏). 2009. *Hanyu Cilei Huafen Shouce* 汉语词类划分手册[*A Handbook of Chinese Word Classes Dividing*]. Beijing: Beijing Yuyan Daxue Chubanshe 北京：北京语言大学出版社[Beijing: Beijing Language & Culture University Press].

Zhu, Dexi (朱德熙), Jiawen Lu (卢甲文), & Zhen Ma (马真). 1980. Guanyu dongci xingrongci "mingwuhua" de wenti 关于动词形容词"名物化"的问题[On the nominalization of verbs and adjectives]. *Xiandai Hanyu Yufa Yanjiu* 现代汉语语法研究[*Mandarin Grammar Study*], 193-224. Beijing: Shangwu Yinshuguan 北京：商务印书馆[Beijing: The Commercial Press].

Zhu, Dexi (朱德熙). 1982. *Yufa Jiangyi* 语法讲义[*Lecture Notes on Grammar*]. Beijing: Shangwu Yinshuguan 北京：商务印书馆[Beijing: The Commercial Press].

Zhu, Dexi (朱德熙). 1983. Zizhi he zhuanzhi: Hanyu mingcihua biaoji "de, zhe, suo, zhi" de yufa gongneng he yuyi gongneng 自指和转指——汉语名词化标记"的、者、所、之"的语法功能和语义功能[Self designation and non-self designation: The syntactic and semantic functions of Chinese nominal marker de, zhe, suo and zhi]. *Fangyan* 方言[*Dialect*] 1983.1: 16-31.

Zhu, Dexi (朱德熙). 1985. *Yufa Dawen* 语法答问[*Replies to the Questions on Grammar*]. Beijing: Shangwu Yinshuguan 北京：商务印书馆[Beijing: The Commercial Press].

Zhu, Dexi (朱德熙). 1990. Xiandai shumian Hanyu li de xuhua dongci he mingdongci 现代书面汉语里的虚化动词和名动词[The dummy verbs and nouny verbs in modern written Chinese]. *Yufa Conggao* 语法丛稿[*Collected Papers on Grammar*], 114-124. Shanghai: Shanghai Jiaoyu Chubanshe 上海：上海教育出版社[Shanghai: Shanghai Educational Publishing House].

Zhu, Dexi (朱德熙). 2010. *Yufa Fenxi Jianggao* 语法分析讲稿. [*A Draft on Grammar Analysis*]. Beijing: Shangwu Yinshuguan 北京：商务印书馆[Beijing: The Commercial Press].

周韧，北京语言大学教务处　zhouren@126.com

（原载《语言科学》2015年第5期）